인플레로
돈버는 사람들

인 플 레 의   세 계 사

맥스 샤피로 지음
박정삼 옮김

옮긴이의 말

오늘날에 와서 비록 사회주의국가 건설 실험이 실패한 것으로 판명나고 있긴 하지만, 아직까지도 역사상 가장 과학적인 자본주의체제 비판자로 꼽히는 레닌은 인플레를 "공적 제1호"라고 규정했다. 그만큼 인플레가 끼치는 사회적 해악이 무형적이면서도 광범위하고 독성이 강하다는 뜻일 것이다. 이 책의 저자 맥스 샤피로(Max Shapiro)도 "인플레 정책의 종말은 국가의 패망뿐이다"라고 주장한다. 그에 의하면 세계 최대의 로마제국이 멸망한 원인은 대부분의 역사가들이 말하듯 모럴의 붕괴나 이민족의 침입 등이 아니라 인플레 때문이라는 것이다.

샤피로는 로마제국, 프랑스 혁명정부, 남북전쟁기의 미국, 제1차 세계대전 후의 독일 등 세계 역사를 휩쓴 네 차례의 초(超)인플레 기간을 관찰하면서 ① 누가 인플레를 일으키는가, ② 인플레로 큰 이득을 보는 사람들은 누구이며 막대한 손해를 입는 사람들은 누구인가를 날카롭게 파헤치고 있다.

지금까지 대부분의 경제사가들은 인플레의 원인을 "우연한 사고", "경제정책의 실패", "정부의 실수" 등에 돌려왔으나 샤피로는 인플레를 "정책" 또는 "무기"로 사용함으로써 큰 이득을 보는 사람들에 의해 조장되는 것이라고 주장한다. 즉, 인플레가 만연하는 나라에서는 돈의 가치가 떨어지는 것 자체가 큰 이익이 되고, 그래서 돈의 가치를 계속 떨어뜨리는 데 온갖 노력을 기울이는 계층이 있다는 것이다.

샤피로는 또 인플레 기간에 서민 대중의 부가 일부 특권층에게 급격하게 이동하는 모습을 묘사하면서 "단기간에 거대한 부를 모으려는 기업가와 이에 협력하는 정치가 및 관료들"이 인플레의 주범이라고 확신에 찬 목소리로 외친다.

우리는 인플레에 중독되어 있다. 그런 만큼 인플레의 독성을 느끼지 못한다. 인플레는 처음에는 좀 더 나은 생활수준을 보장하는 것 같지만 조금 지나면 물가상승으로 점점 더 많은 사람들이 점점 더 여유가 없어지고 마침내 경제적 무질서를 야기하며 '부의 집중' 현상을 심화시키는 등(현대적인 어법으로는 이것 자체가 급성장을 가리킨다) 경제 기반 자체를 파괴해버린다.

자원, 자본, 기술 등의 부족과 약한 내수 기반 등 우리 경제가 안고 있는 취약점은 여러 가지이지만 가장 치명적인 것은 인플레 심리라고 생각한다. 더구나 이 같은 인플레 심리가 경제적 생산주체인 대기업이나 재벌에 의해 선도되어왔고, 그동안 지하경제의 만연, 제조업 기피 및 부동산투기 등 불로소득 추구 및 과소비 등에 의해 조장되어왔다면 문제는 더욱 심각해질 수밖에 없다.

연간 20%에 가까운 통화증가, 물가 및 지대 임대료 상승률의 질곡 속에서 살면서도 경제정책 당국자가 제창하는 한 자리 숫자의 공식 발표에 구토증마저 느껴야 하는 우리들에게 이 책은 현실적으로 인플레의 원인과 해악에 대해 많은 시사를 던져줄 것으로 믿는다.

참고로 이 책의 원제는 'The Penniless Billionaires'로 직역하면 '빈털터리 억만장자들'임을 밝혀둔다. 독자들의 많은 지도편달을 바란다.

1991년 11월
박정삼

차례

1 기원전에도 인플레는 있었다

많은 경제사가들에게 끼친 강렬한 인상에도 불구하고, 애덤 스미스는 인류를 화폐에 대한 무지의 황야에서 끌어내지는 못했다. 1776년 애덤 스미스의 『국부론(Wealth of Nations)』이 출판되기 수천 년 전부터 원시인들은 이미 화폐의 본질, 기능, 위력에 관해 상당히 많은 것을 알고 있었다. 사실 그러한 지식은 기원전 700년 최초의 정부 주조 화폐가 유통되기 시작한 훨씬 전부터 얻어진 것이었다.

그러나 대부분의 경제사가들에게 기원전 700년 이전의 수천 년은 미지의 영역으로 남아 있다. 현대의 관찰자들은 선사시대의 인간들이 가지고 있던 화폐에 관한 지식을 과소평가하는 경향이 있는데, 통찰력 있는 경제학자 파울 아인치히는 그의 저서 『원시화폐(Primitive Money)』에서 이 점에 대해 신랄하게 비판하고 있다.

나는 원시화폐가 여러 가지 점에서 '미지의 영역'이라고 생각한다. 화폐사가들은 ― 그들 전부는 아니더라도 대부분이 ― 비교적 근대에 들어와 이루어진 화폐의 발전에 대해서만 연구를 한정하기를 좋아한다. …… 그리고 더 나쁜 점은, 대부분의 경제학자들이 원시화폐의 연구에는 거의 시간을 투자하지 않으면서 화폐의 역사와 화폐이론 혹은 경제이론에 관한 교재들에 화폐의 기원과 초창기의 발전에 관한 그들의 견해를 불과 서너 개의 판에 박힌 문구로 간단하게 피력하고 있다는 점이다.

자주 거론되는 경제학자들도 쉽사리 구할 수 있는 자료조차 검토해보지 않고서 원시화폐에 관한 견해를 서슴없이 피력한다. 그들 대부분은 스미스가 『국부론』에서 화폐의 기원과 초창기 발전에 관해 언급한, 자극적이기는 하나 무심코 흘려버린 불과 서너 가지 이야기에 아직도 의존하고 있다. 그들은 벌써 써먹을 대로 많이 써먹은 서로의 견해를 받아들이면서, 심지어는 그들이 대단한 자신감으로 주장한 판에 박힌 이론을 예증하기 위해 초창기의 사례를 찾아보는 수고조차 보이지 않는다.

원시인들이 화폐에 대해 가졌던 중요한 통찰력이란 대체 어떤 것일까? 이 질문에 대답하기 위해서는 선사시대로 거슬러 올라가볼 필요가 있다.

약 100만 년 동안 인류는 화폐에 관하여 아는 바가 전혀 없었다. 이유는 간단하다. 화폐가 아직 고안되지 않았기 때문이다. 서로 교환할 물건이 없었기 때문에 화폐는 필요하지 않았다. 세계의 대부분 지역에서 생활은 기아를 면하기 위한 투쟁의 단계를 벗어나지 못하고 있었다. 매일매일 여자들은 떼를 지어 야생의 과일, 뿌리, 곡식 등을 찾아 미개지나 삼림지대를 쏘다녔고, 남자들은 야생동물을 잡기 위해 합동사냥을 나갔다. 하루 일과가 끝나면 얼마 되지 않는 습득물은 한데 모아져서 각자에게 분배되었다. 다음날도 똑같은 일이 반복되었다. 그런 여건에서는 장사할 물건이 있을 수 없었다.

그러던 어느 날, 기원전 8000년경 누군가가 — 아마도 십중팔구 여자였으리라 — 보리를 약간 뿌리고 가꾸어 인류 최초로 식량을 경작했다. 이 행위는 인류의 생존을 위한 가장 중요한 도약이었다. 사회생활은 식량수집에서 식량생산으로, 불안정한 생계에서 좀 더 안정되고 풍요한 생활방식으로 전환되었다. 처음 이 변화는 보잘것없는 것이었다. 그러나 수확이 더 많아지고 경작면적이 늘어남에 따라 그 영향력은 명백해졌다. 전 세계가 갑자기 풍요로워진 것은 아니었다(기술개발이 이루어진 오늘날의 농업으로도 세계인구를 전부 먹여 살리기는 힘들다). 그러나 인간의 수명이 연장되고 인구는 증가했으며 생활수준이 향상된 것은 사실이었다.

기원전 7000년에 이르러 서남아시아 대부분의 지역에서 농업은 주된 생계수단이 되었다. 기원전 5000년경까지 영농과 목축은 부족적 혹은 집단적 사업이었다. 그러나 그 이후 농지는 점차 개인의 소유로 되어갔다.

이와 같은 점진적 변화는 분업과 상업을 낳았다. 식량을 구하기 위해 사냥을 할 필요가 없어진 남자들은 모든 시간을 농업에 투입했다. 농기구를 도구 제작자에게 의존하는 정도도 늘어갔다. 도구 제작자는 이제 식량생산을 완전히 농부들에게 맡길 수 있었으므로 농기구를 만드는 일에만 전력을 기울일 수 있었다. 고대의 기록에 의하면 농업이 발생한 이후 노동과 생산물의 종류가 매우 다양했음을 알 수 있다. 기원전 4000년 남부 메소포타미아의 문명에 관한 자료들은 농부, 가축지기, 대장장이, 쟁기 만드는 사람, 금속 세공인, 목수, 광주리 제조인, 석수, 직인, 피혁업자, 옹기장이, 상인 등이 존재하는 지역사회를 묘사하고 있다.

생산이 증가하고 생산물의 종류가 다양해지자 물물교환이 발달하게 되었다. 밀가루가 필요한 도구 제작자는 그가 만든 물건을 제분업자의 물건과 교환하고자 했다. 보리가 필요한 옹기장이는 항아리와 단지를 구하러 시장에 온, 보리를 재배하는 농부를 찾았다. 물물교환은 거래를 원하는 쌍방이 제대로 만나기만 하면 이루어지지만 대개의 경우 쌍방이 만나기는 어려웠고, 만났다 하더라도 거래방법 자체가 비효율적이었다.

비효율적인 물물교환 방식을 해결해보려던 원시인들은 그 해답을 신에게서 구하고자 성가시게 졸라댔을 것이었다. 그러나 해결책은 신에게서가 아니라 시장의 수요·공급의 효과를 인식하게 되는 데서 나왔다.

인구증가와 함께 물물교환이 늘어나자 상품의 가치는 비교적 안정적으로 매겨지게 되었다. 만일 중간 크기의 황소를 주고 젊은 노예와 바꿀 수 있다면

석 달 후에도 중간 크기의 황소를 주고 젊은 노예를 살 수 있어야 할 것이다. 그러나 어떤 물건이 지나치게 많아지는 경우 – 물론 드문 경우지만 – 가 발생하면 그 물건의 교환가치가 다른 상품에 비해 떨어진다는 것을 사람들은 눈치 채기 시작했다. 수요가 격감해서 자기의 물건을 팔 수 없게 된 화살 제조업자는 이전의 교환가치보다 싼값으로 화살을 팔기 시작했다. 과거에 수요가 많았을 때엔 화살촉 두 개로 밀가루 한 포대를 살 수 있었지만 이제는 밀가루 한 포대를 구하려면 화살촉 세 개를 주어야 했다.

반대로 항상 수요가 있고 또한 공급이 한정되어 있는 기본적인 상품은 교환가치를 변동 없이 유지할 수 있거나 다른 상품에 비해 교환가치가 상승하게 된다는 것도 알게 되었다. 항상 수요가 많은 밀은 일반적으로 가치가 변하지 않는 상품의 하나로 인정받았다.

원시인들은 점차 물물교환을 쉽게 해주는 예비수단으로 소량의 밀을 저축하기 시작했다. 자기 물건을 도구와 바꾸고 싶은 옹기장이는 이제 옹기를 원하는 도구 제작자를 찾을 필요가 없었다. 도구 제작자에게 저장해둔 밀을 얼마간 주기만 하면 밀이 갖고 있는 교환가치를 알고 있는 도구 제작자는 밀과 도구를 기꺼이 교환하려 할 것이다. 밀을 예비수단으로 인정하는 사람들이 점점 많아짐에 따라 '주곡'은 공인된 교환수단이 되었다. 그것은 인류 최초의 화폐 형태, 즉 다른 상품의 공인된 가치척도가 되었다. 그것은 현대화폐가 갖추어야 하는 다음 세 가지 조건을 갖추고 있었다.

① 그것은 공인된 교환수단이었다.
② 그것은 부의 효과적인 축적수단이었다.
③ 그것은 다른 상품의 가치를 잴 수 있는 척도가 되었다.

밀이 최초로 화폐로 사용된 구체적인 예는 알려지지 않았다. 그러나 지중해 연안 여러 지역에서 고고학적 발굴을 통해 발견된 자기류의 유물에서 어떤 단서를 읽을 수 있다. 기원전 5000년 전반의 것으로 추정되는 자기 조각에는 밀이라는 일정한 가치척도에 의해 여러 가지 상품이 교환되는 시장의 장면이 묘사되어 있다. 이 에칭화들은 밀이 교환수단으로, 그리고 가치의 척도로 사용되었다는 점에 의심의 여지가 없게 한다.

보리도 또 다른 형태의 고대화폐였다. 기원전 4500년경부터 약 1,500년 동안 보리는 메소포타미아 남부, 레반트, 아나톨리아 및 서남아시아 여러 지역에서 주된 교환수단으로 사용되었다.

다른 상품들도 화폐의 역할을 했다. 예컨대 소금은 원시시대에 아시아, 아프리카, 유럽에서 널리 화폐로 사용되었다. 교환수단으로서 소금의 인기가 극에 달했던 것은 아마 로마제국 시대였던 것 같다. 그때 소금은 회계를 하거나 노동자의 임금과 군인의 급료를 지불하는 데 사용되었다. '봉급(salary)'이라는 단어는 '소금'을 뜻하는 라틴어의 '살라디움(saladium)'에서 나왔다. 소금은 20세기까지 계속 교환수단으로 사용되었다. 제2차 세계대전 때까지 콩고의 도로공사 노동자들은 소금으로 급료를 받았다. 뉴기니에서는 오늘날까지도 굵은 소금이 중요한 교환수단으로 남아 있다. 1917년 러시아혁명 후 지폐의 가치가 없어졌을 때 소금은 주요한 교환수단이 되었고, 1920년까지는 모스크바에서 훌륭한 부의 축적수단이자 교환수단이 되었을 뿐 아니라 가치의 주요 기준이 되었다. 짧은 기간이긴 하지만 소금은 다시 한 번 화폐가 되었던 것이다.

황소와 가죽은 그리스, 인도차이나, 케냐, 우간다, 잠비아, 독일, 러시아, 서남러시아, 북아프리카 및 유럽의 지중해 지역 등에서 화폐의 역할을 했다. 이 지역에서는 큰 거래가 있을 경우 황소나 암소가 화폐의 단위로 사용되었다. 작은 거래에는 돌, 곡물, 조개껍데기와 같은 보조적인 교환수단이 사용되었다. 사전에서 '화폐에 관한'이라는 의미로 정의하고 있는 'pecuniary'라는 단어는 화폐를 뜻하는 라틴어 '페쿠니아(pecunia)'에서 나왔는데, '페쿠니아'는 소(cattla)를 뜻하는 라틴어 '페쿠스(pecus)'에서 유래한 것이다.

조개껍데기도 선사시대부터 많은 지역에서 화폐로 사용되어왔다. 기원전 3000년 이전의 것으로 추정되는 밝은 색깔의 조개껍데기들이 실에 꿰인 채

북아프리카와 아시아의 무덤 안에서 많이 발견되었다. 이러한 조개꾸러미들은 미크로네시아, 인도, 인도차이나, 시암, 일본, 가나, 기니, 수단, 아이보리 코스트, 이집트, 콩고 및 태평양의 여러 섬에서 화폐로 통용되었다. 아주 어렵게 힘들여 노동을 해야 획득할 수 있던 조개껍데기들은 아프리카 동부 연안 마피아 섬 근해와 또한 인도 근처의 몰디브 섬에서 발견되었다. 한때 조개껍데기를 주요한 교환수단으로 사용하던 대부분의 나라도 지금은 현대의 화폐를 통화로 사용하고 있다. 그러나 아프리카의 특정 지역에서는 제2차 세계대전 때까지 조개껍데기가 미개한 부족들 사이에서 화폐로 사용되었다. 그 가치는 조개의 공급원인 마피아 섬에서 떨어진 지역일수록 높았다. 내륙의 많은 지역에서는 모든 물건의 값을 조개껍데기로 지불했다. 부보카 부족 사이에서는 황소 한 마리가 조개껍데기 250개에 매매되었고 무명 한 필은 조개껍데기 900개를 주어야 살 수 있었다. 조개의 생산지에서 한층 더 멀리 떨어진 바사리스 부족 사이에서 신부의 값은 3만 개의 조개껍데기와 암소 한 마리였다.

한때 아시아의 대표적인 교환수단이었던 디와라 조개껍데기 화폐는 다른 화폐로 대체되었다. 비록 더 현대적인 화폐 형태에 의해 매일매일 대체되는 위협을 받고 있기는 하지만 아직도 그것은 특정 미개지역에서 교환수단으로 사용되고 있다. 예컨대 아내를 사려면 디와라 껍질 20~100꾸러미를 주어야 한다. 벌금, 세금 및 비밀결사에의 기부금도 디와라로 낸다. 지역사회에서 남성의 지위는 주민은행인 탐부하우스에 예치해둔 디와라의 수에 따라 결정된다.

원시적인 화폐 형태의 예를 들자면 한이 없다. 가죽, 구슬, 의류, 쌀, 양, 노예 등이 모두 화폐로 사용되었다. 그러나 시간이 지남에 따라 이러한 낡은 화폐 형태는 사회가 그때그때 좀 더 효과적인 화폐 형태라고 판단되는 것으로 대체되어갔다. 황소와 곡물은 금속으로 만든 물건으로 점차 대체되었다. 기원전 4000년 초 좀 더 발달한 국가들은 구리로 만든 물건과 철고리, 화살촉, 도끼 같은 여러 금속제품으로 보리와 밀을 대신했다.

그 후(기원전 2800~2700년) 은고리가 대표적인 교환수단이 되었다. 기원전 1300년경 크레타에서 가운데 구멍이 뚫리고 동전 모양을 한 금속원반이 유통되기 시작한 것은 현대적인 화폐로의 또 한 번의 도약이었다. 100년 후 중국에서는 금과 은으로 된 원반이 교환수단이 되었다. 마침내 8~9세기경 소아시아에서 개인이 발행한 은화가 나타났다. 그러나 정부에 의해 주조된 최초의 화폐는 약 기원전 700년 리디아 지방에서 발견되었다(정확한 시기에 대해서는 아직 논란이 많다).

곡물이 교환수단이 되었던 때부터 리디아에서 주화가 만들어지기까지 고대인들이 걸었던 '화폐로의 길'은 약 4,000년이 걸렸다. 4,000년에 이르는 이 긴 여행의 실상을 사람들은 책 한 페이지 정도로 쉽게 취급하고 있다. 실제로 그 여행은 힘든 것이었고, 여러 번 시행착오를 겪어야 했다. 그러나 그러는 가운데 화폐에 대한 중요한 통찰력을 얻을 수 있었다.

이러한 통찰력은 우선 곡물화폐에서 구리, 철, 청동과 같은 기초금속으로 만들어진 화폐로의 변천에서 보인다. 기원전 3000년까지 많은 도시국가와 큰 왕국들은 이미 밀에서 구리로 만든 화폐 형태로 전환했다. 이집트의 기제에 있는 대피라미드 ― 이들은 대부분 기원전 3000년경에 축조되었다 ― 의 벽화들은 많은 물물교환이 이루어지고 있는 시장의 정경을 묘사하고 있는데, 중요한 것은 물건 값을 치르는 데 구리고리를 사용하고 있다는 점이다.

그러한 벽화들이 그려지기 500~1,000년 전의 이집트에서 대표적인 교환수단이던 밀은 이제 보이지 않는다. 다른 고고학적 발견물, 특히 부장품들을 보면 기초금속 ― 특히 구리 ― 이 한때 농산물이 화폐 형태로 인정되던 지역에서 교환수단으로 널리 쓰였다는 것을 알 수 있다.

그러한 변화의 원인은 무엇인가? 그것은 여러 통치자들이 한때 화폐공급에 대해 가졌던 지배권을 잃게 되고, 그 지배권을 회복하지 못하게 되면 자기 나라가 큰 격변을 겪으리라는 것을 인식한 데에 기인한다.

원래 곡물화폐가 처음 생겼을 때 모든 농토는 통치자나 성직자계급이 소유했다. 그러므로 정부는 보리, 밀, 소 혹은 특정 지역에서 사용되는 모든 곡물화폐의 유통을 통제할 수 있었다. 그러나 농토가 점차 개인의 소유가 됨에 따라 ― 예컨대 수메르에서는 기원전 2700년에 이미 개인이 농지의 약 50%를 관리했다 ― 곡물을 재배하기만 하면 농부들도 마음대로 새로운 화폐를 가질 수 있게 되었다.

자칫하면 걷잡을 수 없는 혼란이 일어날 것을 우려한 통치자들은 다시 한번 자기들이 통제할 수 있는 대체화폐를 모색했다. 구리와 철이 바로 그 해답으로 등장했다. 당시 존재하던 기초금속 광산은 전적으로 왕의 소유였기 때문이다. 게다가 모든 종류의 구리 장식품을 주민들이 소중히 여겼고 부의 축적수단으로 간주했다. 많은 지역에서 구리는 이미 '신부화폐(아내를 살 수 있는 돈)'로, 그리고 신과의 좀 더 호의적인 중재를 위해 성직자에게 주는 선물로 사용되었다. 결국 주민들은 여러 국가의 통치자들이 마침내 법으로 강요하게 되는 그 전환에 미리 대비하고 있었던 것이다.

이처럼 기초금속화폐로 전환하게 된 이유는 지도자들이 화폐공급을 개방하고 통제하지 않았을 때 발생하는 급속하지만 혼란스러운 성장보다는 화폐공급을 통제해서 질서를 확립하는 것을 더 좋아했기 때문이다.

곡물화폐제도는 조잡하긴 했지만 상당한 경제적 성장을 가져왔다. 동네가 성장하여 마을이 되었고, 마을은 더 큰 도시로, 도시는 국가로 성장했다. 국제무역이 발달했으며 막강한 군대도 만들어졌다. 황무지는 질 좋은 농토로 전환되었고 생활수준은 크게 향상되었다. 말할 필요도 없이 정부의 우두머리들은 그들의 권력을 강화시켜준 이러한 성장이 새롭고도 무제한적인 화폐공급제도의 방해를 받게 될지도 모른다는 점을 우려했다.

그러나 유사 이전의 통치자들은 ― 우리는 그들의 두뇌가 변변치 않았을 것이라고 생각하여 종종 그들을 무시하는 잘못을 저지르고 있다 ― 인간이란 기회만 주어지면 결과는 고려하지 않고 자기의 증대하는 욕구와 탐욕을 충족시키기 위해 더 많은 화폐를 계속 만들어내리라는 결론을 내렸는데, 이는 옳은 생각이었다.

그러므로 화폐의 공급을 통제하여 안정을 확보하는 것은 국가의 우두머리들이 수행할 의무가 되었다. 5,000년 전에 도달한 이러한 결론은 오늘날에는 당연한 것으로 보일지도 모른다. 그러나 5,000년 전의 그 생각은 이후 인류의 발전에 중요한 영향을 미친 독창적이고 대담한 생각이었다.

어떤 경제사가들은 기원전 4000년 초에 일어난 곡물화폐에서 기초금속화폐로의 전환이 오늘날 우리가 말하는 '통화량이론'에 대한 원시시대 지도자들과 그 보좌관들의 예리한 통찰력을 보여준다고 주장한다. 5,000년 전의 왕들과 도시국가의 왕들은 화폐공급이 경제활동과 성장을 결정하고 과도하게 팽창된 화폐량은 인플레를 야기한다는 점을 인식했다고 볼 수도 있다. 그러나 불행히도 우리에게는 이를 올바로 평가할 수 있는 증거가 없다. 글자가 아직 발명되지 않은 때여서 그러한 선견지명에 대해 기록된 증거가 없고, 벽화나 도기류의 장식에서도 어떤 증거를 찾을 수가 없다. 비록 고대인들이 그러한 통찰력을 가졌다 하더라도 그것은 너무나 복잡하고 난해한 것이어서 아마도 그림으로는 기록할 수 없었음에 틀림없다.

어쨌거나 4,000년 전의 왕들이 가졌던 높은 선견지명을 그 후계자들은 계속 유지하지 못했다. 그다음 1,000년 동안(기원전 3000~2000년)은 도시국가 사이에서 끊임없는 적대감이 발생하고 소아시아, 남부 유럽, 북아프리카에서 전쟁이 계속되어 재원을 고갈시켰다. 통치자들은 군비를 충당하기 위해 기초금속 광산에서 더욱 많은 것을 캐내어 새로운 화폐의 양을 늘렸고, 화폐공급에 은을 도입했다. 이 통화팽창은 인플레라는 피할 수 없는 결과를 가져왔다. 1,000년 전에 왕과 제후들이 안정을 유지하려고 그토록 애썼던 지역에서 물가가 치솟았다. 그 시대 인플레의 정도를 잘 나타내주는 문서가 지금까지 전해 내려오고 있다. 그것은 진취적이었던 용병 이쉬바 에라가 기원전 2022년 수메르 통치자에게 쓴 것이었다.

이쉬바 에라의 편지는, 예전에는 1만 톤의 곡물을 되당 반 세켈만 주어도 살 수 있었는데 그 가격이 갑자기 되당 1세켈로 배가 올랐다고 왕에게 전하고 있다.

기원전 2020년의 상황은 한층 더 비참했다. 보리와 생선 가격은 여덟 배로 뛰었다. 폭동과 반란이 발생했고 왕은 계속 폐위되었다.

물가가 앙등했다는 또 다른 증거는 바빌로니아와 아시리아에 기록된 수많은 설형문자 서판에 나타나 있다. 이용 가능한 자료를 보면, 그 시대의 통치자들은 끊임없는 적대감에 사로잡힌 채 군사적인 패배의 위험을 더 두려워했기 때문에, 외관상 위험이 적어 보이는 인플레를 무시하기로 작정하고 물가가 오를수록 새 화폐를 자꾸 만들어냄으로써 불을 불로 끄려는 노력을 했다고 되어 있다. 그 시대의 연대기는 진퇴양난에 빠진 국가의 우두머리들이 저지른 통화에 관한 무모성 — 인류 역사를 통해 재정적 어려움에 빠지면 정부가 거의 언제나 되풀이해서 저지르게 되어 있는 무모성 — 에 대한 최초의 기록된 증거이다.

그 사실에 대한 공인된 기록은 없지만 기원전 3000년대에 집권했던 통치자들은 다량의 화폐가 틀림없이 높은 인플레를 낳는다는 것을 깨달았던 것 같다. 물가상승을 기록한 자료는 이미 많은 나라에서 보존하고 있다. 그런 기록은 물론 통계학적인 것으로서가 아니라 법적이고 보고서적인 문서로 보존되었다. 어쨌든 그 자료들은 계속되는 인플레를 잘 보여준다. 특히 광산의 일이나 금속화폐를 주조하는 일을 맡았던 관리들은 화폐가 자꾸만 새로 만들어지고 있음을 알고 있었다. 그리고 그들은 통화공급의 팽창이 바로 물가상승의 원인이 된다는 피할 수 없는 결론에 확실하게 도달했던 것 같다.

이 문제에 관한 의문은 기원전 1792년에 집권한 바빌론 왕 함무라비의 법전을 읽어보면 깨끗이 풀린다. 함무라비가 왕위에 올랐을 때 그의 나라는 간헐적인 전쟁이 오랫동안 계속되어 피폐해졌고 나라의 은본위화폐는 과중한 군사비 지출로 탕진되었다. 몇몇 행정적인 개선책을 제도화하고 경쟁국들의 거듭된 공격을 격퇴한 후 그는 새로운 영토를 병합하여 최초의 바빌론제국을 건설했다. 그리고 내정과 경제문제에 관심을 돌려 기원전 1745년경 사회정의, 결혼, 재산권, 상업 등을 다루는 법의 개요서인 그의 유명한 법전을 공포했다. 화폐, 임금, 물가를 다루는 장은 특히 우리의 관심을 끈다.

그 법전의 경제 부문은 왕국이 직면한 두 가지 문제, 즉 고질적인 만성 인플레 및 동시에 제국 건설을 위해서는 엄청난 양의 화폐가 필요함을 본격적으로 다루고 있다. 함무라비는 겉으로 보기에 해결할 수 없는 딜레마에 봉착했다. 만약 그가 통화량을 늘리면 인플레가 가속화될 것이다. 반면 제국 건설을 위해 필요한 비용을 지출하려면 상당한 통화공급의 팽창이 필요했다. 이문제에 대한 그의 해결책은 그 법전의 다양한 법령에 나타나 있다.

그는 당시보다 2,000년 전에 그 지역에서 사용된 곡물화폐였던 보리를 농촌 지역의 유일한 교환수단으로 다시 사용할 것을 명령했다. 그리고 이후로는 거의 1,000년 동안 전국에서 기준화폐로 사용되었던 은을 도시 지역에서만 사용하도록 규제했다.

그 법전은 농촌 지역에서 물건을 파는 모든 농부, 노동자, 목동의 급료와 가축을 임대하는 비용을 모두 곡물로 지불해야 한다고 구체적으로 지시했다. '왕이 정한 등급'에 따른 지불일람표가 규정되었다. 농산물 가격도 명시되었다. 한마디로 함무라비는 엄격히 통제된 통화공급제도를 농촌 지역에 확립한 동시에 임금과 물가 통제를 시행했다.

농토를 담보로 한 대부는 보리로 상환해야 했다. 그러한 대부의 이자도 곡물로 지급하되 최고 연33%로 정했다.

> 도시에 살고 있는 채무자가 은으로 대부금을 상환할 수 없을 경우에 채권자는 보리로 상환받아야 한다.
> 만약 포도주 상인이 곡물 대신 은으로 빚을 받아야 한다고 고집하면 물에 처넣는 벌을 받는다.

그다음 그 법전은 도시에서 고용되어 일하거나 용역을 제공하는 사람들, 즉 양복장이, 목수, 석수, 기술공, 벽돌공, 의사 등에 대한 지불을 은으로 하게 될 때 일정한 등급을 매겨 임금을 통제하도록 명시했다.

그 법전에 명시된 나머지 경제적 조처 중 애매한 것이 몇몇 있지만 함무라비의 의도는 명백하다. 농산물과 용역에 대한 모든 지불을 보리로 해야 하기 때문에 사용되는 은화의 총거래량은 감소할 것이다(이것은 인플레를 막는 투쟁에서 올바른 방향으로 한걸음 전진하는 셈이 된다). 게다가 이전에 도시 주민이 농산물을 구입할 때 사용했을 상당량의 은화를 이제는 제국 건설의 경비로 사용할 수 있게 되어 부가적으로 새로운 화폐투입의 필요성을 미연에 방지할 수 있었다(이것도 인플레를 막는 싸움에서 또 하나의 좋은 무기이다).

농촌 지역의 일반적인 여건에서 보리라는 새로운 화폐 형태가 도입되면 농산물 가격이 상승했을 것이다. 그러나 임금과 물가를 통제하기 위해 함무라비는 농산물 가격의 인상 가능성을 저지했다. 도시에서는 도시 지역을 위해 제정된 임금과 물가 통제가 마찬가지로 인플레를 약화시키는 역할을 했다.

전자계산기도 없이, 계량경제학적 모델도 없이, 노벨상을 수상한 경제학자의 조언도 없이 만들어진 지극히 복잡 미묘한 이 계획은 함무라비로 하여금 두 가지 목표, 즉 인플레의 저지와 제국의 건설을 달성할 수 있게 했다. 그가 세웠던 전반적인 계획을 살펴보면 함무라비가 경제적 요인들의 상호작용에 대한 상당한 통찰력, 화폐의 기능에 대한 날카로운 이해, 그리고 — 우리들이 여기서 고려하는 문제 중 가장 중요한 것으로서 — 인플레의 역학에 대한 파악, 특히 어떻게 해서 화폐량의 증가가 물가상승의 요인이 되는가에 대해 잘 알고 있었음을 알 수 있다.

함무라비는 그의 법전을 다음과 같은 희망으로 끝맺었다. "위대한 신들이 나에게 선포했다. 나는 지도자요, 통치자다. 내 말은 귀하고 나의 지혜는 당할 자가 없다. 앞으로 올 모든 시대에 이 땅을 다스릴 왕들은 내가 써놓은 말을 지킬지어다."

몇 년 후 함무라비는 죽었고 오랜 왕조도 끝이 났다. 그가 세운 제국은 전복되고 해체되었다. 그 법전에 적혀 있는 도덕적·법적 교훈 중 몇 가지는 그대로 존속되었다. 그러나 새로운 바빌론의 정복자들은 잘 만들어진 경제계획을 망가뜨리고 거들떠보지도 않았다.

약 1,500년 뒤, 더 유명한 왕이 관여된 사건에서 우리는 화폐에 대해 고대인이 가졌던 광범위한 지식을 볼 수 있다. 기원전 331년 마케도니아의 알렉산더 대왕은 스물다섯의 나이로 아시아를 휩쓸었다. 그는 페르시아에서 가장 부유한 도시 페르세폴리스를 침략하여 다리우스 대왕의 궁을 함락시키고 엄청난 재보를 약탈한 뒤 불을 질렀다. 그 궁전에서 뺏은 전리품 – 대부분 금괴, 금화와 은화, 귀중품이었다 – 은 당시 세계에 알려진 최대의 재산 중 하나였다. 그 값은 18만 금화 탤런트, 환산하면 약 3억 6,000만 달러로 추정된다.

가치가 하락한 오늘날의 화폐기준으로 보면 이것이 하찮게 보일지 모르지만 2,300년 전에는 엄청난 액수였다. 그것은 알렉산더가 권좌에 오른 기원전 336년의 마케도니아 국가재원의 250배에 해당했다(그해의 국고는 700만 탤런트, 즉 140만 달러에 불과했고 국가부채는 1,300만 탤런트, 즉 260만 달러였다).

페르세폴리스를 함락한 후 알렉산더는 인도양을 향해 진군을 재개하기로 결정하고, 사자를 본국으로 보내 엄청난 전리품을 획득했다는 소식을 알리고 페르시아의 또 다른 대도시 에크바타나 – 이것도 나중에 함락되었다 – 를 공략했다. 1만 5,000마리의 나귀가 전리품을 에크바타나로 운반했다. 그 재보의 소식이 마케도니아에 전해지자 모두들 기뻐 날뛰었고 알렉산더를 신격화하는 조짐까지 일어났다. 그 조그만 나라의 60만 주민은 갑자기 부자가 되었다. 적어도 그들은 그렇게 생각했다.

몇 개월 후 페르시아에 소환되어 와 있던 알렉산더의 재정보좌관들과 왕실 회계원들 간에 시끄러운 회의가 며칠간 계속되었다. 그 회의의 쟁점은 이제 그들의 수중에 들어온 재물의 처분에 관한 것이었다.

왕실 재보를 관리하고 있던 좀 더 명석한 사람들은 보잘것없는 마케도니아 경제에 18만 탤런트를 풀어놓으면 파괴적인 결과가 생길 것이라고 주장했다. 그들은 그것이 처음에는 좋을지 모르나 나중에는 엄청난 물가상승과 투기와 불안정을 야기할 것임을 경고했다(현대적인 용어를 빌리자면 무질서한 초인플레를 낳을 것이다!).

회의에 참석한 다른 사람들은 재물을 부분적으로 방출하고 새로운 금화를 만들 것을 요구했다. 그들은 만약 그 엄청난 노획물에서 마케도니아인들이 아무런 구체적인 혜택을 받지 못할 경우에 불만이 만연할 것이라고 주장했다. 그다음에 그들은 국가의 재정적 필요, 유통화폐에 대한 군대의 요구, 알렉산더의 차후 작전에 소요될 경비 등에 관해 토론했다.

회의가 끝날 무렵 알렉산더는 그 문제를 곰곰이 생각했다. 그는 전에도 새로 주조된 금화와 은화 간의 환율 책정을 포함하여 여러 가지 복잡한 통화상의 결정을 내리곤 했었다.

잠시 후 그는 새로 생긴 부를 화폐로 일절 주조하지 않기로 결정했다. 이미 완만한 인플레의 기운이 있고, 경제적 필요도 유통 중인 화폐량으로 충족되고 있기 때문에 추가적인 통화공급은 하지 않기로 했던 것이다. 그는 '황금의 무더기'를 화폐로 주조하게 되면 자기 왕국에 손실이 돌아올 것이라는 결론을 내렸다. 물론 이러한 결정으로 약간의 불만이 생기겠지만 그것은 앞으로 또 새로운 승리의 소식이 전해지면 무마될 것이었다. 그리고 적당한 때가 오면 이 문제를 다시 거론할 수도 있을 것이다. 그러나 당분간은 그 재보를 엄중한 감시하에 에크바타나에 두고 군사비의 지출이 필요할 경우에만 사용하기로 했다. 한 국가의 통화공급과 관련한 최초의 기록으로 되는 이 회의는 이렇게 매듭지어졌다.

에크바타나의 재보에 관해 취해진 고려와 결정은 알렉산더와 그의 각료 중 몇 사람이 상당한 경제적 지식을 가지고 있었고 인플레의 메커니즘을 이해했으며 화폐량이 수요와 물가에 미치는 영향을 인식하고 있었음을 보여준다. 그리고 정치적·사회적 위기(거대한 새로운 부의 유혹적인 혜택을 거절당한 국민의 원한)에 직면하여 그들은 명성과 권력의 일시적인 증대보다는 안정 쪽을 택했는데, 그것도 마찬가지로 적절한 선택이었다.

그 뒷이야기가 재미있다. 운명은 그 '황금의 무더기'를 정말 아이러니컬하게 처분했다. 18만 탤런트의 가치는 금세 잠식당했다. 알렉산더는 아시아에서의 군사비로 그것을 물 쓰듯 했고 그것을 지키는 관리와 군사들은 불만에 사로잡혀 좀도둑질로 점점 축을 냈다. 왕실 회계관 하르팔루스는 왕국에 대한 봉사보다는 창녀들에 대한 봉사에 더 관심을 기울여 상당량을 횡령했다. 한편 마케도니아에서는 "금을 먼 사막에 아무 쓸모없이 내버려둔" 결정에 대해 날로 불만이 커져갔다.

재보가 점점 줄어들고 국민의 불만이 날로 커진다는 소식을 듣자 인도를 정벌하기 위해 동진을 계속하던 알렉산더는 그 보물을 마케도니아로 즉시 수송하도록 명령했다.

피할 수 없는 결과가 일어났다. 걷잡을 수 없는 인플레가 터졌다. 그 인플레는 알렉산더가 기원전 323년 서른셋의 나이에 열병과 과로 때문에 사망했을 때에도 여전히 기승을 부리고 있었다. 어떤 역사가에 의하면 그의 사망 당시 왕국에는 5만 탤런트 이상의 돈이 유통되고 있었는데, 대부분이 페르세폴리스의 금에서 나온 것이었다 한다. 그러나 이 수치는 믿을 만한 통계라기보다는 단지 하나의 추측으로 간주하는 것이 좋을 것이다.

역사적으로 회고해볼 때 페르세폴리스의 황금 재보를 둘러싼 사건들은 대단히 흥미롭다. 그러나 알렉산더와 그의 보좌관들이 가진 지식과 이론은 결코 그들이 독창적으로 만들어낸 것은 아니었다. 그보다 앞선 시대의 많은 지배자들과 그와 동시대의 많은 사람들도 마찬가지로 그것에 대해 잘 알고 있었다.

그 지식은 수 세기 수천 년을 두고 점진적으로 — 시행착오를 거치면서 — 획득된 것이었고, 구전을 통해 한 세대에서 다음 세대로 전해진 것이었다. 부족의 장은 어렵게 얻은 지식을 자식이나 다음에 자기를 계승할 사람에게 전했다. 왕들은 후계자를 교육시켰고, 국왕의 재정보좌관들은 국왕의 아들과 후예들에게 화폐라 불리는 신비로운 실체에 대해 깨우쳐주었다.

증거에 의하면 고대의 통치자들은 화폐에 관한 지식을 고의로 일반 대중에게 알리지 않았음을 알 수 있다. 기원전 2000년 초, 발달한 국가의 대학들은 수학, 천문학, 생물학, 종교학, 농업, 의약, 의술, 철학, 미술, 기술공학, 작문 등 폭넓은 교과과정을 이미 개설하고 있었다. 그러나 재정이나 경제학 강의는 전혀 없었다.

또한 고대의 통치자들은 왕실 재보와 정부지출에 관한 수치를 공개하지 않았다. 그리고 정부 스스로 현대적인 의미로 경제적 통계도 작성하지 않았음은 물론이다. 정부의 장들은 왕궁의 특정구역에 있는 변기를 사용하면 처형이나 추방에 처한다는 등 굉장히 다양한 문제에 대한 포고문이나 발표문을 공표했다. 그러나 비상시를 제외하고 화폐에 관해서는 공식적인 발표문이 전혀 없었다.

화폐는 왕실의 음모였다. 화폐가 곧 권력이라는, 즉 민중의 손에 들어가면 언젠가는 왕권을 거역하는 데 쓰이게 될 것이라는 점을 깨달은 고대의 제후들은 비밀과 침묵이 최상의 정책이라는 결론을 내렸다. 골치 아플 가능성이 있는 문제에 대해서는 공개적으로 이야기를 적게 하면 적게 할수록 좋았다.

이와 같이 공적인 자료가 부족하기 때문에 현대의 많은 경제학자들은 고대의 통치자들이 화폐의 기능에 대해서는 거의 백치에 가까운 경제의 무지한이라는 결론을 내리게 되었다. 이는 물론 틀린 생각이다.

그들은 많은 것을 알고 있었다. 무엇이든 그것이 국가의 승인을 받고, 부의 척도로서 인정되고 그 지역사회에 의해 믿을 만한 부의 축적물로 간주되기만 하면 교환수단의 역할을 할 수 있다는 것을. 아무리 화폐가 많이 있다 할지라도 화폐의 공급이 인간의 필요와 욕망을 따라가지는 못한다는 것도 그들은 오래 전부터 알고 있었다. 돈이 많을수록 야심도 많아질 것이다. 적당한 양의 화폐는 안정을 가져오지만 너무 많은 화폐는 — 비록 처음에는 나은 생활수준을 보장한다 하더라도 – 물가가 올라감에 따라 즉시 어려움을 야기했다. 새로운 화폐를 만들어내는 속도가 빠르면 빠를수록 – 그것이 보리든 석재든 개의 이빨이든 혹은 금이든 – 물가상승도 그만큼 빨라졌다. 그리고 조금 지나면 점점 더 많은 사람들이 점점 더 여유가 없어지고 마침내는 무질서가 야기되었다.

권력자들은 – 심지어 선사시대의 권력자들조차도 – 화폐와 그 사용에 대한 국민의 태도가 기존 정부의 태도에 의해 결정된다는 것을 발견했다. 정부가 화폐의 주조와 그 사용에 신중히 접근하면 주민의 반응도 보수적이 될 것이다. 그러나 정부가 화폐를 대량으로 만들어내면 국민도 무모해져서 화폐를 거리낌 없이 소비하고, 정부에게 항상 더 많은 화폐를 요구하며 마침내는 구매력이 약화되는 것을 방치해둔 당국에 대한 신뢰를 상실하게 되는 것이다.

그리스도가 환전상을 교회에서 몰아내기 전부터 권력자들은 이 모든 것을 알고 있었다. 그리고 4세기 로마를 뒤흔든 초인플레의 원흉들은 이 모든 것뿐 아니라 그 이상의 것도 알고 있었다.

2 인플레로 무너진 로마제국

기 원전 27년 아우구스투스가 로마제국 최초의 통치자로 즉위했을 때 환희의 물결이 로마를 뒤덮고 제국으로의 이행은 당연한 귀결이라는 생각이 로마 시민의 가슴에 자리 잡고 있었다. 시인들은 영원의 도시 로마에 대한 송시를 지었고 약 100만 명의 로마 시민들 대부분은 수도가 영원토록 문명세계의 중심지로 존속할 것이라 믿었다. 황제의 즉위를 기념하기 위해 새로운 주화 – 순은으로 된 데나리우스 – 가 주조되었다. 주화의 한쪽 면에는 새 황제의 옆모습이 새겨졌고 다른 한 면에는 '영원(Aeternitas)'이라는 글자가 새겨져 있었다. 모두들 그 주화와 그것을 발행한 국가가 영원히 존속하리라고 믿어 의심치 않았다.

400년이 채 지나지 않았을 때 구리로 만든 모조동전이 그 주화를 대체했고, 그 동전의 가치는 하루가 다르게 떨어졌다.

700년이 지났을 때 로마 군단들이 승리를 축하하며 퍼레이드를 벌이곤 했던 아피안 거리는 깨진 벽돌조각과 잡초로 뒤덮였다. 야생의 들개들이 먹이를 찾아 폐허가 된 광장을 배회했고 한때 영원의 도시로 불렸던 그 황량한 곳에 사는 6만의 시민들은 이제 그 도시를 '대목초지'라 부르고 있었다.

그러나 맨 처음 아우구스투스가 즉위했을 때에는 낙관주의와 기대가 온누리에 가득 찼었다. 그가 지배하던 제국은 세계 역사상 가장 거대한 국가로서 그 영토는 스페인의 서쪽 해안에서부터 소아시아 동쪽 끝까지 장장 2,500마일의 거리에 달했다. 제국은 북아프리카 대부분과 유럽의 상당 부분을 점하고 있었다. 아우구스투스가 대장군으로 임명되기 직전에 수행한 성공적인 군사작전으로 인해 이집트와 그 방대한 재물이 제국의 수중으로 들어왔다. 전쟁 노획물과 여러 지방에서 징수되는 공물이 로마로 홍수처럼 들어와 늘어나는 신진부유층과 중산계층의 생활수준을 향상시켰고, 이미 거대한 부를 가지고 있는 지주들에겐 새로운 재산을 더 불려주었다. 재산가치는 상승했고 상업도 활기를 띠었다. 상점은 여러 가지 현란한 상품 ― 아레티움에서 온 화려한 채색의 도기, 이탈리아의 포도밭에서 온 올리브와 포도, 이집트산 장식타일과 은제 호부, 그리스산 호두와 대추야자, 스미르나산 무화과, 누비아산 금, 흑단, 아이보리로 된 장식품, 소아시아의 여러 지역에서 온 루주와 포마드, 중국산 실크, 스페인산 동선, 달마티아산 도자기, 갈리아산 섬유와 레이스 ― 으로 터질 듯했다.

물론 이러한 물건을 살 수 있는 사람들은 부유층 남녀와 사업이 번창하는 부르주아들이었다. 로마와 기타 도시의 하층계급 ― 천민 노동자, 구두장이, 연35달러도 채 안 되는 형편없는 급료로 살아가는 직공들 ― 은 그중 가장 싼 물건밖에 살 여유가 없었고 그나마도 사는 경우가 드물었다. 로마제국이 가진 엄청난 부의 혜택이 그들에게까지 돌아가는 데는 무척이나 오랜 시간이 걸렸다. 그러나 중요한 점은 그들도 새로운 황제의 출현으로, 지금은 꿈도 못 꾸는 물건들이지만 언젠가는 그것들을 살 수 있을 것이라는 기대를 품기 시작했다는 점이다.

심지어 로마의 하층민 중에서도 최하층민 ― 정부구호에 의존하는 평민들 ― 조차도 아우구스투스가 황제 즉위 직전에 발표한 '위대한 계획'을 듣고 희망을 품었다. 그는 사재를 털어 2억 5,000만 데나리를 국고에 기증하여 그 돈으로 거대한 건축계획을 지원, 실업자에게 일자리를 만들어주겠노라는 성명을 발표했다. 또한 구호명부에 올라 있는 사람들과 군인 및 제대군인에게도 상당한 액수가 돌아갈 것이라고 했다.

아우구스투스가 약속한 돈을 국고에 양도했을 때 그의 비방자들은 그가 "궁궐로 가는 길을 돈으로 사고 있다"라고 은밀히 비난했다. 이러한 계획으로 그의 인기가 높아지기는 했지만 애시당초 그가 민중의 환심을 살 목적으로 돈을 쓴 것은 아니었다. 대단히 관대한 행위였던 그의 기증은 선견지명 있는 정치적 수완이었다. 그의 기부금이 얼마나 대단했으며 그것이 로마 경제에 얼마나 자극적인 효과를 미쳤는가는 그 기부금과 연간 정부운용경비를 비교해보면 잘 알 수 있다. 그 당시 정부지출은 연간 약 1억 데나리였으며 아우구스투스의 기부금은 2년 반 동안 국가의 총경비를 충당할 수 있는 금액이었다. 한마디로 그의 기부는 미국 재무성에 1조 달러를 선물한 것과 거의 맞먹는 것이었다(현재 미국의 예산은 연간 5,000억 달러이다).

그 위대한 재건계획 ─ 이것은 1930년대 프랭클린 루스벨트의 공공사업추진청(Work Projects Administration: WPA)의 선구이며 실업자 구제를 위한 대규모 정부사업으로서는 세계 최초의 예가 되었다 ─ 은 화려한 팡파르와 함께 희망에 부풀어 시작되었다. 아우구스투스와 마에케나스(황제의 비공식 경제고문이며 통화및 경제정책을 담당한 빈틈없는 자본가)가 함께 구상한 이 계획은 경비를 아끼지 않고 정력적으로 추진되었다.

망치질과 도끼질 소리가 이탈리아의 각 도시와 영원의 도시 로마에 울려퍼졌고 새로운 도로가 건설되었다. 그 도로는 흡사 거대한 수레바퀴의 살이 그 바퀴 중심에서 사방으로 뻗어나가듯이 로마에서 제국의 모든 지역으로 통했다. 항만시설이 확대되었고 다리와 수도가 만들어졌다. 전례 없는 비율로 건조되는 상선들이 늘어나는 상품을 이탈리아 안팎으로 운반했다. 수많은 원형경기장과 광장이 수리되었다. 85개의 사원이 새로 건축되었고 열두 채의 공회당도 새로 건립되었다. 수년 후 낭패감과 허탈감에 휩싸여 아우구스투스는 건설 당시를 회상하면서 다음과 같이 말했다. "내가 처음 로마를 보았을 때 로마는 벽돌로 지어졌었다. 그러나 나는 그것을 대리석으로 된 로마로 바꾸었다."

평민들이 여러 건설사업에 취로함에 따라, 구호명부에 오른 자의 수는 32만 명에서 25만 명으로, 나중에는 15만 명으로 줄어들었다. 이탈리아에 산재한 조그만 상점에는 겉옷부터 수입된 티크 책상에 이르기까지 산더미 같은 물품이 진열되었다. 그러나 기대에 어긋나게도 그것을 살 수 있는 것은 부유층과 중산층뿐이었다. 여러 해 동안 그렇게 많은 돈을 경제에 투입했지만 노동계급의 생활주준은 향상되지 않았다.

평민의 급료는 조금도 오르지 않았다. 그럴 만한 이유는 충분했다. 노예 노동력이 엄청나게 많았기 때문이었다. 여러 세기 동안 로마는 시민에게는 민주주의를 확대시키면서도 한편으로 지중해 전 지역에서 노예를 수입했다. 수십만에 달하는 노예들은 도시와 대농장 ― 로마에서 가장 부유한 몇몇 가문이 소유하는 라티푼디아 ― 에 있는 부유층의 가정과 상점 등에서 무보수로 일을 했다. 해마다 노예들은 은화 몇 푼에 이탈리아 반도로 수입되었다. 기원전 3세기 이후 이탈리아의 비(非)노예 인구는 대단히 느리게 증가했으나 노예의 출생률은 급격히 상승했다. 라티푼디아에서는 노예들이 시민 소작농과 도시의 최하층 '자유노동자'를 대신해 일하는 경우가 점점 더 잦아졌다. 더 중요한 사실은 사용자들이 급료인상을 요구하는 노동자에 대한 편리한 위협수단으로 노예를 이용했다는 점이다. 더 높은 급료를 요구하는 저임 노동자는 현재 받는 액수가 마음에 들지 않으면 언제든지 떠나도 좋다는 소리를 항상 들어야 했다. 언제나 그를 대신할(그리고 많은 경우 그럴 능력도 있는) 노예들이 가까이 있었기 때문이다. 이런 식으로 사용자들은 수백만의 비노예 노동자들에게 만성적인 빈곤을 강요했고 한편으로는 아우구스투스의 재건사업에 국가가 지출하는 거대한 액수를 독차지했다.

그러나 아우구스투스는 과연 그다운 끈기로 그의 사업에 매달렸다(로마의 위대한 역사가 수에토니우스는 그를 가리켜 "찰거머리처럼 후퇴할 줄 모르는 인간"이라고 묘사했다). 그는 계속 주화를 발행하여 통화공급량을 한껏 늘렸다. 그가 집권하던 처음 20년 동안 그는 아우레우스 금화를 80번이나 발행했다(로마의 기준화폐인 아우레우스 금화는 대규모 거래와 정부지출에 사용되었다). 이에 덧붙여 400종의 갖가지 데나리가 조폐국에서 쏟아져 나왔는데, 따져 보면 1년에 20종이나 찍어낸 전대미문의 일이었다. 이 동전들을 찍어낼 금속을 확보하기 위해 아우구스투스는 스페인과 프랑스에 있는 정부 소유의 광산에 하루 24시간 작업을 하도록 명령했다.

그는 리옹의 조폐국을 확장하고 로마 조폐국의 시설을 근대화했다. 적자가 생길 때마다(적국이 갑작스럽게 침입하여 이례적으로 과중한 군사비가 들 경우) 그는 아직도 거대한, 그러나 점차 줄어드는 자기의 개인재산을 물 쓰듯 하면서 위기에 처한 정부를 구해냈다. 또 언젠가 국고의 동전과 금속이 다 떨어졌을 때 그는 자신을 기념하기 위해 제국의 수많은 도시에 세운 은제 동상을 녹여서 데나리를 만들라고 명령했다.

아우구스투스가 어느 정도 통화공급량을 확대시켰는지에 관한 믿을 만한 수치는 남아 있지 않다. 로마제국은 오늘날 우리가 말하는 통화재정 및 기타 경제적 통계를 보존하지 않았으며, 설사 보존했다 하더라도 발표된 적은 없었다. 고대 로마의 경제발전에 관한 많은 정보는 타키투스, 수에토니우스, 플루타르크, 호라티우스, 버질, 세네카, 리비, 페트로니우스, 그리고 전기작가이자 역사가인 카시우스 디오 — 지금은 이상하게도 무시되고 있지만 그의 기념비적 저작인 『로마사(History of Rome)』 80권은 아우구스투스의 치적을 자세히 밝혀주고 있다 — 와 같은 저술가들이 남긴 역사서와 문학작품에 의해 우리에게 전해오고 있다. 물론 이들 중 어느 누구도 경제학자는 아니다. 따라서 그들의 작품에 수록되어 있는 화폐 문제에 관한 언급은 비전문적이고 애매한 경우가 많다. 로마의 사회경제적인 사건을 밝혀주는 다른 자료로는 고고학적 발굴에 의해 출토된 동전뿐 아니라 비석과 서판 — 오늘날의 그것과는 달리 사회적·역사적 자료를 많이 포함하고 있다 — 이 있다. 사원의 벽화에 새겨진 글이나 고위 정부관리에게 헌납된 기념비도 귀중한 자료이긴 하지만 이것도 경제적 통계 그 자체를 포함하고 있지는 않다.

아우구스투스 치하의 통화공급의 증가에 대해 우리가 이용할 수 있는 가장 정확한 정보는 그가 발행한 주화(대부분이 유럽, 아시아, 아프리카의 무덤에서 발견되었다)와 그가 매장되어 있는 거대한 무덤(지금은 로마인들의 연주회장으로 사용된다)의 벽에 새겨진 글에서 찾을 수 있다. 이러한 자료를 살펴보면 기원전 27년부터 기원전 6년 사이의 20년 동안 그가 발행한 화폐의 양이 그가 집권하기 이전 10년 동안 그의 전임자들이 발행한 화폐량의 10배가 넘음을 알 수 있다.

그 시대의 문학작품과 기록된 자료에 의하면 로마 경제에 쏟아진 이러한 엄청난 화폐량의 영향이 누적되어 마침내 로마의 상업은 전에 볼 수 없었던 붐을 일으켰고, 온갖 종류의 생산품이 전례 없이 늘어났음을 알 수 있다. 마침내 일반 노동자와 직공도 인플레 정책의 혜택을 누리기 시작했다. 그들의 급료는 거의 두 배가 되었다. 생산이 수요를 따라가지 못하자 고용자들은 상품의 더 빠른 생산을 위해 기꺼이 더 많은 급료를 주었다.

고급 숙련공 가운데는 저축해둔 돈으로 가게를 차려 번영하는 중산층으로 옮겨가는 자들도 있었고 그렇게까지 모험적이지 못한 다른 사람들도 앞날을 위해 저축해두는 길을 택했다. 기원전 10년경의 로마인의 무덤을 보면 이러한 일시적인 번영의 증거를 볼 수 있다. 어떤 무덤에서는 약간의 데나리가 철제 박스 안에서 발견되었다. 또 다른 무덤에서는 상당히 아름다운 자기꽃병이 출토되었다. 이보다 1세기 전 시대의 무덤을 보면 텅 비어 있거나 아니면 백랍수저처럼 거의 가치가 없는 것들이 들어 있다. 아마 그것이 고인이 가진 것 중에서 부장될 가치가 있다고 생각된 유일한 소유물이었던 듯하다. 묘비에 쓰인 글을 보아도 생활수준이 향상되었음을 알 수 있다. 아우구스투스 시대 초기의 한 묘비에는 고인 - 피혁공 조합의 일원 - 이 매년 그의 생일날 "몇몇 회원이 나를 기념하는 만찬에 모여 나의 일생이 만족스럽게 기억될 수 있도록 맛있는 음식을 먹도록 하기 위해 조합에 300데나리를 기증했다"라고 쓰여 있다. 어떤 목수의 무덤 서판에는 "나의 무덤 위에 기름을 가득 부은 램프를 밝게 켜둠으로써 내가 영원히 기억되도록 하기 위해"고인이 500데나리를 비축해두었음을 밝히고 있다. 아우구스투스의 '재건의 20년'이전이라면 일반 사람들이 그러한 희망을 갖는다는 것은 꿈에도 생각하지 못할 일이었다.

그러나 불행하게도 인플레가 그러한 희망을 뭉개기 시작했다. 모든 상품과 농작물의 가격이 상승했다. 추측에 의하면 기원전 27년과 기원전 6년 사이에 밀 가격(밀은 로마제국의 물가를 반영하는 데 가장 자주 사용된다)은 약 두 배가 되었다고 한다. 돼지고기(너무 비싸서 평민들이 매일 먹을 수는 없고 휴일이나 축제 때만 먹었다) 값도 100%나 올랐다. 기원전 27년 아우구스투스가 집권했을 때 12%이던 이자율은 기원전 5년에는 4%로 떨어졌다. 이것은 돈의 융통이 좀 더 쉬웠음을 반영하는 또 하나의 자료이다.

마에케나스와 아우구스투스는 물가상승에 당황하여 화폐주조율을 낮추기 시작했다. 로마인들은 가뭄이나 장기적인 전쟁이 일어날 때를 제외하고 인플레를 경험해보지 않았다. 실패로 끝나긴 했지만 기원전 4세기 후반에 화폐개혁을 시도한 적이 있었는데, 그때 한 번 물가가 급격히 상승한 적이 있었다. 키케로의 연설에서는 이탈리아 반도 전역에서 안정된 가격으로 밀을 살 수 있다고 여러 번 언급하고 있다.

그러므로 밀과 다른 상품의 가격이 배가 되자 아우구스투스는 깜짝 놀랐다. 그러나 지금 와서 생각해보면 전혀 놀랄 필요가 없는 일이다. 요컨대 20년 동안 100% 인상했다는 말은 연간 4% 정도밖에 인플레가 되지 않았다는 것인데, 그것은 오늘날의 우리라면 기꺼이 받아들일 수 있는 인상률인 것이다. 그리고 비교적 짧은 시기 동안 로마의 경제 주류에 홍수처럼 쏟아진 화폐의 급증을 고려해본다면 4%의 인플레는 터무니없이 낮은 수준이라 할 수 있다.

기원전 6년 이후 아우구스투스가 새로운 화폐의 발행을 억제하자 물가는 안정되고 마침내 조금씩 하락하기 시작했다. 그의 치세 후반(기원전 6년~서기 14년)에 그가 새로 만들어낸 화폐량은 전반에 만들어낸 화폐량의 5%에 불과했다. 지독한 화폐 억제 정책이 있었던 것이다. 이러한 갑작스러운 변화는 생활에 여유가 있는 자에게는 생계비 감소란 결과를 가져다주었으나 가난한 사람 — 제국 인구의 거의 대부분 — 에게는 옛날의 지독한 가난을 다시 되돌려주었다. 구호기금에 의존하는 자의 수는 처음에 약 20만으로 다시 올라갔다가 그다음에는 25만 명으로, 그리고 서기 14년에는 총계 30만 이상으로 역전되었다.

몇몇 역사가는 아우구스투스의 경제정책이 갑자기 변화한 이유가 매독성 진행마비의 발병으로 그에게 돌연한 성격변화가 생긴 때문이라고 주장한다. 그러나 황제가 연로함에 따라 여러 가지 병으로 괴로워하고 끊임없이 호색에 빠지긴 했으나 그가 성병으로 괴로워했다는 증거는 전혀 없다. 그러나 그가 만년의 20년 동안 대단히 변했다는 것은 사실이다. 젊은 시절의 낙관적이고 적극적인 행동가에서 우울하고 성미가 급하며 내성적인 인간이 되었다. 과거의 그는 '제국의 역사(役事)'를 위해 궁전에 준비된 두 개의 특별실을 끊임없이 드나드는 수십 명의 사람들과 함께 하루 14~16시간을 정부 일로 보냈다. 그러나 나이가 들어감에 따라 집무시간은 거의 없어졌고 만나는 사람의 수도 줄어들었다. 말없이 혼자 있는 모습이 자주 발견되곤 했다.

아마도 가족에게 일어난 일련의 비극적인 사건이 그에게 깊은 영향을 주었음에 틀림없다. 당시에는 아무도 눈치 채지 못했지만 역시 그 사건들은 뒷날 제국의 경제정책에 큰 영향을 끼쳤다.

스물다섯 살 때 아우구스투스는 세 번째 아내 리비아와 결혼했다(앞선 두 번의 결혼은 각각 6~7년간 지속되다가 이혼으로 끝났다). 아우구스투스를 제외한 모든 사람들이 볼 때에 리비아는 승승장구하는 장군이요, 장래 황제가 될 사람에게는 전혀 어울리지 않는 배필이었다. 아우구스투스가 그녀에게 반하기 전에 이미 그녀는 결혼하여 아들 한 명 — 후에 제국의 두 번째 통치자가 된 티베리우스 — 이 있었고 아우구스투스가 결혼하자고 그녀를 설득할 당시는 임신 5개월이었다. 그는 관례대로 그녀의 남편을 설득해 그녀와의 이혼을 성사시켰다.

새로운 가족의 구성원은 아우구스투스와 두 번째 부인 소생인 딸 줄리아, 그의 새 아내 리비아, 그리고 리비아의 두 아들 ― 티베리우스와 갓 태어난 드루수스 ― 이었다. 비록 그 두 사내아이를 받아들이기는 했으나 아우구스투스는 첫아이에게 전혀 애정이 없었다. 그러나 그는 해가 가고 리비아 ― 그녀는 약간 쌀쌀하고, 덕을 과시하려고 하며, 항상 선행을 실행하는 여자였다 ― 가 황제가 가장 바라는 것, 즉 상속자가 될 아들을 낳아주지 못하자 둘째인 드루수스를 상속자로 점찍어두었다.

가정에 암운이 깃들기 시작한 것은 경솔하고 쾌활한 그의 딸 줄리아가 사춘기에 도달하여 이 남자 저 남자와 성관계를 맺으며 자기의 여성다움을 과시하기 시작했을 때부터였다. 딸을 사랑하나 그녀의 행동으로 마음이 극도로 괴로워진 아우구스투스는 그녀를 때리기도 하고 달래기도 했으나 아무 소용이 없었다.

자포자기한 아우구스투스는 남편이 있으면 그녀가 자제할 수 있으려니 하는 생각에서 열네 살 난 그녀를 결혼시켰다. 그러나 그 신랑은 분별력이 있었는지 결혼 식후 죽었고, 줄리아는 과부란 게 얼마나 즐거울 수 있느냐를 로마천지에 과시하며 다녔다. 그녀의 아버지 ― 그때 아우구스투스는 결혼의 도덕적 규범을 분명히 명시한 그의 유명한 「혼인법」을 막 공포했다 ― 는 기분이 몹시 상했다. 그는 그녀를 재차 결혼시켰다. 이번에는 그의 믿을 만한 친구이자 협력자인 마흔두 살의 마르쿠스 아그리파였다. 그는 줄리아와 결혼하기 위해 그의 아내와 이혼하지 않으면 안 되었다. 8년 동안 줄리아는 아들 다섯을 낳았고, 그동안에는 "아이를 더 낳지 않기 위해" 불륜관계를 삼갔다고 자랑하고 다녔다.

아우구스투스에게 닥친 두 번째 충격은 의붓아들 드루수스 ― 황제는 그의 용감성, 활기, 매력 때문에 그를 좋아했다 ― 가 전장에서 죽었을 때였다. 고문들의 충고를 무시하고 아우구스투스는 20살의 드루수스를 장군으로 승진시켜 전쟁터에 내보냈고, 결국은 죽게 만들었던 것이다.

드루수스의 사망에 뒤이어 아그리파가 줄리아와 결혼한 지 8년 만에 죽었다. 또다시 줄리아는 로마 제일의 즐거운 과부가 되었다. 아우구스투스는 그녀를 또 결혼시켰다. 불운하게도 이번에 선택된 자는 티베리우스였다. 그도 황제의 뜻에 따르기 위해 깊이 사랑하는 아내와 이혼하지 않으면 안 되었다. 세 번째 결혼에서도 줄리아는 그녀의 색정광적 편력을 계속했다.

티베리우스는 발작적으로 그녀를 죽이게 될까 우려한 나머지 마침내 그녀를 떠나 자원하여 로데즈로 가서 유형생활을 했다. 그가 그러한 생활을 자원한 또 하나의 이유는 아우구스투스가 그를 상속자로 결심하기를 주저한 것이었다. 7년의 유형 기간에 티베리우스는 자신과 아우구스투스와 '황제의 매춘부 딸'을 저주하며 나날을 보냈다. 어쩌다 방문객을 맞으면 그는 다음과 같은 말을 거듭 반복했다. "나는 동쪽을 향해 앉아서 로마 쪽으로 등을 돌리고 있습니다."

7년 동안 줄리아의 탈선행위에 대한 자세한 내용이 로데즈에 있는 그에게 전해질 때마다 그의 피는 끓어올랐다. 결국 아우구스투스도 남의 험담과 비웃음을 더 이상 참을 수 없어서 줄리아를 '남자의 손이 닿지 않는' 섬으로 영원히 추방했다. 그 직후 남아 있던 황제의 직계 상속자들 – 황제의 두 외손자, 즉 줄리아의 두 아들 – 이 갑자기 죽었다. 하나는 장티푸스로, 다른 하나는 전쟁터에서 죽었다.

이제 나이도 60대에 접어들고 만성적인 질환으로 고생하던 아우구스투스는 이러한 사건들로 상심한 나머지 더욱더 침울해졌다. 그는 있지도 않은 반란 음모를 찾아내기 시작했다. 그가 황제의 사병인 친위대를 창설한 것도 바로 이 시기였다. 이 친위대는 음모로부터 자기를 지키기 위해 그가 손수 만들었으나, 나중에 알고 보니 음모라는 것은 전혀 존재하지도 않았다. 자신이 역사의 진행을 결정한다는 열광과 신념도 줄어들었다. 바로 그런 이유 때문에 그의 치세가 끝나감에 따라 새로운 화폐의 발행도 줄어들었던 것이다.

여러 해 동안 망설이던 그는 마침내 로데즈에서 유형생활을 하고 있던 티베리우스를 상속자로 정해 군 통수권을 넘겨주었으며, 시간이 되면 그를 그의 후계자로 선언하도록 원로원에 요청했다.

아우구스투스는 77세 되던 서기 14년에 숨졌다. 대장염, 만성적인 기관지염, 그의 전신을 뒤덮은 끈질긴 습진이 마침내 조종을 울리게 했던 것이다. 진심 어린 애도가 오랫동안 계속되었고 일단의 원로원 의원이 그의 관을 메고 침묵의 로마 거리를 수 시간 행진했다. 그를 화장한 재가 장엄한 무덤에 안치된 후 그는 원로원에 의해 신으로 추앙되었다. 그는 제국을 통일했고 상업에 활기를 불어넣었으며 정부를 강화했다. 무엇보다도 가장 큰 그의 업적은 안정되고 높은 가치의 주화를 만든 것이었다.

서기 14년 쉰다섯의 나이로 황제에 즉위했을 때 티베리우스는 이미 기진맥진해 있었다. 그는 거의 40년 동안 길고도 어려운 전쟁을 치렀고 스물의 나이에 이미 대장으로 승진하기까지 했다. 소문에 의하면 아우구스투스가 그를 싫어하고 눈엣가시처럼 여겼기 때문에 전쟁이 일어나면 아무리 먼 곳이라도 서둘러 그를 보냈다고 한다. 줄리아와의 문제, 그리고 그를 후계자로 인정하려 들지 않다가 다른 '후계자'가 없자 마지못해 그를 인정한 아우구스투스의 행위로 그는 병적인 불안상태에 놓이게 되었다.

즉위한 순간부터 그는 자신의 생명을 노리는 음모를 두려워하여 음모자를 색출하기 시작했다. 그러나 아무도 찾아낼 수 없었다. 그는 친위대를 강화했고 곧 친위대장 세자누스의 영향을 받게 되었다. 야심적이고 눈치 빠르며 무자비한 세자누스는 친위대장 자리를 적절히만 이용하면 정신적으로 불안정한 황제의 마음을 쉽사리 휘어잡을 수 있으리라는 결론에 도달했다. 그는 말끝마다 역모가 있다고 하여 티베리우스를 불안하게 했고 있지도 않은 음모를 끊임없이 조작해냈다. 시간이 갈수록 세자누스는 그가 믿는 유일한 보좌관이 되었다.

티베리우스의 편집증 악화는 통화공급과 제국의 경제발전에 심각한 영향을 가져왔다. 그는 불안에 빠질수록 새로운 화폐의 주조를 극도로 줄였다. 동시에 그는 많은 돈을 압수하여 왕실금고인 피쿠스[ficus: 피쿠스에 있는 돈은 황제의 사재인 아르카(arca)와는 별도로 보관하도록 되어 있으나 통치자들은 가끔 그 돈을 자기 것인 양 취급하여 개인적인 목적에 남용했다. 사실상 피쿠스에 있는 돈은 게임, 선물, 연회, 의식적인 기부 등과 같은 국가적 지출을 위해 쓰는 돈이었다]에 축적했다. 동시에 그는 상당량의 개인재산을 모으기도 했다.

점점 반대가 늘어났지만 그는 국고의 심각한 결손을 메울 새로운 화폐의 발행을 거절했다. 한마디로 그는 위협적인 세계에 대비하여 자기 주위에 돈을 쌓아둔 축재자요, 수전노가 되었다.

국고 사정이 어려워져 감에 따라 상업도 시들어갔다. 도시의 조그만 상점들은 망했고, 더 많은 사람이 구호명부에 올랐다. 농촌에서는 사정이 훨씬 더 심각했다. 농산물 가격은 떨어졌고 조그만 농장의 주인들은 저장료도 낼 수 없었다. 은행, 전문 사채업자, 라티푼디아 주인과 같은 대금업자는 그들에게 신용대부를 해주는 것을 거절했다. 라티푼디아의 주인들은 이전에는 높은 이자 때문에, 또한 농부들이 돈을 못 갚을 경우 압류를 통해 헐값에 부동산을 획득할 수 있다는 이점 때문에 돈을 선대해주었다. 많은 소농들은 저당물을 포기하고 처벌(채무 불이행자는 채무를 상환할 때까지 투옥될 수 있었다)을 피해 도시로 도망쳤다. 다른 소농들은 농토를 대농장 경영자에게 양도하고 땅값이 폭락하자 그들의 농노가 되었다. 그리하여 토지 소유주인 일단의 원로원 의원들이 황제에게 호소했다. 티베리우스 자신도 제국 전역에 상당한 토지를 소유하고 있었기 때문에 대금업자들에게 그들이 가진 자본의 3분의 2를 이탈리아 농지에 투자하라는 칙령을 발표했다. 그러나 대금업자들이 응하지 않아 이 책략은 실패했다. 마침내 원로원은 티베리우스의 승낙을 받아 세계 최초로 토지은행을 설치하고 600~700만 달러에 달하는 예산을 그 은행의 기금으로 승인했다. 압류의 위협을 받는 농부들은 그들의 토지를 담보물로 제출하고 토지은행에서 3년간 무이자로 대부를 받을 수 있었다. 이렇게 해서 그 위기는 마침내 해결되었다.

그러나 티베리우스가 화폐 주조를 억제했기 때문에 돈은 계속 부족했다. 몇몇 도시에서 식량폭동이 일어났다. 마침내 – 그것도 잠깐이긴 했지만 – 티베리우스도 누그러졌다. 그는 스페인의 거대한 은광 소유자 섹투스 마리우스를 반역죄로 몰았다. 황제는 '대장군에 반역하는 음모'는 사형에 처할 수 있도록 자기가 새로 만든 법을 적용하여 마리우스를 처형했고, 그의 광산을 국가에 귀속시키라고 명령했다. 이 재원으로 티베리우스는 새로운 화폐의 주조를 허락했다.

그러나 통화공급이 원활했던 것은 잠시뿐이었다. 티베리우스는 자기에 대한 백성의 분노가 증대하는데도 축재를 계속했다(어떤 사가들은 세자누스가 황제의 인기를 더 떨어지게 하려고 일부러 황제를 충동질하여 제한적인 통화정책을 추구하도록 했다고 주장한다).

재위 23년 동안 티베리우스가 발행한 신규화폐의 양은 전임자의 10%도 되지 않았다. 게다가 새로 공급된 화폐 – 아우레우스로 명명된 – 대부분은 경제에 아주 보잘것없는 영향밖에 미치지 못했다. 새로 주조된 그 금화는 대부분 정부에 의해 압류되어 국제거래에 사용되었기 때문이다. 그의 치세 말기에 일상생활에 사용된 새로 발행한 데나리는 아주 적은 양에 지나지 않았다.

자신을 향한 백성들의 원한이 사무치고 세자누스가 조작한 음모가 늘어나면서 티베리우스는 로마를 떠나 카프리 섬에 가 수많은 친위대와 경비견에 둘러싸여 지냈다. 두 번째로 자원한 유형지에서 그는 모든 일을 세자누스에게 맡기고 마지막 12년을 지냈다. 그런데 갑자기 황제의 생명을 노리는 새로운 음모가 있다는 정보를 가지고 세자누스가 나타났다.

이 사건에는 티베리우스의 질녀 아그리파와 그녀의 아들, 그리고 티누스 사비누스라는 사람이 관련되었는데, 모두 다 유죄판결을 받았다. 아그리파는 줄리아가 유형생활을 했던 바로 그 섬으로 추방되었고 그의 아들은 자살했다. 그리고 티투스 사비누스는 능지처참형을 당했다.

서기 31년 어느 날, 티베리우스의 처제인 안토니아는 세자누스가 암살 음모를 꾸미고 있다는 쪽지를 티베리우스에게 보냈다. 그때 일흔셋이던 황제는 급히 로마로 돌아와 다른 사람들에 관해 음모를 조작해내던 세자누스를 심문·체포하여 원로원의 판결에 넘겼다. 원로원은 이 순간을 무척이나 기다리고 있던 터였다. 세자누스는 많은 원로원 의원들을 위협했고 그가 황제에게 끼친 해독은 오랫동안 그들의 원성의 대상이 되었다.

세자누스뿐 아니라 그의 친척과 친구들도 모두 처형되었다. 처형에 앞서 사춘기에 이른 세자누스의 딸은 의식에 따라 능욕을 당했다. 처녀의 처형은 법으로 금지되어 있었기 때문이다. 그의 아내는 자살했다. 그러나 죽기 전 그녀가 티베리우스에게 편지를 써서 안토니아의 딸도 세자누스의 공범 중 하나라고 고발했으므로 그녀도 체포되어 감옥에서 굶어 죽었다. 마지막으로 아그리파도 유형생활을 하던 중 자살했다.

이제 정신이 오락가락하던 티베리우스는 서기 37년 심장마비를 일으켰다. 그가 회복될 기미를 보였을 때 친위대원들은 베개를 짓눌러 그를 질식시켜 살해했다.

그는 폭력에 찌든 제국과 7억 데나리를 모은 왕실금고를 남기고 죽었다. 이것은 그 당시로는 어마어마한 액수였고 아우구스투스가 남긴 2,000만여 데나리의 거의 30배에 달하는 것이었다. 이와는 대조적으로, 국고인 에라리움에는 잔고가 하나도 없었다.

티베리우스가 모아놓은 재물과 그보다 훨씬 더 많은 재물이 그다음 30년 동안 세 사람의 미치광이 같은 독재자가 계속하여 재위에 있는 사이에 탕진되었다. 칼리굴라, 클로디우스, 네로의 비정상적이고도 피비린내 나는 착취는 많은 훌륭한 역사서와 할리우드 영화를 통해 너무나 잘 알려져 있기 때문에 더 이야기할 필요가 없을 것이다. 이 세 광인들은 근친상간이나 모친살해, 아니면 수많은 무고한 희생자들의 투옥과 살해에 열중하지 않을 때는 제국의 국고를 탕진하느라 정신이 없었다. 칼리굴라는 2년도 채 못 되어 티베리우스가 축적한 7억 데나리를 깡그리 써버렸다.

화려한 종교적 궁중의식, 수십만 로마 시민이 참석하는 며칠씩 계속되는 축제, 궁전처럼 화려한 전용 별장의 건축, 백성들이 자신과 소위 자신의 '형' 주피터 신을 경배하게 할 대리석 사원의 건축 등에 그 돈을 낭비했다. 군 장교들과 친위대 – 그는 그들을 두려워했는데 그럴 만한 이유는 충분했다 – 에 대한 아낌없는 선물에도 많은 돈이 소비되었다.

티베리우스의 재보가 바닥나자 칼리굴라는 많은 부유한 가문에 조작된 반역 음모를 씌워서 그들의 재산을 계획적으로 몰수했다. 그리고 그는 화폐를 주조하기 시작했는데, 오직 재건시대의 아우구스투스만이 그 주조 속도에 버금갈 수 있을 정도로 엄청나게 많은 양이었다. 그와 그의 후계자들이 집권하는 동안 주조된 신·구화폐의 양은 티베리우스 시대에 주조된 양의 약 여덟 배에 달했다.

친위대에 대한 칼리굴라의 잦은 뇌물공세에도 불구하고 그는 어느 날 저녁 친위대장 카시우스 체리아의 칼에 찔려 죽었다. 그와 함께 체리아는 칼리굴라의 아내도 살해하고 그의 갓 난 딸의 머리를 벽에 부딪쳐 박살냈다. 그러고 나서 친위대는 칼리굴라의 삼촌인 쉰다섯의 클로디우스를 다음 통치자로 추대했다. 클로디우스는 아마 매독에 걸렸던 것 같고 – 당시 로마에서는 흔한 일이었다 – 매독성 진행마비에 따르게 마련인 과대망상이 있었다. 칼리굴라의 지출을 풍성한 것이었다고 한다면 클로디우스의 그것은 엄청난 것이었다. 그는 단 하나의 개발사업 – 푸키네 호의 배수시설 – 에 1억 데나리를 썼다. 그 계획에 3만 명의 노동자와 기사들이 11년 동안 일했다. 기회가 있을 때마다 아낌없는 선물이 친위대에 기증되었다. 로마의 가난뱅이들은 배급을 두 배로 받았고 전에는 한 번도 구경하지 못한 경기와 게임에 초대되어 즐거워했다.

지출이 늘어나자 클로디우스는 새로운 화폐의 공급을 늘렸고, 점점 늘어나던 부자들의 재산을 뺏기 위해 그들을 절멸시켰다. 재위 13년 동안 그는 원로원 의원 35명과 금융·대부업 종사자, 건축회사 직원, 세금징수 관리, 부유한 퇴직귀족 300명 이상을 학살했다. 그의 독재정치와 광란적인 지출은 그가 독살됨으로써 끝났다.

그의 뒤를 이은 네로는 처음에는 두 전임자의 행적을 뒤따를 것 같은 조짐을 보이지 않았다. 그러나 그가 집권한 지 5년이 되었을 때 불안정한 조짐이 최초로 그 본색을 드러냈다. 몇몇 연로한 원로를 억지로 자기와 함께 중무장한 검사(劍士)들에 대항해 결투하게 했던 것이다. 얼마 후 그가 갑자기 변덕을 부려 자기 어머니를 투옥하고 처형했을 때 로마의 왕조가 다시 한 번 미치광이에 의해 장악되었다는 사실은 아주 분명해졌다.

대규모 축제, 평민들의 환심을 사기 위한 오랜 경기, 궁전처럼 으리으리한 목욕탕을 건설하는 데 또다시 미친 듯이 돈이 지출되었다. 자신을 신이라 선포한 그는 50피트 높이의 은으로 만든 자신의 동상을 제국의 여러 도시에 건립했다. 그러나 가장 터무니없는 지출은 친구들에 대한 선물이었다. 그의 후계자가 한 계산에 의하면 네로는 친구들에게 8억 데나리를 선물했다. 그것은 8년 동안 정부의 정상지출을 충당하기에 충분한 만큼의 액수였다.

물론 그러한 정신병자 같은 헤픈 씀씀이는 국고를 고갈시켰다. 네로는 거의 재산몰수나 다름없는 세금으로 그 상황을 구제하려고 결심했다. 가이우스 수에토니우스가 쓴 『황제의 생활(De Vitae Caesarum)』에는 다음과 같은 내용이 있다. 어느 날 정신병자 같은 황제는 갑자기 두 손을 모아 비비면서 말했다. "세금을 걷고 또 걷자꾸나. 아무도 아무것도 갖지 못한다는 것을 보여주자꾸나." 그리고 그는 칼리굴라가 제정하여 잠시밖에 시행하지 못한 계획을 되살렸다. 그것은 "도시의 모든 지역에서 팔리고 있는 일체의 음식물에는 명백히 규정된 세금을 과하고, 장소를 불문하고 송사에는 문제되는 액수의 40분의 1을 징수하며, 짐꾼에게는 하루벌이의 8분의 1을, 매춘부에게는 한 번 관계를 가질 때 받는 금액만큼을 세금으로 징수하도록 한다"라는 것이었다.

그 부담은 가장 담세능력이 없는 자들에게 떨어졌다. 그러나 언제나 그렇듯이 축적된 재산이나 고액소득 혹은 방대한 토지 소유에는 세금이 없었다. 세금에 관한 계획 자체가 엉성했을 뿐 아니라 효과적인 징수제도가 없었기 때문에 그것은 십중팔구 실패할 운명에 놓여 있었다. 정부는 세금징수를 개인기업에 일임했다. 경쟁업체들은 각자가 징수할 수 있는 확실한 양을 명기하여 비밀입찰을 했다. 계약은 최고 액수의 응찰자에게 낙찰되었다. 응찰액을 넘게 징수한 돈은 아무리 많더라도 그 회사가 보유할 수 있었고, 그것은 주주들에게 분배되었다. 로마 본국 이외의 지역에서는 세금징수 회사들이 가혹한 방법을 이용해 상당량을 끌어모을 수 있었으나 저항이 심했던 이탈리아 도시들에서의 결과는 언제나 형편없는 것이었다.

세금으로도 지출을 감당할 수 없게 된 네로는 결정적인 실책을 범했다. 그는 통화를 변조했던 것이다. 그 사건은 로마를 깜짝 놀라게 했고, 네로는 제국 전체에서 신뢰를 잃었다.

2,000년 전에 통화의 평가절하는 우리가 선뜻 이해할 수 없는 위기감을 가져왔다. 오늘날 우리는 통화의 가치 하락이 거의 불가피한 것이라고 간주한다. 우리는 그것을 언제나 있게 마련인 유감스러운 일, 예컨대 거리의 범죄나 겨울의 매서운 날씨 및 노령의 쇠약과 같은 것으로 인정한다. 우리는 화폐의 가치 하락(그리고 그에 수반되는 인플레)이 영원히 계속되는 것으로, 말하자면 그것은 우리의 운명이기도 하다고 믿게 되었다.

그러나 고대사회는 보수적인 통화정책을 추구했고 고대의 정부들, 특히 세계에서 강국에 속하는 정부들은 전통적으로 통화의 질적 타락을 반대했다. 기원전 8세기 리디아 지방에서 최초로 주화가 만들어진 이래 책임 있는 정부들은 통화의 신뢰성과 순수성 및 안전성을 크게 강조해왔다. 따라서 불순물이 섞이지 않고 변하지 않으며 본래의 무게와 크기를 유지하는 주화를 발행하는 정부는 신뢰를 얻을 수 있었던 반면 모자라는 통화공급을 늘리려는 목적으로 가짜나 '주화의 가장자리를 깎아'내거나 혹은 무게가 덜 나가는 주화를 속여서 사용하는 정부는 능력이 부족한 형편없는 정부로 간주되었다.

고대사회는 주조된 화폐의 순수성과 불변성을 대단히 중요시했는데, 이는 기원전 594년 아테네의 집정관 솔론이 집권 직후 발표한 칙령에 잘 나타나 있다. 그는 자신의 즉위를 축하하기 위해 새 주화를 주조하고, 앞으로 그 주화를 변조하는 자는 누구든 두 손을 잘라버린다고 발표했다. 또 그는 이 새 칙령이 지위고하를 막론하고 ― 그 자신도 포함하여 ― 모든 사람에게 적용될 것이라고 규정했다.

자국의 주화를 변조하지 않으려는 고대 정부의 기본방침은 국가 간에 전쟁이 끊이지 않는 주요한 이유 중 하나였다. 화폐 주조에 사용되는 귀금속이 부족했기 때문에 화폐가 모자라는 경우가 자주 있었다. 그 딜레마를 벗어나는 가장 일반적인 방법은 패배한 적국의 통화를 빼앗는 것이었다. 왕국이나 도시국가는 질 나쁜 화폐를 발행하여 인플레를 야기하고 명예를 떨어뜨리는 위기를 자초하기보다는 오히려 위험을 감수하고 전쟁을 택했다.

로마인의 화폐 개발이 늦긴 했지만 ― 그들은 기원전 4세기까지 곡물화폐를 사용했다 ― 그들은 주화의 품질이 떨어지는 것을 막는 데 주의를 기울였다. 그들의 통치자들과 또 다른 지도급 인사들은 자기 나라의 금화와 은화가 변하지 않는다는 점을 자주 자랑스럽게 이야기했다. 아우구스투스가 주화에 새겨 넣은 '영원(Aeternitas)'이라는 글자는 헛된 제스처가 아니었다. 그것은 수세기에 걸쳐 로마인들이 큰소리치고 예언하던 것을 재확인하는 것이었다. 그리고 그 주화와 그것을 발행한 정부권력은 영원할 것처럼 보였다.

네로가 금화 아우레이와 은화 데나리우스를 변조한 것은 이러한 전통을 역행하는 것임에 틀림없었다. 서기 64년 그는 돌연히 무게가 10% 가벼운 아우레이를 조금 발행하겠노라고 공포했다(금 1파운드를 가지면 아우레이 주화 41개를 만들 수 있었다. 그러나 이때부터는 45개를 만들게 되었다). 새 데나리우스는 기존 은화보다 12%나 가벼운 것이다. 그러나 중요한 것은, 은화에 기초금속을 약 10% 추가함으로써 값이 더욱 떨어지게 되었다는 점이다. 결국 새 데나리우스의 은 함량은 거의 25%나 줄어들게 되었다.

사태는 예상했던 대로였다. 새 주화는 변조의 정도에 따라 기존 주화보다 할인되어 팔리기 시작했고, 금값은 즉각 올라갔다. 우리에겐 인플레의 정도에 관한 정확한 통계자료가 없다. 그러나 화폐변조 후의 에피소드에서 볼 수 있는 로마 경제의 반응을 토대로 할 때, 생계비 상승은 은화를 평가절하한 25%의 정도를 훨씬 초과했음이 틀림없다. 그러나 그것은 사태의 시초에 불과했다.

네로는 재정장관의 조언에 따라 과거의 모든 주화를 회수·용해하여 변조된 형태로 다시 주조한 후 원 주인에게 되돌려주도록 명령했다. 새 금화는 작고 가벼워졌고, 새 은화는 구리합금으로 된 것이었다. 네로의 계획에 따라 다시 발행된 아우레이는 10%씩 가치가 떨어졌고 데나리우스는 25%나 떨어졌다. 정부가 원래의 질 좋은 주화에서 빼낸 여분의 금과 은은 새로운 주화의 주조에 사용될 것이었다. 네로는 이 책략을 통해 새로 주조된 상당량의 화폐가 고갈된 국고와 자신의 왕실금고에 보탬이 될 것이라고 생각했다. 그러나 그레셤의 법칙이 작용하기 시작했다.

사람들은 원래의 좋은 주화를 감추었고, 돈을 안전히 보관하기 위해서나 이자를 타먹기 위해 은행에 돈을 맡겼던 사람들은 돈을 도로 찾으려고 은행에 몰려들었다. 돈이 행방을 감추어버린 것은 물론, 때에 따라서는 돈의 주인까지도 돈과 함께 사라졌다. 다시 말해 그들은 타국으로 이민을 갔던 것이다. 변조된 화폐에 대한 사람들의 기피현상이 너무나 심했다. 네로는 재무관들을 집집마다 보내 숨겨둔 주화를 찾게 함으로써 이 사태에 대처했으나 그것은 실패로 돌아갔다. 그러자 그는 친위대를 파견해서 '수색과 몰수'를 명령했다. 이것은 어느 정도 실효를 보긴 했으나 이로 말미암아 황제에 대한 원성이 높아졌고, 황제를 암살해야 한다는 생각은 이때부터 모든 사람의 묵계가 되었다. 변조되지 않은 화폐를 수색해서 몰수하려는 그의 계획에 반대하는 파고가 너무 높아지자 마침내 그는 이 계획을 포기하지 않을 수 없었다. 그러나 새로 주조되는 화폐는 계속 변조된 형태로 발행되었다.

얼마 후 폭풍은 그쳤다. 마침내 사람들은 질 나쁜 새 화폐에 순응하여 인플레 방어용 상품구입과 부동산 투기를 그만두었고, 그에 따라 물가인상은 중지되었다. 일단 사태가 이렇게 되자 물가는 점차 내리기 시작했다.

6~7년이 지나자 물가는 평가절하 이전과 거의 마찬가지가 되었다. 비록 정부가 평균 이상의 주화를 발행할 수는 있었다 하더라도 (새로 발행된 데나리우스 하나하나에서 절약되는 은의 양이 있기 때문에) 화폐공급의 증가량이 무역과 상업에 자극적인 효과를 주기에는 충분치 못했다. 화폐의 변조는 로마 경제의 만성적인 문제, 즉 새 화폐를 주조하는 데 필요한 금과 은의 만성적인 부족을 다소 완화하긴 했으나 그것을 완전히 극복하지는 못했다.

네로가 화폐공급을 증가시킴으로써 애써 확보했던 자극은 또 다른 요인 때문에 무산되고 말았다. 그리고 그것은 제국 경제의 약점이기도 했다. 통화공급이 증가해도 구매력의 폭넓은 증가는 나타나지 않았다. 새로 발행된 화폐는 비효율적으로 좁은 범위에서만 유통되었다. 즉, 그것은 정부의 조폐국에서 나와 국고로 들어갔고 국고에서 나와 부유층의 금고와 중산층의 주머니로 들어갔던 것이다. 주민의 절대 다수 ― 아마 97% ― 는 새 화폐를 한 푼도 받지 못했다. 가난한 대중의 구매력은 향상되지 않았다. 로마와 여러 도시의 일반 노동자들은 연간 35달러 정도로 생활했고, 토가(겉옷)는 1년에 한두 벌밖에 살 수 없었으며, 식사는 거의 빵과 포도주만으로 해결했고 살림은 지하실이나 작업장 뒤쪽에서 꾸려나갔다. 그들이 죽었을 때 미망인이 장례비용 3.6달러를 낼 여유가 있다면 그녀는 운이 좋은 셈이었다. 반면 부유층과 점점 늘어나는 풍족한 중산층은 새로 주조된 화폐를 획득했기 때문에 구매 ― 대개 사치품의 구매 ― 가 늘어났다. 그러나 그들의 수는 소수였고 그들의 구매는 제국의 7,000만 평민들의 생활수준을 향상시키기에는 충분치 못했다. 새로 주조된 이 화폐는 거듭해서 실패로 끝날 유통구조를 순환했고 시간이 갈수록 경제회복은 기대하기 어려워졌다.

이윽고 네로의 재산과 에라리움(국고)은 다시 한 번 바닥이 났다. 결국 화폐공급을 늘리려는 그의 시도는 어떠한 건설적인 결과도 가져오지 못했다. 그것은 단지 안정을 해쳤을 뿐이었다. 정부에 대한 신뢰는 한동안 심하게 흔들렸다. 그리고 그에 못지않게 중요한 것은 좋지 않은 선례를 남겼다는 점이다. 그 후의 통치자들도 통화 문제에 직면하면 화폐변조로 위기를 모면하려할 것이기 때문이다.

화폐조작 실험이 실패로 끝나면서 네로의 영향력은 급격히 떨어졌다. 마지막 남은 제위 6~7년 동안 그는 수천의 기독교도를 무참히 학살했고 약간의 구실만 있어도 적이라고 생각되는 친구들을 처형했다. 그가 높이 존경받는 장군 몇 명을 죽인 것은 너무 지나친 일이었다. 서기 68년 갈리아 주둔 장교인 줄리우스 빈덱스와 스페인 총독 갈바가 돌연 반군을 일으켜 로마로 진군하여 네로를 패위시키겠노라고 발표했다. 네로는 이를 진압하려 했다. 그는 반도들과 정면으로 대결하겠다고 선포했다. 사실상 그는 반도들에 대항하는 군대를 이끌고자 했으며 무대연출을 위한 도구들을 마차 몇 대분으로 준비시켰다. 그는 전투가 없는 날을 위해 연기와 노래, 그리고 그런 경우를 위해 지은 자작시를 암송함으로써 군대를 즐겁게 해주려고 계획했다.

그러나 원로원에게는 다른 계획이 있었다. 지금이야말로 이 미치광이 군주를 제거할 시기였다. 친위대의 '호의적 중립'을 확보한 뒤 그들은 비밀회의를 열고 갈바를 새 황제로 선언했다.

이 갑작스러운 사태에 완전히 외톨이가 되어 당황한 네로는 자살을 시도했으나 그나마 제대로 해내지 못했다. 대신 그의 종자 한 명이 그를 도와 그의 목을 베어주었다.

네로 사후 70년간의 화폐의 주요한 발전에 대한 역사적 자료는 전혀 없다. 설사 그런 발전이 있었다 하더라도 기록되지 않았다. 트라얀(Trajan, 98~117년)의 통치 기간 중에 재미있는 에피소드가 있었다. 그가 다시아 ― 오늘날의 루마니아 ― 왕국을 점령한 뒤 페르세폴리스에서 알렉산더가 한 것과 같은 장면이 재연되었다. 트라얀은 엄청난 양의 금화, 금괴, 금 세공품과 그 나라의 금광까지 몰수했다. 그러나 그는 알렉산더와는 달리 노획품을 화폐로 주조했다. 로마의 조폐국에서 갑자기 금이 쏟아졌다. 신규 금화가 너무 늘어나 은화 데나리우스에 대한 금화 아우레우스 교환가치가 떨어졌다. 그 균형을 회복시키고자 트라얀은 은화의 기초금속량을 약간 늘렸다(이전의 데나리우스는 10%의 기초금속을 함유했는데, 트라얀이 만든 데나리우스는 15%의 기초금속을 함유했다). 아우레우스에 대한 데나리우스의 교환가치는 즉시 떨어졌고 황제의 의도는 적중했다.

트라얀이 다시아의 보물을 화폐로 주조하기를 연기했다면 알렉산더의 예를 좇을 수도 있었겠지만 그에겐 또 다른 의도가 있었다. 과대망상적이고 침착하지 못했던 그는 명예욕과 남의 칭찬을 받고자 하는 열망이 대단했다. 그는 돈을 주조하자마자 써버렸다. 그 돈은 여러 가지를 건설하는 데 쓰였고, 구호금을 갑자기 세 배로 늘린다든가 민중에게 약속한 호화로운 쇼 무대를 만드는 데 쓰였다. 또한 그는 두 개의 인기 있는 프로젝트에 상당한 돈을 소비했다. 전임자 네르바의 계획을 이행하기 위해 그는 두 개의 기관을 발족시켰다. 하나는 "곤경에 처한 농부를 위한 농촌 대부"를 담당하는 기관 — 미국의 협동은행의 선구 — 이고, 다른 하나는 "가난한 미망인 어머니를 돕기 위한" 것 — 피부양어린이 보조계획의 선구 — 이었다. 이 두 기관에 약 2억 데나리가 소요되었다.

트라얀이 집권하는 동안 다량의 신·구 데나리가 경제에 투입되었는데도 물가는 오르지 않고 밀의 가격은 안정세를 유지했다. 실제로 그것은 꼭 1세기 전인 아우구스투스의 소위 '재건시대'의 밀 가격과 같은 값으로 매매되었다.

마르쿠스 아우렐리우스 치세 때 있었던 또 한 번의 가벼운 통화변조도 역시 물가에는 눈에 띌 만한 영향을 주지 않았다. 코모두스(Commodus, 180~192년)와 셉티무스 세베루스(Septimius Severus, 193~211년)가 행한 대규모 평가절하도 인플레를 가져오지는 않았다. 셉티무스는 데나리우스의 은 함량을 50%나 감소시켰지만 물가는 안정세를 지켰다. 실상 그가 많은 농장을 몰수하여 자신의 재산으로 사유화했을 때 부동산과 농장가격은 크게 떨어졌다.

통화를 변조한 셉티무스와 그의 후계자들은 늘어나는 국가경비를 충당하기 위해 충분한 화폐공급을 시도했다. 그러나 그들은 실패했고 국고는 거의 예외 없이 압박을 받았다. 비록 거듭된 변조로 주조에 필요한 은의 양이 줄어들긴 했지만 금속공급 또한 줄어들어 '비축'을 할 수는 없었다. 주조할 수 있는 은이 부족한 탓에 뜻하지 않은 좋은 결과가 생겼다. 즉, 평가절하를 하면 반드시 생기게 마련인 인플레가 2세기 동안 생기지 못했던 것이다.

이 모든 상황은 3세기에 와서 극적으로 바뀌었다.

셉티무스는 사망하기 직전 군이 그의 두 아들 중 한 명을 그의 후계자로 선택하도록 유언했다. 장남 카라칼라는 이 선택의 딜레마가 군에 너무 과중한 부담이 된다는 명분 아래 그의 어머니가 공포에 질려 바라보는 가운데 자객을 시켜 동생 게타를 암살했다. 그리고 그는 황제가 되었다. 즉위하자마자 그는 게타와 조금이라도 관계가 있는 자는 모조리 살해했다. 그 학살의 시기를 살았던 역사가 카시우스 디오는 당시 2만 명이 살해되었다고 주장했다.

카라칼라의 다음 행위는 그 일만큼 피비린내 나는 일은 아니었지만 장기적으로 한층 더 파괴적인 것이었다. 그는 갑자기 그리고 (카시우스 디오의 말을 다시 한 번 인용하자면) '은밀하게' 통화를 변조했다. 데나리우스의 추가 주조를 금하고 새 주화 '안토니니아누스(Antoninianus)'를 유통시킨 것이다. 이 주화는 사용이 금지된 데나리우스보다 무게가 한 배 반이 나가고 구리합금은 50%를 그대로 유지했다. 그러나 무게가 한 배 반이므로 값도 한 배 반이 되어야 할 텐데 두 데나리의 값을 매겼다. 이것은 사기성이 매우 짙은 변조였다. 분노가 커졌다. 그것은 은의 함량을 37.5%로 낮춰서 새로 주화를 변조했다는 데 대한 분노가 아니라 그러한 평가절하를 실행한 기만적인 방식에 대한 분노였다. 네로 시대처럼 또다시 불안정한 심리가 모든 사람의 마음을 사로잡았다. 사람들은 위험한 선례가 생겼다고 생각했다. 지금의 황제나 아니면 장래의 황제 누구든 새로 주화를 만들어 은의 함량은 증가시키지 않되 단순히 액면가만 높게 붙임으로써 은밀한 평가절하를 단행한다면 무슨 도리로 그것을 막을 수 있을 것인가?

사람들이 안토니니아누스 주화를 데나리와 교환하기를 거부하자 혼란이 일어났다. 그들은 자기들이 소유한 데나리를 모조리 감추기 시작했다. 생산업자들은 구매자들이 새 주화로 값을 지불하려고 하자 물건 값을 올렸다. 카시우스 디오는 이 상황을 "아무도 위조 은화를 원하지 않았다"라고 묘사했다. 경제적 무질서가 일어나자 아무 물건도 시장에 나오지 않았다. 돌연 돈보다 상품을 찾게 되었고 물가는 하늘로 치솟았다. 로마제국 역사상 처음으로 장기적 인플레가 시작되었다. 10년도 채 안 되어 빵 값은 두 배로 뛰었다.

카라칼라가 위험한 선례를 남겼다는 것은 그 후에 일어난 사건에 의해 입증된다. 그의 암살 이후 만연한 군사적 무정부상태 67년 동안 27명이 저마다 황제를 참칭하여 일어났다가 사라졌다. 그들은 각각 일시적인 주도권을 잡은 몇몇 군단에 의해 피비린내 나는 로마의 왕좌에 잠시 앉았다가 새로 권력을 장악한 상대방 군사 도당이 지명한 다음 꼭두각시에게 자리를 내주었다. 군대가 그들을 마음대로 키웠다가 잘라버렸다.

어떤 자는 한밤중에 칼에 찔렸고, 어떤 자는 백주에 많은 시종이 보는 앞에서 교살되었으며, 또 다른 자는 고용된 전문가가 교묘하게 꾸민 독살에 희생되기도 했다. 어떤 자는 몇 개월을, 어떤 자들은 몇 년간을 통치하다 사라져 갔다.

그렇기는 하지만 그들은 그 짧은 제위기간을 충분히 이용해 통화를 변조하고 무게와 액면가를 달리한 새 주화를 대량으로 발행했다. 카라칼라가 안토니니아누스를 발행한 지 50년 만에 은의 함량은 5%까지 줄어들었으며, 이제 구리가 95%인 주화는 거의 무제한 주조할 수 있게 되었다. 새 황제들은 저마다 텅 빈 국고와 급격히 늘어나는 지출을 감당할 필요성에 부딪혔다. 정부지출은 인플레의 압력뿐 아니라 경쟁적인 군사 도당 간의 끊임없는 적대행위로 인한 소모 때문에 한없이 팽창했다. 뒤이어 왕좌에 오르는 자객들은 저마다 그의 선임자들이 행한 방식대로, 즉 새 화폐를 더 많이 발행하여 그 문제에 대처하려 했다. 그러나 그것은 인플레만 더욱 조장시켰고 또다시 국고를 고갈시켰다.

　설상가상으로 더 많은 지출을 요하는 새로운 난관들이 생겨났다. 야만스러운 적들이 제국의 모든 국경에서 쳐들어왔던 것이다. 파르티아인이 쳐들어오는가 하면 고트족이 쳐들어왔고, 이번에는 코디족이나 알레마니족 혹은 동고트족이 쳐들어왔다. 로마 군대 내에서 끼리끼리 싸우던 도당은 상호 간의 살육전을 중지하고 적과 싸웠으나 많은 영토를 잃었다. 동시에 본토 이외의 지역에서 군사반란이 터졌다.

　로마군은 다른 곳에 매여 있었기 때문에 적시에 투입될 수 없었고 반란을 진압하는 데 외국 용병을 고용하지 않을 수 없었다.

　서기 270년 아우렐리안이 즉위했을 때 로마 경제는 악화일로에 있었다. 인플레는 하늘 높은 줄 모르게 치솟았고 통화는 혼돈에 빠져 수십억 개의 주화가 은과 구리의 함량이 서로 달랐고, 크기, 무게, 액면가도 달라 혼돈을 야기했다. 통화상의 혼란으로 물물교환이 점차 발달하고 있었다. 군 내부에서는 불만이 커졌다. 종래의 연봉 225데나리는 인플레로 인해 거의 무의미해졌다. 마침내 봉급인상을 요구하는 반란이 터졌다. 요구가 관철될 것 같지 않자 군인들은 현물로 지급해줄 것을 요구했다. 로마 사회는 점차 농업경제로 되돌아갔고 농산물 가격은 하루가 다르게 올라갔다. 황제의 사절들이 대농장주와 '싼값의 식량'을 사기 위한 계약체결을 시도했으나 농민과 상인들은 이를 거부했다. 마침내 국가는 많은 농장을 몰수하여 그 식량을 군용으로 사용했다.

　아우렐리안은 통화 무질서를 해결하는 방안으로 두 종류의 주화를 발행하여 기존 주화의 혼란을 없애려 했다. 작은 주화는 1데나리우스였고 큰 것은 20데나리였다. 그러나 그 어느 것도 은은 조금도 함유하지 않았다. 그것들은 완전 구리로 만들어졌으나 주조할 때 은색과 비슷한 용액으로 '세척'하고 마지막에 은막처리를 한 것이었다.

　20데나리 주화는 모양이나 크기가 미국의 5달러짜리와 유사했으나 본질적으로는 아무 가치가 없는 것이었다. 아우렐리안이 이 주화를 주조하기 270년 전에는 순수한 은화 20데나리만 가지면 로마에서 거의 8개월 동안 생활할 수 있었다. 아우렐리안 시대에는 부양할 어린이가 있는 가난한 어머니에게 지급되는 연 150데나리가 이제는 3데나리 정도의 가치밖에 없었다.

물론 아우렐리안이 시도한 개혁은 실패했다. 그것은 인플레만 자극했을 뿐이다. 이제 화폐를 주조하는 데 은이 필요하지 않게 되자 화폐는 주조국에서 홍수같이 쏟아졌다. 물가는 계속 뛰었고 사람들은 가치 없는 주화를 상품으로 교환하려고 점점 더 애를 썼다.

그 상황은 서기 285년 디오클레티안이 등장할 때까지 한층 더 악화되었다. 달마티아 지방의 노예의 아들인 그는 친위대에서 사령관직에까지 올랐다. 그러나 그는 친위대가 흔히 황제로 추대하곤 하는 그런 평범한 자객이 결코 아니었다. 에드워드 기본은 불멸의 저서 『로마제국 흥망사(The Decline and Fall of the Roman Empire)』에서 그의 치세를 "어떤 전임자보다 더 훌륭했다"라고 기술했다.

그는 더욱 효과적으로 통치하기 위해 취임하자마자 제국을 둘로 분할하여 동로마는 그 자신이, 그리고 서로마는 과거의 동료인 막시미아누스에게 맡겼다. 두 제왕은 20년간 각자 일종의 부황제(vice-Emperor)인 아우구스투스의 보좌를 받고 20년이 지나면 둘 다 사직하고 두 사람의 아우구스투스가 제왕이 되도록 했다. 그다음 그는 수도를 니코메디아 — 지금의 터키 — 로 옮겼다. 과거 21명의 통치자 중 20명이 암살되었던 '암살의 도시' 로마를 떠난 것이다. 그는 군사 및 민간개혁(거의 몰수나 다름없는 세금부과를 포함하여)을 대폭 실시했고 팽창된 정부기구에 그가 신뢰할 수 있는 사람들을 배치했다. 그는 통화 정밀검사를 네 번 시도하여 부분적으로는 성공했다. 그는 옛날의 은화 데나리우스 — 그는 그것을 '데나리우스 아르젠티움(denarius argentium)'이라 불렀다 — 를 일반통화로 복귀시키려고 했다. 그러나 우리에게 전해진 얼마 안 되는 증거에 따르면 그는 충분한 통화공급에 필요한 은을 확보할 수 없어 실패했다고 한다. 6~7년의 실험기간을 지나 완전히 구리로 만든 '데나리우스 코무니스(denarius communis)'라는 주화가 또 한 번 일반통화가 되었다. 그러나 그때에는 이미 돈의 가치가 너무나 보잘것없이 떨어져서, 거래 때마다 필요한 많은 동전을 하나하나 센다는 것은 여간 귀찮은 일이 아니었다. 그 구제책으로 디오클레티안은 똑같은 수의 동전을 넣어 봉한 주머니 '폴레스'를 처음 도입했다. 봉지 속에 든 동전의 무게가 각 주머니에 명시되어 있었는데, 가장 큰 주머니는 무게가 300파운드를 넘었고 금이나 은에 비한 가치는 약 4달러였다. 거래는 주머니의 무게에 따라 계산되었다.

그의 가장 유명한 개혁은 301년에 선포된 그의 법전이었다('자유시장'을 주장하는 경제학자들은 이 개혁에 욕설을 퍼부었다). 기원전 1792년의 함무라비 법전을 모델로 한, 그러나 그보다 훨씬 더 광범위한 디오클레티안의 법전은 엄격한 임금 및 물가 통제 제도를 확립한 것이었다. 비록 그 칙령의 일부만 남아 있지만 그 안에는 수백 개의 물가와 임금목록이 자세히 규정되어 있다. 아무리 하찮은 물품이라도 모두 목록에 넣어 규정했으며, 수록된 전물품은 가히 인간의 생활만큼이나 다양했다. 공작의 깃 하나, 젖 떨어지지 않은 돼지새끼, 송로(松露) 한 근, 포도주 1리터, 다섯 개의 갈대 펜이 들어 있는 용기 등에 대해서도 가격이 결정되어 있다. 그리고 질의 등급에 대해서도 값이 정해져 있다. "일급 로인 클로스(loin cloth: 고대인들이 허리에 두르는 간단한 옷 – 역자 주) 한 벌에 1,000데나리, 같은 물건 2급짜리는 800데나리, 3급짜리는 600데나리이다." "아주 부드러운 양질의 모직으로 된 셔츠(신품) 한 벌에 50데나리, 실크가 섞인 셔츠(신품)는 200데나리, 완전 실크 제품의 셔츠(신품)는 600데나리이다."

품삯에 관한 규정을 보면 "보증인이 100줄 이상의 신청서를 써주는 데 10데나리, 양복쟁이가 후드 달린 외투를 재단하여 완성하는 데 60데나리, 예복용 짧은 바지 한 벌을 재단하여 완성하는 데 20데나리, 멋진 겉옷을 바느질하는 데 6데나리, 허드레 의복을 바느질하는 데 4데나리, 라틴 문학이나 그리스 문학을 가르치는 선생에 대해서는 학생 한 사람당 매달 200데나리, 소송 한

건 변론해주는 데 변호사비 1,000데나리, 사설 목욕탕 주인에게 지불하는 목욕비는 2데나리"였다.

이 법전은 우리에게 사라진 문명에 대해 보여준다. 그러나 1세기와 2세기에 같은 물품의 값이 어떻게 변했는지 비교할 수 없기 때문에 인플레를 연구하는 학생들과 경제사가들에게 참고자료로서의 가치는 약간 떨어진다. 그럼에도 그것은 3세기 동안 휩쓸었던 인플레를 명백하게 보여주는 두 가지 통계자료를 포함하고 있다. 하나는 군복의 비용에 관한 것이다. 그 법전에서 명시된 가격은 1세기와 190년까지의 2세기 동안 팔린 그와 유사한 군복 가격의 166배나 된다. 두 번째 것은 — 먼저 것보다 훨씬 더 중요하다 — 밀 가격이다. 서기 190년(카라칼라의 통치가 시작되고 로마제국의 만성적 인플레가 시작된 시점)까지 밀의 가격은 모디우스당 0.5데나리우스였다〔1모디우스는 1펙(=8.81리터=약 4되 8홉 8작)의 10분의 9에 해당한다〕. 그 법전에 명시된 가격은 1모디우스에 1,000데나리, 즉 그 이전 2세기 동안의 200배에 달하는 가격이었다. 이러한 가격 폭등이 무엇을 의미하는가는 간단한 비교를 통해 짐작할 수 있다. 가령 지난 100년 동안 미국의 밀 가격은 1부셸(=약 36리터=약 2말)당 80% 정도가 올라 1부셸에 3.75달러였는데, 여기서의 가격증가가 불과 다섯 배도 되지 않음에 유의하자.

더구나 그 시대의 종교사학가 락탄티우스에 따르면 당시 대부분의 물품 가격은 디오클레티안이 정한 기준보다 상당히 높았다고 한다. 락탄티우스의 평가는 아마 정확한 것 같다. 그 법전의 머리말을 읽어보면 물가기준을 정한 디오클레티안의 의도가 통화수축임을 명백하게 알 수 있다. 생계비는 그 법전을 발행하기 전 1세기 동안 200배 이상 상승했음이 분명하다.

그러나 디오클레티안이 집권했을 때 로마제국 최후의 믿을 만한 역사가 카시우스 디오는 사망했다. 그러므로 우리는 3세기의 인플레에 관한 이야기나 일상생활의 사건의 기록을 전혀 찾을 수 없고, 그 문제에 관한 한 4세기의 초인플레에 대한 자료도 구할 수 없다. 우리는 단지 그 참상만 상상할 수 있을 뿐이다. 보잘것없는 고정수입으로 살아가는 사람들과 가난한 자 및 노인들의 기아현상은 더 심해졌고, 중산층은 저축해놓은 돈의 가치가 사라지는 것을 보고 근심에 잠겼다. 그나마 몇 남지도 않은 소수 영세농과 조그만 가게주인 들은 사업을 포기하고 계속 늘어나는 구호대열에 끼어들었고, 부자들은 이민 을 가거나 안전한 투자를 찾기 위해 동분서주했다. 전반적으로 절망감이 팽 배하고 있었다.

디오클레티안은 통제력을 강화하기 위해 수천 명의 관료와 스파이를 고용 하고 노동자들이 임금이 동결되는 것을 막으려고 직장을 옮기자 직장이전을 금지하는 칙령을 반포하는 등 그의 법전이 소기의 목적을 달성하는 데 전력 을 다했다. 그럼에도 그가 물가를 안정시키는 데 성공했다는 자료는 없다. 그 법전을 공포한 지 4년 뒤인 305년 그는 '승리'를 선언했고 약속을 지키기 위해 황제의 자리를 내놓고 달마티아로 은퇴하여 10년 뒤 그곳에서 사망했다.

그 법전은 그의 후계자가 취임하자마자 폐지되었다. 4세기의 회오리바람 같은 초인플레는 이제 완전히 고삐가 풀렸다. 콘스탄틴(Constantine, 306~337 년)이 정부거래와 세금징수에만 거의 전적으로 사용되는 금은본위제를 제정 했지만 일상거래에 사용되는 동전은 조폐국에서 어마어마하게 쏟아져 나왔 다. 3세기에는 새로운 화폐의 홍수가 있었고, 그 홍수는 4세기 들어 천지를 진동하는 격류로 바뀌었다. 화폐 주조의 정확한 횟수에 대해서는 물론 발행 되어 나온 주화의 정확한 양에 대해서도 아무 기록이 없다. 다만 그 시대의 것으로 추정되는 고고학적 발견물에서 믿을 만한 근거를 찾을 수 있다. 그것 에 의하면 로마제국은 4세기 동안 계속 발행된 새 통화 데나리의 홍수로 거의 파묻히다시피 했다. 디오클레티안의 뒤를 이어 4세기를 통치했던 20명의 황 제는 저마다 똑같은 경로를 반복했다. 처음에는 중간 크기의 동화를 많이 발 행하다가 다음에는 더 작은 주화를 연속적으로 발행했다. 물가 인상으로 새 로운 화폐를 아무리 발행해도 불충분하게 되자 카라칼라의 방식으로 사태를 수습했다. 즉, 주화는 점점 작아지고 액면가는 점점 높아지는 것이다. 그런

후 그 주화의 구매력이 또다시 치솟는 물가에 의해 잠식되면 그다음 발행되는 주화에는 한층 더 높은 액면가가 매겨졌다.

통치자들은 하나같이 무익하고도 파괴적인 서레이드 게임(Charade: 몸짓으로 판단하여 말을 한 자씩 알아맞히는 놀이 - 역자 주)을 벌였다. 전임자들이 그러한 정책을 추구해서 가져온 것이 인플레밖에 없다는 것을 알면서도 황제들은 저마다 그 정책을 고집했다.

물론 결과는 뻔했다. 물가는 하루가 다르게 뛰었다.

생계비의 인상은 가공할 만했고 거의 이해하기 힘들 정도였다. 당시의 생활상태에 대한 역사적인 자료나 기록은 없지만 몇 가지 남아 있는 물가지수를 보면 분명 그 당시 엄청난 참상이 있었음을 대강 짐작할 수 있다. 그러한 물가지수의 자료들은 유럽에 있는 로마제국의 도시에 비해 기록이 덜 파괴되었던 이집트에서 나왔다. 디오클레티안의 법전시대(301~305년) 동안 밀은 아르타바(artava) - 이집트의 밀 계산 단위 - 당 330데나리였다. 1아르타바는 로마 모디우스 단위의 3.3배이므로 이집트 가격 330데나리는 당시 로마의 밀 가격으로 환산하면 1모디우스당 100데나리와 같았다. 그러나 335년(그 법전의 폐지 30년 뒤) 이집트의 밀 가격은 2만 1,000데나리로 폭등했고 338년에는 3만 6,000데나리로 치솟았다. 한마디로 30년도 채 안 되는 기간에 기본생계의 주곡 가격이 100배 이상으로 등귀했던 것이다.

그러나 그것은 시작에 불과했다. 342년 밀 값은 7만 5,000데나리였고, 350년에는 50만 데나리로 올랐다. 45년 동안 150,000% 이상 올랐던 것이다. 그 후의 수치는 찾을 길이 없다. 그러나 4세기 후반에는 가격이 그보다 훨씬 더 올랐음이 분명하다. 우리는 그것을 돼지고기에 매겨진 몇 가지 수치로 추정해볼 수 있다. 362년의 문서를 보면 돼지고기 1파운드 가격은 1만 4,400데나리인데 - 아우구스투스 치세 때의 10데나리와 비교해보라 - 390년의 또 한 문서를 보면 당시의 돼지고기 값은 362년의 두 배인 3만 데나리로 나타나 있다. 콘스탄틴이 주조하여 정부거래에만 전적으로 사용한 순수금화인 솔리두스

(solidus)와 데나리우스를 비교해보면 데나리우스의 가치가 엄청나게 하락한 것을 알 수 있는데, 이것을 보아도 4세기 후반의 인플레가 얼마나 심했는지가 명백히 드러난다. 350년의 한 문서는 1솔리두스의 교환가격이 57만 6,000데 나리라고 명시했다. 그러나 몇 년 후의 한 파피루스에서 저자는 "현재의 1솔 리두스는 202만 데나리인데, 데나리는 계속 떨어졌다"라고 놀라움을 금치 못 하고 있다. 390년경의 또 다른 파피루스는 1솔리두스의 교환가격이 450만 데 나리라고 명시하고 있다. 다른 말로 한다면 4세기 후반에 데나리우스는 금화 에 비해 여덟 배나 평가절하된 셈이었다. 4세기 후반에 돼지고기 값이 100% 인상되고 금값이 800% 인상된 것으로 볼 때 밀 값도 4세기 중반의 아르타바 당 50만 데나리에서 최소한 100만 데나리로 두 배 올랐음이 틀림없다. 아우구 스투스 시대에 아르타바당 2데나리 이하로 매매된 밀이 디오클레티안의 치세 때에는 330데나리가 되었다는 것을 한 번 생각해보라. 당시 세계가 경험한 악 성 인플레를 반영하는 이 수치들은 한편으로 로마제국의 분열과 종말이 가까 워졌음을 의미하는 것이기도 한다.

종말은 멀지 않았다. 5세기 동안 야만족의 침입은 더욱 빈번해졌다. 제국 의 영토는 조금씩 그들의 수중으로 떨어졌다. 대부분의 로마군은 ― 사기도 저 하되고 오랫동안 부패로 찌들어서 ― 적과 영합하여 한때는 자신들의 영토였던 것을 파괴하는 일에 자주 앞장섰다. 476년 로마가 함락되었을 때 많은 경쟁 적국들은 한때 무적이었던 로마제국의 만신창이가 된 몸뚱이를 서로 지배하 고자 싸우고 있었다.

얼마 되지 않는 자료에 의하면 인플레율은 5세기 동안에는 약화되었다고 한다. 로마가 함락되고 새로운 화폐의 주조가 극도로 줄어들면서 이탈리아와 여타 지역의 경제는 물물교환경제로 거의 되돌아가 있었다. 이러한 군사적인 사건들로 인해 3세기 동안 수행되었던 우둔한 통화정책, 즉 실질적으로는 최 후의 붕괴를 가져오는 데 기여한 정책은 종지부를 찍었다.

로마의 인플레는 다른 많은 역사적 사건과 마찬가지로 신화를 남겼다. 자주 거론되는 가설에 따르면 로마제국의 통화 문제는 지도자의 경제적 무능에 기인한 것이라고 한다. 이 이론에 따르면 한마디로 고대의 통치자들과 그들의 재정관리들에겐 필수인 경제적 전문지식이 없었다는 것이다. 그들은 무지했기 때문에 인플레를 일으키는 조치들을 채택했고(뒤를 이은 통치자들이 똑같은 통화상의 정책적 실수를 반복한 것만 보아도 분명히 알 수 있다) 인플레를 영구화시켰다는 것이다. 이러한 이론을 주장하는 자들이 제시하는 결론적 추론에 따르면 당시 지도자들이 오늘날 우리와 같은 경제지식을 가졌더라면 로마의 참화는 일어나지 않았을 것으로 된다.

이 이론의 옹호자들은 자료를 잘못 해석했음에 틀림없다. 그 자료를 끈기 있게 파헤치려는 의지를 가진 사람이라면 로마인들이 가졌던 경제적 전문지식에 대한 증거를 충분히 발견할 수 있다.

금융 문제를 예로 들어보자. 몇몇 경제사가는 로마의 금융제도가 발달하지 않았다고 주장해왔다. 그 증거로 그들은 대금업과 금융에 대한 로마 지도자들의 잦은 비방을 인용했다. 물론 지도자들의 그러한 태도는 적절한 금융제도의 확립을 방해했을 것이다. 그러나 진실을 알기 위해서는 로마인들이 무슨 말을 했는가보다는 어떤 행동을 했는가를 더 면밀히 살펴볼 필요가 있다. 로마인들이 금융제도에 대해 이룩해놓은 것은 고고학적 발굴에서도 밝혀진 바가 있다.

19세기 후반에 있었던 발굴작업을 통해 2,000여 년 전(기원전 200~300년)에 로마에 존재했던 금융제도의 유물이 발견되었다. 노블 혹슨은 그의 저서 『모든 시대의 금융제도(Banking Through the Ages)』에서 고고학자들이 발견한 것과 그들이 로마의 금융제도에 대해 추론한 것을 다음과 같이 기술하고 있다.

금융사무소의 낡아빠진 대리석 바닥은 푼돈으로 덮인 채 발견되었다. 그 돈들은 대화재 때 흐트러졌던 것 같다. 그때 많은 주화가 한데 용해되어 보도의 석판에 시멘트처럼 붙어버렸기 때문이다. 고대의 은행은 설비가 조잡하고 조명도 좋지 못했지만 크고 견고하게 지어진 건물이었다. 그 속에서 환전상은 앞에 주화를 늘어놓고 청동으로 된 망사 칸막이 뒤의 높은 의자에 앉아 있었다. 고대 은행가들의 일과 중에는 당좌 개설, 저축 수령, 신용장 발급, 대부저당권 매입 등 사실상 오늘날 은행 지배인들이 하는 거래행위 대부분이 들어 있었다. 이자는 크레디툼(creditum) — 신용대부(Credits) — 이라 불리는 정기예금에만 지급되었다. 그러나 이와는 다른 예금, 즉 언제라도 찾을 수 있는 예금에는 이자가 지급되지 않았다. …… 크레디툼으로 돈을 저금하면 은행가는 그 돈을 일정 기간 자기 마음대로 가장 좋은 곳에 사용하고 투자할 수 있었다.

이상의 사실을 통해 우리는 분명히 알 수 있다. 로마인은 우리의 그것과 맞먹는 복잡하고 발달된 금융제도를 발전시켰을 뿐 아니라 실제로는 대부분의 은행가들이 현대 미국의 고안품이라 생각하는 예금증서를 만들기까지 했던 것이다.

초기 로마인들이 통화에 관한 전문지식 — 이것도 금융과 관계가 있다 — 을 가졌다는 증거는 기원전 12년 메케이너스가 제시한 한 계획에서도 발견할 수 있다. 그는 다른 정부기관에 돈을 대여하고, 건설계획과 여타 공공 프로젝트에 기금을 대며 본국 이외의 각 영토에 설치된 지방 정부은행에 기금을 대여해주는 중앙은행을 설치할 필요가 있다고 권고했다. 한마디로 그 은행은 미국의 연방준비이사회가 하는 기능 몇 가지를 수행하기 위한 것이었다. 왜 이 계획 — 중앙정부은행을 제안한 기록상의 최초의 계획 — 이 실행되는가는 해명되지 않았다. 마에케나스의 계획이 실현되는 데는 1,700년 이상의 세월이 필요했다. 1694년에 영국은행(Bank of England)은 세계 역사상 최초로 중앙은행이 되었다.

로마 관리들이 경제역학에 대해 이해하고 있다는 사실은 금융과 관계없는 분야에서도 분명히 나타난다. 몇 가지 예는 앞에서 언급한 바 있다. 즉, 실업을 줄이기 위해 정부가 재정적 자극을 계획적으로 사용한 것 등의 최초의 기록된 예(아우구스투스의 '위대한 재건계획')는 이미 이야기했다. 네르바에 의한 농촌신용기금의 창설과 '가난한 미망인 어머니들을 돕기 위한 기구'의 설치, 데나리우스의 금·은 교환가치를 일치시키고자 한 트라얀의 조정, 디오클레티안의 광범위한 물가 및 임금통제, 티베리우스 집권 당시 농민들의 저당물이 빚을 못 갚아서 채권자에게 넘어가는 것을 구제하기 위해 만든 정부재원기금 ─ 미국의 연방토지은행 ─ 의 창설 등이 그것이다. 디오클레티안 법전 ─ 이는 함무라비 법전을 모방한 것이다 ─ 을 제외한다면 그것들은 모두 경제계획과 사고의 발전에 저마다 독창적인 공헌을 한 셈이었다.

왜 로마 지도자들이 파괴적인 초인플레가 일어나도록 방기했는지를 분석할 때 우리는 그들 스스로 자신들 행위의 결과를 충분히 인식하고 있었다는 점을 가정하지 않으면 안 된다. 막대한 양의 화폐 발행이 결국에는 물가의 불안한 인상을 야기할 것이라는 점을 깨닫고 있었으면서도 통치자들은 하나같이 화폐공급을 늘렸다. 왜 그들은 그러한 계획을 계속 추구했는가? 그것은 그들의 야망 ─ 권력과 특권과 엄청난 부에의 욕망 ─ 을 달성하기 위해서는 엄청난 양의 신규화폐를 계획적으로 발행해야 했기 때문이었다.

로마가 단순한 촌락이었을 때에도 부자와 가난한 자는 생활양식, 특권, 정치권력 면에서 차이가 뚜렷했다. 그 차이는 로마가 도시국가에서 왕국으로, 왕국에서 공화국으로, 그리고 마침내는 거대한 제국으로 발전할 때까지 계속되었다. 그러나 개별 가문이 아직 막대한 부를 획득하지 못했던 초기 시절에는 부자와 가난한 자 간의 간극이 후기에서처럼 그렇게 크지 않았다. 왕국 시대와 초기 공화국 시대의 로마 경제는 주로 농업경제로서 많은 소규모 농장이 그 소유주들과 고용된 자유 농업노동자에 의해 경영되었다. 도시가 늘어나고 있긴 했지만 그 역할은 아직은 부차적이었다. 부유한 지주들이 자기들에게만 원로원의 대표권을 주도록 하는 법을 제정할 수 있었으므로 그들은 권력의 주도권을 잡을 수 있었다. 훨씬 그 후 ─ 평민들의 압력으로 비교적 대표성이 넓은 회의체가 형성되었을 때 — 에도 부유한 인사들은 기술적인 게리맨더링(Gerrymandering: 자기에게 유리하도록 편파적으로 선거구를 개정하는 것 - 역자 주)을 통해 여전히 자신들의 영향력을 확대하는 데 성공했다.

그러나 전반적으로 권력의 행사는 상당히 공정한 편이었다. 비록 부유층이 국가의 보호와 육성을 받기는 했지만 가난한 자들이 (제국으로 되었을 때 그랬던 것처럼) 정부가 채택한 경제적·정치적 정책에 의해 늘 희생된 것은 아니었다. 그때만 해도 소수의 부유층과 다수의 가난한 자들 간의 차이가 후기에 보이는 것처럼 눈에 띄게 지나치지는 않았다.

그러나 노예 노동의 발달은 중요한 변화를 초래했다. 수백 명의 노예들이 배속된 대농장은 이제 실질적으로 아무 비용도 들이지 않고 생산을 할 수 있게 되었다. 해를 거듭할수록 더 많은 노예가 수입됨에 따라 라티푼디움은 팽창했고 많은 독립적인 소농장 수는 줄어들었다. 대규모 노예 노동으로 운영되는 농장과는 상대가 안 되는 소농장의 주인들은 토지를 팔아서 번영하는 라티푼디움의 농노가 되거나 도회로 이주하여 구호에 의존했다. 번창하는 노예제는 도시에 사는 노동계층의 생활수준을 형편없게 만들었다. 조그만 공장이나 상점, 여타 상업시설의 소유주는 될 수 있으면 언제나 노예 노동을 이용하려 했다. 어쩔 수 없이 자유민(노예였다가 자유를 획득한 사람)이나 시민을 고용해야 할 경우의 임금은 지독히 적었다.

1~2세기 동안 로마 미숙련 노동자의 평균임금은 하루 0.5데나리우스(약 10센트)였고, 여기에 약간의 식대가 추가되었다. 하루 10센트면 연간 약 35달러였다. 그러나 이렇게 적은 임금마저 받지 못하는 노동자도 일부 있었다. 2세기 다시아 지방의 서판을 보면 광부의 연봉이 12.60달러이고 여기에 식비와 숙식비가 추가되었음을 알 수 있다. 로마의 일반 노동자들은 평생 750달러도 채 벌지 못했다.

한편 농장과 공장에서의 임금이 지독히 낮은 덕분에 이윤은 막대했다. 제국의 수백만 농촌 및 도시 노동자들이 만성적인 저임금에 시달리는 동안 상류층과 중산층은 엄청난 부를 모을 수 있었다.

소득의 편중된 분배는 통화상의 곤란을 가져왔다. 새로 주조되는 화폐는 즉시 경제의 주된 흐름에서 멀어져갔다. 그것은 수백만의 가난한 노동자들의 수중에는 거의 한 푼도 돌아가지 않았다. 조폐국에서 나온 화폐는 나오는 즉시 사라져 부유층의 궁궐 같은 별장금고 속으로 들어갔다. 그러면 또다시 새로운 화폐를 만들어야 했다. (제대로 잘 돌아가는) 현대의 발전된 경제는 이와 유사한 애로를 겪지 않는다. 현대의 산업경제에서는 유통되는 통화 대부분이 임금지불에 사용된다. 단지 일부분만 이윤으로 나가고 대부분은 자유롭게 계속 유통된다. 화폐가 많이 발행된다는 것은 곧 임금의 인상을 의미한다. 그러면 수요가 증가하고, 수요 증가는 새로운 고용을 창조하며, 고용은 또 새로운 구매력을 낳는다. 로마제국에서는 이처럼 많은 화폐가 지속적으로 경제계를 재순환하는 일이 거의 일어나지 않았다. 그것은 대농장 소유주와 상점경영자에 의해 차단당했다. 그들은 작지만 오래 지속되는 장래의 이익보다는 당장의 큰 이익을 택했기 때문이다.

국가 통치자들과 그들에게 영향을 미치는 동료들은 부유층의 야망을 선동했다. 그것은 그들이 부유층과 같은 이해관계를 가졌기 때문이다. 토지의 최대 소유주는 황제와 황제의 친척 및 측근들이었다. 아우구스투스의 아내이자 티베리우스의 어머니인 리비아는 로마제국 최대의 토지 소유주였다. 소유면적으로 볼 때 그녀는 세계 역사상 최대의 민간지주였다고 전해진다. 모든 통치자들은 제국의 여기저기에 방대한 토지를 소유했으며 그중 대부분이 노예 노동에 의해 경영되었다.

로마의 작가 플리니(Pliny, 62~113년)는 왕족의 대규모 토지 소유를 논하면서 아프리카 영토의 절반을 여섯 사람이 소유했다고 말한 바 있다.

황제의 측근들도 값싼 노동력을 들여 만들 수 있는 상품을 생산하거나 취급하는 사업에 돈을 투자했다. 그러므로 통치자들도 가능한 한 임금을 낮게 유지하려고 애썼는데, 그것은 고용주로서의 이해관계를 앞세웠기 때문이다.

그들은 신규화폐가 조폐국에서 나와 그들이 좋아하는 친척, 친지, 측근 등의 수중으로 들어가도록 하는 체제를 영구화했다.

이러한 유형의 경제를 지속시키자면 또 다른 이유에서 돈을 자꾸 만들어야 할 필요가 생긴다. 경제가 발달하지 못하면 만성적인 실업이 생기기 때문에 통치자들은 '빵과 서커스'에 더 많은 돈을 써야겠다고 생각했다. 해마다 수억 데나리가 구호금과 놀이에 소비되었다. 이런 식으로 국고가 자주 바닥이 났고 그러한 경비를 충당하기 위해서는 새로 주화를 만들어내지 않으면 안 되었다. 결국 공금은 노동자들의 낮은 임금을 더욱 낮추는 데 사용되고 있었다. 이렇게 되면 주화를 만들 금속이 바닥나기 때문에 결국 모두에게 불리하게 되었다.

만성적으로 텅 빈 국고를 채우기 위해 돈은 언제나 필요했다. 이것은 또한 불충분하고 불균등한 조세정책이 충분한 세금을 거두지 못했기 때문이다. 제국 내에서 자급자족을 하는 경제체제였지만 정부지출은 해마다 수입을 넘어섰다. 우리는 아우구스투스의 포고에서 국가를 경영하는 연간비용이 약 1억 데나리인 데 비해 수입 — 주로 부가가치세 — 은 겨우 7,000만 데나리였음을 알 수 있다. 차액은 갈리아, 스페인, 이집트에서 혹독하게 징수한 공물로 충당했다. 1억 데나리의 지출은 1인당 0.5~1데나리밖에 안 되며 이는 결코 많은 액수라 할 수 없는 금액이다. 결손이 생겨난 것은 거대한 부유층이 당연히 물어야 할 세금을 면제해준 부당한 조세제도 때문이었다. 자산을 팔아 얻은 소득에는 전혀 세금을 물리지 않았고, 거기에서 나오는 이윤에 대해서도 — 예외가 간혹 있었지만 — 거의 세금이 없었다. 오랫동안 상속세도 없었다. 상속세 징수가 실시되었을 때도 고작 2~3%에 불과했다. 아우구스투스가 한 번은 상속세율을 5%로 인상할 것을 제안했으나 원로원이 그 제안을 기각했다.

이런 식으로 많은 조세수입을 올릴 수 있는 재원들은 손도 못 댄 채 내버려두고 세금을 낼 형편이 안 되는 사람에게서 보잘것없는 양을 억지로 거두었다(네로가 "아무도 아무것도 갖지 못한다는 것을 보여주자꾸나"라고 말했지만 그것은 헛소리에 불과했다. 그는 짐꾼, 포주, 창녀, 공중목욕탕의 손님에게서 세금을 징수하기 시작했다. 그러나 라티푼디움 소유주와 여타 대재산가에게는 손도 대지 않았다. 그의 가족은 제국에서 제일 큰 농장을 몇 개 소유했었다).

제국의 초창기, 로마군이 정복한 지역에서 공물을 징수할 동안에는 예산상의 부족은 '공물'로 충당할 수 있었다. 그러나 나중에는 새로 돈을 주조하여 충당할 수밖에 없었다. 국고를 고갈시키는 주된 요인 중 하나는 군사비였다. 1세기에는 해마다 6,800만 데나리가 육군, 해군 및 친위대에 소비되었다. 이 것은 정부 전체 지출의 3분의 2 이상이었다. 그 후 군대가 독직과 알력으로 뒤죽박죽되고 거듭 패전하게 되자 군사비가 급격히 늘었다. 물론 인플레가 기승을 부리던 4세기 동안에는 군사비가 제곱으로 늘어 산더미만한 신규화폐 가 요구되었다.

이처럼 계속되는 지출이 로마의 통화제도를 고갈시켰다는 점은 두말할 필 요가 없다. 이와 마찬가지로 제국의 재정에 장기적인 악영향을 미친 것은 군 대의 재산약탈 행위였다. 로마 군단이 타국을 석권하고 있던 승리의 전성기 에 일반 병사들을 미혹시킨 것은 연봉 225데나리가 아니라 수지맞는 보너스 의 약속과 전리품과 약탈물의 유혹이었다. 전리품이 생기면 로마의 병사들은 푸짐하게 보상을 받았다. 500데나리의 상금은 자주 있는 일이었다. 그러나 더 중요한 것은 몰수된 재산, 특히 토지의 분배였다. 때로는 한 사회 전체의 토지가 군대의 손에 넘어가 병사들은 저마다 상당한 토지를 분배받았는데, 그들은 그것을 팔 수도 있었고 그 땅에 정착할 수도 있었다. 어떤 경우엔 패 전국의 대부분 지역을 식민지로 만들기도 했다. 패전국 주민의 가재도구를 약탈하는 것도 큰 매력이었음은 물론이다. 이러한 상황은 군대를 통해 출세 한 셉티무스 세베루스가 그의 아들에게 준 한마디 충고에 요약되어 있다. "병 사들을 잘 보살펴주고 그 나머지에는 전혀 신경을 쓰지 말라. 이것이 제국을 통치하는 방법이다."

그러나 주요한 상금은 승리한 사령관과 장군들에게 돌아갔다. 새로운 국가를 제국에 합병시킨 장교들은 하룻밤 사이에 부자가 되었다. 그들은 종종 황제에게서 수십만 데나리를 하사받았다. 뛰어난 승리를 쟁취한 장군은 ─ 게다가 운 좋게도 당대 황제가문의 일원일 경우에는 ─ 패전국에서 오랫동안 공물을 징수하도록 허락받았고 전리품을 마음대로 독차지할 수 있었다. 폼페이 ─ 시저의 경쟁자 중 한 사람 ─ 는 군사작전으로 약 400만 달러어치의 재산을 획득했다. 그의 군대 동료 몇몇도 그보다는 적지만 저마다 100만 달러 이상의 재산을 모았다. 제국에서 가장 부유한 시민으로 평판이 나 있는 크라수스는 장군들에게서 구입한 재물(이것은 장군들이 전리품으로 노획한 것이었다)의 재판매로 대부분의 돈을 모았다. 보석, 주화, 금은 접시, 별장, 주택, 궁궐이 장군과 황제의 수중에 떨어졌다. 웬만한 물품을 장군들이 다 가져가 버리고 나면 점령된 영토는 정부로 인계되었다. 재산 탈취 과정의 가장 전형적인 예는 줄리어스 시저와 아우구스투스이다. 시저는 스페인과 갈리아를 정복했을 때 개인적인 목적으로 약탈을 해서 큰 재산을 모았다. 그는 유언으로 재산의 대부분을 그의 조카의 아들 아우구스투스에게 상속했는데, 당시 아우구스투스는 기원전 31년 이집트를 석권하고 8년 동안 그 지역에서 승리의 전리품을 착취하여 상속받은 재산에 그 재물을 첨가해서 축적했다. 그 두 재물을 합친 가치는 5억 데나리를 넘었다.

개인의 수중에 들어간 전리품 총액을 추정하기는 어렵다. 전체 액수는 틀림없이 수십억 데나리에 달했을 것이다. 몰수된 전리품은 공적 소유로 간주되었으나 국고에는 그러한 수입이 전혀 없었다.

황제들이 자기 영광에 빠져 행한 대량지출 때문에 돈을 새로 만들어야 할 필요는 자꾸 생겨났다. 세 광인 ─ 칼리굴라, 클라우디우스, 네로 ─ 의 어마어마한 지출이 결코 예외적인 예는 아니었다. 네르바, 트라얀, 하드리안, 베스파시안, 마르쿠스 아우렐리우스 같은 본질적으로 건실하고 신중한 황제들도 팽창한 왕실금고를 털어 놀이, 대중 축제, 자신의 기념비 건립, 거대한 궁전의 건축, 평민에 대한 거듭되는 화려한 선물 등에 아낌없이 돈을 낭비했다. 심지어는 디오클레티안 ─ 그는 폭등하는 군사비를 충당하기 위해 무리한 세금을 부과했고, 많은 분노를 자아낸 칙령을 법제화함으로써 어려운 로마의 경제사정에 대한 그의 관심을 입증했다 ─ 조차도 화려한 궁전, 쇼, 공들인 의식에 수백만 데나리를 낭비했는데, 이런 행위는 모두 그의 위신을 높이고 지위를 확고하게 하기 위한 의도에서 행해졌다.

2세기, 그 상황을 매우 정확하게 본 어느 익명의 저자는 이렇게 쓰고 있다. "부유층과 권력층이 화려한 의상으로 치장할 동안 국고는 벌거벗는다." 최초 2세기 동안 로마 건국의 주체들(지주, 군, 황제의 복합체)은 교묘한 솜씨로 로마제국의 부를 재빨리 자신의 수중으로 옮겨놓았다. 이 재산 ─ 주로 광범위한 정복을 통해 획득된 ─ 은 소수에게 유리하고 다수에게 불리한 특정한 경제적·재정적 조세 및 통화상의 정책을 실시함으로써 급속한 속도로 권력계급의 소유로 이전되었다(오늘날 그러한 과정은 완곡한 어법으로 '급성장'이라 불릴 것이다). 그러한 이전이 진행되는 동안 국가의 금광과 은광은 반복되는 화폐 주조로 인해 완전히 거덜나버렸다.

회고해보면 우리는 그 참담했던 3~5세기 동안 지배층이 추구한 정책이 유리했던 이전의 상태로 상황이 호전될 때까지 부와 주도권을 유지하려는 지연작전 ─ 필사적이었으나 성공하지는 못한 ─ 이었음을 알 수 있다. 권력의 집행자들(3세기부터는 군대와 주요 장군, 황제가 권력의 중심세력이었고 원로원은 형식적인 기구로 떨어졌다)은 변화하는 상황에 맞추어 정책을 바꾸려고 하지 않았다. 완고한 사업가인 베스파시안 황제와 고대세계에서 가장 고집 센 관리였던 디오클레티안은 재정·경제·통화 개혁을 시도했으나 즉각 기존질서의 적이요, 반역자라는 욕설을 들었다.

그러나 그들은 예외였다. 로마 몰락 전 마지막 3세기 동안 통치자들은 어리석게도 과거에 집착하여 순간의 위기를 해결하고 위태로운 경제구조를 유지하느라고 그들의 짧은 제위기간과 정력을 헛되이 낭비해버렸다.

통화 분야에서는 많은 구제책이 가능했다. 점점 평가절하되는 수십억의 동화를 계속 통화공급에 던져넣는 대신 제국은 여러 가지 방법을 통해 안전하고도 존속이 가능한 금은본위제를 회복시킬 수도 있었다. 개인금고, 은행금고, 국가가 마련해둔 금고에는 수억의 변조되지 않은 아우레이와 데나리가 있었는데, 원 소유주들은 이를 숨겨두었다가 후손에게 상속했다. 로마 정부는 이러한 상당량의 주화를 빌리려고 노력할 수도 있었다. 고대에는 국가가 돈을 빌리는 경우가 드물기는 했지만 그것은 하나의 인정된 방법이었다. 마케도니아의 필립(알렉산더 대제의 부친)은 상당량의 국채를 발행했던 적이 있었다. 폼페이는 높은 이율로 상당량의 민간차관을 시리아 왕국에 대여했다.

시저는 초기의 몇몇 군사작전을 위해 돈을 꾸어 쓴 적이 있었다. 높은 이율만 보장했더라면 로마제국도 상당한 양의 돈을 빌릴 수 있었을 것이다. 이 방법이 실패하면 부자에게 세금을 부과하여 금이나 은으로 내도록 할 수도 있었다. 금화와 은화를 조달할 수 있는 또 다른 수단은 값나가는 정부재산, 특히 광대한 토지와 건물을 매각하는 것이었다. 제국 전역에 산재한 수많은 기념물에는 화폐로 주조할 수 있는 많은 금은 식기가 있었는데, 이것도 또 다른 풍부한 재원 중 하나였다(로마의 침입자들은 476년 로마를 약탈했을 때 이 귀금속들을 몽땅 털어갔는데, 그 가치는 틀림없이 수백만 데나리에 달했을 것이다). 마지막 수단으로 제국의 많은 도시를 아름답게 장식한 화려한 사원에 있는 어마어마한 양의 귀금속 및 금은으로 만든 값비싼 세공품을 이용할 수도 있었다. 이는 금화 및 은화와 교환하거나 아니면 바로 주조하여 주화로 사용할 수도 있는 것이었다.

참으로 이상하게도, 실제로 시도된 것은 마지막 방법뿐이었다. 기독교에 호의적이던 콘스탄틴은 이교도 사원에서 상당량의 금은을 거둬들여 그것으로 여러 가지 액면가의 금화와 은화를 만들도록 했다. 그러나 경제를 완전히 금은본위제로 회복시킬 만큼 충분한 금과 은을 확보하지 못한 것을 보면 그는 틀림없이 거센 반발에 부딪혔던 것 같다. 동화인 데나리우스 콤무니스(denarius communis)는 여전히 주요한 교환수단이었다. 금화와 은화는 정부거래를 하는 데만 사용되었고 세금은 － 가능한 한 － 금과 은으로 징수되었다. 다른 어떤 대안이 시도되었다는 증거는 전혀 없다.

왜 다른 대안을 시도해보지 않았을까? 그것은 아마도 모든 황제들이 과거에 실패한 통화정책을 반복해서 사용하는 것이 점점 더 큰 불안정을 가져온다는 것을 인식하고 있으면서도 제각기 얼마 안 가 최악의 사태가 극복되고 곧 정상상태가 회복되리라고 믿었기 때문이었던 것 같다. 어쩌면 부유층과 권력층은 금은 식기, 저장된 주화, 궁궐 같은 저택, 광대한 토지, 공장, 상점 등을 가지고 있어서 든든했으므로 자기들은 그 격랑을 이겨낼 수 있으며 급진적 모험을 해야 할 이유가 없다고 생각했던 것 같다.

혹은 그 답을 거만함 － 이것은 인간이 권력의 정점에 도달할 때 그와 국민의 판단력을 종종 비뚤어지게 한다 － 에서 찾을 수도 있을 것이다. 어쩌면 로마의 강력한 지도자들 － 세계 최대 제국의 통치자들 － 은 그들에게 반대하는 세력은 그 어느 것이라도, 심지어는 위협적인 경제라 하더라도 패퇴시킬 수 있다고 생각했던 것인지도 모른다.

3 프랑스혁명과 인플레

프랑스혁명의 지도자들은 새로운 화폐를 자꾸 찍어냄으로써 권력을 유지하려고 했는데, 그 점에서 그들은 몰락한 로마제국 지도자들의 전철을 그대로 답습했다. 다만 로마인들이 금속을 좋아했다면 프랑스인들은 아시냐 지폐, 즉 정부가 발행한 종이 화폐를 좋아했을 따름이다.

루이 16세가 여우사냥에 보내는 시간을 쪼개 역사공부에 썼더라면 로마 역사를 거울삼아 불길한 징조를 일찌감치 깨달을 수 있었을 터였다. 아마도 그는 1780년대에 그의 왕국에 불어 닥친 통화 문제가 로마제국 몰락 초기에 황제들을 괴롭혔던 위협과 유사한 점이 있음을 발견했을 것이다.

프랑스의 국고도 로마의 국고처럼 막중한 군사비와 왕실의 허장성세를 위한 과도한 지출로 만성적으로 텅텅 비어 있었다.

1787년 재정적 곤경에 처한 왕실은 돌연 "정부가 발행한 공채에 대한 이자 지급을 잠정적으로 중지한다"라고 포고했다.

1788년 초 재무성은 상당량의 신규공채를 발행한다고 발표했다. 그러나 몇 주 지난 후 그 시도는 실패하게 되리라는 점이 명백해졌다. 지불이 늦어진 정부공채는 당초 발행가의 50%로 매각되고 있었으며 다소 높은 이익배당이 있다 하더라도 자본가로서는 신규공채를 매입할 매력이 전혀 없었다.

그즈음 곧 만기가 되는 공채를 재무성이 상환하지 않을 것이며 정부가 파산했음을 발표할 것이라는 소문이 파리 시내를 휩쓸었다.

당시 프랑스 재무상 브리엔은 이러한 풍문을 잠재우기 위해서는 정부 재정 상태의 실상을 솔직하게 발표해야 한다고 국왕에게 권고했다. 그러나 문제에 정면으로 대처하기를 천성적으로 싫어하는 루이는 머뭇거렸다. 모든 선임 프랑스 국왕과 마찬가지로 ─ 단 하나의 유감스러운 예외가 그에게 있긴 했다 ─ 그도 국가재정에 관한 '왕실 도당'의 케케묵은 권리를 다시 내세우며 예산, 수입, 지출, 결손에 관한 수치를 밝히기를 거절했다.

1781년으로 거슬러 올라가 스위스 태생의 성공한 은행가 네케르가 재무상으로 봉직하고 있을 당시에 '국가재정 회계록'을 발표한 적이 있었다. 그것은 프랑스의 기나긴 역사에서 처음 있는 일이었다. 그의 회계록은 그가 국왕의 재정고문으로 일했던 1776년에서 1781년까지의 6년을 망라했다. 네케르는 매우 과장되고 주관적인 언어로 자신의 재능을 과시하면서 "아메리카의 혁명전쟁을 위해 거의 5억 리브르를 지출했는데도 약간의 흑자를 낼 수 있었다"라고 주장했다. 프랑스는 으뜸가는 적국인 영국을 약화시키기 위해 미국 이주민에게 그 금액을 기부하기도 하고 빌려주기도 했다. 그러나 네케르는 왕실의 경비를 충당하기 위해 연간 5,000리브르가 지출되었다는 것과 그것이 쌓여 거대한 부채가 되었다는 것은 한마디도 언급하지 않았다. 끝머리에는 낭랑하고 유창한 언변으로, 프랑스 재정이 건재함은 국고를 위해 대규모 금액을 빌려올 수 있었던 자신의 수완 덕택이었다고 밝히고 있다.

정부공채를 구매할 사람을 물색해내는 그의 능력을 의심할 자는 아무도 없었다. 국왕을 알현한 이후 얼마 동안 네케르는 심각한 압박을 받는 국고를 위해 더 많은 기금을 모을 수 있었다. 그러나 곧 그가 회계를 교묘히 조작했다는 것이 들통났다. 실제로는 아주 적은 흑자를 낸 반면에 대규모 적자가 생겼던 것이다. 귀족 및 궁궐 내의 특정 도당에게 오랫동안 미움을 받다가 ─ 그 주원인은 조세제도를 좀 더 평등하게 하려는 그의 시도 때문이었다 ─ 네케르는 해직되지 않을 수 없었다. 그러한 사건이 생기면서 국왕의 영향력은 약화되었고 통화 문제에서 정부의 평판은 결정적인 타격을 입었다.

그리하여 1788년의 살을 에는 듯한 겨울, 브리엔이 또다시 예산안을 발표하자고 제안했을 때 루이는 전혀 응하고 싶지 않았다. 그러나 재정상의 위기가 고조되어 왕국 여러 지역에서 소요가 일어나고 새로운 공채 발행의 공모가 늦어지자 국왕은 마침내 1788년의 예산을 발표하는 데 동의했다.

1788년의 예산안을 임박한 지급불능의 예고로까지 해석할 필요는 없겠지만 어쨌든 그것은 정부가 극단적인 재정적 곤경에 처해 있음을 알려주는 충격적인 서류였다. 1788년도 소요경비는 6억 2,900만 리브르인데 세입은 겨우 5억 301만 리브르로 추정되어 1억 2,600만 리브르의 적자가 예상되었다. 세입의 25%에 달하는 적자는 너무 정도가 심한 것이었다. 그러나 이보다 더 곤란한 것은 그해의 부채(상환만기가 된 원금과 그에 따른 이자)가 3억 1,800만 리브르로, 예상되는 총세입의 63%에 달했다는 점이었다. 이런 식으로 결손이 늘어가면 6~7년이 지난 후 상환해야 할 부채의 액수는 연간 세입을 초과하게 될 것임에 틀림없었다. 그렇게 되면 정부의 파산선고는 피할 수 없는 것이었다.

그 예산에는 몇 가지 또 다른 흥미로운 점이 있었다. 왕실의 경비는 총지출의 6%인 3,500만 리브르였다. 이것은 어마어마한 숫자였다. 오늘날 영국의 군주제를 유지하는 데 드는 경비는 총세입의 1%에 불과하다. 루이와 동시대였던 조지 3세 시대의 영국 군주제 경비도 국가지출의 1%가 못 되었다.

'육군, 해군 및 외교 부문' 예산으로 1억 6,400만 리브르 이상이 책정되었다. 그리고 그해의 부채와 왕실경비, 국방 및 외교에 드는 총액이 5억 1,700만 리브르였다. 이 숫자는 예상되는 총세입을 능가하는 것이었고, 2,400만 국민을 위한 민간사업을 수행할 자금은 하나도 없었다. 그러한 지출은 결국 점점 더 많은 부채를 지는 결과를 초래하게 되었다.

예상할 수 있는 대로 브리엔의 1788년도 예산안은 투자가를 끌어들이기보다는 오히려 그들을 놀라게 하여 쫓아버리는 역할을 했다. 그가 시도했던 공채 발행은 취소되었다. 1주일 후 국왕은 ─ 자금이 극도로 궁하여 ─ 정부가 조만간 지폐를 발행할 것이며, 이미 인쇄 중이라는 내용의 포고문을 발표했다.

그 포고는 격렬한 반대를 불러일으켰다. 국민들은 지폐를 조금도 원하지 않는다는 뜻을 왕에게 전했다. 국왕에게 보내진 각서에서 당시의 지배적인 여론을 읽을 수 있다. "무엇보다도 우리 프랑스 국민은 지폐나 국립은행제도의 도입을 지지하지 않을 것입니다. 두 가지 모두가 엄청난 폐단만 가져올 것입니다. 그리고 그로 인해 야기될 과잉지출과 투기는 생각만 해도 몸서리가 쳐집니다. 과거 그것들이 일으킨 남용과 투기를 익히 보아온 까닭입니다."

그 각서의 서명자들(모두 한 교구민이었다)은 1716~1720년의 혼란스러웠던 사건에 대해 언급하고 있다. 당시 존 로가 처음으로 프랑스에 지폐를 도입했는데, 한동안 걷잡을 수 없는 투기와 인플레가 발생하여 수천 명의 프랑스인과 외국인을 파멸시켰다. 그 사건 이래 프랑스는 금속본위제를 철저히 고수했고 지폐를 멀리했었다.

루이는 새로 발표한 칙령에 반대하는 항의가 높아지자 이미 인쇄된 지폐를 일절 방출하지 않았다. 다음 달 그는 명령을 취소했다.

브리엔은 재정적 난국을 수습할 수 없어서 사임했다. 그러나 영향력이 점점 커지는 부르주아 측 ─ 변호사, 경제학자, 작가, 은행가, 제조업자, 상인, 전문직, 공무원 ─ 은 네케르를 다시 기용하도록 요구했다. 그의 숫자조작은 잊었고, 설사 기억하고 있다 하더라도 그것은 이미 용서된 것이었다.

1788년 8월 국왕은 자금모금의 대가인 네케르를 마지못해 다시 불렀다. 네케르는 조건부로 수락했다. 외국인이며 프로테스탄트인 그는 과거의 재임기간에 자기에게 걸맞은 호칭을 얻지 못했었다. 당시 그는 단순히 재정감사관이라 불렸다. 이제 그는 가톨릭 국가 프랑스의 가톨릭교도인 국왕에게 자기를 재정대신의 직함으로 불러주는 것이 타당하다고 주장했다. 게다가 ─ 더 중요한 것은 ─ 그는 국무대신의 직책을 요구했다(이 직함은 그를 다른 모든 대신보다 우위에 두게 될 것이었다).

이번에는 국왕도 직함에 대해 모호한 말을 하지 않았다. 네케르는 원하던 직함을 얻었고, 취임하자마자 루이에게 조만간 통화가 전국적으로 통제될 것이라고 말했다.

모금운동은 처음에는 거의 성공을 거두지 못했다. 금리생활을 하는 부르주아와 연금으로 살아가는 귀족은 이미 과거에 몇몇 공채의 지불을 중지한 전력이 있는 정부에 더 많은 돈을 위탁하는 것을 꺼렸다. 그러나 결국 ― 정부의 지급불능이 임박했음에도 ― 네케르는 스위스, 노르웨이, 영국 등지에서 파리로 이주해와 있던 부유한 프로테스탄트 은행가 일단에게서뿐 아니라 '세금징수를 청부 맡고 있는' 회사 및 왕실과의 거래로 부자가 된 청부업자와 상인들에게서도 대규모 대부를 얻어내는 데 솜씨를 발휘했다. 그 자금을 끌어낸 그의 솜씨는 불안이 점점 커지는 와중에 해낸 것이었기 때문에 더욱더 놀라운 것이었다.

그해는 전례 없는 추위가 휩쓸었다. 얼어 죽은 참새가 눈 쌓인 길과 들판을 뒤덮었고 심지어는 올빼미까지도 얼어 죽었다. 산업활동은 정지했다. 전국 제조업 노동력의 거의 절반이 일이 없어 빈둥거렸다. 이 도시 저 도시에서 식량폭동이 터졌다(평상시 충분한 식품을 준비해둘 만큼 소득이 없었던 일반 사람들은 거의 전적으로 하루 2.5~3파운드의 빵에만 의존하여 목숨을 이었다).

그런가 하면 근래에 보기 드문 최악의 흉작이 있었다. 농촌과 도시를 불문하고 많은 가정이 굶주렸다. 그때 또다시 식량폭동이 터졌고 시위자들은 "빵값을 2수로 내려라"라고 요구했다. 흉작이 있던 몇 개월간 빵 값은 2수에서 4수로 배가 되었고, 그런 상황은 프랑스 인구 대다수에게 아사의 위협을 높여주었다.

이러한 혼란이 정점을 향해 갈수록 사회 각 부문에서는 정치적 선동이 일어났다. 과거 조정에서 영향력 있는 높은 자리에 있다가 (아마도 독자적인 당파를 가지고 있던 여왕 마리 앙투아네트의 사주에 의해) 쫓겨난 귀족 중 몇몇은 군주제에 반대하는 시위를 조장했다. 루이 왕권을 전복시킬 수 있다고 생각한 오를레앙 공은 야만인 부대를 고용하여 재산을 약탈하고 파괴하게 했다.

그는 곤궁해진 수많은 귀족과 손을 잡았다. 그들은 사치스러운 지출을 감당하느라 토지를 다 팔아버렸기 때문에 이제 아무런 수입도 없었고, 자기 딸들을 근처 농장에 평노동자로 일하러 내보내 겨우 연명하는 처지였다. 이렇게 영락한 귀족들이 루이에게 대표를 보내 조정에 적당한 자리를 내주든지 연금을 달라고 요구했다.

교회 토지의 몰수라는 위협을 받고 있는 성직자계급도 국왕과 맞서고 있었다. 약 2년 동안 부르주아의 주도급 인사들은 교회 토지의 국유화와 매각을 위한 운동 - 이것은 점점 인기 있는 운동이 되었다 - 을 벌이고 있었다. 이 계획은 대단히 바람직한 두 가지 결과를 가져오는 것이었다. 첫째, 농업을 주로 하는 2,000만 인구(전체 인구의 80% 이상)에게 좀 더 많은 농토를 주게 됨으로써 프랑스 경제는 신속히 개선될 것이다. 현재 농부들은 평균 1헥타르(2.5에이커) 미만의 토지를 소유하고 있으며, 그 작은 땅에서 겨우 얻어내는 제한된 소출 때문에 만성적인 빈곤상태에 있었다. 경작면적을 확대하면 농부들은 충분한 소득을 올릴 수 있을 것이다. 둘째, 돈에 쪼들리는 국고는 몰수재산을 매각 처분하여 벌어들인 돈으로 다소 도움을 받게 될 것이다.

고위 성직자 대표들은 왕실이 몰수 제안을 기각하도록 요청하기 위해 몇 번이고 베르사유로 몰려들었다. 일요일이면 조그만 시골교회나 도시의 대성당을 막론하고 어디서나 탄원과 기도소리가 울려 퍼졌고, 교회 고위 당직자들은 그 기도를 통해 "종교와 하나님의 종들을 파괴하려는 자들을 물리쳐줄 것"을 군주에게 권고했다.

점점 투쟁적으로 되어가는 파리의 신문에는 가난한 자를 희생시키는 반면 부자들은 빠져나갈 수 있도록 되어 있는 현재의 조세제도를 개편하라는 기사가 실렸다. 부르주아의 유명인사들은 매주 신문과 소책자를 통해 175년 전인 1614년에 왕실의 칙령으로 문을 닫은 의회의 재소집을 요구하고 나섰다.

사면초가가 된 왕은 마침내 고집을 꺾고 다음 해 5월 삼부회(Estates General) - 의회 - 를 소집한다는 칙령을 발효했다. 국왕의 양보는 매우 중요한 사태발전이었다. 프랑스의 지반은 흔들렸고 부르봉 왕조의 견고한 통일체에 마침내 깊은 균열이 나타났던 것이다.

그러나 그것은 점증하는 불안감을 더욱 고조시키는 사태발전일 뿐 빈곤한 정부를 위해 돈을 모금하는 데는 거의 도움이 되지 못하는 사건이었다. 그러나 네케르는 그가 약속했던 기적을 이룩했고 그해 말 국가의 필요에 충당할 만큼의 자금을 확보하여 파산선고를 면할 수 있게 해주었다.

1789년 최초의 4개월은 1788년의 반복이었다. 밀 부족현상이 재발하고 도시에서는 소요가 점점 심해지면서 군중은 "가난한 자에게는 빵을, 부자에게는 굶주림을" 요구했으며, 빵 가게와 곡물 도매상은 조직된 폭도에게 약탈당했다. 날마다 무질서가 고조되는 가운데서도 네케르는 그가 맡은 일, 즉 돈을 끌어들이는 일에 여념이 없었다. 이따금 일이 없는 저녁이면 그는 서둘러 베르사유에서 퇴청하여 궁궐 같은 파리 자택에서 그의 부인이 현란하게 꾸민 야회에 참석하곤 했다. 거기에서 그는 당대 프랑스의 가장 유명한 지식인들의 주목을 한 몸에 받는 명사가 되어 프랑스가 바야흐로 희망과 불안이 뒤섞인 가운데 기다리고 있는 거대한 사건, 즉 의회 소집에 관한 질문공세를 받곤 했다. 그는 국왕이 — 마침내 세상물정을 바로 알게 되었으므로 — 적절히 '변화과정에 도움을 줄' 준비가 되어 있다고 청중을 안심시키곤 했다.

오래 기다리던 삼부회의 첫 회의가 1789년 5월 베르사유에서 열렸다. 제3계급('평민'을 대표하지만 대부분 부르주아로 구성된) 대표들은 자신들의 처지를 금방 깨닫게 되었다. 아침 8시에 도착하라는 훈령을 받은 제3계급 대표들은 제1계급(성직자) 대표 300명과 제2계급(귀족) 대표 300명이 오후 1시에 도착할 때까지 장장 5시간을 회의장 밖에서 기다려야 했던 것이다. 제1계급과 제2계급이 참석한 뒤에야 '평민' 대표 600명에게 회의장 입장이 허락되었다.

루이 왕은 대신들을 대동하고 오후 1시가 넘어서 입장했다. 그는 오전 사냥을 포기하고 싶지 않아서 오전 회의의 참석을 주저했던 것이다.

미리 준비된 연설문을 낭독하면서 국왕은 모든 백성에게 품은 자신의 아버지다운 관심과 만족스럽고도 평온한 왕국을 위한 자신의 소망에 대해 평온한 어조로 이야기하기 시작했다. 그러나 불행하게도 모두 평온한 것은 아니었다. 그는 슬픈 목소리로 "전반적인 불안상태와 변화를 바라는 일부의 지나친 욕망"에 유감을 표시했고 "현명하고도 절제 있는 인사들(삼부회 대표들)의 회의가 즉각 그러한 상태와 욕망을 처리하지 않으면 그들은 여론에 전적으로 악영향을 미칠 것"이라고 말했다. 일반론을 약간 덧붙인 뒤 국왕은 결론적으로 "전국 대표자들의 모임이 현명하고도 신중한 충고(분명 자신의 충고를 지칭하는 것이다)에 귀 기울일 것을 믿어 의심치 않노라"라는 자신감을 피력했다.

형식적인 박수소리가 뒤따랐지만 제3계급 대표들은 한기를 느꼈다. 그들은 변화에 관한 이야기를 듣고자 왔는데, 정작 국왕은 절제와 신중을 강조하고 있었다. 그리고 그의 연설에는 이렇다 할 특별한 점이 하나도 없었다. 그 같은 점에 대해 국왕은 다른 두 사람의 연사가 토론하도록 준비해놓았음이 분명했다. 첫 번째 연사는 프리비 실 경이었다. 형식적인 일반론을 몇 가지 편 뒤 그는 청중에게 다음과 같은 많은 문제, 즉 "언론의 자유, 질서유지, 형법과 조세제도의 개혁" 등에 대해 자유롭게 토론하라고 이야기했다. 그러나 그러한 모든 협의는 "왕국의 내적 안정, 왕실의 영광, 그리고 국왕의 신민들의 행복"을 보장하는 방향으로 나아가야 하며 "황제 폐하가 바라시는 환영할 만한 변화에 역적들의 위험한 혁신을 함께 끼워 넣도록 해서는 안 되는" 것이었다. 고도의 유창한 언변을 빼놓고 그의 연설이 지닌 의미는 삼부회에서 이야기와 토론을 할 수 있다는 것뿐이었다. 즉, 표면적으로 그들은 고상한 결의문을 통과시킬 수는 있으나 근본적인 변화를 가져올 수는 없다는 것이었다.

프리비 실 경이 하단할 때 '제1계급과 제2계급' 대표들은 대부분 기립하여 박수갈채를 보냈지만 '평민 대표들'은 그냥 꿈짝도 않고 앉아 침묵했다.

다음으로 부르주아의 호프인 네케르가 등단했다. 어떤 무대든 할 수 있는 한 오랜 시간을 무대의 중심에 서 있고 싶어 하는 이 국무대신은 한없이 지루한 연설을 준비했다. 너무도 긴 연설이라 반도 채 마치기 전에 그는 목이 쉬어버렸고 대독하는 자가 필요하게 되었다.

제3계급 대표들이 네케르의 연설문이 뜻하는 우울한 의미를 깨닫는 데에는 그리 오랜 시간이 걸리지 않았다. 왕국의 참담한 회계 및 재정 상황에 대한 구제책은, 의회가 차별적인 조세제도를 수정하는 데 있는 것이 아니라 귀족과 성직자가 그들의 오래된 특혜적 신분을 스스로 포기하는 데 있었다. 의회는 국가의 견딜 수 없는 경제상태에 어떤 변화를 가져올 수 있는 법률을 제정할 권한을 가질 수 없었다. 부유한 장원의 지주와 고위 성직자는 세금을 물려 하지 않았다. 그러나 연소득 600리브르(120달러) 미만으로 근근이 살아가야 하는 수백만 영세농은 진절머리 나는 조세제도 때문에 연간 45달러가량의 세금을 냈고, 영원한 가난의 포로가 되었다. 그리고 도시에서도 ― 가장 급료가 많은 노동자도 하루 40수밖에 벌지 못했고 섬유노동자는 그 절반밖에 받지 못했으며 여자 방직공은 하루 6수, 일반 노동자는 15수를 벌었다 ― 부유층은 세금을 안 냈으나 400만 명의 가난한 노동자들은 국왕의 징세 대리인과 징세 대행회사의 '거머리 같은 징세관들'에게 수입의 30% 정도를 빼앗기곤 했다.

네케르는 세제개혁과 민주적으로 선출된 의회에 의한 예산 통제 제도를 확립하는 대신 종래의 관행을 계속하자고 권했을 뿐이다. 그것은 제1계급과 제2계급에게는 즐거운 일이었으나 제3계급에게는 당혹감을 안겨주었다. 네케르는 국가재정을 파산에서 구하는 방법은 공개시장에서 추가로 공채를 발행하는 것이라는 케케묵은 발상을 피력했다. 그러고 나서 국무대신은 기나긴 재정명세서를 낭독하기 시작했다. 그것은 전년도의 적자 5,600만 리브르를 포함하고 있었다(후일 재정관리들은 그 적자 폭이 1억 6,000만 리브르에 가까웠음을 발견했다. 네케르는 자신의 입장을 좀 더 유리하게 만들려고 또 한 번 거짓말을 했던 것이 분명하다).

대독자가 그것을 읽기 시작했을 때 목소리의 변화는 있을지언정 그 내용에는 변화가 없었다. 지루한 재정상의 세부항목, 예산 전망 및 안도책에 관한 이야기를 오랫동안 늘어놓은 뒤 그 장광설은 다음과 같은 애국적인 권고로 끝을 맺었다. "오랜 어려움과 최근의 위기를 겪어오는 동안 각성하게 된 국왕은 인생을 두 배나 산 것 같은 경험을 얻게 되었습니다. 의회의 지배적인 견해가 알려지면 국왕 폐하께서는 즉각 여러분의 생각이 어떠한 성격을 띠고 있는 것인가 판단하실 수 있을 것입니다. 만약 그것이 국왕의 희망과 일치하고 기대해볼 만한 가치가 있는 것이라면 국왕은 여러분의 소망과 행위를 지지할 것입니다. 국왕은 여러분의 소망과 행위에 찬성하는 것을 영광으로 생각하고 있으며, 가장 훌륭한 군주와 가장 충성스러운 국민과의 협력은 요지부동의 권력과 이루 비길 수 없는 혜택을 낳게 할 것입니다." 그가 전하고자 하는 바는 명백했다. 즉, 미사여구를 늘어놓으며 거들먹거리고는 있지만 결국 국왕은 유일한 조정자요, 의회는 거수기밖에 되지 않는다는 뜻이었다.

그날 저녁 제1계급과 제2계급이 환희 속에서, 그리고 제3계급이 의기소침해서 그 회의장을 빠져나간 뒤 미라보 백작 ─ 한때 그의 가문은 국왕의 은총을 입었으나 지금은 제3계급과 자리를 함께했다 ─ 은 이렇게 말했다. "머뭇거릴 시간은 이미 지났고 이제 더 이상 여론의 거센 흐름을 거역할 수 없다는 사실을 국무대신이 너무 늦기 전에 깨닫기를 바라자. 여론과 함께 흘러가지 않으면 익사할 수밖에 없다. 그리고 국민의 대표자들이 그들의 기능, 그들의 사명, 그리고 그들의 존엄성을 깨닫게 되도록 바라자."

그 후의 소란스러운 두 달 동안 제3계급은 '그들의 사명을 자각'했고, 수 세기 동안 귀족의 지배하에 있었던 국가에 입헌통치를 가져왔다. 삼부회의 표결을 부(部) 단위로 하도록 함으로써 제3계급을 무해한 존재로 만들고자 한 것이 국왕의 계획이었다. 귀족계급과 성직자계급 두 개의 부는 개혁을 지향하는 평민계급을 2 대 1로 표결에서 이길 수 있기 때문이었다. 그럴 경우 시간이 지나면 평민계급의 대표들은 낙담하여 투쟁을 포기할 것이고 결국 의회는 문을 닫게 될 것이라는 속셈이었다. 그러나 제3계급은 1인 1표를 계속 주장했다. 이 문제로 연일 언쟁을 했으나 결론은 나지 않았다. 제3계급을 지지하는 데모가 파리에서 일어났다. 방해에 부딪친 루이는 어느 날 밤 회의장 문을 폐쇄했다. 다음날 아침 회의장 입장이 거절된 부르주아 대표들은 그 부근에 모여서, 프랑스 국민에게 그들의 정당한 대표들이 다시 협의를 할 수 있도록 허락될 때까지 납세를 일체 중지할 것을 권고하는 결의안을 통과시켰다. 파리와 다른 도시의 신문과 팸플릿은 "의회 없이 과세 없다"라는 구호를 채택했다. 혼란은 가열되었다. 루이는 할 수 없이 의회의 재개를 명령했고 제3계급의 복귀를 요청했다.

이 시점에서 좀 더 선견지명 있는 귀족들, 예컨대 라파예트와 같은 사람들이 제3계급 쪽으로 자리를 옮겼고 며칠 후엔 성직자 1,500명이 그 뒤를 따랐다. 이제 다수를 형성한 제3계급은 스스로를 국민의 유일한 입법기구인 의회라고 선언했다. 그러나 국왕은 계속 주저했다. 그는 네케르에게 부르주아 지도자와의 중재에 나서도록 요청했다. 아마 그로서는 최고의 황금기에 있었던 국무대신은 이를 거절하고 사임했다.

그러자 루이는 병사들에게 회의장을 봉쇄하도록 명령했다. 이제 모든 계급의 열렬한 지지자 800명 이상으로 확대된 의회 의원들은 창검만으로는 자신들의 입상을 막을 수 없을 것이라고 외치면서 수비대를 밀어붙였다. 그와 동시에 파리 시민들은 떼를 지어 베르사유로 밀려들었다. 이윽고 국왕은 전국적인 봉기를 우려하여 굴복했다. 1789년 6월 27일, 투표는 1인 1표로 실시할 것이라고 발표되었고 입법 문제에서 의회의 주도권이 인정되었다.

제3계급 대표 800명은 기쁨에 들떠 회의장으로 들이닥쳤고 ― 패배한 제1계급과 제2계급 대표 400명은 뿔뿔이 흩어져 그 뒤를 따랐다 ― 국민의회(Constituent Assembly) 제1차 회의의 개회를 선언했다. 이 선언은 확고한 의미를 지니고 있었다. 프랑스에 입헌적 개혁의 시대가 시작되었음을 알린 것이다.

1789년 6월 30일 밤, 국민의회의 요청으로 베르사유 궁전에는 모든 불이 밝게 켜졌다. 수많은 방문객은 국민의 승리를 축하했다. 재임명된 네케르는 (국고는 또다시 텅텅 비었다) 국왕에게 항복하지 않았다 하여 환호와 갈채를 받았다. 그는 "네케르 만세!"라는 환호에 휩싸였다. 아마 그의 평생 가장 잊지 못할 저녁이었으리라. 그러한 축제가 벌어지는 가운데 루이와 왕실의 친척들이 발코니에 잠깐 모습을 드러냈다. 군중들은 "국왕 만세!"를 외쳤다. 왕비는 외면했다. 그녀는 울고 있었다.

그 극적인 발코니 장면을 목격했던 사람이라면 어느 누구도 그로부터 꼭 열흘 뒤 루이가 파리 시민에 대항하여 5만 명의 파견대를 보내리라고는 상상할 수 없었을 것이다. 나중에 국왕은 자기가 그러한 행동을 취한 것은 폭도들이 수도를 거의 무정부상태로 만들었기 때문이라고 진술했다. 여기저기서 파업과 시위가 터졌다(그것은 노동인구의 거의 절반이 실업상태이고, 60만 인구 중 12만 명이 구걸하고 있거나 구호연금 대상에 올라 있는 시기에는 당연히 예상되는 사태였다). 지방경찰이 마음만 먹는다면 그 상황은 쉽사리 평정될 수 있는 것이었다. 루이는 진정 정치적이었다. 즉, 프랑스의 진정한 통치자는 의회가 아니라 자신임을 국민들에게 입증하고 싶었던 것이다.

다음날 그는 왕비의 주장에 따라 네케르를 해임했다. 그날은 7월 11일 토요일이었다. 의회는 휴회였으므로 해임에 따른 저항은 있을 수 없었다. 은행과 파리의 증권거래소는 문을 닫았고 다음날인 일요일도 그럴 것이었다. 그러므로 즉각적으로 불리한 재정적 반응은 없다고 보아도 되었다. 신변에 위험을 느낀 네케르는 그날 저녁 스위스 국경을 향해 떠났다.

7월 13일 월요일, 증권거래소장들은 앞으로 24시간 동안 더 폐장하기로 결정했다. 정부가 바야흐로 지급불능을 선언할 것이라는 소문이 전국을 휩쓸었다. 왕실 군대와 새로 무장한 민병대 간에 한바탕 총격전이 벌어졌다. 군중들은 대도시로 밀려들면서 "네케르를 복직시켜라"라고 외쳤다.

7월 14일, 무장한 일단의 사람들이 화약을 찾던 중 중세 때 지어진 한 요새에 많은 양이 저장되어 있다는 정보가 들어와 그 건물을 포위하여 공격했다. 두 시간 반 동안의 총격전으로 공격하던 98명이 사망했고 바스티유 감옥은 파리 시민의 대공격 앞에서 함락되었다. 승리한 침입자들은 고위관리 — 그들은 장교이자 국왕의 상징이었다 — 수 명을 체포, 그들의 목을 베어 그 머리를 앞세우고 환호하는 군중들 사이로 시가행진을 벌였다.

이러한 역사적인 사건들이 파리 시내를 진동하고 있는 동안 국민의회는 베르사유에서 긴급회의를 열고 있었다. 의회는 파리에서 군대를 철수하고 네케르를 소환할 것, 그리고 어떠한 상황에서도 정부는 그 부채의 지불을 거부하거나 파산선고를 하지 못하게 할 것을 요구했다. 국왕은 이틀 동안 망설였으나 파리에서 폭동이 확대되고 있다는 소식이 들리자 또다시 조건부로 항복했다. 7월 16일 네케르는 소환되었고 루이는 부채지불 거절을 선언하지 않는다는 데 동의했다. 도망갈 준비를 하던 왕비는 개인 서신을 불태우고 미리 사두었던 보석함 15개를 감추었다.

그날 밤 늦은 시간, 할 일이 없던 국왕은 그때그때 떠오르는 생각을 적어놓곤 하던 일기장을 다시 뒤적거려 보았다. 그것은 거의 사냥활동을 매우 꼼꼼하게 기록해둔 내용으로 채워져 있었는데, 가끔 중요한 개인적인 사건도 적혀 있었다. 여기에는 1774년에서 1781년까지 7년 동안 1,274마리의 수사슴을 비롯하여 18만 9,251마리에 달하는, 사로잡거나 죽인 사냥감의 이름과 수치가 조목조목 적혀 있었다. 그는 프랑스혁명이 시작된 날인 1789년 7월 14일의 사건에 대해 단 한 마디를 적어놓았다. "오늘, 아무 일도 없음"이라고. 짐승 한 마리 잡지 못했으니 그에게는 아무 일도 없었던 하루인 셈이다.

그러나 국민의회 의원들은 사태를 좀 더 본질적으로 보았다. 그들은 적절한 시정조치를 취하지 않는 한 정국이 조만간 뒤집힐 것이라는 점을 깨달았다. 그들은 무엇보다도 정부의 불안정한 재정상태 해결에 최우선을 두었다.

2주일의 집중적인 숙의를 거친 후 국민의회 재정위원회는 ─ 미봉책으로서 ─ 5%의 이자(당시 이자율로는 높은 편이었다)로 공채를 발행하자는 네케르의 의견을 채택하여 의회에 건의했다. 8월에 의회는 이에 동의했으나 어리석게도 이자율을 4.5%로 낮추었다. 기채액을 400만 리브르(그들은 "더 항구적인 해결책이 나올" 때까지는 이 액수만으로도 긴급한 지출은 충당하고도 남으리라고 생각했다)로 제한했지만 모금된 것은 겨우 200만 리브르에 불과했다. 9월에 네케르는 은행에서 상당한 금액을 확보했다(정확한 액수는 아직도 분명치 않다).

10월에 정부의 자금은 또다시 거덜 났다. 의회는 달리 방도가 없어서 소금세(Salt tax)를 인상했다. 그리고 모든 소득자들이 그 소득의 25%에 달하는 세금을 (3년에 걸쳐) 납부할 것을 제도화하는 법령을 통과시켰다. 또한 의회는 "그렇게 할 여유가 있는 애국자들은 자발적으로 정부에 기부해줄 것"을 요청했다. 이 세 가지 시도는 모두 실패했다. 국민들은 소금 구입을 거부했고 그 결과 소금세에서 오는 세입이 줄었다. 부자들은 소득에 세금이 부과되는 것을 처음 경험했기 때문에 납세에 저항했다. 소득세는 월 50만 달러도 채 징수되지 않았다. 그 후 6개월 동안 애국적인 증여는 150만 달러도 채 못 되는 액수였다(코메디 프랑세즈 배우들이 5,000달러를, 기마장교들이 1,300달러를, 아일랜드 대학이 은제 식기를, 왕립 펜싱학교 교사들이 결투용 칼을 기증했고, 일단의 학생들이 은제 버클과 함께 200달러를 보냈을 뿐이다). 이렇게 노력해서 모금한 돈은 정부가 진 빚의 한 달 이자도 채 안 되는 액수였다.

의회는 그해가 다 가도록 재정 문제와 계속 씨름해야 했다. 숙의는 거듭되었으나 결국은 유감스럽게도 (20억 리브르의 가치가 있다고 추정되는) 값비싼 교회 토지의 국유화와 방매가 불가피하다는 결론밖에 내릴 수 없었다.

동시에 재정위원회는 아시냐 지폐(정부가 지불을 보증하는 이자가 붙는 지폐)의 발행 문제에 전념하게 되었다. 교회재산을 국유화하는 방법에 대해 토의가 진행되면서 입법자들은 교회 토지를 구매한 사람들이 대금을 아시냐 지폐로 지불하게 한다는 안을 채택했다. 아시냐 지폐의 소유를 좀 더 매력적으로 만들기 위해 소유자에게는 대금을 5년에 걸쳐 지불할 수 있도록 하는 특권을 부여했다. 농부들에게는 형편없이 부족한 토지 소유를 확대시킬 편리한 방법이 될 것이고, 부르주아들에게는 교회가 소유한 도시 지역의 값나가는 재산을 — 매우 유리한 조건으로 — 살 수 있는 기회가 주어질 것이다. 그 계획안은 논의를 거듭할수록 매력적으로 보였다. 여기에는 교회의 성직자계급을 제외한 모든 사람을 만족시키는 길이 있었다.

아시냐 지폐를 다량(최종적으로 제안된 것은 4억이었다) 발행하여 방매함으로써 정부는 많은 돈을 신속히 얻게 되고 따라서 파산을 모면할 수 있을 것이다. 현재 돈을 저장해두고 있는 많은 개인(네케르는 금화 루이와 은화 리브르 공급량의 20%가량이 개인에게 저장되어 있다고 추정했다)은 헐값에 내놓은 재산을 살 수 있는 아시냐 지폐와 자기들이 저장한 돈을 기꺼이 교환할 것이다.

의회가 본회의에서 아시냐 발행 문제를 다룰 때 재정위원회의 제안은 상당한 지지를 얻었다. 물론 반대도 있었다. 많은 사제와 하급 성직자들이 교회재산의 국유화에 찬성한 반면 고위 성직자 대부분은 그것이 "교회와 교회의 모든 작품을 파괴할 것"이라고 주장하면서 격렬하게 반대했다. 그러한 반대를 막기 위해 의회는 모든 사제와 고위 성직자들의 급료지불을 보장했고 모든 필요한 교회행사의 유지를 위해 특별한 '종교세'를 징수하여 연간 수입을 제공할 것을 약속했다. 이러한 보장은 마침내 성직자 대부분을 만족시켰다.

그러나 가장 격심한 반대는 아시냐가 종이돈과 '그 모든 알려진 악'으로의 복귀라고 비난하는 대표자들에게서 나왔다. 그들은 1720년 미시시피 계획 때 존 로가 발행한 몰수된 은행권을 흔들면서 회의장을 설치고 다녔다. 그들 중 어떤 이들은 '지폐 남발 시대' 동안 그들의 부모를 혼란에 빠뜨린 미친 듯한 인플레와 재정파탄을 비판하면서 "우리는 우리 손에 피를 묻히기를 원치 않는다. 지폐는 파멸과 피를 부를 뿐이다"라고 외쳤다.

아시냐 지폐를 지지하는 사람들은 이러한 항의에 다음과 같이 반박했다.

지폐는 아직 몰수되지 않은 교회영지와 같은 특수한 자산과 대응되지 않는다면 고유가치가 없다. 특수한 자산과 대응되지 않는다면 교역에서 교환 수단으로서 금속화폐와 경쟁한다는 것이 불가능하다. 공적인 권위에만 바탕을 둔 지폐는 발행된 지역에 언제나 파탄을 불러일으켰다. 1720년 「존(John) 법」에 의해 발행된 은행권이 무서운 폐해를 야기한 후 오직 소름끼치는 기억만 남긴 것도 바로 그 때문이다. 국민의회는 여러분을 그러한 위험에 빠뜨리

려는 것이 아니다. 국민의회는 이 새로운 지폐에 국가의 권위에서 나온 가치
뿐 아니라 토지의 가치를 뒷받침하여 귀금속과 경쟁을 할 수 있는 실질적이
고도 불변적인 가치를 부여했다.

아시냐 지폐를 지지하는 또 다른 이들은 국민의회 대표들에게 "교회 토지
를 국유화하고 혁명을 소생시키기 위한 방법으로, 풍부한 몰수자산에 의해
뒷받침되는 은행권을 발행하라"라고 촉구했다.

1789년 11월 2일 국민의회는 첫 번째 중대조치를 취했다. 교회자산의 몰수
와 국유화를 명령했던 것이다. 며칠 뒤 국민의회의 다르시 의원은 "일부 채무
를 청산하고 시급한 비용을 충당하는 데 도움이 되도록" 4억 7,200만 리브르
에 달하는 자산을 매각할 것을 제안했다. 해결책을 토론하는 과정에서 네케
르는 지폐의 일반적인 폐해에 대해 비판을 가했지만 "아시냐 지폐의 제한된
발행"에 대해서는 즉각 반대의사를 표명하지 않았고, 앞으로 정부는 아시냐
지폐의 더 많은 발행을 필요로 하고 또 환영하게 될지도 모른다는 점을 암시
했다. 아시냐를 법화로 발행하지 말고, 왕실의 부채와 손비를 상환하기 위해
간접적으로 돈을 조달하는 수단으로 생각하자는 것이 재상의 의견이었다.

1789년 12월 19일 하루 종일 지루한 논쟁이 계속되고 파리의 신문에서 아
시냐를 발행하느냐 파산하느냐 하는 문제로 떠들썩하게 논란을 빚은 뒤, 국
민의회는 몰수 교회재산에 의해 뒷받침되는 4억 리브르(실제 약정된 자산은 그
이상의 가치가 있었다)의 아시냐 지폐의 발행을 인가하는 결의안을 통과시켰
다. 아시냐 지폐는 5%의 이자를 가산해서 5년간에 걸쳐 연차적으로 회수할
예정이었다. 아시냐 지폐는 몰수자산을 분할불로 매입하는 데 사용하고 통상
적인 상거래에서 법화로 사용할 생각은 아니었다. 법화로서의 유통을 보증하
기 위해서는 1,000리브르, 500리브르, 200리브르 등 고액권으로만 발행되어
야 했다. 결의안이 압도적 다수로 채택된 뒤 의사록에는 "이 아시냐 지폐는
이자가 가산되어 있기 때문에 현재 유통되고 있는 주조화폐보다 곧 좋은 평

가를 받게 될 것이며 그 주조화폐도 다시 원활하게 유통되게 해줄 것이다"라는 마지막 자축성명이 게재되어 있었다.

아시냐 지폐에 초상과 서명을 빌려준 국왕은 자신은 국민의회의 활동을 진심으로 지지하며 국민들에게 "아시냐 지폐를 거부하지 말고 애용하라"라는 요청이 담긴 포고를 내리도록 권유를 받았다. 즉각적으로 파리 시내에는 "정부는 위기를 타개했다. 프랑스 국민의 대표들은 투철한 정치가 정신과 지혜로써 행동했다"라는 포고가 나붙었다.

적어도 일시적으로 정부는 위기를 모면했다. 발행된 아시냐 지폐는 발행 즉시 매진되었고, 미불 채무를 해결하고, 가치 하락이 필연적일 수밖에 없던 지폐를 회수했으며, 체불에 대한 이자를 지불하는 데 쓰일 크라운 화폐가 동전으로 4억 리브르나 들어왔다. 그러나 국민의회가 '투철한 정치가 정신과 지혜'로써 행동했는지에 대해서는 시간이 말해주었다.

예상할 수 있는 대로 아시냐 지폐 발행에서 얻는 이득은 일시적인 것임이 드러났다. 국민의회에 의해 이루어진 조세법안은 새로운 조세제도를 좀 더 평등하긴 하지만 훨씬 더 비효율적인 것으로 만들었다. 새로 임명된 조세징수원들의 노력에도 불구하고 부유층은 여전히 그물을 빠져나갈 수 있었다. 그와 동시에 대폭 개편된 공무원들의 보수는 정부가 교회자산을 국유화할 때 부담하기로 약속한 '교회를 위한 지출'과 마찬가지로 국고에 상당한 주름살이 지게 했다. 왕실유지비는 여전히 1년에 3,500만 리브르를 넘었고, 1790년 후반에 40억 리브르로 평가되었던 산더미 같은 정부부채는 국고를 고갈시켰다. 1790년 3월, 네케르는 1790년 들어 두 달에 걸친 정부의 재정 결손만도 3,600만 리브르에 달한다고 보고했다.

1790년 8월 미라보는 발행된 아시냐는 부채의 상환에만 이용하도록 촉구했다. 그와 동시에 미라보에게 협력했던 다르시는 상당량의 통화공급이 정부지출로 잠적해버리므로 새로운 화폐를 발행해야 한다고 역설했다. 또한 국민의회 대표 앵송은 "정부는 새로운 재원을 필요로 하는 최악의 상태에 있다.

정부는 아시냐의 형태로든 그 밖의 다른 형태로든 화폐를 찍어낼 권리가 있다"라고 주장함으로써 아시냐를 화폐와 연결시켰다.

이러한 단언에 박수갈채가 터져나왔다. 또 다른 대표 구이가 "24억 리브르의 법화를 발행하는 단 한 번의 조치에 의해 기일이 촉박한 채무를 청산하는 것이 우리들의 유일한 의무이다"라고 선언했을 때, 열광과 도취는 극에 달했다. 그는 국유화된 재산을 매입할 때 주조화폐로 지불하는 것을 금지하는 법안을 통과시켜야 한다고 주장했다. 그의 연설을 보도한 신문들은 "그의 연설은 거듭하여 우레와 같은 박수갈채를 받았다"라고 전하고 있다.

몇몇 대표는 지폐 발행을 주장하는 흐름에 동조하지 않았다. 중농주의 경제학자 뒤퐁 드 느무르는 "대체통화를 포함해서 통화량을 두 배로 늘리면 물가가 상승하고 가치에 혼란이 야기되며, 자본가를 위축시키고 공공사업을 축소시킬 뿐이며 그 결과 생산과 노동에 대한 욕구가 감소한다. 새로운 지폐의 발행으로 덕을 볼 사람은 많은 부채를 갖고 있는 부유층뿐이다"라고 말했다. 뒤퐁 드 느무르는 거듭 국민의회에 등단해서 자신은 "회수되지 않을 지폐의 방출에 반대표를 던지겠다"라고 말했다. 네케르는 아마도 새로운 지폐에 대한 가장 혹독한 비판자였을 것이다. 그는 법화의 형태로 새로운 아시냐를 발행하자는 제안에 거듭 공격을 가했다. 그는 납득할 만한 웅변을 토하면서 '돈을 찍어내는 조치'에 깔려 있는 인플레이션의 위험을 강조했다. 몇몇이 그를 지지했지만 논쟁은 점차 가열되면서 몇 달씩 끌게 되었고, 그는 점점 고립되어갔다. 9월이 되자 1년 전엔 그에게 찬사를 보냈던 파리 신문이 이제 그를 '혁명에 대한 반역자'로 몰아붙였다. 그의 부인이 주관하는 살롱에 몰려오던 명사들도 점차 핑계를 대며 나타나지 않기 시작했다. 왕실에서도 결코 탐탁하지 않은 존재였던 그는 이제 보란 듯이 냉대를 받았다. 지폐 발행을 반대한다고 의회에서 모욕당하고 발붙일 곳도 박탈당한 후 지쳐버린 그는 살아남기 위해 국왕에게 사직서를 보내고 영원히 프랑스를 떠나버렸다.

1790년 9월 마지막 날 국민의회는 8억 리브르의 새로운 아시냐 지폐를 발행했다. 그것은 이자가 가산되지 않는 것이었으며 고액권과 소액권이 있었다. 법화로 사용한다는 명문조항은 없었다. 국민의회는 지폐 인쇄작업을 시작해서 순식간에 통화량을 50% 증가시켰다.

이러한 조치는 파리의 신문들과 유력한 팸플릿 저자들의 열렬한 찬사를 받았다. 당시 환호의 분위기는 『혁명의 친구』란 출판물에서 찾아볼 수 있다. "시민들이여! 마침내 조치가 내려졌다. 아시냐는 말하자면 건물의 초석이다. 이제 나는 여러분에게 혁명은 완성되었다고, 단지 한두 가지 중요한 문제만 남았다고 외치고 싶다. 그렇게 많은 지폐를 발행한다는 소리에 처음에는 경악했던 도시들도 이제 감사의 표시를 보내오고 있다. 또 풍성한 수확을 가져올 국내 산업의 새로운 번영에 의해 프랑스는 곧 또 다른 지폐를 발행하게 될 것이다."

기대했던 대로 막대한 통화팽창이 시작된 초기 단계에는 외면상 좋은 효과가 나타났다. 산업의 템포는 빨라졌고 아시냐로 임금을 지급받는 노동자들에 의해 생산되는 상품은 점점 더 풍부해졌다. 흔해진 화폐는 부르주아나 부유층에 의한 구매, 특히 가격이 상승한 자산에 대한 활발한 구매를 유도했다. 노동자에게 값싼 지폐로 임금을 지불할 수 있었기 때문에 해외의 경쟁자를 누를 수 있는 입장에 선 프랑스 생산업자들은 수출을 증가시켰다. 그들은 수출대금으로 받는 외국의 주조화폐는 재빨리 감추었다. 1790년 국민의회에 의해 통과된 입법에 따라 번거로운 조세 중 몇 가지를 경감받고, 교회 토지의 몰수에 의해 얻은 자산에서 많은 수입을 거두게 된 농부들은 몇 세기 동안 계속되어온 가난에서 잠시나마 벗어날 수 있었다.

지폐 방출로 가장 큰 이익을 본 것은 정부였다. 정부는 아시냐로 공무원의 봉급을 주었고, 상품 구매에 아시냐를 사용했다. 부채에 대한 이자, 원금상환은 아시냐로 결제되었다.

그러나 아시냐는 파리나 기타 도시의 프롤레타리아에게는 그 즉시 눈에 띄는 이득을 안겨주지 않았다. 고용은 다소 늘어났지만 임금은 궁핍을 면하지 못할 정도에 머물러 있었다. 걸인이 속출했기 때문에 국민의회는 "걸인 문제를 검토하고 긴급대책을 세우기 위해" 걸인대책위원회를 두었다. 몇 달 뒤 걸인대책위원회는 프랑스 전역에 전 인구의 12%를 넘는 300만의 걸인이 있고, 파리 시민의 20%에 해당하는 12만 5,000명의 성인과 어린이가 거리에서 정기적으로 구걸하고 있다는 사실을 발표했다. 걸인대책위원회의 대책이란 동정을 베푸는 진부한 것에 그쳤고, 그 밖의 조치는 취해지지 않았다. 지폐를 방출했지만 파리에는 만성적 궁핍이라는 절망적인 상태가 계속되었고, 그것은 소용돌이치는 분노가 되어 약탈과 방화로 이어졌으며, 왕당과 혐의자 상점주나 말을 듣지 않는 성직자 등에 대한 인민재판식 학살이 종종 자행되었다.

그러나 대다수의 파리 신문은 더 많은 아시냐의 발행으로 더 나은 생활이 가능해질 것이란 전망을 보도했다. 1791년 초 ≪혁명신문≫은 다음과 같은 기사를 게재했다.

아시냐 지폐는 많은 것을 이룩했고, 앞으로도 더 많은 것을 이룩할 수 있다. 우리는 아시냐에서는 좋은 것만 나오며 나쁜 것은 하나도 나오지 않으리라는 약속을 받았다. 몇 달 전 우리는 물가가 상승하고 아시냐의 가치는 떨어질 것이란 이야기를 들었었다. 그러나 그런 일은 일어나지 않았다. 석탄과 나무의 가격은 오르지 않았다. 파리에서는 빵이 1파운드에 2.5~3수에 팔리고 있다. 시장과 암시장의 곡물 가격도 오르지 않았다. 더구나 소액권 아시냐가 금화 또는 은화와 프리미엄을 얹어 교환된 후 사라지고 있다는 것을 모르는 사람은 없다. 우리는 언젠가는 주조화폐의 법적 효력이 소멸되어, 모든 화폐 중에서도 가장 이득이 많은 지폐만 소유하게 될 것임을 확신한다.

1791년 중반 국민의회는 6억 리브르에 달하는 아시냐의 3차 발행을 승인했다. 그 뒤의 아시냐도 마찬가지이지만 이 3차 아시냐는 법화로 발행되어, 지폐 통화량은 14억 리브르에 달하게 되었다. 새로 아시냐를 발행하게 된 이유는 다음 두 가지였다. 첫째, 계속해서 목표액에 미달되는 세수로 정부는 지폐를 새로 발행하여 재정적자를 메우지 않으면 안 되었고, 둘째, 전국을 휩쓰는 투기선풍을 진정시키기 위해 더 많은 아시냐를 발행하라는 압력이 국민의회의 일부 대표에게 가해져왔던 것이다. 1791년 초 파리의 주식 투기업자들은 증권거래소의 주식가격을 올리는 데 성공했다. 그 열병은 부유한 귀족, 왕실 가족, 상류 부르주아에게로 퍼져나갔다. 마침내 상점 주인, 상인, 일부 유복한 농민도 투기열풍에 말려들었다. 금속화폐 유통량의 상당 부분이 잠적해버렸기 때문에 투기의 기세는 점증하는 지폐의 공급에 의해 가속화했다.

그해 봄 주식시장에 개입했던 많은 국민의회 대표들은(미라보도 주식으로 한재산을 모았다가 날려버렸다) 국민의회에 추가로 아시냐를 발행하도록 재촉했다. 더 많은 지폐의 발행을 끈질기게 재촉하면서도 의사당에서는 열렬한 애국적 정열을 토로했던 줄리앙, 돌호니, 팔 드그랑틴 등은 그 후에 행해진 조사 결과, "증권 중개인에게 이익을 안겨줄 법안의 통과에 협력하는 대가로 도합 50만 리브르의 뇌물을 받았다"라는 것이 밝혀졌다. 마침내 그들과 그 외 몇몇 다른 의원이 국민의회에서 전횡을 일삼게 되었다.

아시냐의 3차 발행이 발표된 직후, 그때까지는 거의 눈에 띄지 않았던 가치 하락의 첫 징후가 나타났다. 은화 1리브르와 1 대 1로 교환되었던 아시냐가 10% 하락했다. 100리브르짜리 아시냐는 은화 90리브르밖에 안 되었다. 아시냐의 지지자들은 가치 하락은 국민들 사이에 불만을 조장하려는 외국 간첩들의 공작 때문이라고 주장했다. 그러나 이 10%의 가치 하락은 '바렌 지방으로의 도주'로 명명된 사건에 의해 갑작스레 어두운 그림자로 바뀌어갔다.

국민의회가 프랑스혁명의 입법적 초석이 되었던 「인권선언」을 선포한 날인 1789년 8월 27일 이후부터 국왕은 자신을 '새로운 정부의 무력한 볼모'로 간주했다. 「인권선언」은 "모든 인간은 나면서부터 자유롭고 평등한 권리를 누리며 살고" 그러한 권리는 "자유재산, 안전, 압제에 대한 저항을 의미하며", "모든 사람은 유죄가 확정되기 전까지는 무죄이며", "사회는 행정을 맡는 모든 공직자에게 책임을 지울 수 있는 권리가 있으며", "모든 주권은 본질적으로 국민에게 있고, 어떤 개인도 국민에게서 나오지 않은 권위를 행사할 수 없다"라는 것을 확인했다.

루이 16세는 자신의 귀를 의심했다. 그는 이제 군주가 아니며 국민이 군주이고 또 군주에게 책임을 지울 수 있게 되었던 것이다. 그 선언이 통과된 날부터 루이와 마리 앙투아네트는 프랑스를 탈출할 계획을 세웠다. 일단 외국으로 빠져나가서 대혁명에 놀란 우방 군주의 도움으로 왕당파 군대를 일으키고자 했다. 그는 외국 근거지에서 공격을 개시해서 그의 군대가 '혁명분자'들을 분쇄한 뒤 프랑스로 다시 들어오고자 했던 것이다.

왕당파 장교들, 동조자들과 치밀한 사전조치를 취한 뒤, 왕실가족은 1791년 8월 21일 심야에 탈출을 시도했다. 마부로 변장한 루이, 가정교사로 변장한 마리 앙투아네트, 두 자식들, 두 명의 여자 하인으로 구성된 일행은 커튼을 내린 마차를 타고 피렐리의 궁전을 출발했다. 그들은 달 없는 야밤중에 검문을 받지 않고 파리의 칠흑 같은 거리를 지나 북서쪽으로 달려서 오늘날 뢱상부르의 경계까지 이르렀다. 그때 믿을 수 없는 불행한 사건이 일어났다. 갖은 고난 끝에 그 도망자들은 마침내 국경에서 반나절 정도의 거리를 둔 바렌이라는 마을에 도착했다. 여기서 그들은 미리 수배해둔 말로 바꾸고 그 지역에 잠복하고 있는 우방 군대와 사전에 계획된 연락을 취하기 위해 잠시 멈추었다. 그러나 바꿀 말이 제때에 도착하지 않았다. 공포에 떨며 기다리고 있을 때, 집으로 돌아가던 노동자가 마차 안을 들여다보다가 아시냐 지폐에 그려진 초상화로 인해 루이를 알아보았다. 그는 곧 관헌을 불렀고 왕실가족은 체포되었다. 며칠 뒤 피렐리로 송환된 왕실가족은 사실상 '가택연금' 상태에 들어갔다. 이 탈출 소식을 접한 국민들은 야단법석이었다. 루이가 외국군의 도움으로 프랑스를 침공해서 국민의회의 해체를 기도했었다는 소문이 나돌았다. 전쟁의 위협이 파리를 휩쓸었다.

다음 며칠 동안 전쟁 위협은 왕당파 망명객들이 토지를 버려둔 채 계속 탈출함으로써 점점 더 커져갔다. 이 부유한 망명귀족들은 기회가 주어지는 대로 속속 프랑스를 떠나갔다.

물론 국민의회는 국민의 동요를 잘 알고 있었지만 그들의 관심은 다른 곳에 있었다. 대표들은 막바지에 다다라 있었다. 그들은 1791년 9월 자신들의 임기가 끝나기 전에 헌법을 완성시키는 일에 몰두해 있었던 것이다. 마침내 9월에 헌법이 제정되었다. 절대군주제로 복귀하려 했던 루이의 기도에도 불구하고, 헌법에 의해 프랑스는 입헌군주국으로 남아 있게 되었다. 「인권선언」으로 시작된 개혁은 확대되었고 자리 잡아가고 있었다. 그러나 공화주의가 발판을 굳혀가고 있긴 했지만 국민들은 아직 공화정에 대한 준비가 되어 있지 않았다. 피렐리의 '인질'은 명목상 아직 수반이었지만 그의 권력은 국민에 의해 제약되었고, 그 명목은 겉치레일 뿐이었다. 그리고 그 겉치레마저도 국민의회에 의해 순식간에 폐기될 수 있는 것이었다. 그는 사실상 선택이 불가능했기 때문에 서류에 서명만 했다.

1791년 9월 30일 새로 선출되어 집권한 입법의회의 실질적인 지배권은 부르주아의 수중에 들어갔다. 대부분이 변호사와 기타 전문직, 소지주, 상점 주인인 486명의 부르주아 대표들은 대지주, 고위 성직자, 기타 반동주의자로 구성된 200명의 왕당파를 압도했다. 부르주아 대표들은 역사상 지롱드당으로 알려진 350명의 중도온건파와, 열성과 정력적인 목표로 소용돌이치는 수도 파리 시민들의 지지를 받고 있는 136명의 혁명 지지자로 구성되는 자코뱅 좌파 등 두 부류로 나누어졌다.

새로 구성된 의회는 즉시 전쟁에 관한 토론에 휘말렸다. 국왕의 탈출 기도가 그 문제를 무대의 중심으로 올려 세웠던 것이다. 각 당파의 여러 의원은 프랑스에 대한 침공의 가능성, 특히 오스트리아령 네덜란드와 오스트리아제국의 일부였던 지금의 벨기에 지역에서의 침공 가능성에 대해 깊은 우려를 표명했다. 마리 앙투아네트는 오스트리아 군대에 의한 프랑스 침공을 고려하던 그녀의 오빠 레오폴드 오스트리아 국왕과 연락을 하고 있었다. 1791년 8월 그는 "시기가 무르익으면 원조를 하겠다"라고 공개적으로 약속한 필니츠 선언을 발표했다.

새로운 의회 내의 주전파는 지롱드당의 모험가 장 자크 부리소였다. 탄력 있는 도덕성을 가진 활동적인 모사였던 그는 충성의 대상을 여러 번 바꾼 후, 선동적인 웅변가이자 혁명파 편집인으로서 명성을 획득한 사람이었다. 권력에 굶주렸던 그는 프랑스가 네덜란드에서 오스트리아와 '예방전쟁'을 벌이도록 하기 위해 온갖 변신술을 동원하여 줄기찬 활약을 펼쳤다. 1791년이 저물 무렵, 파리 시민은 창을 들고 의회 발코니를 점거해서 '혁명을 보전하기 위한 전쟁'을 벌이라고 외치며 그의 계획을 도왔다. 동시에 빵 폭동이 터졌다. 말을 듣지 않는 성직자는 군중 앞에 끌려나와 목이 잘렸고, 군중은 그 목을 창에 꽂아 의사당 앞을 행진했다. 소요가 일어나자 많은 망명객이 소유하고 있던 아시냐 지폐를 은화 또는 귀금속으로 바꾸어 프랑스를 탈출했다. 지폐는 은화에 비해 현저하게 가치가 하락해갔다. 그러나 그러한 현상은 입법의회가 선임자들(국민의회)이 닦아놓은 지폐 발행 정책을 답습하는 것을 막지는 못했다. 1791년 말까지 3억 리브르의 아시냐 지폐가 새로 발행되었다. 연말이 되자 아시냐는 은화에 비해 77%로 떨어졌고 생계비는 약 15%가량 상승했다.

1792년 3월 아시냐는 47%로 급락했고, 당시 생계비의 주종을 이루었던 빵값은 파리와 기타 도시에서 50%까지 올랐다. 초인플레이션이 시작될 때 보통 나타나는 현상, 즉 '종이돈'을 재화로 바꾸려는 경쟁이 시작되었다. 1792년 3월, 재상이 된 클라비에는 회고록에서 당시의 추세를 다음과 같이 설명했다. "갑자기 새로운 집을 짓고 유례없이 사치스러운 장식물로 꾸미거나 가격 등에는 개의치 않고 보석이나 장신구를 매입하고 새로운 사업을 시작하는 풍조가 나타났다."

경제적으로 주름살이 깊어지자, 주전론이 더욱 힘을 얻었다. 전쟁을 앞두고 반복되는 열기 띤 논쟁이 6개월 이상 의사당 안에서 메아리쳤다. 그리고 1792년 4월 20일 발코니를 울리는 찬성의 외침과 함께 애국주의의 발작 속에서 입법의회는 당시 유럽 최강의 육군을 갖고 있었던 오스트리아에 전쟁을 선포했다. 700명이 넘는 의원 가운데 겨우 7명만 그 결의안에 반대표를 던졌다. 그날 선전포고가 발표되자 귀족과 지주계급은 환호를 질렀다. 그들은 프랑스의 혁명은 분쇄될 것이고, 그렇게 되면 종전의 특권적 지위로 복귀할 수 있을 것이라고 믿었던 것이다. 루이와 앙투아네트는 다가오는 혁명의 붕괴가 자신들을 구해줄 것이라고 확신해서 쾌재를 불렀다. 파리의 빈민층은 전쟁이 당시의 어떤 사건도 자신들에게 가져다주지 못한 것, 즉 개선된 생활기반을 안겨주기를 희망했다. 부르주아 의원들은 전쟁으로 입법의회에서 자신들이 새로 구축한 권력이 강화되고, 전쟁의 발발에서 생겨나는 사업가들의 재정상의 이득이 자신들에게도 돌아올 것이라고 믿었다.

막상 전쟁에 돌입했을 때 국민은 그 결과에 대해 쉽사리 낙관할 수 없었다. 입법의회의 기록은 몇 주일에 걸쳐 전쟁이 엎치락뒤치락하는데도 육군 조달 장교들이 "반년분의 양곡이 비축되어 있다. 그것이면 충분할 것이다"라고 말했던 것을 보여준다. 전쟁은 6개월 이상 계속될 것이 분명했다(실제로 그 전쟁은 거의 25년 동안 계속되었다).

아시냐를 더 발행하는 문제에 대해 찬반을 가리는 의원들의 심의는 군사적 재난이 극에 달한 4개월 동안 거의 소일거리처럼 진행되었고, 전쟁이 경제에 끼치는 영향에 대해서는 실제 어떤 배려도 하지 않았다. 금화나 은화에 대한 아시냐의 가치는 계속 하락하고 있었지만 다수파는 더 많은 지폐의 발행을 지지했다(대다수의 농부들은 이미 대금의 절반이 주화로 결제되지 않으면 곡물의 매출을 거절하고 있었다). 케인스보다 140년이나 앞서 '고용 증대를 위한 더 많은 자극'을 지지했던 팽창주의적 의원들은 아시냐는 곧 안정될 것이라고 주장하면서 '더 많은 유통수단'을 주장했다. 그들은 '이미 활활 타고 있는 불에 또 석탄을 집어넣는' 무모함을 비난하는 완강한 소수파의 반격을 받았다. 통화주의 학파에 속하는 부아스랭드리는 유통되는 통화가 지나치게 많다고 주장하면서 실제로 유통속도가 증대되었고 '교역의 필요'를 능가하고 있다는 박학한 성명을 발표하기도 했다. 그의 주장에 의하면 과다한 통화는 투기사업에 사용되고, '불필요하게 높은 가격'에 '불필요한 물건'을 구매하게 한다는 것이다.

마침내 팽창주의적 의원들이 승리를 거두었다. 의회는 7억 리브르의 아시냐를 발행하도록 명령해서 1792년 8월까지 총발행고는 24억 리브르에 달하게 되었다.

그때 적군은 이미 메츠와 롱비를 통과해오고 있었다. 그렇게 경솔하게 시작했던 전쟁은 이제 파리에 암울한 위협을 던져주고 있었다. 파리에서는 교전상황이 매일 신문에 보도되었다. 프러시아군 사령관 브룬스윅 공작이 자신은 한 달 안에 파리에 입성할 것이며, 만일 국왕에게 어떤 해를 입혔으면 파리를 초토화시켜 버리겠다는 파리 시민에 대한 경고선언을 발표했을 때, 파리는 공포에 휩싸였다. 무장한 군중이 적의 간첩을 찾아 파리 시내를 누볐고 혐의자는 노상에서 처형당했다. 기요틴이 가장 바쁘게 사람의 목을 자르던 때는 테러가 횡행하던 바로 이 시기였다.

유난히 우둔했던 국왕은 늘 궁전 앞에 주둔하던 왕실수비대에 왕당파인 수백 명의 스위스 용병을 증원함으로써 상황을 악화시켰다. 8월 10일 아침, 궁전 인근의 광장에서 새로 도착한 국립수비대를 사열하겠다고 발표한 것이다. 약속한 날 아침, 무장시민 2만 명이 왕의 무력시위에 자신들도 무력시위로 맞설 수 있다는 것을 과시할 셈으로 그 광장으로 모였다. 과시적 의식을 거행하기 위해 국왕이 궁전 밖으로 모습을 드러내자 군중은 일렁거리기 시작하면서 "국민 만세! 왕을 끌어내려라!"라고 외쳤다. 사태의 심각함을 깨달은 루이는 등을 돌려 궁전으로 다시 들어갔다. 그와 마리 앙투아네트, 그의 자녀들은 의원들이 토론을 벌이고 있는 의사당으로 도망갔다. 그와 동시에 궁전 창문에서 총알이 쏟아지기 시작했다. 함성을 지르는 군중과 국립수비대 사이에 총격전이 일어났다. 접전이 끝났을 때 파리 시민과 수비대원 388명이 전사했고, 궁전에 있던 귀족과 스위스 수비대원 약 800명이 그 자리에서 처형되거나 나중에 집단 사살되었다.

파리 전역에서 거센 분노가 일었다. 군중은 의사당을 에워쌌다. 그들은 국왕을 재판에 회부하겠다는 약속을 받은 뒤에야 해산했다. 루이의 모든 활동은 금지되었고, 왕실가족은 사원에 감금되었다. 국왕을 공석에서 제거하자 군주제 헌법은 사장되고 새로운 입법체계가 필요해졌다.

황망한 중에 새로운 선거가 실시되었다. 입법의회를 대체한 국민회의도 이전의 두 대의기관과 마찬가지로 부르주아가 우세를 차지한 대의기관이었다. 1792년에서 1795년까지 국민회의의 자리를 차지하고 있었던 대표 900명 중 프롤레타리아 대표는 거우 2명뿐이었다. 그들은 후작 7명과 왕족 1명이 가진 영향력만큼도 미치지 못했다. 사업가 · 상인 · 제조업자 · 무역상이 10%를 차지했고 변호사가 47%를 차지했다. 문학 · 예술 · 의학 · 교육 분야의 전문직은 12%, 교직자와 지주는 합쳐서 12%를 차지했고, 나머지 12%는 잡동사니 중산계층이었다. 국가권력과 혁명의 중심은 국민의회나 입법의회의 경우처럼 부르주아의 수중에 있었다.

국민회의가 처음으로 소집된 1792년 9월 20일은 불길한 징조와 경악으로 이어지는 소름끼치는 날이었다. 계속되는 군사적 패배로 고통받아온 라파예트가 자신의 거점을 포기하고 오스트리아군에게 투항했던 것이다. 베르됭이 함락되자 파리의 신문들은 "파리로 적이 진격해올 길이 열렸다. 무기를! 무기를!"이라고 외쳤다. 그러나 9월 21일 대표들이 다시 소집되었을 때, 적군이 전날 발미에서 드무리즈의 군대에게 패배한 뒤 국경을 향해 동쪽으로 퇴각하고 있다는 소식이 도착했다. 환호가 터져 나오는 가운데 대표들은 군주제 폐지와 프랑스공화국 수립을 선언했다. 당시만 해도 그들은 그때가 자신들이 혁명의 정점에 달해 있는 때이고, 이후부터는 정치적인 면에서 줄곧 내리막길을 달리게 될 것이라는 것을 깨닫지 못했다.

단명하긴 했지만 군사적인 성공이 잇따랐다. 그해가 다 가기 전에 프랑스군은 벨기에를 침공했고, 라인란트, 사보이, 니스로 진격해 들어갔다. 승리에 들뜬 프랑스 부르주아 정부는 1792년 11월 전 세계를 향해 "프랑스 정부는 자유를 획득하고자 하는 모든 인민에게 우애와 원조를 보낼 것"이라고 선언했다. 12월이 되자 "왕족이나 특권적 질서"를 지원하는 국가는 "적으로 간주하며" "자유로운 인민의 정부"를 수립한 국가의 "독립을 존중하겠다"라는 또 다른 선언이 나왔다. 이와 같은 위협에 놀란 거의 모든 군주들은 프랑스에 자신들의 군대를 파병했다. 프랑스의 강력한 라이벌이었던 영국과 스페인은 프랑스가 1793년 초 그들에게 선전포고를 해오자 교전에 들어갔다.

국민회의는 국민의회나 입법의회와는 달리 장기전에 대비해 단단한 준비를 시작했다. 뒷날 국민회의 내에서 악명을 떨치게 되는 혁명위원회는 일부에 의해 운영되고, 이들의 독재는 점차 국민회의를 무시하고 월권을 일삼으며 마침내는 혁명을 붕괴시키는 결과를 가져오게 된다.

1793년 1월 국민회의 한 특별위원회는 국왕 재판 과정에서 드러난 여러 가지 증거를 면밀하게 검토하는 임무를 맡았다. 1792년 11월 한 자물쇠 제조공이 피렐리에 있는 루이의 방에서 금고를 발견했는데, 그 금고를 열자 그 속에서 유죄를 입증하기에 충분한 치명적인 증거가 나왔다. 그 문서 중에는 프랑스로 밀고 들어와 달라는 루이의 요청에 대한 레오폴드의 답장, 바렌 마을을 경유해서 탈출할 계획을 세우는 과정에서 왕래한 서신, 간섭을 요청하면서 각국 군주와 주고받은 서신 등이 들어 있었다.

특별위원회는 국민의회와 마찬가지로 국왕이 유죄임을 확인했다. 루이는 1793년 1월 21일 기요틴으로 끌려나왔다. 그는 기요틴에 도착하자 "나는 무고한 인간으로 죽는다. 나는 나의 피로 프랑스 국민의 행복이 보장되기를 희망한다!"라고 큰소리로 외쳤다. 칼날이 허공을 가르며 떨어졌다. 사형집행인이 절단된 머리를 쳐들어 올리자 군중은 "국민 만세!"라고 함성을 질렀다. 루이의 삼각모는 머리카락, 코트 단추와 함께 누대에서 경매에 부쳐졌다. 남녀 군중은 기념으로 칼과 손수건에 루이의 피를 묻혔다. 춤추고 노래하면서 의식은 막을 내렸다. 군중들은 흩어졌다. 또 다른 사형집행 스케줄은 없었던 것이다. 그러다 10월 16일 마리 앙투아네트가 머리를 꼿꼿이 쳐들고 그 축제장에 끌려나왔을 때 — 그녀는 목이 잘릴 때까지 그렇게 꼿꼿하게 있었다 — 춤추고 노래하던 군중은 다시 모여들었다.

국민회의 집권 중 소용돌이친 테러는 작가나 역사가가 자세히 묘사했으므로 여기서는 자세하게 다루지 않겠다. 그러나 불행하게도 사회 일각에서는 소름끼치는 사건들, 특히 1793년에서 1794년까지의 사건들이 바로 혁명의 퇴보를 가져올 것이라는 생각이 자라나고 있었다. 실제로 그 사건들은 혁명의 안티테제였다. 1789년에서 1791년까지의 투쟁에 의해 쟁취된 거의 모든 자유는 혁명위원회의 압제적인 포고에 의해서, 그리고 귀족, 말을 잘 듣지 않는 성직자, 망명 혐의자에 대한 일괄적인 사형집행에 의해 사라지고 말았다. 기요틴의 희생자 속에는 귀족과 성직자뿐 아니라 위조 아시냐를 갖고 있었다는 등의 사소한 죄로 잡힌 수천 명의 평민도 있었다. 그들의 죄란 유혈이 낭자한 시대에 살고 있었다는 것뿐이었다. 거의 모든 혁명 지도자도 자객에 의해 유명을 달리하거나, 서로 죽이는 파벌싸움에 의해 기요틴에 끌려가곤 했다. 장기간에 걸쳐 반목하면서 정적에게는 생명을 좌우할 수도 있는 비난이 가해졌고, 비난받은 자는 혁명에 대한 충성을 입증하고 또 그래야 자신의 생존을 보장받을 수 있었다.

브리소탱파(派)와 지롱드당의 다른 지도자들은 자코뱅당의 비난에 의해 목이 잘렸고, 헤르베르티파는 앙라제파에 의해, 당통파는 산악당에 의해 기요틴 위에 서야 했다. 최종적으로 테르미도르파가 국민회의를 규합하여 점점 독재적으로 되어가는 로베스피에르파에 반격을 가함으로써 피의 지배는 종식되었다. 로베스피에르와 그의 동료 21명은 1794년 7월 28일, 기요틴으로 끌려나왔다. 국민회의의 주도권을 잡기 전에는 열렬하게 자유를 주창했지만 권좌에 오르고 난 뒤 변신한 로베스피에르는 어떤 애국집회에 참석할 생각으로 산 지 얼마 안 된 코발트색 코트를 입고 있었고, 체포 당시 결딴난 그의 아래턱에는 붕대가 감겨 있었다. 그는 처형에 임해 어떤 감정도 드러내지 않으려고 결심했지만, 사형집행인이 그의 턱에서 붕대를 찢어내자 사나운 고함을 질렀다. 얼마 후 그는 조용해졌다. 그가 처형되고 몇 달 뒤 그가 상징했던 공포정치는 끝을 맺었다.

그러나 아시냐 지폐 이야기는 아직 결말이 나지 않았다. 국민회의가 존속했던 1792년 9월에서 1795년까지의 3년 동안 프랑스의 재정은 재정위원장이자 공안위원회, 국방위원회, 외교위원회의 위원직을 겸하고 있었던 조제프 캉봉의 관할하에 있었다. 강단 있고 예리한 성격에 성공한 자본가였던 그는 화려한 직책을 수행할 수 있는 자질을 갖추고 있었다. 그는 화폐 기능에 대해 식견이 높았고, 산더미 같은 업무도 척척 처리할 수 있는 신뢰할 만한 팀장이었으며, 무엇보다도 중요한 것은 인플레이션을 잡기 위한 조처를 취하고 있다고 생각하게 만드는 대중 기만의 명수였다는 점이다.

14개 부대, 약 120만의 병력, 그리고 상당 규모의 해군을 포괄하는 군 편제에 장비와 보급물자를 조달하는 임무를 수행하기 위해 그는 아시냐의 추가발행에 의존해야 했다. 1973년 1년 동안 국민회의는 30억 리브르라는 엄청난 액수를 발행했고, 그중 12억 리브르가 그해 아홉 달 동안 화폐유통 과정에 흘러들어가서, 통화량을 36억 리브르로 끌어올렸다.

그렇게 막대한 통화공급이 가져올 잠재적인 인플레이션 효과를 인식해서, 캉봉은 여러 차례 재정개혁조치를 단행했다. 프랑스 역사상 처음으로 누진소득세가 시도되었고, 나중에 비생산적이라고 해서 폐지되긴 했지만 부유층을 견제하기 위한 '강제 대차 제도'가 도입되었으며, 정부가 재화와 용역을 구매하고 아시냐 대신 단기 회수지폐를 발행해서 대금을 결제하는 계획이 공포되었다. 그러나 이 역시 반발에 부딪쳐 곧 백지로 돌아갔다. 그 밖에도 아직도 상당한 규모였던 정부부채를 병합 정리하고 새로운 정부채권의 구매를 유도하기 위한 시도가 있었다.

예상할 수 있는 것이지만, 이 모든 조치는 어느 순간이 지나자 무용한 것으로 밝혀졌다. 그로서는 좋은 결과를 기대했겠지만 당시 그러한 조치는 성공할 수 없다는 것을 그는 깨닫지 못했다. 공공부문의 사업을 수행하기 위해 아시냐의 추가발행을 요구하는 정부를 견제하기 위한 그의 노력은, 전쟁비용을 충당하기 위해 막대한 양의 새로운 지폐가 끊임없이 방출됨으로써 무산되고 말았다.

또한 실패를 눈앞에 두고 있었던 캉봉이 자신의 계획이 성공할 것이라고 주장했던 배경에는, 급속도로 하락하고 있던 아시냐의 가치를 끌어올리기 위해 계산된 심리학적 잔재주가 있었음이 분명하다. 이와 같은 결론은 벨기에에서 일어난 몇 가지 사건에 의해 뒷받침된다.

1792년 11월 벨기에가 프랑스군에게 함락되자 캉봉은 그러한 승리에서 얻어지는 재정상의 이익을 강조했다. 벨기에 주화는 프랑스군에게 '전유'될 것이다. 부유층의 돈과 벨기에 국고와 국립은행의 주화는 물론 모든 금괴가 접수될 것이다. 그러나 벨기에 국민도 또한 자신들을 '해방시키기 위해 온' 형제군대, '인민혁명의 군대'에 의해 반입되는 아시냐 지폐로 인해 부유해질 것이다. 캉봉에 따르면 이와 같이 될 경우 프랑스 국고에는 주조화폐가 들어오고 동시에 프랑스 국내에서 유통되는 아시냐는 벨기에로 유출됨으로써 줄어들 것으로 예상되었다. 이 모든 것은 '경화'의 주창자들을 안심시키기 위한 치밀한 계획이었다.

그러나 기대했던 바는 실현되지 않았다. 프랑스군이 점령지역을 약탈하는 옛날 버릇으로 되돌아간 몇 주일 뒤, 그들이 얻은 것은 주로 벨기에 교회재산에서 약탈한 2,800만 리브르 상당의 현물이 고작이었다. 그 외의 다른 재화는 확보하지 못했다. 벨기에의 일반 시민들은 제 딴에는 정열적인 해방자로 자처하는 프랑스군에 치를 떨었다. 벨기에 시민들은 가톨릭교도이면서 가톨릭교회를 파괴하는 자들에게 아시냐 지폐를 받고 밀이나 기타 보급품을 팔기를 거부했다. 아직 '혁명적 휴머니즘'을 신봉하는 소수의 벨기에인들까지도 프랑스 형제들에게 자신들은 외국 지폐를 믿지 않으며 주화의 형태로 연대감이 표현되기를 바란다고 말할 정도였다.

1792년 12월경 캉봉의 계획이 실패로 돌아갔다는 것이 정부관리의 눈에도 확연해졌는데, 캉봉은 갑작스러운 전세 역전으로 1793년 2월 프랑스군이 벨기에에서 퇴각할 때까지도 공식석상에서 자신의 계획이 성공할 것이라고 주장했다. 이미 실패한 자신의 계획이 성공할 것이라고 캉봉이 계속 주장한 것은 속임수였다. 그동안에도 그의 오른손은 아시냐 지폐에 대한 신뢰를 유지하기 위한 성명을 발표하는 작업을 벌였고, 그의 왼손은 엄청난 양의 지폐를 눈치 채지 않게 유통시켰다.

그러나 환상은 현실에 의해 곧 붕괴되었다. 1793년 중반 방데, 브리타니, 앙뤼에서 폭동이 일어났다. 밀 짚단이 불태워지고, 군수물자 조달업자들의 목이 달아났다. 아시냐는 은화에 대해 30%의 가치수준으로 떨어지고 곡물 가격은 두 배로 뛰어올랐다. 빵 값이 보통 때의 1파운드당 2.5~3수에서 5수로 뛰었고, 육류는 세 배로 올랐다. 파리와 다른 도시의 빈민층이나 걸인은 이미 오래 전부터 육류 없이 살 수 있도록 단련되었기 때문에 쇠고기가 파운드당 6수에서 18수로 인상되어도 그것은 별 문제가 되지 않았다. 그러나 빵 값이 5수로 올랐다는 것은 곧 굶어 죽으라는 것이나 다름없었다. 보통 노동자의 하루 임금은 다른 생활필수품에 한 푼도 쓰지 않았을 때 3파운드의 빵을 살 수 있는 정도에 지나지 않았다. 4인 가족의 가정에서 식구들의 다른 비용을 마련하기 위해서는 1인당 하루 빵 섭취량을 4온스로 줄여야 했고, 그 외의 다른 것은 아무것도 먹지 않아야 고기가 들어가지 않은 수프를 하루에 한 접시 먹을 수 있었다.

이런 상황에 직면한 파리 시민은 국민회의 건물에 난입하거나 약탈을 벌이기 시작했다.

드무리즈가 네덜란드에서 참패를 당하고 곧이어 오스트리아군에게 투항하고 난 직후인 4월에 상황은 더욱 악화되었다. 아시냐는 22%로 하락했고 빵 값은 이제 파운드당 12수로 급등했다. 반당분자 파리코뮌은 "국민을 희생시키는 자들을 처벌하라!"라고 선동했다. 제빵업자의 재산을 방화하는 사건들이 일어났다. 1792년 가을부터 앙등하는 곡물 가격을 통제하는 문제를 두고 토의를 벌여왔던 국민회의는 그런 혼란의 와중에 더 절박한 심정이 되어 다시 토론을 벌였다. 자유교역의 주창자들은 "곡물의 유통을 혼란시키는 것을 경제사범으로 다스리는" 법이 이미 있다고 주장하면서, 경제의 흐름을 방해하는 어떠한 조치에도 계속 반대했다. 국민회의의 다른 대표들은 "통제는 자연력보다 우위에 있다고 믿는 정부 측의 전횡"이며, "그러한 제약하에서는 나쁜 결과밖에 나오지 않는다"라는 주장을 폈다. 일부는 국민회의의 대표이기도 했던 중농주의 경제학자들의 저작이나 애덤 스미스의 이론을 인용하기도 했다(프랑스혁명의 부르주아적 토대를 의심하는 이들은 대부분의 선량이 시장 자유에 얼마나 집착했던가를 평가하기 위해 그러한 논쟁 기록을 다시 읽어볼 필요가 있다).

그러나 국민회의에서 논쟁이 치열하게 벌어지는 동안에도 빵 값은 계속 올라서 1790년 가격의 여섯 배인 파운드당 15수까지 치솟았다. 폭동이 빈발하고, 의사당 앞의 시위군중이 "기요틴으로 보내라!"라는 함성을 지르는 가운데, 가격동결에 대한 반대는 무위로 돌아가고, 곡물에 대한 가격통제는 1793년 5월 3일 마침내 통과되었다.

그 포고령은 농부들의 저항에 부딪쳤다. 밀은 은닉되고, 못쓰게 되거나, 고시가보다 높은 가격으로 제빵업자에게 비밀리에 팔렸다.

다른 상품에 대해서도 곧 통제가 가해질 것이란 소문이 나돌자 석탄, 나무, 양초, 의류 같은 다른 생활필수품도 숨기는 사태가 벌어졌다. 따라서 그런 생활필수품의 가격도 앙등해서 13수에 팔리던 양초가 1793년 한여름에는 44수로 올랐고, 달걀은 10수에서 50수로, 양모는 1마에 20수에서 65수로, 커리·포도주·담배는 1790년 가격의 네 배까지 상승했다.

곡물 이외의 다른 품목에 대해서까지 통제가 확대되자 동요가 일기 시작했다. 당시 권좌에 오른 로베스피에르와 혁명재판소 및 막강한 공안위원회에 소속되어 있는 부관들은 새로운 통제를 반대하는 견해에는 관심을 기울이지 않았다.

1793년 9월 29일 40개 품목의 기본 필수품에 대한 포괄적 가격통제 제도가 입법되었다. 반대의견이 거셌기 때문에 그 제도는 15개월을 계속되는 동안 수정되고 또 수정되었다. 역사가들은 그 효과에 대해 의구심을 갖게 되었다.

가격통제정책이 프랑스의 농촌 지역에서 쓸모없어졌다는 것은 수많은 자료에서 밝혀진다. 그것이 부분적으로 파리나 몇몇 다른 도시에서 효력을 발휘했는지는 모르지만, 그 시행을 보장하기 위해 입법된 강경수단은 좌익의 본거지에서조차도 부르주아 상인이나 제조업자에 의해 사보타주당했다는 것이 입증된다. 그 결과 대부분의 상거래는 지정가격보다 높은 가격으로 암시장에서 이루어졌다. 불법거래의 범위를 정할 수도 없었다. "최고가보다 높은 가격으로 상품을 판매하여 유죄판결을 받은 자는 주거를 파괴한다"라는 스트라스부르 재판소의 명령, 농산물이나 가축을 법정가격에 팔기를 거부하는 농부는 초범일 경우 재산을 몰수하고, 재범일 때는 구속하며, 삼범일 때는 사형에 처한다는 공안위원회의 유권해석, 통제가격에 상품을 팔기를 거부하는 상인은 기요틴에 보낸다는 파리 혁명재판소의 명령 등 국민들이 가격통제정책에 따르도록 하기 위해 몇 가지 법령이 발표되었다.

생활필수품의 가격통제를 시행하기 위해 취해진 강압적인 조치들은 점차 물건을 팔고 아시냐 지폐를 받기를 거부하는 행위에 대한 제재와 더불어 시행되었다. 국민회의는 은화나 금화로 거래하는 이는 누구를 막론하고 "6년 이상의 철창 징역에 처한다"라고 공포했다. 아시냐 지폐를 할인해 주조화폐와 교환해가는 사람에게도 초범일 경우에는 그와 같은 처벌을 하고, 재범일 경우 징역 20년, 삼범일 경우에는 사형까지 선고할 수 있었다. 1794년 5월에는 그것을 더욱 강화하여 상거래가 끝나기 전에 어떤 화폐로 대금을 지급하겠느냐고 묻는 사람에게도 사형을 선고한다고 공표했다.

1794년 12월, 그러한 공포정책을 이끌어오던 두 지도자, 상 주느트와 로베스피에르가 기요틴의 이슬로 사라진 지 20주가 채 못 되었을 때, 가격상한선은 완전히 철폐되었다.

당시 비교적 책임 있는 잡지 중 하나였던 《르모니데르》는 가격통제정책의 추이를 다음과 같이 설명했다. "농부, 상인, 가공업자 대부분은 애초부터 가격통제정책에 반대했다. 그들은 전시라도 가격통제는 필요하다고 생각하지 않았다. 특히 대도시나 중소도시의 구매자들은 가격통제하에서는 필요한 물건을 오히려 비싼 값에 구입하게 되므로 가격통제를 결코 찬성하지 않았다. 빵 가게나 석탄 판매소 앞에는 사람들이 길게 줄을 짓고 상품을 구하기 어려울 때가 많았다. 우리 모두 가격상한선 철폐가 이득을 안겨주리라는 희망을 버리지 말자."

그러한 희망은 실현되지 않았다. 대신 이제 로마제국 몰락 당시의 인플레이션을 방불케 하는 초인플레이션이 진행되었다. 1793년 말 유통되고 있는 아시냐는 약 40억 리브르에 달했다. 그것은 4년 동안 찍어낸 액수였다. 그러나 다음 열두 달 동안에는 이미 팽창해 있는 통화량에 새로 40억 리브르가 유입되어 1794년 말에는 도합 80억 리브르가 되었다. 1794년의 막대한 투입량이 가져온 인플레이션 효과는 사실상 연중 계속되었던 가격통제에 의해 억제되었다.

가격통제 철폐로 불붙은 물가는 1795년 들어 걷잡을 수 없게 되었다. 객관적인 통계에 의하면 은화에 대한 아시냐의 가치 하락은 다음과 같이 나타났다. 1795년 1월에 22%였던 것이 2월에는 17%로, 5월에는 7.5%로, 다시 8월에는 3%로, 12월에는 0.125%로 하락해서 연말에는 구매수단으로서의 가치를 거의 잃게 되었다. 1790년에 100리브르의 은화에 100리브르의 아시냐로 대응되던 것이, 이제는 은화 100리브르(20달러)를 구하려면 1만 2,500리브르의 아시냐가 있어야 했다. 그러나 유통 과정에서 은화가 거의 사라져버렸기 때문에 프랑스 국민은 지폐와 은화의 교환비율에 대해서는 관심을 기울이지 않았다. 그들의 근심과 공포는 지칠 줄 모르고 진행되는 물가앙등에서 비롯되었다. 5월에는 밀의 가격이 1794년 수준의 6배 수준으로, 또 1791년 수준에 비

〈표 1〉 기본 생필품 가격 상승률

(1795년 4월~1796년 3월)

1795년	4월	9배		10월	42배
	5월	11배		11월	54배
	6월	13배		12월	129배
	7월	21배	1796년	1월	114배
	8월	27배		2월	190배
	9월	31배		3월	388배

해서는 30배가 올랐다. 가격상한선이 존속하던 때에 6리브르였던 소맥분 1단위가 1795년 6월에 갑자기 100리브르로 뛰었다. 1790년에는 14리브르에 살 수 있었던 모자가 1795년 중반에는 500리브르를 호가했다. 이는 1789년, 1790년 당시에 보통 노동자가 2년 동안 벌어서 모아야 되는 액수에 해당하는 금액이었다. 또한 버터 1파운드의 값은 1790년 이전의 노동자가 5년 동안 버는 액수와 맞먹는 560리브르로 치솟았다.

설탕 1파운드의 값은 1794년의 2.5리브르에서 1795년 중반에는 62리브르로, 커피는 4리브르에서 62리브르로, 비누 1파운드는 3.5리브르에서 41리브르로, 홍당무 1묶음은 2수에서 80수로, 보리 1부셸은 2.5리브르에서 50리브르로 올랐다. 이러한 물가앙등은 여섯 달 동안 진행된 것이었다. 그리고 그다음 달에는 훨씬 더 빠른 속도로 놀라울 정도의 앙등이 계속되었다.

경제사가들은 물가앙등이 가장 격심했던 1795년 4월에서 1796년 3월 사이의 인플레이션을 완벽하게 반영할 수 있는 물가목록을 작성하기 위해 심혈을 기울였다. 카롱과 오랑의 연구에서 얻어낸 수치와 당시 여러 행정부서의 기록에서 뽑은 수치에 바탕을 둔 〈표 1〉은 1795년 4월에서 1796년 3월까지의 기본 생활필수품의 가격앙등에 대한 신뢰할 만한 자료이다. 모든 수치는 1790년의 통상가격을 기준으로 계산된 것이다. 따라서 1795년 4월의 9라는 숫자는 10가지 기본 생활필수품의 가격이 1790년의 가격에 비해 9배 상승했다는 것을 뜻한다.

빵, 석탄, 버터, 달걀 등의 품목을 포함한 〈표 1〉은 열두 달 동안 생계비가 3,655%의 숨 막히는 상승률을 기록했다는 것을 보여준다.

당시 파리는 초인플레이션에 사로잡힌 대도시가 겪게 되는 절망과 혼란을 그대로 겪었다. 사람들은 한 아름의 아시냐를 갖게 되면 곧 가격이 오르기 전에 자신들이 구입할 수 있는 자질구레한 생활필수품을 구입하러 달려가곤 했다. 1795년 말 기본품목의 가격은 매일 두 배로 뛰었다. 인근 빵 가게에 도착하면, 이미 빵이 품절되어 빵 가게 문이 닫힌 것을 보게 되거나 반아사상태에 이른 사람들이 험악한 인상으로 자기 차례를 기다리며 줄 서 있는 것을 보게 되었다. 지루하게 몇 시간을 기다려도 줄의 끝에 서 있었던 불행한 사람들은 그들 몫이 없다는 말을 듣게 되었다. 상점의 얼마 되지 않는 물건은 모두 바닥나 버리기 일쑤였기 때문이다.

달이 바뀌어도 기근은 계속되었다. 지나치게 많은 화폐가 지나치게 적은 생산을 낳는다는 것은 옳은 이야기였다. 농부들이 가격이 더 오를 때까지 농산물을 출하하기를 거부함으로써 품귀현상은 더욱 악화되었다. 군수품 징발 대리인들이 시장가격보다 낮은 가격에 그들 소유의 밀을 강제로 사갔기 때문에 그들은 대도시의 배고픈 주민들이나 투기꾼들이 가격을 새로 높은 수준으로 올려줄 때를 기다리면서 남은 밀을 숨겨두었다. 너무 오래 숨겨놓은 밀은 사람이 먹지 못할 상태로 변해 도정업자에게 넘겨졌고, 그것으로 만든 빵에는 구더기나 썩은 오물이 섞여 있었다. 그러나 걸인들은 이것저것 가릴 형편이 아니었다. 거듭되는 임금인상에도 불구하고, 파리의 가구 대부분은 1795년과 1796년 초반에는 하루에 한 사람이 소비하는 4온스의 빵을 구입하는 데 수입의 3분의 2 이상을 써야 했다. 그래서 구더기가 있건 없건 4온스의 빵은 감지덕지였다. 현금은 하룻밤 사이에도 상당 부분의 구매력을 상실하기 때문에, 정부는 임금의 일정 부분을 '현물'로 지급하겠다고 약속했지만 그 약속은 거의 지켜지지 않았다. 그러나 국민회의의 대표들은 영향력을 행사해서 자신들이 소비하거나 팔거나 아니면 다른 물건으로 교환할 수 있는 치즈로 급료를 받았다.

1795년 12월 말에는 빵이 1파운드에 80리브르(16달러)에 팔리는 등 물가가 총알처럼 빠르게 치솟자 고정된 연금에 의존하고 있었던 사람들은 자신들의 재산을 내다팔거나 죽음을 기다렸다. 노인이나 낙오자들은 센 강에 투신해서 편안한 길을 찾는 일이 점점 더 빈번해졌다. 그것이 1795년의 파리였다.

그러나 다른 측면도 있었다. 격심한 인플레이션을 이용해서 이전의 국왕이나 귀족이 모았던 것보다 훨씬 더 많은 재산을 축적한 신흥 부르주아의 파리이기도 했다. 그들은 탄약 제조업자, 군대가 소비하고 파괴하고 소모하는 모든 물품을 항상 상승하는 가격으로 공급했던 납품업자, 신흥 은행가, 신용거래로 금융시장을 움직이는 외환 전문 협잡꾼, 벼락부자가 된 주식투기꾼, 사회적 혜택을 받지 못하는 시민들이 절박하게 필요로 하는 물품을 투기대상으로 삼는 투기꾼들이었다.

이 신흥 백만장자들은 충분한 양의 지폐를 확보하고 정부가 불하하는 토지, 처형된 왕당파의 몰수재산, 손에 닿는 모든 보석 · 은화 · 금화 · 귀금속을 사들였다. 그러고도 그들에게는 마담 퐁파두르도 따라가지 못할 정도로 그의 부인들을 사치스럽게 살게 해줄 충분한 화폐가 남아 있었다. 밝은 불빛의 우아한 살롱이나 카페에서 그런 부인들은 고전적인 투명 야회복으로 몸을 반쯤 노출시키고, 높게 부풀린 젖가슴을 대담하게 드러내고, 보석으로 장식된 엉터리 그리스 샌들을 신고 사교모임을 가졌다.

그러면 1795년 새로운 아시냐의 성공적인 발행에 비례하여 물가가 등귀하고 있었을 때 국민회의 대표, 각 위원회 위원장, 그 외의 장관들은 무엇을 하고 있었을까? 고의적으로 인플레이션을 조장했던 이들이 예상했던 대로 그들은 그러한 재난을 수습하기 위한 시도를 하는 체하면서, 활활 타는 불에 석탄을 더 많이 던져 넣었던 것이다. 1795년 초 아시냐는 80억 리브르가 유통되고 있었고, 기본 생활필수품은 1790년 통상가격의 세 배로 거래되었다. 국민회의는 그 후 넉 달 동안 34억 리브르의 통화를 늘려 4월 30일에는 총유통량이

11억 4,000만 리브르가 되었고, 그 넉 달 동안 기본 생활필수품은 통상가격의 아홉 배로 세 배가 등귀했다.

반당분자들은 생계비의 앙등을 내심 반겼지만 그들도 곧 탄압을 받게 되었다. 로베스피에르파를 처치한 승승가도의 테르미도르파는 1794년 가을 반당 파리코뮌 지도자들, 몽타냐르파와 앙그레파의 간부들을 무자비하게 숙청했다. 그들을 살려둔다면 치솟는 물가와 기근에 시달리는 파리나 다른 도시에 심각한 무장폭동이 끊임없이 일어날 것이기 때문이었다. 그들이 사라진 후로는 암울한 절망과 실패로 끝나고 마는 간헐적인 소요만 있었다.

1795년 4월, 국민회의는 앞으로 새로운 아시냐의 발행을 공표하지 않기로 결정했다. 그때부터 국민회의는 아시냐의 발행을 비밀리에 인준해서 재정위원회에 아시냐의 발행을 유용하게 운영하도록 해주었다. 이제 재무위원회는 필요할 때는 언제든지 또 얼마라도 공표하지 않고 아시냐를 발행할 수 있게 되었다. 혁명정부 지도자들도 거듭 공언해왔던 새로운 아시냐의 발행을 축소하는 일에 관심을 집중했다. 세입을 증대하는 방안으로 4월 말에 복권제도를 시행한다고 발표했지만 불행하게도 실패하고 말았다. 한 달 뒤 아직 미각되지 않은 국유화재산에 대한 복권추첨이 발표되었지만 이번에도 실패했다. 그 후 곧 국민회의는 신문에 거창한 선전과 함께 "교역을 자극하기 위해 금화와 은화의 소유나 거래를 금했던 조치를 철회한다"라고 발표했다. 이러한 자유화의 결과, 약 2억 리브르의 주조화폐가 유통되었지만 이제 다시 나타난 경화와 경쟁을 벌여야 했던 아시냐는 급속한 속도로 그 가치가 떨어져갔다.

5월 11일 혁명정부는 10억 리브르에 달했던 액면가 10리브르에서 100리브르까지의, 국왕의 초상이 그려진 모든 아시냐를 폐화하는 계획을 거창한 선전과 함께 발표했다. 그 계획이 시행되고 난 뒤, 아시냐는 거의 유통되지 않게 되었다. 몇 달 뒤 정부가 아시냐를 폐화한다는 명령을 잊어버렸을 때쯤 다시 아시냐는 법화로서 통용되었다.

5월 23일 국민회의는 "유통되고 있는 아시냐를 몰아내기 위한 조치를 취한다"라는 명분하에, 밀이 이미 1790년에 비해 25배의 가격으로 팔리고 있는 시기였음에도 가소로울 정도로 낮은 가격으로 엄청난 양의 공공토지를 매각할 것을 명령했다. 재미있는 것은 매입자 대부분이 국민회의 대표인 부유한 부르주아였다는 것이다.

이렇게 선전만 요란했던, 유통수단을 축소하는 조치들이 제안되고 있는 중에도 재정위원회는 엄청난 양의 새로운 아시냐를 은밀하게 유출하고 있었다. 종합해본 자료에 의하면 5월과 9월 사이의 넉 달 동안 50억 리브르의 추가 아시냐가 방출되어 총통화량은 9월 31일에는 165억 리브르에 달했다. 생계비는 새로운 아시냐의 발행에 대응해서 1790년 수준의 27배까지 뛰어올랐다.

그러나 이러한 진행은 그다음 넉 달 동안의 폭발에 비하면 온건한 편이었다. 12월 31일이 되자 그때까지 125억 리브르 이상 제조된 새로운 아시냐에 불이 붙어, 물가는 1790년 통상가격의 129배로 솟아올랐다. 12월 31일 당시에는 기근으로 찌든 프랑스 경제에 약 290억 리브르의 지폐가 유통되고 있었다. 정부는 강제대차, 조세 현물 징수, 수억 리브르의 아시냐 지폐 소각 등과 같은 무용한 방법에 의거해서 "통화량을 축소하여 물가를 안정시키겠다"라는 방침을 거듭 공언했다. 그러는 중에도 프랑스 정부는 공급과잉 상태인 통화량에 한 달에 40억 리브르 상당의 새로운 지폐를 흘려보냈다. 1790년 이전의 1,000년 동안 프랑스 국민은 겨우 20억 리브르의 주조화폐를 유통시켰었다.

1795년 마지막 달에 들어 아시냐의 종말이 결코 멀지 않았음이 분명해졌다. 거의 구매력을 상실한 아시냐는 한 달 전인 11월에 비해 2% 수준까지 떨어졌다. 12월에 새로 선출된 보수적인 입법부는 아시냐를 폐화시키고, 좀 더 강력하게 발행이 제한되는 다른 지폐로 대체하는 문제를 두고 토론을 시작했다. 새로 구성된 입법부의 자산가 의원들은 아시냐 인플레이션으로 막대한 재산을 축적한 이들로서, 이제 국가는 좀 더 효율적인 유통수단을 시급히 필요로 하고 있음을 깨달았다. 1795년 12월 입법부는 한때 400억 리브르에 달했던 아시냐의 신규발행을 금지하는 법령을 통과시켰다.

입법권을 부여받은 다섯 명의 관리로 구성된 집정이사회는 시급히 '아시냐 준비금 제도'를 창설했다. 그중 100억 리브르가 1796년 1월과 2월에 발행되어 전체 통화량은 390억 리브르에 달하게 되었지만 마지막 10억 리브르는 끝내 발행되지 않았다. 이미 아시냐가 100리브르 은화와 5만 7,000리브르에 교환될 정도로까지 하락했기 때문이었다.

1796년 2월 18일 추운 겨울 아침, 프라스 방돔에서 수천 명의 구호 대상 파리 시민과 이미 엄청난 부자가 된 소수의 사람들은 아시냐의 인쇄에 사용된 인쇄기, 동판, 종이를 부수고 소각했다.

짤막한 에필로그를 남기고, 프라스 방돔에서의 그러한 의식으로 아시냐에 관한 이야기는 끝을 맺었다. 에필로그로 다음과 같은 사건이 일어났다.

아시냐는 새로운 법화 망다에 비해 30 대 1의 비율로 교환되었다. 24억 리브르에 해당하는 망다의 발행이 인준되었고, 발행액 일부는 아시냐와의 교환에 사용되었으며, 나머지는 다른 임시지출에 사용되었다. 망다 지폐를 가치하락에서 완벽하게 보호하기 위해 24억 리브르에 상당하는 정부토지가 처분되었다. 적정량의 망다 지폐를 소지한 어느 누구라도 언제든 미리 결정된 고정된 가격에 그 자산을 소유할 수 있었다. 새로운 화폐에 대한 매력을 보장하기 위해 "망다 지폐를 비난하는 자는 1,000리브르 이상 1만 리브르 이하의 벌금에 처하고, 재범일 경우 징역 4년에 처한다"라는 법령이 통과되었다. 망다 지폐가 발행되자 곧 명목가치의 35%로 절하되고, 한 달 뒤에는 15%로, 발행된 지 반 년 뒤인 1796년 8월에는 3%로 절하되었다.

그 후 3년 이상에 걸쳐 프랑스 정부는 절대 다수의 시민과 군대가 궁핍을 면하지 못하고 있는 가운데 지폐의 대량인쇄에 종말을 고하고 금속화폐제도로 전환하기 위해 분투했지만, 그럼에도 재정적자를 메우기 위해서는 소량의 지폐 발행이 필요했다. 그러나 그와 같이 더 제한된 재정정책이 진행되면서 물가상승은 점차 수그러들기 시작했다.

1799년 11월 11일의 쿠데타로, 나폴레옹과 휘하 부대는 의사당에서 입법부를 몰아내고 프랑스의 첫 대의정부 시도에 종지부를 찍었다. 이 미래의 황제는 프랑스에 완전한 금속화폐제도를 다시 확립하겠다는 포고령을 내렸다. 그는 "내가 살아 있는 동안에는 불환지폐를 발행하지 않겠다"라고 선언했다.

그는 약속을 지켰다. 인쇄기는 작동을 중지했고 새로운 화폐의 양은 적정 수준을 유지했다. 그런 과정을 거쳐 재정 질서는 회복되었고, 아시냐 인플레이션은 마침내 사라졌다.

아시냐의 에피소드에서 많은 경제사학자들이 교훈을 얻었음을 보여주는 예로 앤드루 덱스터 화이트의 『프랑스의 불환지폐 인플레이션』을 들 수 있다. 그의 저서에서 화이트는 과도한 양의 화폐가 프랑스 경제에 계속 유입됨으로써 나타난 파괴적인 인플레이션 효과에 대해 정확하고 사실적으로 기록하고 있다. 그러나 그는 초인플레이션을 야기한 이들을 "엉터리 개혁을 쫓는 환상가, 이론가, 모사꾼, 웅변가, 건달, 투기꾼"으로 본다. 다시 말해 그는 프랑스혁명 중에 아시냐로 인한 경제의 몰락은 수많은 비실천적 이론가, 애국자, 소수의 이기적인 투기꾼에 의해 야기된 것으로 믿는 것이다. 대부분의 경제학자나 사가들과 마찬가지로 그는 인플레이션이 반드시 잘못된 정책의 우연한 부산물이 아닐 수도 있다는 점을 믿지 않는다. 또 그는 인플레이션이 계획된 술책, 즉 권력의 중심에 있는 소수 인물이 권력을 확대하고 동시에 빠른 시간 안에 막대한 재산을 축적하기 위해 이용한 특수한 수단이라는 가능성도 믿지 않는다.

영향력 있는 소수의 고위층에 의한 권력의 유지와 강화, 그리고 재산의 급속한 축적의 예는 10년간의 프랑스혁명 과정에서 쉽게 찾아볼 수 있다. 무능한 국왕, 경솔한 외국인 여왕에 대한 무장 군중폭동과 경제파탄에 직면한 프랑스 정부, 이러한 혼란 속에서 국가의 통제력은 새로 구성된 의회에서 다수를 차지한 부르주아의 수중에 들어갔다.

그러므로 1791년까지 부르주아는 의회를 조종할 수 있는 한 프랑스를 조종할 수 있었다. 그러나 군주제를 붕괴시킨, 극도로 위태로운 재정 상황이라는 꼭 같은 조건이 부르주아의 권력을 위협했다. 1791년 말까지 법화로 제정되지 않은 상태에서 발행된 4억 리브르의 아시냐와 그다음에 법화로 발행된 17억 리브르의 아시냐는 일시적으로 정부의 파산선언을 가까스로 막아주었고, 인플레이션 주기의 초기 단계에서 눈에 띄게 나타나는 교역에 대한 자극적 효과를 가져다주었다. 그러나 국고는 크나큰 곤경에 처해 있었다. 정부는 17억 리브르의 일부를 사용해서 약 10억 리브르 가량의 부채를 줄일 수 있었지만, 1791년 말에는 부채가 거의 50억 리브르로 불었고, 그에 대한 연간 이자가 2억 5,000만 리브르에 달했다. 이처럼 과중한 부채는 심각한 위협이 되었고, 조세수입의 감퇴에 의해 상황은 더욱 악화되었다. 강압적인 방법 때문에 원성의 대상이 되었던 군주제적 조세제도를 개혁하자는 순수한 의도와, 농촌 주민들이 대부분인 다수 유권자의 비위를 맞추기 위한 약간의 불순한 동기가 작동해서, 의회는 1789년 번거로운 수많은 조세를 철폐하고 조세징수 업무를 지방 행정기관에 이관했다. 불행하게도 농촌의 지방 행정기관은 모든 조세를 탐탁지 않게 생각했다. 조세수입은 대폭 줄어들었다. 1791년 여름에는 예상 수입의 겨우 4분의 1만이 징수되었다. 농산물 가격이 오르고 당시 몰수된 교회재산에서 나오는 수익으로 농가 대부분의 재정상태가 호전되고 있었지만, 그런 추세는 해가 감에 따라 악화되어갔다. 1792년 5월 당시 재상 클라비에르는 4만의 지방 행정기관 중 1만 9개소의 행정기관이 작년 조세 할당액을 채우지 못했고, 국고는 다시 고갈되었다고 발표했다.

재정 상황은 납부기한이 지난 조세를 징수하기 위해 더욱 노력을 기울일 것을 요구하고 있었다. 그러나 그것은 국민들에게 인기를 잃는 일이며 권력의 중심에 있는 이들에게는 위협이 되었다. 그 대안은 만성적인 재정적자를 메우기 위한 막대한 양의 새로운 지폐를 발행하는 데서 찾았다. 권력자들은 자신들의 권력을 유지하기 위해 인플레이션을 선택했다. 물가가 이미 상승하기 시작했고, 아시냐가 은화의 77%로까지 절하된 1791년 막바지에 그러한 선택이 행해졌다는 것은 별로 중요한 일이 아니다.

아시냐에 의한 초인플레이션이 진행되는 동안에도 권력을 유지하려는 욕망과 권력에 부수되는 재정 이익에 눈이 먼 부르주아는 번거롭고 인기도 없는 조세징수를 피해 과도한 지폐 발행이라는 편법을 선택했다. 전쟁비용의 통화팽창 효과와 치솟는 물가 아래서 정부의 지출은 팽창했기 때문에 조세징수율은 점점 더 악화되었다. '안정된' 리브르를 전제로 1790년 이전에는 보통 조세수입이 정부지출의 50%에 육박했지만 '현실적인' 리브르를 전제로 정부지출에 대한 조세수입의 비율은 1790년에는 30%로, 1791년에는 16%로 떨어졌고, 1792년에 25%로 약간 상승했다가 다시 1793년에는 9.5%로 떨어졌고, 1794년에는 다시 15%로 상승했지만 1795년의 초인플레이션 때는 겨우 8%에 정도에 그치고 말았다.

미징수 조세 문제는 아시냐가 급락하고 있을 때, 재정위원회에 제출된 라멜의 성명서에 충격적으로 요약되어 있다. "1791년 9월에서 1795년 9월까지 157억 2,500만 리브르가 부과되었지만, 1796년 2월 현재 미징수액은 131억 1,800만 리브르에 달한다." 관대하게 부과된 조세 중에서 이와 같이 막대한 양이 징수되지 않고 있을 당시에, 국가수입은 1789년 수준의 20배 이상으로 상승했고 약 390억 리브르의 아시냐가 납세자의 수중에 있었다.

그러나 조세징수를 좀 더 엄격하게 추진했다면 피할 수도 있었던 이 130억 리브르에 해당하는 아시냐의 발행은 이야기의 한 부분에 지나지 않는다. 의회는 직접적으로 또는 산하 위원회를 통해 그 폐해를 들었으면서도 할 수 없이 통화공급을 확대했다.

1794년 전체 정부지출은 31억 리브르에 달했다. 조세로 징수된 5억 7,000만 리브르를 포함해서 정부가 거둬들인 세입은 약 7억 7,000만 리브르에 지나지 않아 24억 리브르의 재정적자를 기록했다. 그러나 의회는 40억 리브르의 새로운 아시냐를 찍어내어 그해에 필요하지도 않은 16억 리브르의 잉여를 창출했다. 1795년에도 그와 비슷한 양상이 있었는데, 그 규모가 훨씬 컸다. 전체 정부지출은 거의 175억 리브르에 달했는데, 약 14억 리브르에 달하는 조세를 포함해서 세입은 17억 리브르에 달해 158억 리브르의 재정적자를 남겼다. 그러나 210억 리브르의 새로운 아시냐가 팽창된 통화량에 유입되었다. 필요 없는 52억 리브르가 초과 발행되었던 것이다. 그리하여 1794~1795년 2년 동안 68억 리브르의 불필요한 아시냐가 유통 과정에 투입되었다. 이 액수에 조세 미징수분 131억 리브르를 합치면 아시냐가 폐지되었을 때 전체 통화량의 반 이상에 해당하는 199억 리브르가 된다.

거의 200억 리브르의 아시냐를 초과 발행함으로써 초인플레이션이 가속화되었고, 수백만 시민에게 엄청난 고통을 안겨주었다. 철면피와 같은 이 모든 정책은 비난받아 마땅할 것이다. 그리고 가장 혹독한 비판은 1794~1795년 사이 정부지출에 불필요한 70억 리브르의 지폐를 찍은, 변명의 여지가 없는 행위에 가해져야 한다. 그 냉혹한 술책의 유일한 목적은 막대한 국가재산을 권력과 연계된 자들의 수중으로 신속하게 이전시키는 데 있었다. 다른 시기도 마찬가지이지만 이 초인플레이션 시기에 동원된 수법은 그 개념에 있어서나 집행에 있어, 극히 단순한 것이었다. 먼저 물가가 급속하게 등귀하고, 지폐를 갖고 있는 사람은 '물건'을 긁어모으는 경쟁을 벌이게 되는 상황이 조성된다. 그러한 상황에서 사람들은 일반적으로 극히 적은 양의 생필품 이상을 구입할 충분한 돈을 확보할 수 없다.

종전보다는 높아졌다고 해도 그들의 수입은 등귀하는 물가에 의해 상쇄되어버리고, 모아두었을 수도 있는 적은 액수의 저축은 오래 전에 휴지가 되어버렸기 때문이다. 막대한 액수의 돈을 굴릴 수 있는 자들만이 미쳐 날뛰는 인플레이션에 의해 고가품이 되어버리는 품목들을 구입할 수 있었고, 그 물건들은 화폐가치가 하락하더라도 가치를 보전하는 것이었다. 그러면 기존 체제는 담보자산의 추가담보에 의해서만 대부를 받을 수 있게 하여, 과도한 양의 지폐를 찍어내더라도 그것은 소수의 영향력 있는 사람에게만 유리해지는 것이었다. 그 특권 집단의 구성원들은 대부자금을 이용해서 상당량의 국가재산을 매입할 수 있게 되는 것이다.

2년 동안 발행된 70억 리브르의 잉여 아시냐는 그 목적을 달성했다. 1795년과 1796년, 아시냐와 망다에 의한 초인플레이션이 수백만의 일반 시민을 궁핍으로 몰아넣는 동안, 수백 명의 사람들이 막대한 부를 손에 넣었다. 가장 규모가 큰 부의 이전은 농장, 도시의 부동산, 영지, 성, 저택 등 부동산을 통해 이루어졌다. 여기에는 왕실, 교회, 망명 귀족과 왕당파에게서 몰수하여 매각되지 않은 국유재산도 포함되어 있었다. 국민회의 시절에 네 개 위원회에 소속되어 활약했던 노아노는 1795년 4월 그 재산을 (지폐로) 170억 리브르로 평가한 바 있다. 그 시기의 사가들 대부분은 그러한 평가를 과장된 것으로 보았고, 80억 리브르로 추정하는 것이 믿을 만한 견해라고 판단된다. 어쨌든 1796년 말까지 그처럼 많은 재산이 상류층 부르주아의 수중에 들어갔다. 그 토지와 부동산에 대한 대금 일부는 신흥부자의 축적된 재산에서 나왔지만 대부분은 정부가 그렇게 편리하게 찍어낸 아시냐를 대부받아 지불된 것이었다(그 시기의 약삭빠른 사업가들은 하루가 다르게 가치가 하락하는 아시냐를 많이 가지고 있으려 하지 않았다. 지폐는 대부받거나 투자하는 데 사용해야지 가지고 있는 것은 쓸모가 없었다).

국유화 재산이 꾸준히 중산계급의 세력권 속으로 이전되는 과정은 마던 라이언스의 통찰력 있는 저서 『집정이사회 치하의 프랑스』에 서술되어 있다. 라이언스는 "국유화 재산의 매각조건은 도시 중산계급의 부의 축적에 유리하게 정해지는 경향이 있었다"라고 지적한다. 부르주아는 튼튼한 재원을 갖고 있었기 때문에 소규모 자작농계층의 구매자보다 언제나 높은 가격을 제시할 수 있었다. "소규모 자작농들은 자기들끼리 신디케이트를 형성해서 재원을 공동부담함으로써 그 횡재의 일부분을 확보할 수 있었을 따름이다."

라이언스는 1790년 교회에게서 몰수한 국유화 재산이 처음 공매시장에 나왔을 때, 소규모 자작농들이 신디케이트를 형성해서 농촌토지를 매입할 수 있었던 사례 몇 건을 특별히 열거한다. 그러나 그 뒤의 공매, 특히 1795년과 1796년의 공매는 계속 중산계급이 취득하기에 유리한 조건으로 시행되었다.

"집정이사회 치하에서 개선된 매각조건도, 언제나 재력 있는 부르주아에게 유리하게 되어 있는 불균형을 실질적으로 개선하지는 못했다." 라이언스는 1795년 10월 이후의 집정이사회 시기에 모든 국유재산의 매각은 비밀리에 이루어졌고, 소작농의 거주지와는 멀리 떨어진 각 현의 행정 중심지에서 이루어졌다고 설명하고 있다. 더구나 농민들의 높은 입찰가격을 각하하고, '수수료'를 노려서 신흥 부르주아의 낮은 입찰가격을 받아들이는 행정관리의 공모로 농민들은 더욱 불리해졌다. 1796년 말까지 막대한 분량의 국유재산이 농사에 관여해본 적도 없는 사람들의 수중에 들어갔다.

새로운 재산을 취득하기 위해 대부금을 이용하는 약삭빠른 투기꾼들도 1795~1796년 사이의 초인플레이션 때 엄청난 재산을 축적했다. 로조는 소금에 투기해서 1억 리브르 이상을 벌었다는 이야기가 나돌았다(소금은 좋은 가치보전 수단이었고, 아시냐가 파국으로 치닫고 있을 때에는 교환수단이 되기도 했다). 로베르, 르페기, 아보랭은 국유화 재산 공매에서 은행금융거래로 로조를 능가하는 재산을 벌었고, 어떤 것이라도 담보로 잡고 돈을 빌려주었던 은행가 제라르는 '수억 리브르에 달하는' 개인재산을 축적했다는 소문이 있었다.

관료와 입법부 대표들도 대부금을 이용한 투기와 군수업자들과의 결탁에 의한 비밀수입으로, 사업가보다는 규모가 작지만 그래도 상당한 규모의 재산을 취득했다. 탈레랑, 푸세, 바라스, 푸레, 라멜은 그전에는 모두 열렬한 혁명의 주창자였지만, 그들보다 약삭빠르고 재산도 많이 축적한 이들에게 영향력을 빌려주고 상당한 규모의 부를 축적했다. 초인플레이션 속에서 거대한 부를 축적했던 정부관리의 부패는 장관급에 있으면서 이미 부자가 된 탈레랑의 말에서도 밝혀진다. 그는 "이제 나는 거대한 재산을 축적해야 한다. 내가 지금 소유하고 있는 것은 의미가 없어져가고 있다!"라고 선언했던 것이다.

그러나 귀금속, 보석, 성, 영지, 여자를 가장 많이 긁어모은 사람은 가브리엘 우브라르였다. 식육점 아들이었던 그는 주식투기에서 30만 리브르를 벌어 20세의 나이에 눈에 보이는 모든 것을 삼키겠다는 야심을 갖고 파리로 왔다.

그는 그의 야망을 성취했다. 30살이 되었을 때, 그는 1억 5,000만 리브르의 재산을 갖게 되었다. 그는 엄청난 가격으로 엄청난 이익을 보면서 해군에 보급품을 납품하고 있었는데, 3억 리브르의 대금이 밀리자 그는 "좋소, 그런데 해군에 있는 것은 내가 수집하지 않는 물건들이란 말이야. 하지만 이만한 손실로 내가 망하지는 않아!"라고 말하기도 했다. 1796년 그의 연간수입은 4,000만 리브르로, 그것은 루이 16세가 왕실 전체를 유지하기 위해 끌어들인 연금과 맞먹는 액수였다. 그는 게르에 24채의 저택과 비트리, 말리, 사토네프, 상브리스, 루신에 영지를 갖고 있었다. 파리에도 몇 채의 저택을 갖고 있었고, 벨기에는 1만 8,000에이커의 최상급 농장이 있었다. 그러나 이 모든 재산 중에서도 가장 유명한 것은 파리 근교에 있는 랭시 성(城)이다. 그 성에는 32개의 도리아식 기둥이 늘어선 현관, 1,000자루의 촛불로 밤낮 밝혀지는 직경 20피트의 수영장이 딸린 살롱이 있었다. 크기가 테니스 코트에 육박하는 식당에는 펀치, 샴페인, 아몬드 주스를 쉴 새 없이 뿜어내는 분수가 있었다.

호사스러움이야 우브라르의 랭시 성을 당할 수는 없겠지만 정부가 추가발행을 통해 계속 신용을 보증하는 동안 그 밖의 많은 자산이 사업가나 모사꾼의 수중으로 체계적으로 이전되어갔다. 그리고 지폐가 더 이상 가치를 인정받지 못하게 되어 발행을 중지하게 되었을 때 그러한 이전도 멈추었다. 그 과정이 끝났을 때의 상황은 폰 시벨의『프랑스혁명사』에 잘 묘사되어 있다.

1795년 말, 지폐를 갖고 있는 사람은 도시나 농촌의 노동자, 고용인, 물건이나 국유지에 투자하기에 너무 적은 액수의 자산을 가진 사람뿐이었다. 자본가나 자산가는 약삭빠르게 영구가치가 있는 대상에 가능한 한 많은 자산을 투입했다. 노동자는 그러한 식견도 재능도 수단도 없었다. 결국 커다란 손실을 짊어져야 했던 것은 노동자이다.

4 인플레는 정략의 산물인가
미국의 남북전쟁과 인플레

돌이켜보건대 인플레이션 기간들은 '화폐의 역사'를 가로질러 솟아 있는 산맥처럼 끝없이 뻗어 있다. 이 산맥 중에는 구름을 뚫고 선 높은 봉우리와 완만한 경사로 된 낮은 봉우리가 번갈아 나타난다. 남북전쟁 중의 그린백 지폐 발행 기간은 분명 후자에 속한다. 이 기간에 군사력 유지와 부의 축적을 위해 발행된 화폐의 양은 로마와 프랑스의 초인플레이션 기간에 비해서 매우 적었으며 따라서 그 결과도 덜 극적이었다. 1861년부터 1865년 사이의 재정과 통화상의 발전은, 이런 사실들에서 적당한 결론을 추출해내지 못한 역사학자나 경제학자들의 실패 이상으로 주목할 만한 것은 못 될 것이다.

남북전쟁이 일어나기 전에도 북부와 남부 간에는 노예제도에 관한 도덕적인 딜레마를 둘러싸고 일차적인 반목이 표면화되었다. 그러나 그 이면을 좀 더 파헤쳐보면 지역적 대립의 더욱 근본적인 원인은 미련할 정도의 경제적 이기주의에 있었다는 사실을 알 수 있을 것이다.

북부와 남부는 '경제적 사건'의 충격에 의해 분리될 수밖에 없었다. 남부의 농장주들 ― 순백색의 깨끗한 양복을 입고 손톱에는 매니큐어를 칠했으며 '상업의 먼지로 더럽혀지지 않은' ― 이 노예생산에 의한 목화의 단식농법을 기초로 하는 구식 장원제도를 계속 고집하는 동안, 좀 더 공격적이고 능률적인 북부 사람들은 고상하지는 않지만 이익이 더 많은 제조업, 운수업, 판매업, 금전대부업 쪽으로 점차 방향을 전환했다. 1860년까지 북부의 상업사회는 남부의 퇴보적이고 중세적인 사회를 앞질러 훨씬 우세해졌다.

북부의 경제적 우위와 이에 대한 남부의 대립은 날이 갈수록 신문지상이나 의회에서도 분명해졌다. 남북 간에 전쟁이 발발하기 4년 전, 힐턴 헬퍼는 자신이 쓴『남부의 절박한 위기(Impending Crisis of the South)』라는 책에서 다음과 같이 말했다.

남부의 모든 지성인은 남부 사람들이 성냥, 구두못, 페인트 등의 생활필수품부터 방직기계, 기선, 조각품 등에 이르기까지 거의 모든 상품을 구하기 위해서는 북부로 가야 한다는 사실을 잘 알고 있다. 그리고 북부가 우리의 모든 유동자산의 소유주이며 동시에 그것을 나누어주는 사람이 되어가고 있다는 사실, 우리가 철도 · 운하 · 기타 공공시설을 건설하려면 북부에 의존하지 않으면 안 된다는 사실, 상품교역, 보험업, 해운업, 기타 수많은 산업의 경영에서 나오는 이익의 거의 전부가 북부로 돌아간다는 사실을 잘 알고 있다.

우리는 일상생활 모든 면에서 어느 정도 북부의 영향을 받지 않을 수 없다.

그리고 빅스버그 시의 ≪데일리휘그(Daily Whig)≫는 1860년 1월 18일자 사설에서 다음과 같이 주장했다.

단순히 게으른 이유 때문에 남부 사람들은 양키(yankee: 북부 사람을 일컫는 말 – 역자 주)들이 교역을 독점하고 막대한 이익을 얻도록 방치했다. 우리는 그들에게 제조업을 양보했으며 남부의 모든 백화점들은 최근까지도 자기들에게 납품하는 제조업자들을 남부 사람으로 바꾸려는 노력을 하지 않고 있다. 우리는 합중국 전체의 모든 수입과 수출 산업의 대부분을 담당하겠다는 북부의 주장을 묵인했다. 이에 따라 북부는 남부의 희생 위에서 놀라운 속도로 팽창하고 있다. 북부의 마을들이 웅장한 도시들로 성장해온 것은 놀라운 일이 아니다. 호화스러운 궁전과 같은 저택에 살면서 동양의 왕자들을 능가하는 사치스러운 생활을 즐기는 '호상들(merchant princes)'이 북부에 있는 것도 이상한 일이 아니다. 그렇게 될 수밖에 없지 않은가? 뉴욕 시는 강력한 힘을 가진 상업의 여왕처럼 보석을 번쩍이며 거만하게 왕좌에 앉아서 남부에 대한 상업적 지배권을 여지없이 행사하고 있다. 뉴욕 시는 철도와 수로를 통해서 남부의 구석구석까지 손길을 뻗치며, 좀처럼 만족할 줄 모르는 탐욕 때문에 우리의 이득을 가로채며 — 모든 단계에서 세금을 걷는 수법으로 — 우리를 실제로 멸망시키지 않는 한도 내에서 가능한 한 최대로 우리를 쥐어짠다.

그러나 북부의 자본가들은 비록 경제적인 주도권은 장악했지만 증대되어 가는 국가의 부를 그들이 더 빠른 속도로 얻도록 보장할 수 있는 정치적인 지배력은 획득하지 못했다. 경제적인 영향력은 쇠퇴해갔지만 남부의 노예소유주들이 신봉하고 있던 전통적인 제퍼슨식(式) 토지재분배 운동은 대통령과 의회에 대한 지배력을 미약하나마 계속 유지할 수 있었다. 북부의 기업가와 서부의 자유농민은 수많은 당파로 갈려서 남부의 노예소유주에 대항하는 반대세력을 통합할 수 없었다.

1860년의 대통령선거가 다가오면서 새로 창설된 공화당의 지도자들은 증대되어가는 노예제 반대의 감정을 이용해서 정권을 획득할 수 있으리라는 자신감을 갖게 되었다. 노예제도에 대해 고조되어가는 반발 — 거의 광신적일 정도로 — 을 이용하기 위해서 공화당 정치인들은 다각적인 선거운동을 구상했다. 의회 의원들은 '노예제도의 죄악'에 대해 책상을 치며 흥분했고, 출판업자들은 노예제도를 비난하는 책을 출판했으며, 목사들은 성경을 인용하여 이를 비난했고, 입후보자들은 가슴을 치며 통탄했다. 링컨을 대통령 후보로 지명한 1860년의 공화당 전국대회는 "미합중국 영토 내의 어느 주에서든 노예제도가 존속하는 데 반대한다"라는 강령을 채택하고 이렇게 선언했다. "모든 사람은 평등하게 창조되었다. 헌법에 미합중국 영토 내의 모든 주 또는 일부 주에 노예제도의 도입을 허용하자는 노예소유주들의 새로운 도그마는 위험한 정치적 이단인 동시에 반동적인 경향이며 이 나라의 평화와 조화를 파괴하는 것이다. 우리는 또한 노예제도에 대해 법적인 정당성을 부여하려는 연방의회나 지방의회 또는 어떤 개인의 권위도 인정할 수 없다."

노예제도에 대한 이 같은 항의는 공화당의 강령을 입안한 사람들의 진정한 이해관계, 즉 경제적인 이해관계와 일치하는 것이었다. 공화당 전국대회는 다음과 같이 주장했다.

이 나라의 사상 유례없는 인구증가, 물질적 자원의 놀라운 발전, 급속한 부의 증대, 국내의 행복과 국제적인 명예 등은 연방제에 힘입고 있다. 우리는 연방을 해체하려는 모든 계획(남부가 제안한 분리정책과 같은)에 대해 증오심을 품고 있다. 건전한 정책은 수입에 대한 관세 부과를 통해 연방정부를 유지하기 위한 재원을 조달하는 한편, 전국의 산업 중심지의 발전을 고무하기 위해 수입에 대한 조정을 필요로 하는 것이다. 우리는 또한 노동자에게 자유임금을 보장하고, 농민에게 농산물 가격을 보장하고, 제조업자에게는 그들의 기술과 노동과 기업정신에 대한 적절한 보상을 보장해주고, 이 나라의 상업상의 번영과 독립을 보장해줄 전국적인 교환정책(통화 및 재정정책)을 지지한다.

농업 위주의 남부인에게 공화당의 성명에 포함된 "농민에게 농산물 가격을 보장해준다"라는 구절은 단순히 악의적인 정치적 장난에 불과한 것이었지만, 노예제도에 반대한다는 부분은 「인권선언」이 루이 16세에게 생사에 관한 문제로 들렸던 것처럼 그들의 생사에 관한 문제로 들렸다. 남부인들은 공화당의 승리와 링컨의 대통령 당선은 그들의 노예제도에 대한 종말을 초래할 것이라고 판단했는데, 이는 올바른 판단이었다.

링컨의 대통령 당선(노예제도에 반대하는 열기와 '자유지역' 농민세력과 북부 자본가들이 단결함으로써 링컨의 당선은 가능했다)과 더불어 남부의 분리운동은 더욱 활기를 띠게 되었다(팽창해가는 서부의 농부들은 남부의 농장주와 그 노예들이 자신의 영역으로 침투하는 사실에 대해 분개하고 있었다. 이 같은 침투는 남부의 노예 소유주들이 여러 해에 걸친 퇴보적인 면화 재배로 자신들의 토지를 황폐화시킴에 따라 발생하게 되었다. 이들의 침투는 새로운 토지에 밀과 옥수수와 같은 수익성이 높은 작물을 스스로의 힘으로 경작하던 자유지역 농민에게는 큰 위협이 되었다). 남부의 민주당원들은 상원과 하원에서 하나둘씩 책상을 비우고 짐을 꾸려 말없이 집으로 돌아갔다. 1861년 2월 9일 남부 6개 주는 따로 남부연맹을 구성하기 위해 연방에서 탈퇴했으며, 남부의 다른 5개 주가 그 후 이에 가담했다. 연방에서 탈퇴한 이들 주에는 약 2개월간 불안한 평온이 지속되었고, 남부연맹은 북부의 공격을 받지 않는 한 모든 전쟁행위를 포기하겠다고 선언했다. 그러나 분리되기 수년 전에 남부에 세워졌던 연방 요새는 새로 창설된 남부연맹의 군대에 의해 하나씩 차례로 (아무런 저항도 받지 않고) 점령되어갔다. 1861년 4월 12일 새벽, 남부군의 대포가 섬터 요새의 수비대를 궤멸시킨 것을 신호로 불안했던 휴전상태는 깨지고 남북전쟁은 발발하게 되었다.

전쟁이 시작되었을 때, 어떤 전쟁에서나 개전 초에 나타나는 두 가지 상황이 곧 전개되었다. 하나는 전쟁은 곧 승리로 끝날 것이라는 일반 국민의 확신이며, 다른 하나는 국가재정의 고갈이었다. 전쟁 초기 3년간 쓰일 20억 달러의 경비를 조달해야 하는 매우 어려운 과제가 샐먼 포틀랜드 체이스 신임 재무장관의 어깨에 지워졌다. 그는 1861년 3월 링컨이 대통령에 취임한 지 며칠 후에 링컨에 의해 재무장관으로 임명되었다.

당시의 재정상태는 튀르고, 콜베르, 네케르 등과 같이 재정 문제에 대해 폭넓은 경험을 갖고 있으며, 지불기일이 지난 청구서 사태 속에 빠진 정부의 당면 문제를 정력적이고도 단호하게 처리할 수 있는 인물을 필요로 했다. 체이스는 이러한 요구조건을 충족시킬 수 없었다. 그는 통화 문제에 대한 지식이 전혀 없었으며 재정 문제에 대한 경험도 일절 없었다. 교사, 출판업자, 변호사, 오하이오 주지사, 오하이오 주 출신 연방 상원의원 등의 경력을 가진 그는 공화당의 창설자이며 핵심인물 중 하나로 인정받고 있었다.

멋쟁이에 위엄 있는 풍채를 지녔으며, (유창하지는 못하지만) 박력 있는 연설가인 그는 선거운동 기간에 북부와 서부에 있는 주요 도시들과 작은 마을들을 두루 돌아다니면서 노예제도에 반대하는 연설을 했고, 마침내는 노예제도에 반대하는 중요인물 중 하나로 전국적으로 알려지게 되었다. 1860년의 대통령후보 지명전에서 그는 미합중국 대통령이 되려는 끝없는 야망을 거의 달성할 뻔했으나 '시골뜨기이며 보잘것없는 변호사'에 불과하던 링컨에게 패배하고 말았다. 재정 문제에 대한 지식도 관심도 없었던 링컨은 체이스의 공화당 내에서의 영향력과 위치, 반노예제도에 대한 정열, 청렴결백한 점 등을 인정하여 그에게 재무장관직을 제의했다. 그러나 불행하게도 전쟁 시의 황폐한 재정상태는 재무장관에게 단순한 '청렴결백' 이상의 것을 요구했다.

체이스가 그의 새로운 직책에 대해서 재정 문제에 관한 자신의 능력 이상으로 헌신적인 노력을 기울이긴 했지만 역시 유감스러운 점은 많았다. 새로운 재무장관 체이스는 성실하며 양심적이고 정력적인 인물이었으며 능률적인 관리자이기도 했다. 한마디로 말해서 만일 체이스가 그의 모든 정력을 새로운 임무에 바쳤더라면 재무성은 그의 밑에서 ― 재정 문제에 대한 경험과 지식이 있는 부하직원들의 도움을 받아서 ― 적절한 기능을 수행했을 것이다. 그가 이 임무에 모든 정력을 바치지 않았다는 것은 결과가 증명하고 있다.

비바람이 세차게 몰아치던 3월 어느 날, 사무실에 처음 출근한 체이스는 어이없이 적은 수인 383명의 직원들(현재 재무성 직원은 12만 2,000명이다)의 숫자보다 그의 책상 위에 쌓여 있는 미불된 청구서의 숫자가 훨씬 많은 것을 발견했다. 군납업자, 상당수의 민병대원(3만 명 이하로 구성되었다), 공무원, 의회 의원들이 오랫동안 물품대금이나 봉급을 받지 못하고 있었다. 정부가 발행한 공채의 이자지급도 거의 40만 달러나 밀려 있었다.

체이스 신임 재무장관은 한 보좌관 — 존 시스코라는 유능하고 근면한 직업관료 — 에게서 자신의 전임자가 2개월 전에 불과 500만 달러의 자금을 조달하는 데 굉장한 곤란을 겪었으며 결국 12%의 이자를 지불해야 했었다는 사실을 들었다. 체이스는 자기가 1861년 3월 28일에 공고한 연리 6%의 정부공채의 발행(금액은 800만 달러)이 호의적으로 받아들여지고 있는 사실에 기뻐하면서도 한편으로는 놀라움을 금할 수 없었다. 4월 2일에 입찰이 개시되자 이 공채에 대한 신청은 발행액의 세 배에 달했으며, 입찰가격은 액면가의 85~100%에 이르렀고 평균 입찰가격은 액면가의 90% 선이었다. 사태가 이렇게 호전된 원인은 링컨의 대통령 당선으로 국민들이 자신감을 회복했다는 사실과, 국가의 입법권을 궁극적으로 자본가계급에게 우호적인 의회의 수중에 맡겨야겠다는 결론에 도달한 재력이 있는 사람들 — 이들은 남부 출신 의회의원들이 거의 대부분 의회를 떠나는 것을 보았다 — 의 정부에 대한 호의 탓이었다.

그러나 체이스가 재무장관에 취임한 지 한 달도 채 안 되었을 때 '대통령직에 대한 꿈'이 다시 그를 사로잡았다. 체이스가 국가의 최고위 재정관리로서의 자기 직위에 충실하게 헌신했다면 그가 이미 광고한 800만 달러의 공채뿐 아니라 900만 달러의 공채를 추가로 소화할 수 있었을 것이다. 그러나 체이스에게는 정치가로서의 욕망과 언젠가 자기를 백악관으로 이끌어줄 명성을 쌓고 싶은 욕망이 무엇보다도 소중했다. 그는 갑자기 이미 공고된 800만 달러의 공채를 액면가의 94% 이상으로만 판매하겠다고 발표했다. 이같이 높은 입찰가격으로 공채를 판매함으로써 겨우 309만 9,000달러밖에 조달하지 못하게 되자 그는 나머지 490만 1,000달러는 2년 만기 연리 6%의 액면가격으로만 판매되는 재무성 증권의 입찰을 통해 조달하기로 결정했다(그가 이런 방식을 이용할 수 있었던 것은 지난번 행정부 때 재정된 법률 덕택이었다).

그는 언론기관에 조심스럽게 전달한 보고서에서 "정부의 신용에 대한 확신이 회복되어가고 있는 것으로 여겨지는 이때 액면가 이하로 공채를 발행하는 것을 수락할 수 없다"라고 말했다.

4월 8일에 그는 재무성 증권의 발행을 공고했다. 그러나 4월 11일에 북부가 섬터 요새를 포위하지 않겠다는 의도를 공표하자, 이 증권에 대한 일반 국민의 관심은 사라져버렸으며, 이때까지 신청된 것은 발행액의 5분의 1에 지나지 않았다. 명망 있는 뉴욕 갤러틴 은행의 총재인 제임스 갤러틴은 재무장관에게 개인서한을 보내 재무성 증권 방식을 포기할 것을 주장하고, 연리 6%의 장기공채를 액면가의 87% 정도로 공모하면 500만 달러 이상은 분명히 조달할 수 있을 것이라고 충고했다. 체이스는 이 제의를 거부하고 "정부는 월스트리트에 의해 주물러지는 것을 원하지 않는다"라고 주장했다. 그러자 4월 14일에 전쟁이 시작되고 금융시장의 시세가 폭락했다. 그러나 체이스는 재무성 증권에 대한 신청이 중단된 상태인데도 고집을 굽히지 않았다. 마침내 금융업계가 전쟁과 파산의 위협으로 곤경에 빠진 정부를 구원하러 나섰다. 아직까지 신청되지 않은 재무성 증권을 은행들이 모두 떠맡았으며 뉴욕의 어떤 은행은 250만 달러 상당의 증권을 인수했다.

그러나 군사비 증가로 국고는 한 달도 못 되어 또다시 텅 비게 되었다. 체이스는 5월 11일에 6% 공채의 나머지인 총액 899만 4,000달러 상당의 공채를 팔려고 내놓았다. 반응은 처음부터 신통치 않았다. 전쟁으로 야기된 1861년의 불경기가 이미 진행되고 있었기 때문이었다. 남부와 거래하던 북부의 공장이나 회사 상당수는 거래가 없어져 문을 닫아버렸거나 아니면 ─ 이보다 더 나쁜 경우에는 ─ 남부의 농장주나 수입업자가 북부의 공급업자들에 대한 채무를 이행하지 않자 망해버리고 말았다. 남부연맹의 정부가 북부에 대한 채무 지불을 불법행위라고 규제하는 법률을 제정하자 채무불이행은 급속도로 늘어났다(결국 남부는 2조 5,000억 달러의 채무를 이행하지 않았으며, 이에 따라 북부의 수많은 기업이 도산해버렸다).

1861년 봄부터 시작된 북부의 경제적인 곤경(이는 약 1년간 지속되었다)은 정부발행의 채권에 대한 이자지급을 위태롭게 했다. 공채 입찰이 지지부진해지자 체이스는 공채가 소화되지 않은 액수만큼 2년 만기 연리 6%의 재무성 증권을 액면가로 팔겠다고 발표했다. 결국 은행 원조가 없으면 정부는 또다시 채무불이행의 상태에 빠지게 될 것이 분명해지자 뉴욕과 보스턴의 은행가들이 다시 정부를 구원하러 나섰다. 새로 구성된 은행가협의회의 집중적인 노력으로 공채 판매로 731만 달러, 재무성 증권의 판매로 168만 4,000달러를 획득할 수 있었다. 계속된 모험 끝에 재무성은 900만 달러 정도를 조달함으로써 겨우 한숨 돌릴 수 있었다.

1861년 7월에 체이스는 미불 청구서 때문에 다시 고통받게 되었다. 다시 한 번 6%의 이자가 붙는 재무성 증권을 상당한 액수만큼 팔려고 노력했지만 입찰에서 불과 250만 달러밖에 얻지 못했다. 7월 말경에 재무성 증권의 입찰을 한 번 더 실시했지만, 이미 발행된 2년 만기 연리 6%의 재무성 증권이 공개시장에서 액면가의 97%로 거래되는 실정이었으므로 이 새로운 재무성 증권에 액면가격으로 응찰할 사람은 하나도 없었다. 마침내 은행가들은 - 워싱턴 당국에 대한 분노와 함께 - 그에 상당하는 2년 만기의 재무성 증권을 담보로 잡고 250만 달러를 정부에 빌려주기로 합의했다.

체이스는 이처럼 우여곡절을 겪으면서 회계연도 말인 1861년 6월 30일까지 지탱해나갔다. 실업계와 금융계뿐 아니라 의회(7월 4일에 임시집회를 소집할 예정이었다)도 희망과 불안이 뒤섞인 가운데 다음 회계연도에 관한 재무장관의 메시지를 기다렸다.

불행하게도 정부의 재정적인 존속을 위한 체이스의 방식은 - 1789년 프랑스혁명 이전의 프랑스 의회에 제출한 네케르의 제안처럼 - 이미 투자가들의 인기를 잃은 재무성 증권을 더 많이 발행하는 것이었다. 1862년 6월 30일에 끝나는 회계연도에 대한 그의 예산안은 2억 1,700만 달러에 달하는 '전쟁비용'을 포함하여 총세출을 3억 1,900만 달러로 잡고 있었다. 이 같은 비용을 조달하기 위해 세입은 차입금 2억 4,000만 달러와 조세수입 8,000만 달러로 계산했다. 조세수입을 8,000만 달러로 늘리기 위해서(전해의 조세수입은 4,000만 달러였다) 관세 - 수년 동안 국가의 유일한 세금원으로 간주되었다 - 를 인상할 필요가 있었으며, 2,000만 달러는 새로 부과되는 직접세와 연 수입 800달러 이상 되는 모든 사람에게 우스꽝스러울 정도로 낮은 3%의 새로 부과되는 소득세로 충당할 예정이었다.

후에 (1861년 7월에 체이스가 의회의 임시집회에 '계획'을 제출했을 때에는 현명하게도 침묵을 지켰던) 비판자들이 체이스가 세금을 더 많이 부과하는 대신 사상 유례없이 엄청난 금액을 차입하는 정책을 채택한 것은 '큰 실수'였다고 비난했을 때, 체이스 재무장관은 자신을 변호하기 위해 "당시(1861년 7월)에 전쟁의 규모와 기간을 예상하는 것은 불가능했다"라고 주장했다.

그는 당시에 그 자신이나 많은 사람들은 전쟁이 2~3개월 내에 끝날 것이라고 여겼기 때문에 국민들에게 무겁고 장기적인 세금부담을 지우는 것은 부적당한 것으로 간주했다고 주장했다.

실제로 체이스는 1861년 여름에 "전쟁은 7개월 정도밖에 계속되지 않을 것이다"라고 공개적으로 예언했다. 그러나 그가 대중 앞에서 연출한 행동에도 불구하고 개인적으로는 전쟁이 오래 계속되고 비용이 많이 들 것이라고 믿고 있었다는 사실에 대한 명백한 증거가 있다. 그는 1861년 4월 20일(전쟁이 시작된 지 1주일이 안 되어서)이라는 날짜가 적혀 있는 친구에게 보내는 편지에서 그가 위태로운 휴전이 계속되고 있던 최근에 남부연맹에 대한 공격을 주장하지 않았던 이유를 다음과 같이 설명했다.

우리 앞에는 능동적인 정책으로 택할 수 있는 두 가지 방법이 있네. 모든 수단(남부연맹에 대한 전쟁을 시작하는 것을 포함해서)을 동원해서 합중국의 법률을 강요하는 것과 연방에서 탈퇴한 주들이 구성한 정부의 현실적인 조직을 혁명을 성취한 것으로 인정하고 남부연맹에게 그들의 분리정책을 실험하도록 허용하는 것이지. 나는 두 가지 방법 중에서 전자는 파괴적인 전쟁과 그에 따르는 막대한 비용과 엄청난 부채를 필요로 하고, 후자는 이 같은 죄악을 피할 수 있다고 생각하기 때문에 후자의 방법을 택하고 싶네.

"파괴적인 전쟁, 막대한 비용, 엄청난 부채"라는 표현은 전쟁이 2~3개월 안에 끝날 것이라고 생각하고 있는 관리가 한 말이라고는 볼 수 없다.

체이스의 이중성을 부분적으로 변호해줄 수 있는 사실은 체이스가 의회에 예산안을 제출하던 때 그는 단지 ― 내각 구성원의 일원으로서 ― 다른 정부관리들이 국민의 사기를 진작시키고 군대에 입대할 인원을 확보하기 위해 대중 앞에서 연출하고 있던 연극을 뒷받침한 것에 불과했다는 점이다.

'정직한 에이브'라고 불리던 링컨조차도 최초로 지원병을 모집하던 때 (1861년 4월 17일), 7만 5,000명의 젊은이들이 단 3개월 동안만 군대에 복무하면 될 것이라고 말했으나, 개인적으로는 30만 명이 3년간 군대에 복무해야 할 것이라고 확신하고 있었다(실제로는 60만 명이 링컨의 호소에 응해 애국심에 불타서 모병소로 몰려들었다). 1861년 봄과 여름에 걸쳐서 정부관리, 의회 의원, 신문 편집인은 전쟁이 가을에는 승리로 끝날 것으로 확신한다고 떠들어댔다. 그렇지만 4월 초에 슈워드 국무장관은 영국과 프랑스에 대해 조속히 선전포고할 것을 건의했다. 이 두 국가는 남부의 면화에 의존하고 있었으므로 조만간 남부연맹을 지원하러 나설지 모른다는 이유에서였다. 만일 (링컨 행정부에서 제2인자 지위에 있던) 슈워드가 "60일 이내에 승리할 수 있으리라"라고 정말로 믿고 있었다면 유럽의 두 강대국과 전쟁을 시작할 것을 링컨에게 은밀하게 건의하지는 않았을 것이다. 그가 대중 앞에서 전쟁은 단기간에 승리로 끝날 것이라고 여러 차례 예언한 행위는 국민에게 확신을 심어주기 위한 노력에 불과했다는 점에 의문의 여지가 없다.

그러므로 체이스가 차입금을 엄청나게 늘리고 그에 비해서 세금은 무시해도 좋을 만큼 적게 거두는 계획을 주장한 것은 관료의 선의적인 이중성이라는 면에서 자신에게 할당된 역할을 수행한 것이라고 볼 수도 있다. 그가 과중하게 장기적인 세금을 부과하는 정책을 채택했더라면 신속한 승리라는 신화는 불가능했을 것임에 틀림없다.

그러나 그는 엄청난 차입금에 의존하는 자신의 재정상의 계획이 성공할 가능성이 없다는 사실을 인식했어야 했다. 지난 4개월 동안 온갖 어려움을 겪으면서도 겨우 2,400만 달러밖에 조달하지 못했다는 사실을 감안한다면 그가 앞으로 12개월 동안 거의 2억 5,000만 달러를 조달한다는 것은 사실상 불가능한 일이라는 결론에 도달할 수 있었을 것이다. 그런데 그는 왜 실패 — 특히 전쟁 시에는 매우 위험한 결과를 초래할 수도 있는 — 할 것이 분명한 모험을 하지 않으면 안 되었을까?

그 이유는 그가 대통령직에 대한 자신의 야망을 한층 더 위태롭게 할 수도 있는 다른 종류의 모험을 회피했기 때문이다. 그가 회피하려 했던 또 다른 모험이라는 것은 자기가 인기 없는 높은 세금부과의 창시자가 되는 것이었다. 1861년 7월까지는 정부 내의 어느 누구도 — 대통령이나 장관 또는 의회 의원들조차도 — 전쟁비용을 조달하기 위해 무거운 세금을 부과하는 법률을 제정하는 것을 제안하지 않았다. 만약 체이스가 앞장서서 그런 제안을 했다가 그것이 국민의 거부반응을 일으킨다면 그가 1864년이나 또는 그 이후에 백악관의 주인이 되려는 계획은 위태로워질 것이었다. 30개월 후, 언론과 일부 의회 의원들이 실질적인 세금계획을 요구했을 때, 체이스는 자기가 예전에 세금의 적절한 징수를 제안하지 않은 이유를 공식적으로(비록 의도적이지는 않았지만) 밝혔다. 그는 1863년 12월에 의회에 제출한 보고서에서 "나는 지금 우리가 세금을 더 많이 징수하지 않고서는 지탱할 수 없다는 것을 명백하게 인식하고 있다. 그러나 한편으로 무거운 세금은 국민의 불만을 야기한다는 것을 모르는 사람은 역사책을 헛되이 읽은 사람이라는 사실도 잘 알고 있다"라고 언급했다.

불만을 가진 유권자들은 과중한 세금을 최초로 부과한 사람을 대통령으로 선출하지는 않을 것이다. 따라서 체이스는 1861년 7월에 세금을 증수하자는 주장을 삼갔던 것이다. 더욱이 1861년 7월 9일에 체이스의 예산안을 공식적으로 접수한 의회가 전쟁세금의 부과를 신중하게 회피했으리라는 사실도 예상할 수 있는 일이다.

1860년의 선거에서 승리하고 분리주의자들인 민주당 의원들이 의회를 이탈함으로써 의회를 완전히 장악하게 된 공화당은 귀찮은 세금 문제로 국민들의 불만을 폭발시키는 것을 원하지 않았다.

단 한 시간의 '토론' — 사실은 오하이오 주 출신의 밸런디그햄 의원이 링컨 대통령을 개인적으로 공격한 것에 불과했다 — 후에 하원은 2억 5,000만 달러의 차입금이 포함된 예산안을 155 대 5로 통과시켰다. 상원에서는 이 예산안에 대한 반대다운 반대도 없이 몇 가지 구두수정을 가한 후에 통과시켰고, 하원은 이에 즉시 동의했다. 이 예산안이 의회에 제출된 지 불과 8일 후 링컨은 이 예산안에 서명했다.

급하게 서두르면 일을 망치는 법이다. 2주일 후에 이 예산안의 몇 가지 실수를 정정하고 미비점을 보충하며 약간의 수정을 가하기 위해 개정안은 다시 의회에 제출되어야 했다. 7월 17일자로 공포된 예산안과 8월 5일자의 개정안은 재무성이 다음과 같은 여러 가지 방법으로 2억 5,000만 달러를 차입할 수 있도록 권한을 부여했다. 즉, 연리 7% 20년 만기공채의 액면가 발행, 연리 6% 20년 만기공채를 액면가의 86% 이상으로 발행하는 것, 연리 7.3% 3년 만기 재무성 증권(연리 6% 20년 만기공채로 전환할 수 있다), 연리 6% 1년 내 상환하는 재무성 증권 2,000만 달러 상당, 연리 3.65%의 이자가 붙거나 또는 이자가 없고 소지자의 요구가 있을 때 즉시 상환하는 재무성 증권을 합계 5,000만 달러 상당 발행하는 것 등이다. 이 예산안은 또 재무장관에게 "모든 차입금을 그가 선택한 정화지불은행에 예치시킬 수 있는" 권한을 부여했다.

총액 5,000만 달러에 달하는 재무성의 '요구불증권' — 소지자의 요구가 있을 때에는 즉시 금 또는 은으로 정부가 지불해야 한다 — 을 발행하도록 허용한 것은 이 예산안의 흥미로운 면의 하나이다. 5달러 단위로 발행하게 되어 있는 이 증권은 "공공요금의 지불에 사용할 수 있도록" 했다. 다시 말하자면 이 증권들은 상환기일이 임박한 공채의 상환에도 사용할 수 있었기 때문에 사실상 '화폐'의 구실을 할 수 있는 것이었다.

체이스의 방침과 일치하는 「조세법안」이 8월 5일 의회의 승인을 받았다. 이 「조세법안」은 기존 조세정책을 약간 변경시켜 여태까지 관세를 매기지 않던 홍차, 커피, 설탕, 당밀 등에 새로 관세를 부과했고 예전에는 세율이 낮았던 두세 가지 수입품의 관세율을 인상했다. 이 같은 변경은 지난 번 뷰캐넌 행정부 당시 조세수입의 목적보다는 보호주의적인 정책에 의해서 제정되었던 「모릴 관세법안」에 대한 수정이었다. 그러나 이 변화는 적용대상을 확대하는 데 신중한 편이었고 조세수입의 증가도 그렇게 많지 않았다. 2,000만 달러를 목표로 잡은 직접세도 그중에서 500만 달러는 연방에서 탈퇴한 주들이 할당했기 때문에 전액을 징수할 수는 없었다. 연간소득이 800달러 이상되는 사람들에게 연간 소득의 8%를 걷기로 한 소득세도 역시 금액은 얼마 되지 않는 것이었다. 연간소득이 800달러 이상인 가정은 겨우 200만 세대에 불과했기 때문이다. 애초부터 새로운 「조세법안」은 체이스가 1861/1862 회계연도에 전쟁비용을 제외하고 예상했던 지출인 8,000만 달러조차 조달할 수 없는 것이었다. 모든 전쟁비용은 차입금으로 충당해야 했다. 체이스와 마찬가지로 의회 의원들도 재무성이 2억 5,000만 달러를 차입금으로 조달할 수 없을지도 모른다는 점을 인식했어야 했다.

막대한 비용이 소요되는 전쟁상태에서 의회는 ─ 잠재적으로 인기가 없는 조세정책을 포함하는 비인플레이션적인 계획과 인플레이션을 유발하는(반면에 당장에는 인기가 있는) 막대한 금액을 차입하는 계획 사이에서 한쪽을 선택하지 않으면 안 되는 상황에서 ─ 막대한 금액을 차입하는 계획을 선택했다. 이런 과정을 통해서 의회는 거의 아무런 토론도 거치지 않고, 그때까지만 해도 금본위제도를 고수해왔던 정부가 지폐를 발행할 수 있는 길을 열어놓았다(이는 5,000만 달러에 달하는 요구불 재무성 증권의 발행을 허용함으로써 이루어지게 되었다). 그것은 완전히 과거의 반복이었다. 권력의 핵심세력 ─ 동부의 산업자본가 세력과 서부의 농업자본가 세력 ─ 이 세력을 유지하기 위해 인플레이션 정책을 채택한 것이었다.

1861년 7월과 8월에 일어난 사건들은 전쟁을 약속대로 60일 이내에 끝내는 것보다는 결점투성이의 재정계획을 의회를 통해 추진하는 것이 더 쉬웠다는 것을 입증했다. 7월 셋째 주까지는 남부에 있는 대부분의 항구에 대한 봉쇄가 단행되었으며 링컨은 50만 명을 3년 기한으로 군대에 소집할 것을 명령했다. 이때 "리치먼드를 점령하라"라는 명령을 받은 연방군이 불런에서 처참하게 패배했다. 그러자 북부의 신문들은 "수도를 구하자! 워싱턴을 지키자!"라고 일제히 외쳐댔다. 수도를 남군의 파괴와 약탈에서 지키기 위해 포토맥 방위군이 배치되었다. 워싱턴 시는 징병소와 경험이 없는 병사들이 아침부터 밤중까지 훈련을 받는 연병장이 되어버렸다. 그러나 총이 부족했기 때문에 총을 가진 군인은 별로 많지 않았다. 수천 명의 여자와 아이들도 수도를 지키기 위해 몰려들어 호텔과 여관뿐 아니라 가정집에까지 밀고 들어가서 자거나, 아니면 지저분한 거리에서 자기도 했다. 악취가 시내 전체에 진동했다.

8월 둘째 주에는 전쟁 수행에 들어가는 비용이 하루에 100만 달러로 증가했다. 체이스는 자본시장을 조사해보고 1억 5,000만 달러에 상당하는 연리 6%의 공채와 1억 4,000만 달러에 상당하는 연리 7.3%의 재무성 증권을 팔기 위한 전국적인 운동을 벌이려면 오랜 시간이 필요하리라는 결론을 내렸다. 그는 곧 의회의 승인을 받은 단기 재무성 증권을 활용했으며 소액의 요구불 재무성 증권(지폐)도 발행했다. 비록 요구불증권은 정부의 국고에서 즉시 금으로 태환할 수 있는 것이었지만 처음에는 일반 국민들이 이것을 의심했다. 국민들은 그때까지 정부가 발행하는 화폐에 익숙하지 않았기 때문에 이것을 불신했다. 당시 모든 지폐는 은행에서 발행되었으며, 각 은행은 소지자의 요구가 있으면 자신이 발행한 은행권을 금으로 바꿔주었다. 그러므로 군대가 납품업자에게 대금을 청산하거나 군인 혹은 정부직원의 봉급을 지불하려고 했을 때 요구불증권을 주면 반발이 굉장했다. 이 같은 반대를 극복하기 위한 노력으로 체이스와 재무성 직원들은 그들이 "봉급을 금 대신 요구불증권으로 받기를" 갈망한다는 것을 일반 국민에게 알리려고 애를 썼으며, 당시 육군 사령관이던 윈필드 스콧 장군은 모든 군인에게 "봉급을 집에 부치는 데 요구불증권이 훨씬 편리하다"라는 사실을 강조했다. 요구불증권은 궁극적으로는 일반 국민에게 '화폐'로 받아들여졌으나 가장 완고한 은행들은 요구불증권 예금을 정규예금으로 받아들이기를 거부하고 '특별예금'의 범주에 포함시켰으며 요구불증권을 금으로 태환해주는 책임을 떠맡지 않으려고 했다.

체이스가 이런 방식으로 소규모 자금을 조달했지만 이것으로는 나날이 증가하는 전쟁비용을 충당하기에는 부족했기 때문에 그는 마음이 내키지 않았지만 마지막 수단으로 여기고 있던 방식을 채택할 수밖에 없었다. 그것은 민간은행에 의존하는 방법이었다. 재무성 관리들은 일반적으로 정부에 들어오기 전에는 금융계의 일원이었기 때문에 금융계와 우호적인 관계를 유지하고 있는 편이다. 그러나 체이스는 경험 면에서나 — 그보다 더욱 중요한 점은 — 자신이 선택한 점에 있어서나 금융계에는 이방인이었다. 거만하고 정의에 엄격한 체이스 — 오하이오 주 출신의 상원의원 벤 웨이드는 체이스를 가리켜 "자기 자신을 성부와 성자와 성신 다음의 제4의 인물로 간주하고 있는 사람"이라고 평한 적이 있다 — 는 '환금업자'에게 청교도적 혐오감을 가지고 있었으며, 그들에게 자신의 형제를 죽인 자라는 낙인을 찍어놓은 것 같은 태도로 접근했다. 그러나 재무성의 절박한 필요와 연방의 위태로운 군사적 상황 때문에 그는 자신의 반감을 억제하고 은행가들에게서 대규모의 대부를 얻기 위해 협상을 시도할 수밖에 없었다.

8월 9일 저녁에 '조용한 회담'(이 사건은 정부의 궁핍한 재정상태를 노출하지 않기 위해 신문사에는 알리지 않았다)이 존 시스코 재무차관보의 집에서 열렸다. 참석자는 시스코와 체이스 외에 뉴욕의 주요 금융계 인사 약간 명 및 '그밖의 자본가들'이었다. 중대한 토론을 거친 후 미국 외환은행 총재 조지 코는 정부에 대한 대출 가능성을 검토하기 위해 '대부협의회'가 구성될 것이라고 시사했다. 이로부터 6일 후에 대부협의회는 회의(이 회의에는 뉴욕뿐 아니라 필라델피아와 보스턴에 있는 은행들 중에서 39개 은행의 대표가 참석했다)를 갖고 은행단이 다음과 같은 방식으로 정부에 1억 5,000만 달러를 대부하려는 계획을 작성하고 있다고 발표했다.

정부에 대한 대부는 세 번에 걸쳐서 제공될 것이다. 그중에서 첫 번째 대부는 8월 15일자로 5,000만 달러를 제공한다. 은행단은 — 필요하다면 — 금으로 6일마다 500만 달러씩 제공해서 60일 안에 첫 번째 대부의 총액인 5,000만 달러를 국고에 납입할 책임을 진다. 이에 대한 대가로 은행단은 정부에서 5,000만 달러에 상당하는 연리 7.3% 3년 만기 재무성 증권을 받을 것이다. 정부는 각지의 재무성 분국 및 기타 장소에 은행단이 인수한 재무성 증권을 팔기 위해 대리점을 설립하는 데 동의했다. 이 증권이 일반인들에게 팔리면 정부는 매입자에게 그 대금을 받은 후에 이것을 은행단에게 이전하고 은행단은 이에 상당하는 재무성 증권을 재무성에 양도하며 그러면 이 증권은 매입자에게 전달된다(동시에 정부는 증권 매출 시에 정부가 보유한 연리 7.3% 재무성 증권의 잔여분을 전부 팔려고 노력한다. 그렇게 해서 충분한 자금을 조달하게 되면 은행단은 5,000만 달러의 첫 번째 대부 이외에는 더 이상 대부를 확대할 필요가 없을 것이다).

재무성 증권의 판매로 5,000만 달러를 확보하지 못할 경우에는 은행단은 대부를 확대해서 각각 3,000만 달러씩을 두 번에 걸쳐서 제공하며, 두 번째 대부는 10월 15일에, 세 번째 대부는 12월 15일에 제공한다. 두 번째와 세 번째 대부는 첫 번째 대부와 똑같은 절차를 밟게 될 것이다.

체이스는 이 계획을 호의적으로 받아들이면서, 7.3%의 이자를 지급하는 것을 좋아하지는 않지만 '당면한 위기'를 감안한다면 가격이 높은 편은 아니라고 말했다. 얼마 동안은 정부와 은행단 간에 의견 차이가 없는 듯했다. 그러나 곧 분쟁이 생겼다. 대부협의회는 재무장관에게 은행단은 — 절대적으로 필요한 경우에는 — 10일마다 500만 달러씩을 금으로 정부에 제공할 것이나, 그보다는 그에 상당하는 금액을 은행단 장부의 대변에 기입하고 정부가 이 금액의 한도 내에서 수표를 발행할 수 있도록 하는 방식을 택하기를 원한다고 통고했다. 그러면 재무성은 납품업자, 정부 직원, 군인 및 기타 채권자에게 수표를 발행해서 대금을 지급하고, 이 수표를 받은 사람은 이것을 현금처럼 사용하거나 은행에서 금이나 은행권으로 교환해달라고 요구하거나 은행에 예금할 수 있다. 이 예금은 예금주가 원할 경우에는 언제든지 수표로 지급하거나 또는 금이나 은행권으로 지급될 수 있다. 한마디로 말해서 은행단은 정부를 다른 차용인과 똑같이 취급하려고 했던 것이다. 그들의 의도는 자기들이 보유하고 있는 금을 지키고 지불준비율(지불의무에 대한 보유하고 있는 정화, 즉 금의 비율)을 유지하려는 것이었다.

조지 코는 이 사건을 이렇게 회상했다.

> 따라서 은행단은 재무장관에게 대부받은 돈을 지출하려면 ─ 상업계의 방식을 따라서 ─ 각 도시마다 있는 은행단을 대표하는 하나의 은행을 상대로 수표를 발행할 것을 제안했다. 이런 방법을 통해 재무장관이 발행한 수표는 계속적으로 통용되는 통화의 목적으로 이바지할 수 있으며, 자본과 산업 간의 상호교환을 최대한 증진시킬 수 있을 것이다. 이것은 국가적인 혼란기에 매우 중요하며, 막대한 자금을 주화로만 지출하면 은행의 지불준비금은 화폐의 사장으로 인해 낭비되어버릴 것이다. 그러나 놀랍게도 체이스는 은행단을 대표한 대부협의회의 제안을 거절했다.

재무장관은 재무성이 수표를 발행하는 방법을 거부하는 이유로 우선 이 수표를 받은 채권자나 정부 직원이나 군인들이 이것을 즉시 금으로 바꾸려고 할 때, 은행의 변덕으로 고통을 당할지 모른다는 이유를 내세웠다. 한편 체이스의 주장에 의하면, 동부의 강력한 은행 중 일부는 항상 금으로 지불해달라는 요구에 전부 응할 수 있겠지만 다수의 약한 은행, 특히 서부의 약한 은행들은 (준비금 부족 때문에) 금화로 지불해달라는 요구를 이행하지 못할 수도 있다고 가정해볼 수 있다. 정부는 모든 부채를 금으로 지불해야 하도록 법적인 구속을 받고 있기 때문에 이 같은 책임을 어기게 될 가능성이 있는 협정에 동의하기를 원하지 않았다. 여러 은행가들은 체이스에게 그들이 모든 은행에 통용되는 안전한 제도를 만들어낼 수 있다고 주장했지만 체이스는 여전히 이 방법을 받아들이지 않았으며 이것에 반대하는 이유를 한 가지 더 내세웠다. 그는 정부의 독립회계제도가 "미합중국 국고에 불입되는 모든 수입금은 반드시 금화로 불입되어야 한다"라고 요구하고 있다고 말했다. 은행가들은 체이스에게 8월 5일자 예산개정안이 재무장관에게 모든 차입금을 그가 선택한 지불능력이 있는 정화지불은행에 예치시킬 수 있도록 허용했으며, 이렇게 해서 예치된 돈은 공식적으로 인가받은 수탁자(은행)에 의해서나 또는 공공요금의 지불을 위해서 인출할 수 있도록 허용한 사실을 상기시켰다. 그러자 재무장관은 잠시 허공을 쳐다보다가 예산개정안이 "모든 차입금을 예치시킬 수 있도록" 허용했을 때 의미하는 것은 금의 예치이지 '신용의 예치'가 아니라고 무뚝뚝하게 답변했다.

은행가들이 (만일 그들이 세 차례에 걸친 대부를 수락할 경우) 6개월 내에 1억 5,000만 달러를 금으로 국고에 불입하는 것은 어렵다고 주장할수록 체이스는 더욱 완고하게 자기의 주장을 고집했다. 체이스는 은행가협의회 회원들이 그의 주장대로 되었을 경우에 일어날지도 모르는 위험을 납득시키려고 할 때 전혀 귀를 기울이지 않았다. 은행가들은 그들이 현재 충분한 지불준비능력(1억 4,200만 달러 지불의무액에 대해서 4,300만 달러의 금화를 보유하고 있으므로 지불준비율은 30%이다. 그러나 그들이 체이스의 주장대로 한다면 지불준비율이 25%로 떨어지게 될 것이다)을 보유하고 있다는 사실은 인정했다. 그러나 그들이 걱정하고 있는 이유는 세 차례의 대부금 합계(1억 5,000만 달러)가 그들이 현재 보유하고 있는 금화의 3.5배에 달하기 때문이었다. 만약 그들이 현재 보유하고 있는 금에서 2개월마다 5,000만 달러씩 국고에 불입한다면, 그들은 정부에 대출한 금화가 신속하게 정기적으로 은행에 되돌아오지 않는 한 금을 모두 소진해버리게 될 것이다. 금의 '순환'에 문제가 생긴다면 은행은 태환의무를 이행할 수 없는 처지에 빠질 것이다. 이렇게 되면 특히 당시와 같은 전시상황에서는 재무성 증권을 소지한 사람들이 금화로 태환해줄 것을 요구하면서 은행에 쇄도하는 사태가 벌어질 수도 있으므로 아주 위험한 일이었다. 체이스는 줄곧 딱딱한 표정으로 의자에 앉아 있었으며 은행가들이 아우성을 칠수록 그의 표정은 더욱 굳어졌다.

결국 은행가들이 굴복하고 말았다. 그들은 자기들이 그렇게 아까워하던 금을 매달 10일마다 500만 달러씩 국고에 납입하는 데 동의했다. 그들은 은행에서 금을 반출하는 것이 얼마나 중대한 일인가를 재무장관에게 납득시키려고 다시 한 번 노력했으며, 재무장관이 재무성 증권의 판매운동을 더욱 강력히 추진해서 그들이 정부에 제공한 대부의 대가로 받은 5,000만 달러에 달하는 재무성 증권의 대금을 금으로 받도록 해줄 것을 주장했다. 그들은 또 체이스에게 금으로 태환해줄 의무가 있는 요구불증권을 계속 판매해서는 안 된다고 경고했다. 만일 그가 이 증권을 계속 판매한다면 그는 한 손으로는 은행에서 5,000만 달러의 금을 받아들이고, 다른 한 손으로는 (요구불증권을 통해) 정부의 채권자들에게 5,000만 달러를 금으로 지급해야 할 것이라고 경고했다. 만일 요구불증권의 소지자가 이 증권을 금으로 바꾸어서 이 금을 사장시켜 버린다면 은행으로의 금의 순환이 파괴될 것이며, 이는 은행을 채무에 대한 금의 준비율을 어기지 않을 수 없는 상황에 빠지게 할 것이라고 했다. 그리고 재무장관이 요구불증권을 더 많이 발행할수록 정부의 위태로운 재정상태에 대한 일반 국민의 우려는 더욱 커질 것이며, 이렇게 되면 금을 사장시키는 현상이 더욱 확대될 것이고 나아가서는 모든 예금주가 은행에 금의 태환을 요구하는 사태가 일어날 것이라고 했다. 그러면 은행은 요구가 있어도 태환을 중지할 수밖에 없을 것이며 이것은 '위태로운 전시'에 공황의 위험성을 초래하게 될 것이다.

은행가협의회 회원들은 재무장관에게 정부화폐의 발행에 대해 경고했다. 그들은 한번 전례가 생기면 또 다른 지폐를 발행하게 될 것이며, 이는 "전쟁 와중에 국가의 파멸"을 초래할 것이라고 주장했다.

체이스는 이들의 경고에 귀를 기울이고 나서 이렇게 대답했다. "내가 요구한 금액을 여러분이 모두 금화로 빌려주거나 아니면 어디에서 빌릴 수 있는지 알려준다면 나는 이미 발행한 모든 증권을 회수하고 앞으로는 그런 증권을 더 이상 발행하지 않겠다고 약속할 수 있다. 그러나 여러분이 내 요구조건을 들어줄 수 없다면 나는 미합중국의 재무성 증권에 의지할 도리밖에 없다."

그리고 나서 그는 사정이 허락하는 한 요구불증권을 가급적 발행하지 않겠다고 암시했으나, 국가의 최고위 재정관리로서 요구불증권의 발행을 중단하겠다는 약속을 하기는 어렵다고 덧붙였다. 그리고 회의는 끝났다.

약 한 달 후 제임스 갤러틴은 체이스에게 편지를 보내서 요구불증권의 발행에 반대하는 은행 측의 입장을 다시 한 번 강조했다.

> 은행들이 정부에 자금을 제공하기로 합의했다는 사실을 은행가협의회에 보고하자, 은행가협의회 회원들은 이구동성으로 정부가 요구불증권을 더 이상 발행하지 않아야 한다는 조건을 달기를 희망했습니다. 이 같은 조건은 은행가들이 현재와 같은 중대한 위기에서 당신의 노력이 위험에 처하거나 수포로 돌아가는 것을 원하지 않기 때문에 제기되었고, 또한 당신이 요구불증권을 발행할 수 있는 권한을 포기할 것을 공식적으로 서약하기를 반대했기 때문에 제기되었으며, 더욱이 당신이 다른 방법으로 자금을 조달하는 데 실패할 경우에는 이 증권을 부활시키겠다고 확언했기 때문에 제기된 것입니다. 따라서 우리 은행가들은 요구불증권의 발행은 아주 미미한 금액에만 한정되어야 한다고 전적으로 믿고 있습니다.

만일 갤러틴이 그 회의의 '요지'를 서면으로 작성함으로써 체이스의 요구불증권 추가발행을 억제할 수 있었더라면 그는 이런 수고를 하지는 않았을 것이다. 비록 재무성이 은행단에서 500만 달러씩의 불입금을 금화로 6~7차례 받았지만 전쟁비용이 계속 증가하고 있었기 때문에 체이스는 이 말썽 많은 요구불증권을 더 발행해야 할 상황에 처해 있었다. 그러나 정부에 대부해준 금은 정부가 채무를 상환하는 데 지불하자 은행으로 다시 순조롭게 흘러들어 왔다. 정부에서 이 금을 받은 납품업자, 공무원, 군인은 이 금을 다시 은행에 예금했으며, 은행은 이 금을 다음 불입금으로 다시 사용할 수 있었다. 9월에 는 미불된 은행권과 예금의 합계가 1억 7,300만 달러인 데 비해 금 보유고가 5,500만 달러에 이르렀으므로 은행단은 체이스에게 지불의무액에 대한 금의 비율이 법정한도인 25% 이상이기 때문에 두 번째 대부를 개시하겠다고 통고 했다. 이번에도 금은 은행으로 순조롭게 유입되었다.

그러나 체이스는 또다시 요구불증권을 발행, 금융계의 분통을 터뜨렸다. 은행가들은 이에 항의했으나 아무 효과도 없었다. 그러나 재계 지도자들은 은행에서 금이 나가고 들어오는 움직임에 대해 이번에는 정말로 주의를 기울 였다. 그들은 행운이 계속되기를 빌었으나 사태는 그렇게 낙관적이지 않았 다. 조만간에 여태까지 발생하지 않았던 좋지 않은 사건이 일어나서 금의 순 환을 파괴시킬 것 같은 조짐이 보였다. 그러나 은행단은 11월 초에 세 번째 대부를 제공했다.

그때 갑작스러운 두 개의 사건이 '기술적인 신용대부'를 위험에 빠지게 했 다. 첫 번째 사건은 역사적으로 '트렌트 사건'이라고 불리는 것이다. 남부연맹 의 관리 두 명 ― 메이슨과 슬라이델 ― 이 남부의 한 항구를 출발하여 봉쇄망 을 뚫고 하바나에 도착한 후 그곳에서 영국의 사우샘프턴으로 향하는 영국의 정기선 트렌트 호에 탔다. 이 배는 11월 8일에 북부의 군함인 샌재신토 호 에 발견되어 해군병사들이 이 배에 승선했다. 트렌트 호의 영국인 선장은 배 를 수색하는 데 항의했으나 갑자기 두 명의 남부연맹 관리들이 스스로 모습 을 드러냈다(이들의 의도는 의심할 것 없이 북부와 영국 사이에 문제를 야기하려 는 것이었다). 슬라이델과 메이슨은 트렌트 호 선장의 반대에도 불구하고 체 포되어 샌재신토 호에 감혔다. 이 사건에 관한 소식이 북부에 전해지자 승리 의 소식에 굶주려 있던 북부군 사이에 환호의 물결이 휩쓸고 지나갔다. 이런 기분을 더욱 북돋는 움직임들이 있었다. 샌재신토 호의 함장은 환영을 받았으며 해군장관은 그에게 축하의 편지를 보냈다. 링컨은 이 같은 승리의 기쁨에 도취되지 않았으며 이렇게 선언했다. "우리는 중립국의 배를 수색할 수 있는 권리에 대한 미국의 원칙을 고수해야 한다." 11월 16일이 되자 당초의 기세는 수그러들었고, 증권시장은 영국과의 전쟁을 예상해서 시세가 갑자기 폭락했다. 정부공채의 시세는 거의 3포인트나 하락했다. 월스트리트에는 은행들이 금 태환을 포기할 것이라는 소문이 만발했다. 금에 대한 지불청구가 잇따랐으며 예금주들은 은행권을 금화로 바꾸었다. 저명한 은행가들은 금의 유출을 막기 위한 의도에서, 은행이 정화 지급을 중지할 이유나 필요성이 없으므로 불안해할 이유가 없다는 성명을 발표했다. 그러나 이 같은 보장으로도 금의 유출은 막을 수 없어 '금의 순환'은 마침내 파괴되었다. 슬라이델과 메이슨을 투옥함으로써 영국과의 전쟁 가능성이 팽배하던 42일 동안 금의 유출은 계속되었다.

두 번째 동요가 일어난 것은 12월 9일에 체이스가 의회에 회계보고를 했을 때였다. 그는 이 보고에서 자기가 1861년 7월에 의회에 제출한 메시지에서 1862년 6월 30일에 끝나는 이번 회계연도의 세출이 약 3억 1,900만 달러에 이를 것으로 예상했으나 전쟁비용의 팽창으로 현재는 이것이 약 5억 3,300만 달러에 이를 것으로 예측한다고 말했다. 즉, 당초 예상보다 2억 1,400만 달러가 더 소요될 것이라는 말이었다. 더욱이 당초에는 관세와 내국세 및 토지매매 등에서 총 8,000만 달러의 수입을 예상했으나 현재 기대할 수 있는 금액은 5,000만 달러 이하라고 했다. 그의 새로운 평가는 그 회계연도에 4억 8,300만 달러의 적자가 발생할 것이라는 사실을 의미했다. 그는 처음 5개월(7월 1일부터 12월 1일까지) 동안 2억 3,000만 달러를 조달할 수 있었는데, 이 중엔 은행단에서 차입한 1억 5,000만 달러가 포함되어 있었다. 따라서 재무장관은 1882년 6월 30일까지 2억 5,300만 달러를 추가로 조달해야 했다. 그는 국민들에게 인기 없는 조세정책을 채택하기를 싫어했기 때문에 회계보고에서 관세와 물품세를 약간씩 인상하겠다고 언급했는데, 이 같은 인상으로 그가 추가로 조달할 수 있는 수입은 5,000만 달러에 불과했다. 결과적으로 그는 나머지 2억 달러는 그가 즐겨 사용하는 수단, 즉 차입에 의존할 수밖에 없게 되었다. 이 밖에도 그는 추가로 5,000만 달러의 세금을 더 걷기 위해 변명을 늘어놓음으로써 대통령이 되려는 자기의 꿈을 깨뜨려버릴 위험을 감수하기를 원하지 않았다. 그는 이렇게 선언했다. "재무장관은 이 금액이 막대하다는 것을 인식하고 있지만, 현 상황의 현실적인 필요성을 외면할 수 없다고 느낀다."

현실적인 필요성은 물론 재정수입을 상당히 증대시키고 정부가 채무를 연기하기 위해 어음을 발행하는 데 필요한 투자자들의 신뢰를 회복시킬 수 있는 높은 세금을 즉시 부과할 것을 요청하고 있었다. 그러나 체이스는 그 후에 다음과 같은 말로 현실적인 필요성을 외면했다. "세금으로 거두어들일 수 있는 금액으로는 전쟁수행에 필요한 경비의 적은 부분밖에 충당할 수 없다는 것은 명백하다. 나머지 금액은 차입에 의존할 수밖에 없다." 그는 또 이렇게 말했다. "만일 전쟁이라는 절박한 상황이 일시적으로 적절한 조세정책의 원칙에서 이탈할 수밖에 없게 한다면, 평화를 회복한 후에는 모든 문제의 재정적인 관리에 정책의 최우선권을 주어야 할 것이다." 다시 말하자면, 엄청난 비용이 필요한 시기에는 국가가 세금을 강요할 필요가 없고, 비용이 많이 들지 않을 때 — 즉 더 이상 높은 세금을 부과할 필요가 없을 때 — 에는 정부가 건전한 재정상의 원칙(여태까지 지키지 않았던)에 다시 충실할 것을 공언하겠다는 말이다.

재무장관은 행정적 경제정책에 대해 어느 정도 찬성한다는 입장을 밝히고 나서, 그에 대한 시도의 일환으로 국립은행제도의 설립을 제안했다. 그는 이 제안에서 모든 은행은 재무성의 감독을 받아야 한다고 주장했다(당시의 은행들은 연방은행국의 감독과 통제를 받았다). 이 계획에 의하면 모든 은행은 각각 미합중국 재무성 은행권을 발행할 수 있으며, 단 은행들이 발행하는 은행권의 액수는 기본적으로 각 은행이 보유하고 있는 정부공채와 증권의 액수에 의해 결정된다는 것이었다. 체이스의 계획은 ― 만약 성공적으로 이행될 경우에는 ― 기존 은행이 발행하는 다양한 은행권(그중 일부는 지속적인 가치를 가지고 있으나 일부는 전혀 쓸모없는 것도 있다) 대신에 단일한 통화를 공급하려는 것이었다. 재무장관은 또한 정부공채가 은행의 가장 주요한 보유재산이 되어야 한다고 주장하여 은행들이 재무성 증권을 더 많이 구입하기를 희망했다(그러나 체이스는 한편 전국 은행들이 유통시킬 은행권의 액수는 3억 달러로 제한해야 할 것이라고 말했다).

의심할 여지도 없이, 많은 결점을 지니고 있는 기존 은행제도에 대한 개혁은 적절한 것이었으며 재무장관이 자기의 계획이 미국 은행계에 대한 일종의 마그나카르타와 같이 여겨질 것이라고 믿은 데에는 그럴 만한 근거도 있었다. 전시이며 동시에 군사적으로 패배를 겪고 있는 시기에 과격한 변화를 도입한다는 것은 혼란을 초래할 수도 있고 비생산적인 결과를 야기할 수도 있다는 생각은 그에게 떠오르지 않았다. 그는 자기의 계획이 야심적이고 '정치가다운' 것이라고 여겨지기를 희망했으며, 또한 미래의 행정수반이 자기를 기다리는 국민들에게 하사하는 것과 같은 종류의 계획으로 보이기를 바랐다.

그러나 이미 사이가 멀어져버린 금융계 측에서는 체이스의 계획에 대해 처음에는 분노에 찬 침묵을, 다음에는 절망을 나타냈을 뿐이다. 지도적인 은행가들은 정부가 분명히 적자재정과 이에 따르는 인플레이션을 몰고 올 무책임한 계획을 세우고 있는 것으로 보았다. 증권과 정부공채의 시세는 폭락했다. 재무성이 정부부채에 대해 정화 지급을 보류할 것이라는 낭설이 나돌았다. 트렌트 사건이 일어났을 때부터 시작된 금의 지불요구가 더욱 가속화되었다. 뉴욕의 은행들은 체이스의 보고서가 발표된 후 5일 동안 300만 달러의 금을 상실했다. 그다음 일주일 동안에는 250만 달러의 금이 인출되었다.

셋째 주일에 접어들자 상황은 더욱 악화되었다. 자본가와 기업가들은 의회가 체이스의 제안에 따라서 두서없고 요령부득의 계획을 토의하는 것을 보고 나서 정부가 곧 무한정한 지폐 제조에 의존하게 될 것이라는 결론을 내렸다.

그들은 은행으로 몰려가서 보유하고 있는 은행권을 금으로 바꾸고는 금고 속에 감추어버렸다. 뉴욕의 은행들은 1861년 12월 28일에 끝나는 한 주일의 6일 동안 740만 달러의 금을 상실했다. 체이스의 야심적인 제안이 발표된 지 3주일 동안 뉴욕의 은행들에서 유출된 금은 1,300만 달러에 이르렀는데, 이것은 그들이 1861년 12월 7일에 끝나는 주일에 보유하고 있던 금의 25%에 달하는 것이었다. 다른 대도시의 은행들도 마찬가지 상황이었다.

토요일인 12월 28일, 뉴욕 은행들의 대표들은 우울한 분위기에서 거의 7시간이나 회의를 가졌다. 그들은 마침내 투표(25 대 15)로 무서운 조치, 즉 금 태환 정지를 택하기로 결정했다. 1861년 12월 30일 월요일부터 은행권 소지자들은 더 이상 지폐와 교환해서 금을 받을 수 없게 되었다. 한 시대가 위험스러운 상태로 종말을 고한 것이었다. 제임스 갤러틴은 이 결정에 대해 이렇게 설명했다. "정부가 금 태환을 정지하거나 아니면 우리가 금 태환을 정지해야 한다. 누가 먼저 금 태환을 정지하는가 하는 문제와 누가 '지금' 금을 은행금고에 보관해야 하는가 하는 문제는 불과 며칠 사이의 문제일 뿐이다. 만일 정부가 금을 소유한다면, 모든 금은 몇 사람에 의해서 인출되고 사장되어버릴 것이다."

12월 30일 합중국의 은행 대부분은 뉴욕 은행들의 전례를 따라서 금 태환을 정지시켰다. 2~3일 후에는 재무장관도 현재 통용되고 있는 3,300만 달러의 요구불증권과 '특별예금'에 대해 더 이상 금으로 태환해줄 수 없다고 발표하면서 은행들의 뒤를 따랐다. 체이스는 이때 자기는 "정부가 더 이상 대부에 의해서 적절한 액수의 금화를 얻을 수 없다"라는 결론에 도달했다고 말했다. 재무성은 이자에 대해서는 의무대로 금화로 지급할 것이나 그 밖의 채무나 청구서는 금화로 지불하는 것을 보장할 수 없다고 했다.

은행들이 금 태환을 정지한 바로 그날 정부가 불환성 법정지폐의 발행에 의존하겠다는 것을 제안하는 법안이 의회에 제출되었다. 버펄로 출신의 은행가이며 뉴욕 주 재무장관을 지낸 엘브리지 스폴딩이 하원세입위원회의 소위원회를 소집했는데, 이 위원회는 체이스의 국립은행제도에 대한 입법을 기초하는 작업을 위임받았다. 금에 대한 지불요구가 확대되어감에 따라 그는 조용히 「법정화폐법」을 준비하기 시작했었으며, 은행들이 금 태환을 정지하던 날에는 이미 준비를 완료했었다. 소위원회는 이 법안을 둘러싸고 격론을 벌였으나 찬성과 반대가 동수였으므로 그때까지 태도를 결정하지 못하고 있던 스트래턴 의원에게 결정권이 주어졌는데, 그는 결국 이 법안에 찬성했다. 이 법안은 1862년 1월 7일에 하원 세입위원회를 통과했다.

스폴딩은 정부가 비용을 충당하기 위해 불환지폐를 발행하는 것보다는 세금을 증수하는 것이 바람직하다고 말한 적이 있는 아이작 셔먼이라는 기업가에게 보낸 편지에서 이 법안을 변호하기 위해 이렇게 말했다. "재무성 증권은 필요성에 의한 수단이지 좋아서 선택한 방법은 아니다. 우리는 재무성 증권을 발행하지 않으면 30일 이후에는 정부의 일상비용을 지불할 방법이 없게 될 것이다. 또한 우리 위원회는 우리가 조세법안을 새로 마련할 때까지는 임시로 재무성 증권[후일의 그린백(green back) 지폐]을 발행하지 않고서는 다른 방법이 없다는 것을 알고 있다. 우리는 앞으로 3개월 동안 최소한 1억 달러가 있어야 한다. 그렇지 않으면 정부는 지불을 중지할 수밖에 없다." 스폴딩은 편지의 끝 부분에 쓸데없는 충고를 한마디 늘어놓았다. 셔먼이 정부가 필요로 하는 1억 달러를 조달하는 방법을 알지 못한다면 이 법안을 비판하지 않는 쪽이 좋을 것이라는 거였다.

법정화폐에 관한 법안이 준비 중이라는 사실이 발표된 후에 정부에 1억 5,000만 달러의 대부를 제공했던 은행단의 협의회는 체이스 재무장관과 하원 세입위원회 소속 의원들 및 상원과 하원의 재무위원회 소속 의원들에게 영향력을 미치기 위해 급히 워싱턴으로 몰려들었다. 갤러틴은 이들의 대변자로서 정부가 인쇄하는 지폐의 홍수가 몰고 올 파괴적인 결과에 대해 경고했다. 그는 자신의 위치에서 중과세와 정부가 (체이스가 이전에 주장했던 액면가로 판매하는 것이 아니라) 장기공채를 현행시세대로 판매하는 방법을 건의했다. 의미

있는 세금의 부과는 투자가들의 수요를 부활시킬 것이며 이것은 나아가서 재무성이 공채를 상당한 가격으로 팔 수 있도록 허용할 것이라는 주장이었다 (갤러틴은 상당히 많은 공채를 액면가의 75% 이상으로 팔 수 있었으리라고 나중에 평가했다).

그는 몇 가지 사소한 제안을 추가했다. 그중 한 가지는 은행을 수탁자로 이용할 수 있는 국고의 권한에 관한 규정을 개정하자는 것이었는데, 체이스와 은행가들은 이 문제로 의견충돌을 한 적이 있었다. 갤러틴은 은행이 정부를 다른 예금주와 마찬가지로 취급할 수 있도록 보장받고 싶어 했다. 그의 말뜻은 이러했다. 은행단은 – 분위기가 호전되는 대로 즉시 – 금의 지급을 재개할 용의가 있으며, 또한 금으로 태환할 수 있는 신용을 정부에 제공할 용의도 있으나, 그들은 막대한 액수의 대부에 상당하는 금을 사전에 국고에 예치하라는 불법적인 요구를 들어주기는 어렵다는 것이었다.

비록 은행가들이 관리들을 붙들고 공개시장에서 정부의 장기공채를 합리적인 가격으로 유통시키기 위한 준비작업으로 중과세를 부과할 수 있는 입법의 필요성을 설득시키려고 노력했으나 체이스나 의원들은 단지 "전쟁으로 인해서 최소한 1억 달러의 법정화폐를 즉시 발행해야 할 필요성이 제기되고 있다"라는 주장만을 고집하면서 은행가들의 제안은 귀담아 듣지도 않았다.

갤러틴에 대한 스폴딩의 답변은 훈계조였다. 그는 이렇게 말을 시작했다. "나는 월스트리트나 스테이트스트리트의 증권회사가 정부공채를 액면가 이하로 사서 폭리를 취하는 여러 가지 방식에 반대하며, 정부가 보유한 증권을 달러당 75%나 60%로 가격을 깎아내리는 것에도 반대한다. 이렇게 되면 정부는 새로운 공채를 가격제한 없이 대량으로 증권시장에 뿌려야 할 것이다."

그는 다음에 이렇게 주장했다. "재무성 요구불증권(현재 의회에서 심의 중인 그린백 지폐)은 금 태환이 정지되었다는, 하지만 아직도 북부에서 통용되고 있는 은행권 정도의 장점은 가지고 있다." 그는 결론적으로 "중개업자나 은행가 또는 그 밖의 사람들이 정부공채로 투기하는 것을 허용할 어떠한 책략에도 동의할 수 없으며, 특히 국가의 채무를 갑절로 늘리고 동시에 뉴욕이나 보스턴 및 필라델피아 등지에 있는 어음 고리할인업자의 힘을 빌려야 할 정도로 전쟁비용을 증가시킬 어떠한 책략에도 동의할 수 없다"라고 말했다.

물론 스폴딩의 말은 갤러틴의 주장에 대한 답변이 아니었다. 그는 중세의 필요성에 대해서는 전혀 언급하지 않고 엄청난 정부부채의 위험성(이것은 중과세로도 감소시킬 수 있다)만 강조했을 뿐이다. 그는 정부가 인플레이션을 유발할 위험이 있는 통화를 무제한 발행함으로써 경비를 엄청나게 증가시킬 것이라고 갤러틴이 전에 경고한 점에 대해서는 감정적인 용어를 사용해서 만일 정부가 공채를 액면가 이하로 발행한다면 정부가 손실을 부담해야 한다고 말했다(정부는 이전에 실제로 공채를 액면가 이하로 팔았다). 그가 은행가들이나 월스트리트의 증권회사들이 폭리를 취한다고 비난한 것은 선거구민들이나 자기의 법안에 반대하거나 또는 아직 태도를 결정하지 못한 의회 의원들의 환심을 사기 위한 선동적인 술책에 지나지 않았다(1860년대에는 중개업자, 은행가, 사채업자는 제물이 되기 쉬웠다. 정치인은 이들에 대한 일반 국민의 선입견을 즐겨 사용했다).

불행하게도 은행가들이 설득하려고 시도했던 의회 의원 대부분은 책임 있는 재정정책의 논리에 대해 별 관심이 없었고 스폴딩의 편을 들었다. 은행가 협의회의 워싱턴 여행은 결실을 맺지 못하고 끝났으며, 며칠 후 그린백 지폐의 발행을 반대하기 위해 다시 시도한 은행가들의 노력도 아무 성과 없이 끝났다.

중과세를 찬성하는 신문들의 주장이나 국민들의 편지도 '손쉬운 돈'을 만들어내려는 의회 의원들의 방향을 바꿀 수는 없었다. 스폴딩이 지폐를 발행할 수 있는 법안의 제정을 위해 노력하고 있을 때, 당시의 조세 전문가였던 버몬트 주 출신의 저스틴 모릴은 체이스가 1861년 12월 9일의 메시지에서 요청한 5,000만 달러의 추가세금을 징수하는 권한을 의회가 부여할 수 있는 「조세법안」을 준비하는 임무를 맡았다. 더 많은 세금을 징수하라는 권고가 사회 각층에서 모릴에게 빗발치듯 쏟아졌다. 신문 사설은 여태까지의 세금정책이 적절한 것이 못 되었으며 적절한 세금정책을 채택하는 데 겁 많은 외과의사처럼 망설이기만 하면 치명적인 결과를 가져올 수도 있을 것이라고 주장했다. 1862년 1월 1일자 ≪보스턴 애드버타이저(Boston Advertiser)≫지는 의회 의원들에게 "사려 깊은 시민을 우울하게 만드는 정부의 중대한 재정 문제를 해결하기 위해 성실하게 노력해야 할 것"이라고 충고했다. 그러나 사실을 말하자면 국민들 사이에는 의회가 이같이 중대한 문제를 단호하게 취급하는 것을 두려워하고 있다는 인상이 팽배했다. 무겁고 보편적인 세금의 부과만이 당면한 곤경을 해결할 수 있는 유일한 방안이라고 여겨졌으나 의회 의원들은 그들의 선거구민 앞에 중세법안(重稅法案)을 들이밀기를 싫어하고 있다는 소문이 나돌았다.

의회는 계속 망설이고 있었지만 세금의 광범한 부과에 대한 전국적인 지지가 더욱 늘어감에 따라, 의회 의원들은 선거구민들 앞에 중세법안을 들이미는 공포에서 벗어날 수 있었다. 그들은 외국의 관찰자들이 "미국인은 스스로 세금을 많이 부과하기를 원하는 훌륭한 자세를 보여주고 있다"라고 말하는 데에서 힘을 얻었다.

그러나 의회는 이러한 현상을 외면하고 — 앞으로 언젠가 — 내국세도 1억 5,000만 달러를 징수하겠다는 애매한 결의안을 채택했다. 그러나 이같이 무기력한 결의안조차 정부공채에 대한 시세를 회복시켜 어떤 공채는 불과 며칠 사이에 액면가의 90%에서 액면가의 100%로 가격이 뛰어올랐다. 그러나 얼마 안 되어 이 결의안의 진정한 의미가 일반 국민에게 알려지게 되었다. 앞으로 언젠가 세금을 상당히 늘리겠다는 불분명한 약속은 현실을 해결하는 데 아무런 도움이 못 된다는 것을 사람들이 알게 된 것이다. 그리고 어떤 상원의원이 "포괄적인 「조세법안」을 마련하는 것은 현재와 같은 위기상황에서는 너무 시간이 오래 걸리는 일"이라고 주장한 데 대해 ≪저널오브커머스(Journal of Commerce)≫지는 "그것은 본질적인 이유라기보다는 그럴듯한 변명에 지나지 않는다"라고 반박했다. 그럼에도 의회는 인플레이션을 피할 수 있는 책임 있는 재정정책을 택하기를 거부했다(의회는 1862년 7월 1일에 새로운 조세법안을 의결할 때까지 거의 6개월 동안이나 분명한 행동을 취하지 않았다. 이 같은 지연으로 1862년 6월 30일에 끝나는 회계연도 전체를 통해 지출은 거의 4억 7,500만 달러에 이른 데 비해 세금은 겨우 5,200만 달러밖에 걷지 못했다).

그러나 의회 의원들은 세금 문제에 대해 망설이고 있었으면서도 그린백 지폐 문제에 대해서는 결말을 서둘렀다. 1862년 1월 28일에 하원은 1억 5,000만 달러의 미합중국 법정화폐(공공기관이나 개인으로부터의 모든 부채에 대해 지불할 수 있다)를 공급할 수 있는 법안을 (제출된 지 1개월도 채 못 되어서 스폴딩이 제안한 약간의 수정을 거친 후에) 채택했다. 스폴딩은 이 법안의 제안설명에서 "불환성 지폐를 창출해내는 것"을 자기도 싫어했으나 "필요성"을 인식했기 때문에 할 수 없이 이 법안을 제안하게 되었다고 말했다. 그는 계속해서 다음과 같이 주장했다.

하원에 제출된 이 법안은 전쟁에 필요한 수단이고 필요성에 의한 수단이지 선택에 의한 것이 아니며 …… 육군과 해군이 배신자들을 격퇴하고 반역을 분쇄할 때까지 군대를 유지하기 위한 재정상의 절박한 필요에 부응하기 위한 것이다. …… 그들(육군과 해군)은 음식물과 의복과 무기가 필요하다. 모든 국민들의 보증으로 정부가 발행하게 될 재무성 증권(그린백 지폐)은 이런 필수품들을 구입하는 데 사용될 것이며, 전쟁은 우리가 남부 사람들을 헌법에 복종하도록 만들고 명예로운 평화가 성립될 때까지 계속될 것이다. 이런 일이 성취된 다음에는 나는 앞장서서 금 태환제도의 회복과 평화 시에 정부의 명예와 존엄을 유지하는 데 필요한 정책으로 돌아갈 것을 주장할 것이다. 그러나 나는 현재와 같이 전쟁을 수행하고 있는 상황에서는 유감스럽지만 이런 것이 불가피하다고 생각하고 있다.

그 연설과 뒤이은 토론 과정을 통해 그러한 필요성을 여러 차례 반복했다.

그는 재무성이 상당한 양의 공채나 단기증권을 액면가격으로 판매할 수 없기 때문에 법정화폐의 창조야말로 이 딜레마를 해결할 수 있는 유일한 방법이며 유감스럽지만 피할 수 없는 필요성에 의한 것이라고 주장했다. 그는 정부공채를 대폭 할인해서 판매하는 것은 월스트리트의 소수에게는 이익을 주겠지만 대다수 국민의 희생을 몇 배로 증가시키는 것이기 때문에 반대한다고 했다.

그가 연설을 마치자 박수가 울려 퍼졌다. 그러나 체이스는 그의 연설에 완전히 만족하지는 않았다. 체이스는 자기가 연설할 차례가 되자 — 스폴딩에게 의례적인 찬사를 보낸 후 — "여러분은 신뢰의 수단으로 마련된 「은행법」에 대해 나처럼 중요성을 부여하지 않은 것같이 보인다. 또한 여러분은 「은행법」에 반대하는 의견에 대해 나와 같은 확고한 신념을 가지고 있지 않은 것 같다"라고 말했다.

체이스는 그가 소위 정치가다운 계획이라고 자부한 국립은행제도에 대해 일반 사람들의 신뢰와 환영을 받고 싶은 욕망에 비해 위기와 필요성이라는 문제에 대해서는 그렇게 높은 중요성을 부여하지 않은 것은 분명했다. 체이스는 「은행법」을 의회에 제출할 때 60개의 항목으로 된 수백 쪽의 제안문을 만들었으나 이 법안은 의회에서 긴급히 입법화될 가능성이 별로 없었다.

하원과 상원을 막론하고 그린백 지폐에 관해서 치열한 논쟁이 전개되었다. 우선 의회가 법정화폐를 발행하도록 허가할 수 있는 헌법상의 권한이 있는가에 논쟁의 초점이 주어졌다. 하원은 마침내 의심스러운 전례를 원용해서 하원이 법정화폐의 발행을 허가할 권한이 있다고 스스로를 납득시켰다. 스폴딩은 "이 법안은 헌법이 군대를 모집하고 지원하도록 의회에 부여한 권한을 집행하는 데 필요한 수단이다"라고 주장했다. 하원 세입위원회 위원장이며 독설가인 대디어스 스티븐스 의원은 법정화폐에 대한 토론을 다음과 같은 말로 끝장냈다. "법정화폐를 발행할 필요성이 있는지 없는지는 전적으로 의회의 결정에 달린 것이다."

그다음에는 그린백 지폐를 발행하는 데 따르는 재정상의 이점에 대해 토의가 집중되었다. 많은 의원들이 지폐 발행에 반대하는 의견을 내세웠다. 의원들에게 아시냐 지폐의 비참한 결과를 상기시키기 위해 갖가지 미사여구가 동원되기도 했다(어떤 의원은 프랑스혁명에 관한 칼라일의 시집 중에서 일부분을 연극적인 몸짓을 하면서 낭독하기도 했다). 그 밖에도 불환지폐를 과도하게 발행함으로써 야기되었던 인플레이션의 사례들이 인용되었다. 예를 들면 나폴레옹 전쟁 중의 영국에서의 인플레이션, 오스트리아의 초인플레이션, 미국 독립전쟁 중의 엄청난 인플레이션 및 현재 남부연맹 지역에서 진행되고 있는 난폭한 물가상승 등이 열거되었다(남부연맹은 이 당시에 이미 지폐를 마구 찍어대고 있었다).

오웬 러브조이 의원은 이 법안을 공개적으로 반대하면서 이렇게 말했다. "무에서 유를 창조하는 불가능한 일은 의회의 능력 밖의 것이다. 종잇조각에 5달러라고 인쇄한다고 해서 그것이 5달러가 될 수는 없다. 그것은 5달러어치의 금덩어리로 태환될 수 없으면 소용이 없다. 이런 짓은 간단히 말하자면 기만이라고 할 수 있다."

여러 의원들이 법정통화에 반대하는 입장에서 경제적인 근거가 있는 주장을 제시했다. 법정통화의 발행으로 물가가 상승하면 "궁극적으로 상업질서가 파괴될 것이다", "노동자들이 고통을 겪을 것이다", "다수 국민이 인플레이션의 피해를 입는 반면 부도덕한 소수만 이익을 볼 것이다", "은행에 예금한 사람들은 저축한 돈의 가치가 하락함으로써 손해를 입게 될 것이다", "이 방법(지폐를 창조하는 방법)이 일단 채택되면 다음에도 또다시 이 방법을 손쉽게 사용하게 될 것이다" 등의 주장이었다.

이 모든 주장에 대해 이 법안의 지지자들이 한 답변은 단 한 가지, 즉 필요성을 강조하는 것뿐이었다. 전시의 텅 빈 금고로 인해서 법정화폐를 발행할 필요성이 생겼다는 것이었다. 전쟁경비를 조달하기 위해 자금은 즉시 필요한 데, 자금을 조달할 다른 길은 없기 때문에 지폐를 찍어내서 자금을 공급할 수밖에 없다는 것이었다.

이 법안의 지지자들은 시간이 흐름에 따라 '전쟁으로 인한 필요성'이라는 말로는 반대파들을 설득하는 데 충분하지 않다는 것을 느꼈다. 그들은 자신들의 입장을 강화하기 위해 재무장관이 의회에 나와서 연설하도록 권했다. 재무장관은 이렇게 연설했다.

나는 정부가 채무를 갚기 위해 금화 대신 법정화폐를 만들어내야 한다는 사실에 대해 굉장한 혐오감을 느끼고 있다. 이 같은 입법의 필요성을 회피할 수 있게 되기를 나는 간절히 빌었다. 그러나 그것은 현재로서는 불가피하다. 전쟁으로 막대한 경비가 필요하게 되었으며, 은행은 지출에 따르는 금화를 충분히 획득할 수 없어서 금 태환을 정지했기 때문에, 우리는 합중국 지폐의 발행이라는 마지막 수단에 의지할 수밖에 없게 되었다.

마침내 '필요성'의 맹공격 앞에 반대파는 굴복하기 시작했다. 처음부터 그린백 지폐의 발행에 반대해왔던 존 히크먼은 체이스의 연설을 듣고 나서 "나는 이 법안에 찬성해야 할 정당성에 관해서 의문이 많았다. 그러나 재무성뿐 아니라 행정부까지도 이 법안을 정부 수준에서 필요한 조치라고 간주한다는 것을 확인했기 때문에 정당성의 문제를 제기하는 것을 포기하고 찬성하기로 했다"라고 말했다.

경제문제에 대한 전문가이며 후에 재무장관이 된 퍼센텐도 이 법안에 반대하는 데 앞장서왔으나 필요성의 압력에 굴복하고 말았다. 그는 자신의 입장을 변경하면서 이렇게 말했다. "만일 그 같은 필요성이 존재한다면 나는 이 법안에 찬성하는 데 주저하지 않겠다. 만일 우리가 선택할 수 있는 방법이 이것밖에 없고 이것이 목적한 것과 같은 성과를 거둘 수 있다면 나는 기꺼이 이 법안에 찬성하겠다."

소수 의원만이 필요성은 입증되지 않았다고 항의했다. 밸런타인 호턴은 하원의원들에게 이렇게 말했다. "이 법안은 선택에 의한 것이 아니라 불가피한 필요성에 의한 것이라고 했습니다. 그러나 의장님, 이런 주장이 계속 반복되었을 뿐이지 입증된 적은 없습니다. 이것이 필요성의 문제라는 증거가 어디 있습니까? 그런 증거가 많이 있을지도 모릅니다. 그렇지만 그런 증거가 제시된 적은 한 번도 없지 않습니까?"

토머스는 필요성이 결여되었다는 것을 더욱 강력히 추궁했다. 그는 "세금은 한 푼도 걷지 않고 우리는 국가의 파산에 관해서 논의하고 있으며 지폐를 발행하는 문제를 토의하고 있다. 내가 비록 우둔하기는 하지만 지폐 발행의 필요성을 인식할 수 없고 또한 이것이 현명한 방법이라고 생각할 수도 없다"라고 지적했다.

그러나 그의 발언은 설득력이 없었다. 하원은 토의를 시작한 지 9일 후에 법정화폐에 대한 법안을 찬성 93표, 반대 59표로 통과시켰다. 찬반을 결정하는 데 정당의 소속이나 지역은 결정적인 요소가 되지 못했다. 예를 들어 이 법안에 반대한 의원 중에는 25명의 민주당 소속 의원이 있는가 하면 23명의 공화당 소속 의원도 있었고 7명의 휘그 당원과 4명의 분리파 소속 의원도 있었다. 한편 뉴잉글랜드 출신 의원 중 16명은 찬성했고 3명은 반대했으며, 중부 출신은 27명이 찬성했고 13명이 반대했다. 상원에서의 표결은 하원보다 훨씬 일방적이어서 찬성한 의원이 30명인 데 반해 반대한 의원은 불과 7명이었다. 1862년 2월 5일 링컨은 이 법안에 서명했다.

이 법안은 정부가 5달러 또는 그 이상의 단위로 된 지폐를 1억 5,000만 달러나 발행할 수 있는 권한을 부여했다. 이 중에서 5,000만 달러는 5,000만 달러 상당의 요구불증권을 회수하는 데 사용하도록 되어 있다. 이 법정화폐는 법적인 화폐이며 …… 수입품에 대한 관세와 공채이자(이 두 가지는 금화로만 지불하도록 명문화되어 있었다)를 제외한 모든 공적이거나 사적인 채무의 변제에 사용하도록 되어 있었다. 이 법정화폐는 그에 상당하는 금액의 연리 6%의

'5~20 공채(5~20 bonds: 20년 만기이지만 정부가 5년 후에 액면가로 상환할 수 있다)'로 교환할 수도 있다. 「제1차 법정화폐법」이라고 알려진 이 법안의 제2절에 5억 달러에 달하는 연리 6% 공채를 발행할 수 있다는 규정이 있었다.

링컨이 이 법안에 서명한 지 39일이 지난 4월 5일까지도 이 법정화폐는 하나도 유포되지 않았다. 체이스가 의회에서 이 법정화폐 발행의 절박한 필요성을 강조한 지 4개월 반이 지난 5월 중순까지도 이 법정화폐의 유통량은 얼마 되지 않았다. 체이스는 지불기일이 지난 청구서를 그냥 쌓아놓도록 했으며, 부득이하게 지불을 할 경우에도 법정화폐 이외의 여러 수단을 동원했다. 즉, 그는 거의 2,600만 달러 상당의 예금증서와 채무증서를 발행하기도 했는데, 채무증서는 1862년 3월에 의회가 비상수단으로 발행을 허용한 바 있는 것이었다. 그는 이 밖에도 예전에 의회에서 권한을 부여받은 연리 7.3%의 재무성 증권과 연리 6% 20년 만기의 공채를 합쳐 3,100만 달러 상당을 공매했다.

그는 위에 열거한 방법들로 1862년 1/4분기(1월 1일부터 3월 31일까지)에 총액 8,200만 달러를 차입했다. 그 밖에 관세수입이 1,450만 달러였고 정부소유 토지를 매각한 대금이 2만 7,019달러 74센트였다. 따라서 1/4분기의 수입은 모두 합해서 9,600만 달러에 달했으며 반면에 지출은 1억 1,200만 달러였다. 재정상의 절박한 형편을 강조했음에도 정부는 3개월 동안 9,600만 달러를 조달할 수 있었다(이것을 연평균 금액으로 환산하면 3억 8,400만 달러에 이른다). 이런 점을 고려하면 법정화폐는 필요성의 산물이라고 볼 수는 없었다.

1862년 2/4분기, 즉 4월 1일부터 6월 30일까지의 기간에는 국고의 형편이 개선되었다. 체이스는 예금증서, 채무증서 및 연리 7.3%의 재무성 증권을 계속 발행함으로써 1억 1,100만 달러를 더 차입했다. 그는 또한 새로운 연리 6% 20년 만기의 증권(이것은 새로 발행된 초록색 바탕의 법정화폐, 즉 그린백 지폐로 대금지불이 되었다)을 판매함으로써 1,400만 달러를 조달했다. 1,100만 달러의 차입금은 정부가 채무를 변제하기 위해 지불한 9,800만 달러의 그린백 지폐의 액수를 초과하는 것이었다. 1,900만 달러의 관세수입과 200만 달러의 직접

세 및 정부소유 토지판매대금 4만 9,558달러 등의 여러 가지 수입으로 약 2,100만 달러가 국고에 들어왔다.

법정화폐 발행 문제가 의회에서 논의된 후 6개월 동안 재무성은 거의 2억 달러를 차입할 수 있었으며, 그린백 지폐를 경비로 지출한 것은 9,800만 달러에 불과했다.

그러나 6월 첫째 주에 접어들자 전쟁비용은 하루에 125만 달러의 비율로 늘어났다. 처음 그린백 지폐를 발행하려고 할 당시에 이에 찬성했던 의원 중에서 상당수가 더 이상의 그린백 지폐 발행에 반대하는 상황인데도 체이스는 의회에 더 많은 그린백 지폐를 발행할 것을 요청했다. 또한 그는 더 많은 채무증서와 예금증서를 발행하도록 허용해줄 것을 요청했다. 「제2차 법정화폐법안」이 의회에 제출된 것은 1862년 6월 11일이었다. 이번에는 이 법안에 대한 반대도 적었고, 토론의 활기도 지난번보다 줄어들었다. 그러나 이 법안에 반대하는 사람 중 하나인 미시간 주 출신 상원의원 챈들러는 "이 문제에 대한 아무런 조치도 취하지 않고 의회가 이 법안을 간단히 채택해버리면 공황을 초래할 것이며, 세계 금융시장에서는 미국에는 지폐가 너무 많이 범람하고 있다고 생각할 것이고, 따라서 금 시세에 대한 프리미엄이 현재의 2.75%에서 7%로 상승될 것이다"라고 말했다.

그러나 이 법안의 지지자들은 또다시 필요성을 제기했다. 이 법안에 반대하는 모든 의견은 이 필요성의 문제와 마주치게 되었다. 따라서 버몬트 출신의 모릴 의원이 "필요할 때마다 소액의 자금을 공개시장에서 조달하는 것이 올바른 정책이다"라고 주장했을 때, 그는 정부공채를 대폭 할인해서 판매하는 것은 지폐를 더 많이 발행해서 인플레이션을 초래하는 것보다 더 큰 희생이 따를 것이라는 반대의견에 부딪히게 되었다. 그린백 지폐의 발행을 주장하는 의원들은 시장을 조사해보지도 않고서 투자가들이 공채를 대폭 할인해서만 구입하려고 할 것이며 이렇게 되면 차입금보다 더 많은 액수의 지폐를 찍어내게 될 것이라고 제멋대로 가정했다. 스폴딩은 모릴의 제안에 대해서

"만일 연리 6%의 공채가 액면가로 팔릴 수만 있다면, 나도 막대한 액수의 법정화폐를 발행하는 것보다는 그 방법을 택하겠다"라고 반박했다. 또한 에드워즈도 스폴딩의 주장을 뒷받침하면서 "만일 공채를 액면가로 팔 수 있다는 확신이 선다면 나도 기꺼이 공채의 판매에 찬성하겠다"라고 말했다. 물론 공개시장에서 연리 6%의 공채는 액면가보다 할인된 가격으로 판매되고 있었기 때문에 이런 방식은 호응을 받을 수 없었다.

하원은 이 법안에 관해 10일 동안 간헐적인 토론을 전개한 끝에 찬성 76표, 반대 47표로 통과시켰다. 이 법은 법정화폐 1억 5,000만 달러의 발행을 허용했는데, 이 중에서 3,500만 달러는 5달러짜리 지폐로 발행하고 나머지 금액은 1달러짜리 지폐로 발행하도록 규정해놓았다. 그 밖에 상당한 액수의 예금증서 추가발행도 인정했다. 상원에서는 간단한 토론을 거친 후에 찬성 22표, 반대 13표로 이 법안을 통과시켰다. 링컨은 법안을 제출한 지 30일 후인 1862년 7월 11일에 「제2차 법정화폐법」에 서명했다.

체이스는 두 번째로 그린백 지폐를 발행하는 데 비록 상당한 곤란을 겪었지만 이 과정에서 특별한 이득을 얻게 되었다. 대통령이 되기를 열망하고 있는 체이스 재무장관은 1860년의 대통령후보 지명 당시에 그가 "유권자에게 더 잘 알려져 있었으면" 후보 지명을 획득했을 것이라고 확신하고 있었다. 그는 이제 국민에게 더 널리 알려질 수 있는 확실한 방법을 손 안에 쥐었다는 결론에 도달했다. 그는 사용 빈도가 높은 1달러짜리 그린백 지폐에 자기의 초상화를 인쇄하도록 했다. 그의 얼굴이 새겨진 1달러짜리 지폐는 1864년 대통령선거까지에는 모든 유권자에게 도달할 것이며, 이것은 선거운동의 초상화 역할을 할 것이다. 체이스의 친구가 그에게 왜 값이 싼 1달러짜리에 그의 초상화를 그려 넣도록 택했느냐고 묻자, 그는 겸손한 체하면서 "나는 대통령의 얼굴을 비싼 지폐에 그려 넣고 내 얼굴을 — 격에 어울리게 — 그보다 낮은 지폐에 그려 넣도록 했다"라고 대답했다.

그린백 지폐의 제2차 발행으로 체이스가 의도한 유리한 입장을 획득할 수 있을지 알려면 어느 정도 시간이 필요했다. 그러나 그것이 국가에 미치는 불리한 영향을 나타내는 데에는 시간이 별로 걸리지 않았다. 미시간 주 출신의 챈들러 상원의원이 그린백 지폐의 제2차 공급을 둘러싼 단순한 논쟁만으로도 금에 대한 지폐의 가치 하락을 촉발시켰다고 지적했기 때문이었다. 1861년 말에 금 태환이 정지되었을 때 약 2억 7,500만 달러의 금화가 유통 과정에서 사라져버렸었다. 이 공백의 일부를 메우기 위해 1862년 4월부터 6월 사이에 1억 달러의 지폐가 발행되었으나 아직까지는 통화공급이 그렇게 많은 편이 아니었으므로 혼란스러운 결과를 초래하지는 않았었다.

1862년 6월 11일에는 100달러의 지폐로 96달러 22센트어치의 금을 살 수 있었다. 그러나 바로 다음날 재무성이 그린백 지폐의 추가발행을 의회에 요청했다는 사실이 알려지자 지폐의 가치는 갑자기 하락하여 100달러의 지폐로 살 수 있는 금의 양은 94달러 96센트어치로 줄어들었다. 상원에서 이 법안에 대한 마지막 투표가 벌어지던 1862년 7월 8일에는 100달러 지폐의 가치는 금 89달러 79센트로 급격히 떨어졌다. '인플레이션의 징조'가 발생하기 시작했다. 사람들은 인쇄된 돈을 다시 찍어내면 물가가 상승하지 않을까 우려했으므로 미리 금을 사려고 노력했다. 이것은 금값 상승을 부채질했다. '금시장'에서 활동하고 있는 제조업자나 수입업자 또는 투기업자들이 지폐로 금을 사려고 할 때 그린백 지폐 100달러를 가지고는 89달러 79센트어치의 금밖에 살 수 없었다. 또는 (관세를 물거나 금융시장에서의 투기를 위해) 100달러어치의 금을 사기 원한다면 그린백 지폐 114달러를 내야 했다.

이런 과정을 통해 남북전쟁하에서의 미국의 인플레이션은 발전하게 되었다. 금은 이미 통화가 아니었기 때문에 일반 국민과 거래하는 제조업자나 가공업자는 지폐밖에 입수하는 것이 없었다. 그럼에도 그들은 물건을 수입할 때 가끔 가치가 하락한 지폐를 받기를 거부하고 금화로 지불할 것을 요구하는 공급업자를 상대해야 했고 관세는 금화로만 납부해야 했기 때문에 금이 필요한 경우가 있었다. 그들은 금을 사는 비용이 늘어나기 때문에 이를 보충하기 위해 상품 가격을 금에 대한 프리미엄의 비율만큼 곧 올리지 않을 수 없었다.

1862년 하반기에 지폐에 대한 금의 가격은 계속 상승해서 마침내 100달러 어치의 금은 지폐로 134달러에 이르게 되었다. 이 같은 금값 상승의 원인 중 상당 부분이 제2차 그린백 지폐의 공급, 은화와 동전까지도 사장되어버린 상태에서 소액화폐의 수요를 충당하기 위해 만들어낸, 2,000만 달러에 달하는 우표통화의 발행, 연방은행권의 상당한 증가, 예금증서와 채무증서의 막대한 증가 등에 있는 것으로 돌려졌다. 특히 예금증서와 채무증서 – 이것들은 당시에 돈으로 통용되고 있었다 – 는 1862/1863 회계연도에 거의 2억 달러나 늘어나 총계 약 3억 2,000만 달러에 이르고 있었다. 이와 같이 막대한 양의 지폐와 증서 등의 종이가 남발되어 국가경제를 어지럽히자, 돈을 물건으로 바꾸려는 움직임이 생겨났으며 이것은 통화의 가치를 더욱 떨어뜨렸다.

경제학자들을 비롯해서 많은 사람들이 남북전쟁 당시의 인플레이션을 측정하기 위해 여러 가지 방법을 고안해냈다. 그중에서 아마 가장 믿을 수 있는 것이 웨슬리 클레어 미첼이 고안해낸 방식일 것이다(그가 쓴 『그린백 지폐의 역사』와 『금, 물가, 임금』이라는 책을 참조하라). 미첼의 지수(관련 소매물가의 산술평균에 의한 지수)에 의하면 1861년 말의 물가지수는 105였던 데 비해 1862년 말의 물가지수는 121로 상승했다. 1년 동안 생계비가 15% 상승한 것은 그렇게 파국적인 일이 아닐지도 모른다. 그러나 재봉사, 날품팔이 노동자, 사무원, 공장 직공처럼 임금이 낮고 임금인상률도 미미한 사람들에게는 이 정도의 물가상승률도 생활에 압박을 가져다주는 것이었다.

돈을 찍어내는 방법에 의존하던 체이스도 1863년 초에는 곤경에 빠졌다.

군인의 숫자가 늘어나고, 전국 여기저기에서 군사행동이 벌어지고, 군수물자의 비용은 나날이 증가함에 따라 체이스는 다시 자금부족을 겪게 되었다. 군인들의 봉급 체불액이 거의 2,900만 달러에 이르게 되었다. 하원에는 군인들과 그들의 부양가족들이 보낸 편지가 쇄도했다. 이에 시달린 하원은 다음과 같은 결의안을 채택했다. "군인들에 대한 봉급지불이 매우 늦어지고 있는 현실에 대해 …… 재무장관은 하원에 출두해서 군 재정관의 요구를 신속하게 이행하지 못하는 이유를 설명해줄 것을 요구한다."

남에게 머리를 굽힐 줄 모르는 재무장관 — 그는 의원들을 조정하는 방법을 배우지 못했다 — 은 의회에 불려나왔다. 여러 의원들은 여태까지와는 달리 재무성의 재정운용에 대해 우려를 표시하면서 재무장관이 (의회가 1862년 2월에 「제1차 법정화폐법」을 통과시키면서 동시에 허용해주었던) 5억 달러에 달하는 연리 6% 20년 만기의 공채가 모두 팔리도록 열심히 노력했더라면 정부가 지금과 같은 곤경을 겪지는 않을 것이라고 지적했다. 의원들은 이 공채 중에서 4억 7,500만 달러라는 엄청난 양이 아직까지 팔리지 않은 이유를 추궁했다.

체이스는 — 자신이 공채를 파는 노력을 게을리했다는 것을 인정하지 않으면서 — 이 질문에 대해 이 공채는 투자가들에게 인기가 없었으며, 또한 이 공채는 이미 액면가 이하로 팔리고 있고, 따라서 대량의 공채를 시장가격으로 팔 수는 없었기 때문이라고 답변했다. 공채를 대량으로 시장에 내놓으면 기존의 가격수준을 파괴시킬 것이므로 따라서 "이미 형성되어 있는 시장가격으로 대량의 공채를 팔 수는 없었다"라고 말했다.

재무장관은 — 비록 노골적으로 표현하지는 않았지만 — 의회가 「제1차 법정화폐법」을 통과시킬 때 언급했던 말투를 흉내 내면서 책임을 회피하려 했다. 그의 이 같은 발언은 하원과 상원에게 의회에서 궤변을 했다는 이유로 그를 고발하자는 반응을 불러일으켰다. 하원의원 굴리는 체이스의 설명을 중지시키고 "공채를 시장에 내놓았을 때 그것을 팔 수 있는 가격이 바로 시장가격이라는 것은 누구나 알고 있다. 재무장관의 설명과 같은 엉터리 이유 때문에 공채가 팔리지 않는 것은 아니다"라고 선언했다.

그동안 스스로 세금법안을 심의하는 데 태만했으며, 전시이득세의 신설을 검토하는 것조차 거부함으로써 일부 업자가 전쟁으로 인한 폭리를 취하도록 방치했을 뿐 아니라 거의 1년 동안이나 자기들이 승인해준 연리 6%의 공채를 판매해서 자금을 조달하도록 재무장관에게 압력을 가하지 않았던 의회가 이제 체이스를 훈계하려 들었다.

사흘 동안이나 여러 가지로 시달린 재무장관은 늠름한 풍채를 자랑하면서 "연리 6%의 공채를 관심이 있는 사람에게 적당하다고 인정되는 가격으로 팔도록 내놓겠다"라고 동의했다.

마침내 허위에 가득 찬 이 의회는 적당한 결론을 내렸다. 1863년 1월 14일 "육군과 해군에 복무하는 군인들에 대한 봉급을 신속히 지급하라"라는 결의안과 1억 달러의 법정화폐를 추가로 발행할 수 있도록 하자는 제안이 의회에 제출되었다. 이 새로운 지폐를 사용하는 데 1차적인 우선권은 군인의 봉급지불에 부여되었다. 이 결의안은 아무런 토론도 거치지 않고 하원과 상원을 통과했으며 서둘러서 링컨에게 전달되었다. 링컨은 3일 후에 이 결의안에 서명했다. 의회는 봉급을 받지 못한 군인들의 형편을 핑계 삼아 지폐의 제3차 발행을 허용했다.

이 상하 양원 합동결의안은 2월에 제정된 「제3차 법정화폐법」의 일부가 되었다.

2월에 진행된 이 법의 제정 과정에서는 거의 아무런 토론도 없었다. 회기 초에 애머서 워커는 이 법안에 동의하면서 이렇게 말했다. "우리가 지금 위기에 처해 있다는 한 가지 사실만은 분명하다. …… 따라서 우리는 이 법안에 대해 까다롭게 따질 여유가 없다." 스폴딩은 예상했던 대로 의원들이 지폐 발행에 동의하도록 설득하기 위해 연단에 올라 자신의 임무에 대해 유감스럽고 불쾌하게 느낀다면서 다음과 같이 주장했다. "나는 상당한 액수의 지폐를 추가로 발행하는 것에 대해 혐오감을 갖고 있으며 절대적인 필요가 있을 경우에만 이런 조치에 동의할 수 있다. 나는 지폐를 너무 많이 발행하면 물가를 상승시킬 우려가 있다고 생각한다. 그러나 현재와 같은 상황에서 이것을 피할 방법이 없다고 믿는다." 지폐 발행에 애초부터 반대하던 의원들도 이번에는 더 이상 이의를 제기하지 않았다. 지폐에 반대하던 의원 중 하나인 저스틴 모릴도 "환자가 마취제에 습관이 들었기 때문에 환자를 죽게 하지 않으려면 이 치료법을 중단할 수 없다"라고 말했다. 또한 그린백 지폐의 철저한 반대자였던 호턴도 "이 나라는 이미 지폐의 흐름 속으로 빠져들어 갔으며 …… 이제 배를 되돌릴 방법은 없다"라고 말했다.

하원은 구체적인 상황에 대해 약간의 토론을 거친 후에 추가로 1억 5,000만 달러의 법정화폐를 발행할 수 있는 권한을 정부에 부여하는 이 법안을 의결했다. 표결은 만장일치였다. 상원에서도 비슷한 상황이어서 찬성 32표, 반대는 불과 4표였다. 1863년 3월 3일 링컨은 이 법에 서명했다.

이 법은 재무장관에게 1억 5,000만 달러의 그린백 지폐를 발행하는 권한을 부여한 것 말고도 미국 건국 이래 어떤 재무장관에게 허용된 것보다도 많은 액수의 돈을 차입할 수 있는 권한을 부여했다. 재무장관은 9억 달러까지 차입할 수 있으며 최대한 10%까지의 이자를 지급할 수 있었다.

또 재무장관은 10년 내지 40년 기한의 공채를 발행할 수 있으며 이 경우 이자는 금화로 지급하도록 했다. 9억 달러의 차입금 중 4억 달러는 재무성 증권(3년 만기에 이자는 연리 6%이고 '법정화폐'로 지급하도록 되어 있었다)을 발행해서 조달할 수 있도록 했다. 이 재무성 증권은 그린백 지폐와 마찬가지로 관세의 납부 이외에는 법정화폐(돈)로 사용할 수 있었으며, 10달러 이하의 단위로 발행하도록 되어 있었다.

제1차 및 제2차 「법정화폐법」에 규정되어 있었던 "공채를 시장가격으로 판매하는 것"을 제한하는 조항은 삭제되었다(이것은 '여태까지 존재해오던 혼란을 피하기 위해서'라는 명분이 뚜렷하지 못한 이유에서 취해진 조치였다). 재무장관은 기존의 모든 공채나 증권을 "자기가 가장 합리적이라고 생각하는 조건으로 판매할 수 있는" 권한을 부여받았다. 이 말은 체이스 재무장관이 공채를 액면가나 고정된 시장가격으로 팔아야 한다는 현실적이거나 가공적인 필요에서 해방되었다는 것을 뜻하는 것이었다.

당시에는 「제3차 법정화폐법」에 내포된 인플레이션의 요소에 대해 아무

논쟁도 제기되지 않았다. 이 법안의 통과로 1억 5,000만 달러에 달하는 그린백 지폐의 발행이 허용되었을 뿐 아니라 ─ 그보다 더욱 중요한 것은 ─ 3년 만기의 법정화폐 재무성 증권(legal tender treasury note: 이것은 돈으로 사용될 수 있는 것이다)의 형태로 4억 달러의 돈을 추가발행할 수 있도록 허용했으므로 이 법으로 공급하게 된 돈의 총액은 5억 5,000만 달러에 달했다. 이 액수는 남북전쟁이 일어나기 전에 미국 전체에 통용되고 있던 금과 은행권의 합계보다 많은 것이었다.

스폴딩은 비록 당시에는 계산된 침묵을 유지하고 있었지만 그 후에(위험이 발생한 후에) 5억 5,000만 달러의 화폐를 추가로 발행하는 것은 '신용'의 유통을 위험스러울 정도로 팽창시킬 것이며 …… 지폐의 남발로 물가를 엄청나게 상승시키고 국가와 기업의 재정에 거의 치명적인 타격을 줄 수 있다는 사실을 인정했다. 스폴딩이나 다른 의원들도 이런 결과가 일어날 가능성을 분명히 인식하고 있었는데도 의회는 이 법안을 압도적인 찬성으로 채택했다.

의회가 이 법을 제정하는 작업을 끝내기도 전에 인플레이션이 발생할 것이라는 예상으로 돈의 가치는 떨어지고 물가는 급격히 상승했다. 1863년 1월 2일에는 100달러의 지폐로 74달러 70센트의 금을 살 수 있었지만 상하 양원 합동결의안(더 많은 그린백 지폐를 발행하리라는 예고였다)이 통과된 1월 14일에는 100달러의 지폐는 금으로는 67달러 57센트의 가치밖에 되지 않았다. 이것은 2주일 사이에 지폐의 가치가 거의 10%나 떨어졌다는 것을 나타낸다.

링컨이 「제3차 법정화폐법」에 서명한 3월 3일에는 100달러의 그린백 지폐로는 겨우 58달러 22센트어치의 금밖에 살 수 없었다. 두 달 사이에 지폐의 가치는 금에 비하여 거의 25%나 떨어졌다. 이 해의 나머지 기간 중에 지폐의 가치는 더 이상 하락하지 않았으나 상품 가격과 서비스 요금은 새로 발행된 그린백 지폐가 흘러넘치게 됨에 따라 계속 상승했다.

미첼의 계산에 의하면 1863년 초에는 소매가격의 물가지수가 121이었는데 연말에는 150에 이르렀다. 이것은 24%가 상승했다는 이야기이다. 정부가 지폐를 찍어내기 시작한 후 21개월 동안(1862년 4월부터 1863년 12월 사이)에 생계비는 43%가 상승했다. 같은 기간 남성 노동자의 임금은 불과 27%밖에 인상되지 않았고 여성 노동자의 임금은 겨우 14% 인상되었다. 임금인상률은 물가상승률에 훨씬 미치지 못했기 때문에 이미 낮은 상태에 있던 노동자들의 손에 실제로 들어오는 임금의 실제구매력은 더욱 떨어졌으며 노동자들의 고생과 근심은 더욱 커졌다. 1863년 겨울과 봄에는 주요 도시에서 파업이 발생했다. 스프링필드 시에서 발행되는 ≪리퍼블리컨(Republican)≫지는 1863년 3월 26일에 다음과 같은 기사를 실었다.

지난 한두 달 사이에 거의 모든 업종에 종사하는 노동자들이 파업을 일으켰다. 뉴욕에서 발행되는 신문들에 의하면 이번 주일에도 최소한 여섯 건의 파업이 일어났다고 한다. 에리 시, 허드슨 강, 캠던 시 등의 노동자들, 엠보이의 철도 노동자들, 뉴욕 시의 견습 재단사들, 큰 제조회사 두 개의 종업원들이 파업을 했다. 거의 모든 경우 노동자의 요구는 받아들여졌다. 이 파업들은 모두 조용하게 이루어졌으며, 이런 과정을 통해 수많은 노동자연맹 또는 노동조합이 형성되어갔다.

파업이 '조용하게 이루어졌다'는 것은 프랑스대혁명 기간 중에 파리에서 매일같이 발생했던 빵집, 창고, 식품점 등에 대한 약탈과는 매우 큰 차이가 있다. 또한 기차 화부들이 삽을 놓고 견습 재단사들이 가위를 놓아버리는 등의 행동도 프랑스대혁명 기간 중에 노동자들이 참수한 목을 창끝에 꽂아 들고 행진하던 것과는 매우 다르다. 그러나 1863년 초의 이 같은 노동자들의 움직임은 인플레이션이 점차 심해지고 있다는 명백한 증거였다. 파업이라는 행동에 의존하지 않았던 수백만 명의 사람들 ─ 도시나 조그마한 마을에서 연금을 받으며 살아가던 사람들 또는 은퇴한 후에 낮은 고정수입만으로 살아가던 나이 든 사람들 ─ 은 식료품비, 의복비, 집세 등의 급격한 상승으로 가장 큰 희생을 당하고 있었다.

그렇지만 당시를 객관적으로 돌이켜보면 1863년의 통화공급의 팽창(이것의 주원인은 「제3차 법정화폐법」이다)과 그 결과 나타난 인플레이션 및 이에 수반된 사회적 긴장 등은 모면할 수도 있었을 것으로 보인다. 1863년 전반에 걸쳐서 난국을 극복할 수 있는 재정적 가능성이 계속 제시되었다. 이 가능성들은 '남북전쟁의 재정가'라고 불리었던 제이 쿡의 독자적인 노력에 의해 제시된 것이었다.

낙천적이며 좌절할 줄 모르는 성격인 그는, 약간 피상적이거나 덜 성공적인 사람이라면 가지기 어려운 확신을 가지고 적극적으로 일에 매달리는 사람이었다. 그는 영리한 사업가였고, 풍채가 당당했으며, 무슨 일이든 끝장을 보기 전에는 물러나지 않았다. 말하자면 전형적인 미국의 세일즈맨 타입이었다. 그는 필라델피아에 본사가 있는 민간 금융회사인 클라크 회사에서 견습을 한 후 1861년 1월에 39세의 나이로 자신의 금융회사를 설립했다. 쿡은 체이스가 재무장관에 취임했을 때부터 그에게 선물을 바쳐왔으며, 자기 회사인 제이쿡 회사에 체이스가 투자한 돈의 이윤을 계속 바쳤고, 체이스의 대중적인 이미지를 향상시키기 위해 신문을 이용하는 등의 방법으로 체이스의 비위를 맞추려고 노력해왔다(쿡은 당시에 한 신문을 공개적으로 지배하고 있었으며, 다른 신문사에 고용되어 있던 어떤 문필가에게는 돈을 지불하고 신문에 기사를 쓰게 했다). 쿡은 또한 1861년과 1862년 초에 발행된 공채와 재무성 증권의 상당 부분을 판매하는 데 성공함으로써 체이스와의 관계를 더욱 돈독히했다. 쿡이 이처럼 체이스와 가까워지기 위해 노력하는 이유는 명백했다. 그는 정부가 발행하는 공채를 판매하는 독점 대리인이 되고 싶어 한 것이다. 그는 막대한 액수에 달하는 정부공채가 투자가의 관심을 끌 수 있다고 확신했으며, '전시에 무언가 애국적인 일을 하기를' 진심으로 원했고, 마지막으로 가장 중요한 이유로 정부공채의 판매수수료로 상당한 이익을 얻기를 바라고 있었다.

마침내 체이스는 1862년 10월 31일에 ― 일상적인 재정궁핍과 채권자들의 압력에 몰려서 ─ 제이쿡 회사를 연리 6% 5~20 공채(20년 만기이지만 재무성의 판단에 따라서 5년 내에도 상환해줄 수 있는 공채)를 판매하는 정부의 독점대리인으로 지정하는 데 동의했다. 이 공채는 이미 예전에 제안된 바 있었으나 재무장관이 팔 자신이 없어서 보류했던 것이었다. 재무장관은 이모저모 따진 끝에 공채를 1,000만 달러 이상 판매하면 판매금액의 0.375%를 수수료로 쿡에게 주기로 하는 데 동의했다. 이 중에서 0.125%는 쿡이 고용할 부대리인들에게 주는 수수료와 그 밖에 이 공채를 판매하기 위해 여행을 하거나 광고를 하거나 또는 신문사들에게 영향력을 미치기 위해 의례적으로 소요되는 비용 등으로 지급되고, 나머지 0.125%만 제이쿡 회사의 수입이 되는 것이었다.

쿡은 세계에서 유례가 없을 정도로 굉장한 공채판매운동을 전개했다. 그는 '연방에 충성스러운 주들'에 안내책자와 포스터를 홍수같이 뿌리고 "연방을 구하기 위해 5억 달러를 걸읍시다. 이자는 연리 6%이며 금으로 지급받을 수 있습니다"라고 호소했다. 이 안내책자와 포스터는 군대 막사, 철도역, 극장, 홀, 교회, 방앗간, 광산, 공장, 학교에까지도 뿌려졌다. 돈을 투자하면 어느 정도의 이익을 얻을 수 있는지를 알리기 위해 "6%의 이자를 금으로 지급받습니다"라는 광고를 신문에 싣기도 했다. 공채판매를 촉진하기 위해 문필가들에게 돈을 주고 글을 쓰게 하기도 했다.

그다음 단계로 쿡은 그가 고용한 2만 5,000명의 부대리인에게 주문장을 쥐어주고 전국 방방곡곡으로 보냈다. 그러자 사방에서 공채 주문이 쇄도했다.

그해 12월 말에는 하루에 100만 달러에 육박하는 주문을 받았다. '자본가'나 부유한 사람에게서도 주문이 왔지만, 대부분은 일반 대중에게서 온 것이었다. 어떤 신문은 필라델피아에 있는 제이쿡 회사의 사무실 광경을 다음과 같이 묘사했다.

캄덴 시에 사는 한 숙녀가 300달러의 공채를 주문하는 편지가 있는가 하면 미네소타 주 세인트폴 시에 사는 사람이 1만 2,500달러를 주문하는 편지가 있다. 펜실베이니아 주 포츠빌에서 1,000달러를 주문하는 편지가 있는가 하면, 피츠버그 시에서 7만 5,000달러를 주문하는 편지도 있다. 노리스타운 에서 250달러의 공채를 주문하기 위해 전보를 친 것도 있고, 뉴욕 시에서 25만 달러의 공채를 주문하기 위해 심부름꾼을 보낸 사람도 있다. 책상 곁에 서 있는 체격 좋은 신사는 2만 5,000달러의 공채를 사러왔다고 한다. 주문이 계속 밀려들어오고, 문의편지가 책상에 계속 쌓이고, 전보 배달꾼이 계속 왔다갔다하고, 이 도시의 시민들이 공채를 사기 위해 끊임없이 드나들고 있다.

1863년 2월 말에 상원이 그린백 지폐의 추가발행을 심의하고 있을 때까지 금값의 상승과 그린백 지폐의 가치 하락으로 금융시장이 불안정해졌지만 제이 쿡 회사에 쇄도하는 공채 주문은 계속 증가했다. 정부의 조폐국은 공채를 인쇄하는 설비를 증설했는데도 공채 주문의 증가 속도를 따라가지 못하고 있었다.

의회가 '절대적인 필요성'을 이유로 「제3차 법정화폐법」을 통과시킨 3월 초에 공채 주문은 하루에 100만 달러를 초과했다. 이 숫자의 의미는 제이 쿡이 1863년 3월 셋째 주에 동생인 헨리에게 보낸 다음과 같은 편지를 보면 알 수 있다.

재무장관은 우리가 5~20 공채의 예약을 접수하는 방식에 만족하고 있다. 나는 그에게 1일 주문량이 125만 달러 이상까지 올라갈 수 있을 것이라고 말했다. …… 그는 나에게 만일 5~20 공채에 대한 1일 주문량이 평균 150만 달러에 도달한다면 그것은 자기에게 충분한 액수이고 다른 방법으로 돈을 조달할 필요가 없게 될 것이라고 말했다.

그러나 체이스는 사적인 자리에서는 그렇게 말했지만 공식적으로는 ─ 특히 의회에 보낸 메시지에서는 ─ "다른 방법이 없기 때문에 새 「법정화폐법」의 제정이 필요하다"라고 주장했다. 5~20 공채의 예약에 관한 1일 통계가 신문에는 커다랗게 보도되고 있는데도 의회 의원들은 그로 인해 조달되는 자금의 액수가 많다는 것을 깨닫지 못하고 있었으므로, 그린백 지폐의 제3차 발행뿐 아니라 법정화폐 재무성 증권의 발행을 허용할 법률 제정을 서둘렀다.

4월 마지막 주일에는 공채 예약이 1일 평균 170만 달러에 이르렀고, 5월에 들어서는 매일 평균 200만 달러를 넘어섰으며, 5월 22일에는 200만 1,000달러나 되었다. 그러나 — "공채 예약이 하루에 150만 달러에 이르기만 한다면 다른 방법으로 자금을 조달할 필요가 없을 것"이라고 말했던 — 체이스는 공채 예약이 이렇게 증가했는데도 의회가 허용한 그린백 지폐의 추가발행을 단행했다.

이때 갑자기 공채판매에 어두운 그림자가 드리워졌다. 체이스와 쿡의 공동의 적인 일부 신문들이 "재무장관이 이 회사(제이쿡 회사)에 5~20 공채의 독점판매권을 부여한 이유를 알고 싶다. 만일 제이쿡 회사가 판매한 공채 대금의 0.5%를 정부에서 받는다면 이 회사가 공채를 가능한 한 많이 팔려고 하는 충분한 동기를 알 수 있다"라고 주장하고 나섰기 때문이었다.

의회도 — 신문의 흉내를 내서 — 정부에 대한 봉사와 자신의 노력을 내세우는 쿡의 변명은 듣지도 않고 쿡이 폭리를 취했다고 비난하고 나섰다. 쿡은 부대리인들에게 수수료를 지급하고 기타 비용을 지불했기 때문에 자신의 회사가 그때까지 번 돈은 비교적 소액(그때까지 번 돈은 대략 10만 달러였다)에 불과하다고 자신을 변호했다. 그는 재무장관의 지원을 바랐지만, 1864년의 대통령후보 지명대회를 겨냥하고 있던 체이스는 이 문제에 침묵을 지켰다.

마침내 체이스에 대한 의회의 압력이 고조되자, 체이스는 6월에 쿡에게 편지를 보내 이제부터 재무성은 그에게 공채판매에 소요되는 경비와 광고비 이외에 0.125%밖에 지불할 수 없다고 통고했다. 쿡은 부대리인들에게 수수료로 0.125% 이상을 지급하는 경우도 많았기 때문에 그는 부대리인의 숫자를 제한할 수밖에 없었고, 자신의 노력에 대한 보상은 받을 길이 없게 되었다. 그는 화가 났지만 최선을 다해서 일을 계속하기로 결정했다. 그러나 그에게 불리한 여론과 부대리인들 사이에 팽배한 불만으로 인해 매상은 점점 떨어졌다. 6월에는 매상이 1일 평균 100만 달러 선으로 떨어졌으며 어떤 날은 50만 달러밖에 안 될 때도 있었다. 그들은 9월까지 이런 상태(1일 평균 100만 달러 선)로 버텨나갔다. 그러다가 10월이 되자 체이스는 쿡을 불쌍히 여기고 판매대금의 0.375%를 지급하던 예전 방식으로 다시 돌아가겠다고 통보했다.

10월 셋째 주일에 접어들자 매상은 예전 수준으로 올라가서 하루에 200만 달러를 초과하게 되었다. 매상은 계속 증가해서 11월과 12월에는 300만 달러나 400만 달러를 기록하는 날도 흔하게 되었다. 1월에는 500만 달러(공채 발행의 1일 한도액)를 기록한 날도 있었으며 어떤 때에는 예약이 500만 달러를 초과하는 날도 있었다. 마침내 1864년 1월 21일 공채 주문을 마감할 때 마지막으로 몰려든 초과 주문은 1,100만 달러에 이르렀다.

쿡은 초과 주문분의 대금을 예약자들에게 돌려주자고 제안했으나 ─ 한 푼이라도 더 원하는 ─ 체이스는 초과분 1,100만 달러의 공채를 더 발행할 수 있는 권한을 부여하는 특별법을 제정해줄 것을 의회에 요청했으며 결국 그의 요청은 받아들여졌다.

이렇게 해서 그때까지 세계 어느 곳에서도 볼 수 없을 정도로 성공적이었던 정부공채의 발행은 막을 내렸다. 쿡은 어떤 면에서 위선적으로 보일 정도로 겸손한 투로 체이스에게 편지를 썼다. "우리 국민에 대한 당신의 호소가 이처럼 승리로 돌아간 적은 역사상 한 번도 없었습니다. 저는 이렇게 위대한 일에 당신의 지시를 따라서 참여하게 된 데 대해 긍지를 느낍니다. …… 제 생각에는 지난번 공채신청에 참가한 사람은 신분이 높건 낮건, 부자건 가난한 사람이건, 흑인이건 백인이건, 직업에 제한 없이 53만 6,000명에 달했다고 봅니다."

좀 더 솔직한 사람이라면 「제5차 법정화폐법」이 통과된 직후에 발행된 5~20 공채의 판매로 조달된 자금의 총액은 재무성이 필요로 하는 액수를 넘어섰다는 사실을 인정했을 것이다. 따라서 인플레이션을 유발하는 그린백 지폐나 단기적인 법정화폐 재무성 증권을 추가로 발행할 구실은 없었던 것이다. 1863년 9월 수수료 문제를 둘러싼 소동 때문에 공채의 예약이 떨어졌을 때 쿡은 동생에게 보낸 편지(이 편지는 그가 죽은 후에 공개되었다)에서 이렇게 말했다. "만일 C 장관(체이스)이 나에게 공채판매를 일임하고 수수료를 0.375% 지급하겠다는 기존의 협정을 위반하지 않았다면 법정화폐 재무성 증권을 판매할 필요성은 전혀 없었을 것이다." 그러나 십자군으로서의 쿡은 성공하려는 집념이 너무 강했기 때문에 공개적으로는 신중하게 침묵을 지켰다. 그 밖에도 그는 재무성이 발행을 준비하고 있는 10~40 공채판매의 독점대리인이 될 수 있는 가능성을 고려하고 있었기 때문에 체이스와의 관계를 악화시키는 것을 바라지 않았다.

그러나 몇 가지 사태가 일어나 쿡은 또 다른 공채판매의 기적을 세울 수 없었다. 신문에서는 쿡이 5~20 공채판매에서 세운 업적을 찬양하고 있었지만, 의회에서는 '지나친 보상'에 대한 논쟁을 시작했다. 의회는 이 문제에 대한 토론을 체이스가 새로 발행할 10~40공채(40년 만기이지만 재무성의 판단에 따라 10년 만에도 상환해줄 수 있는 공채)의 판매방법에 관해서 마음을 결정하려고 하던 1864년 초까지 계속되었다. 1864년 3월 11일 금요일에 인디애나 주 출신 민주당 상원의원인 토머스 헨드릭스가 "재무성의 국물을 받아먹고 돈을 번 금융회사"에 대해 신랄한 공격을 개시했다. 그는 "제이쿡 회사는 공채를 판매하는 데 재무성의 특별하고 배타적인 대리인이 됨으로써 100만 달러를 벌었다. 이 공채의 판매는 재무성의 통상적인 기구를 통해서 수행할 수도 있었을 것이다"라고 말했다.

쿡은 자신의 회사가 단지 22만 59달러 44센트의 순이익밖에 올리지 못했다는 증거를 제시했다. 그러나 그에 대한 공격이 계속되었기 때문에 그는 10~40 공채에 대한 독점 대리인이 되려는 노력을 포기할 수밖에 없었다. 그 밖에도 두 가지 사건이 쿡의 희망을 뭉개버렸다. 체이스는 갑자기 이번에 발행하는 공채는 연리 5%의 이자만 지급하겠다고 발표했다. 쿡은 그 발표를 듣고 깜짝 놀랐다. 그는 그렇게 수익성이 낮아지면 판매가 어렵게 될 것이라는 사실을 알았다. 다른 투자가들(5~20 공채에 투자한 사람들)은 연리 6%의 이자를 받고 있었기 때문이다. 그러고 나서 체이스는 이번에는 제이 쿡에게 공채판매의 독점대리인을 맡기지 않기로 결정했다고 발표했다(체이스는 퍼센덴 의원에게 보낸 개인서한에서 제이 쿡을 '편애'한다는 의회의 비난을 받기를 원하지 않는다고 했다).

의심할 바도 없이 체이스는 그런 비난을 회피하기를 원했으며, 특히 공화당 전국대회 기구가 대통령후보를 지명하는 문제로 간부회의를 열고 있었기 때문에 더욱 그러했다. 체이스가 쓴 개인적인 편지나 비망록에 의하면 이 당시가 그에게는 매우 긴장된 세월이었다는 사실을 밝혀준다. 대통령직이라는 괴물이 눈앞에 다시 어른거리기 시작했다. 대통령직에 대한 매력이 그를 유혹했다. 그는 그 환상적인 자리를 차지하기 위해 표면적으로는 능동적으로 노력하지는 않겠지만 국민들이 그에게 그 자리를 부여한다면 받아들일 것이라는 태도를 취했다. 그는 내심 대통령의 자리를 갈망하고 있었고 그 자리를 얻기 위해 모든 정신을 집중하고 있었다. 그는 수개월 동안(이 시기에 그는 지명을 획득하기 위해 은밀한 노력을 기울였다)이나 그의 당이 자기를 지지하지 않고 있으며 백악관에 들어앉아 있는 그의 적수가 다시 선출되리라는 사실을 깨닫지 못하고 있었다.

그래서 그는 이 사실을 깨달을 때까지 '대통령의 이미지'를 유지하려고 신중하게 노력했다. '대통령의 이미지'를 만들기 위한 방법 중에는 10~40 공채의 이자를 4%로 인하하기로 한 결정(그의 말로는 "빈약한 정부의 재정을 절약하기 위해서"라고 했다)과 의회의 반대에 부딪치지 않기 위해 제이 쿡을 이 공채의 독점판매 대리인으로 지정하지 않도록 한 결정 등도 포함되어 있다. 이 두 가지 결정은 결과적으로 위험한 결정이었다는 것이 입증되었으며, 또한 이 결정들로 인해 인플레이션은 더욱 심화되었다.

1864년 4월에 10~40 공채가 시장에 나오자마자 이것은 실패작이라는 것이

확연해졌다. 이 공채의 판매는 재무성 관리들과 새로 설립된 전국 은행들의 손에 맡겨졌었다. 이번에는 이 공채의 판매를 위해 전국을 돌아다닐 부대리인도 없었고, 구매자를 선동하는 신문기사도 없었으며, 이 공채에 대한 관심을 불러일으키기 위해 전국에 포스터와 안내책자를 돌리지도 않았다.

체이스는 쿡에게 이 공채의 판매를 위해 힘을 빌려주도록 설득했으나, 팔릴 만한 가치가 있는 상품이 아니라고 느꼈던 이 슈퍼세일즈맨은 형식적으로 지원할 뿐이었다. 1864년 6월까지 이 공채는 겨우 7,300만 달러어치밖에 팔리지 않았는데, 그나마 이 중 대부분은 전국 은행들이 은행권 발행에 대한 자산 유보 형태로 매입한 것이었다. 일반 대중들은 이 공채의 수익성이 매력적인 것이 아니라고 생각했기 때문에 이 공채를 기피했다. 이 공채에서 자금을 조달하지 못하게 된 재무성은 이 회계연도의 마지막 5개월 동안(1864년 2월 1일부터 6월 30일까지) 자금 궁핍에 시달렸다. 관세 증수와 내국세 확대(1863년에 「포괄세법안」이 의회에서 제정되었다)가 약간 도움이 되기는 했지만 이런 방법으로 인한 월수입은 2,200만 달러밖에 되지 않았다. 판매실적이 신통하지 못한 10~40 공채를 통한 수입이 한 달에 2,000만 달러였으므로 총수입은 한 달에 4,200만 달러였다. 그러나 전쟁비용만 해도 한 달에 7,500만 달러에 이르고 있었다. 의회가 「제3차 법정화폐법」에서 허용한 그린백 지폐의 총액을 발행해도 체이스로서는 수지 격차를 메울 길이 없었다. 그린백 지폐의 추가발행에 기대를 걸 수도 없었다. 의회는 세금 문제를 심의하는 과정에서 더 이상의 법정화폐 연방은행권 발행은 승인할 수 없다고 못 박았기 때문이었다(1864년 6월 30일에 채택된 공식결의안으로써 기존의 법정화폐 4억 5,000만 달러 이외에 더 이상의 그린백 지폐의 발행에는 반대한다는 내용을 담고 있었다).

재무장관은 1864 회계연도의 마지막 5개월 동안 2년 만기와 3년 만기의 소액 법정화폐 복리 재무성 증권을 1억 7,000만 달러 상당이나 공급했다. 이것들은 공급업자나 채권자에게 지불되고 난 후에 은행에 예치되기도 하고 돈으로 유통되기도 했으므로 이미 팽창된 통화량을 더욱 부풀렸다.

인플레이션은 더욱 가속화되었다. 1863년 말의 미첼 지수는 150이었으나 1864년 중엽에는 180이 되었다. 이는 6개월 동안 물가가 20%나 상승했다는 것을 의미하는 것이다. 그러나 이 지표는 — 다른 생계비지수와 마찬가지로 — 일상적으로 사용되는 물품들의 가격이 깜짝 놀랄 만큼 상승되었다는 사실을 오히려 은폐하고 있다. 플란넬 면 1야드의 가격은 전쟁이 일어나기 전에는 13센트였는데 1864년 중엽에는 50센트가 되었으니 285%나 뛰어오른 셈이었다 (일반 물가지수는 80% 상승했다). 보스턴에서 커피 1파운드의 가격은 전쟁 전에는 14센트였으나 1864년 중엽에는 45센트로 220%나 상승했다. 오하이오 주 캔턴 시에서는 전쟁 전에는 설탕 1파운드에 10센트였으나 1864년 7월에는 25센트로 150%가 상승했다. 펜실베이니아 주 리딩 시에서는 석탄 1톤의 가격이 1860년에는 2달러 50센트였는데 1864년에는 5달러 50센트로 120%가 올랐다. 보스턴 시에서는 목재 1코드에 6달러 50센트에서 13달러로 100%가 상승했다. 뉴저지 주 캠던 시에서는 쇠고기 가격이 파운드당 12센트에서 25센트로 108%가 상승했다.

이 같은 물가의 상승추세에 대해서는 팽창주의자인 스폴딩 같은 사람도 경고할 정도였다. 그는 1864년 4월 말 새로 등장한 통화보수주의 이론을 인용해 이렇게 말했다.

> 지난 3개월간 재무성의 정책은 인플레이션과 지폐 남발의 정책처럼 보인다. 그것은 산업과 상품생산과 기타 합법적인 사업을 장려하는 대신, 의식하지 못하는 사이에 금과 주식과 기타 물품에 대한 투기를 자극하고 조장하는 것 같은 정책이었다. …… 나는 현재와 같이 거대한 전쟁을 수행하고 있는 동안에는 정부가 불가피하게 막대한 액수의 지폐를 발행하는 것과 같은 죄악을 완전히 방지할 수 없다는 사실을 잘 알고 있다. 그러나 가능한 한 이런 죄악을 완화하고 가볍게 하는 것이 정부의 의무이기도 하다.

스폴딩이 '금에 대한 투기'에 관해 언급한 것은 사람들이 이윤을 남기기 위해 금을 사들이기 때문에 금값이 계속 상승하는 사실에 대해 팽배하고 있던 일반 국민의 우려를 반영한 것이었다. 1864년 초에는 100달러어치의 금값이 151달러 50센트였으나 1864년 6월 1일에는 190달러로 상승했다(반대로 100달러의 지폐는 1월 2일에는 65달러 95센트어치의 금의 가치가 있었으나 6월 1일에는 52달러 63센트의 금의 가치밖에 없었다). 체이스가 지폐 가치를 안정시키기 위해 재무성에게 여러 차례 금을 사들이도록 했는데도 지폐 가치는 계속 하락했다. 체이스는 뉴욕의 주식거래시장, 주식거래시장의 옆 건물의 '골드룸' 장외시장, 그리고 깊은 밤중까지 거래가 계속되는 일이 많은 갤러거의 야시장 등에서 금을 사들이도록 한 적이 있었다.

재무장관은 극도로 화가 나서 "군인은 전쟁터에서 피를 흘리고 목숨을 잃는데, 사기꾼과 도박꾼은 금으로 행운을 얻고 있다"라고 비난했다. 비록 체이스가 관세로 거두어들인 수백만 달러의 금화를 소비해버렸지만 그가 얻은 성과는 아무것도 없었다. 그는 금값이 상승하는 것은 투기꾼의 영향력 때문이 아니라는 사실을 깨닫지 못했다. 그것은 오히려 지폐가 너무나 흔해빠졌기 때문에 습관적으로 가치가 떨어지는 것이었다. 이것이 바로 문제를 일으키는 것이었다. 체이스는 지폐의 가치 하락을 막는 데 실패하자 흥분해서 이렇게 주장했다. "금값은 반드시 내려가야 한다. 그렇지 않으면 나는 사임하고 다른 사람이 이 자리에 앉도록 하겠다." 금시장을 조종하는 데 실패하자 체이스는 자기에게 남은 유일한 방법, 즉 금시장을 폐쇄하는 방법을 추진하기로 결심했다. 그는 의회에 앞으로 '사무실이 없는 브로커'에 의해 금의 양도계약이나 거래가 이루어지는 것을 금지하는 법안을 제정해줄 것을 요청했다. 이 법안은 ─ 금의 교류에 관련된 모든 거래를 약화시키는 것이 요점이었는데 ─ 1864년 6월 17일 링컨에 의해 승인되었다.

링컨이 이 법안에 서명한 그날의 금 시세는 금 100달러어치가 196달러 63센트였다. 여러 형태의 금 거래가 법률로 금지된 6월 21일에는 208달러로 뛰어울렀다. 금의 시세가 형성되지 않았기 때문에 금화로 수입관세를 지불해야 하는 수입업자들은 관세로 지불할 금의 양을 계산할 수 없었다. 금으로 지불하는 상거래는 구입자나 판매자가 금의 견적을 받기 위해 중개인의 사무실을 방문할 수 있을 때까지는 보류될 수밖에 없었다(이 법에 의하면 중개인 사무실에 있는 사람만이 금에 대한 견적을 낼 수 있었다). 두 명의 중개인이 낸 견적이 20달러씩 차이가 나는 일도 흔히 있었다. 사업가들과 은행가들은 깜짝 놀라서 의회에 만일 이 법이 조속히 폐기되지 않으면 모든 상거래뿐 아니라 전쟁 수행 노력도 위태롭게 될 것이라고 경고했다. 체이스는 어느 쪽을 따라야 할지 몰라 망설였다.

그러다가 그는 6월 29일에 링컨 대통령에게 편지를 썼다. "저는 현재의 제위치가 대통령의 마음에 들지 않을 것이며, 또한 혼란과 곤란 및 제가 감당하기 어려운 책임감으로 가득 차 있다고 느끼고 있습니다. 따라서 사표를 내는 것이 제 의무라고 생각합니다. 저는 대통령이 제 사표를 수리하신다면 진정으로 구원받은 기분을 느낄 것입니다."

재무장관의 사표는 ― 일부 신문이 주장한 것처럼 ― 「금거래법」을 둘러싼 혼란 때문에 제출된 것이 아니라 표면적으로는 이미 전에 사표를 제출한 시스코의 후임자로 체이스가 추천한 인물을 링컨 대통령이 받아들이기를 망설이고 있다는 이유에서 제출되었다. 체이스의 사퇴의사는 십중팔구 지난 3년간 그를 억눌러온 '곤란과 책임감'에서 '구원'되고 싶은 욕망에서 나왔을 것이다. 더구나 그는 재무장관의 임무를 원한 것이 아니라 대통령이 되기 위한 초석으로 할 수 없이 받아들였던 것이다. 이제 그의 당은 대통령후보 지명문제에서 그를 제쳐놓았으므로 진정한 목표를 상실해버린 판국에 재무장관이라는 골치 아픈 자리에 머물러 있고 싶은 생각은 더욱 없었다.

체이스는 그 후에 당시 자기가 사표를 제출했던 것은 단지 링컨 대통령으로 하여금 그 특유의 관대한 태도를 발휘해서 자기의 '사의를 철회하도록' 할 기회를 주기 위해서였다고 말한 적이 네 번이나 있다. 링컨이 1864년의 공화당 대통령후보 지명대회에서 라이벌로 지목되고 있는 체이스를 포용하기 위해 그를 내각에 계속 머물러 있도록 격려하리라는 것은 생각할 수 있는 일이었다. 그러나 6월 30일 링컨 대통령이 체이스의 사표를 받아들였을 때에는 이미 이 같은 조심성은 필요가 없게 되어버린 상황이었다.

체이스가 깜짝 놀랄 정도로 그의 사표는 신속히 수리되었다. 1864년 6월 30일 바로 그날, 정부가 조만간 파산을 선언할 것이기 때문에 재무장관이 사임했다는 뜬소문이 떠돌면서 금값은 250달러까지 올라갔다(100달러의 지폐로는 40달러어치의 금밖에 살 수 없었다). 체이스가 재무성을 떠난 하루 뒤에 의회는 「금거래법」을 폐기했으며, 링컨은 1864년 7월 2일 이 폐기안에 서명했다. 그러나 금시장에서 거래가 재개된 직후의 몇 시간을 제외하고는 위축된 그린백 지폐의 가치는 회복되지 않았다. 지폐 100달러의 가치는 금으로 환산해서 7월 19일에는 37달러 21센트까지 내려갔고 그 이후부터 8월 26일까지는 40달러 선을 유지했다. 당시 워싱턴에 대한 군사적인 위협은 제거되었으며, 셰리든 장군이 셰넌도어 강에서 북군을 지휘하고 있었다. 9월 들어 셔먼 장군이 애틀랜타 시를 점령하고 셰리든 장군이 남군의 얼리 장군을 피셔스힐에서 격파하자 금값은 떨어지고 지폐의 가치는 52달러 36센트까지 상승했다. 전쟁의 분위기는 북부에서 사라졌다.

그러나 재무성에 관한 소식은 우울한 것뿐이었다. 체이스가 재무성을 떠날 당시 미불 청구서의 금액은 7,200만 달러에 이르렀고 전쟁수행 비용은 하루에 250만 달러를 넘어섰다. 더욱이 1억 6,200만 달러에 달하는 채무증서(이 중의 대부분은 1864 회계연도에 발행된 것이었다)의 지불기일이 도래했다. 체이스의 후임자인 퍼센덴(그도 전임자와 마찬가지로 이 자리를 마지못해 맡았다)은 장기공채를 팔려고 노력했으나 구매자는 별로 없었다. 9월에는 재무성에 쌓인 미불 청구서의 금액이 1억 3,000만 달러까지 늘어났다. 그러자 신임 재무장관은 이번에는 8,000만 달러 상당의 단기 복리 재무성 증권을 찍어냈는데, 이것은 법정화폐의 일종이었고 돈으로 유통되는 것이었다. 그는 또 여기에 덧붙여 새로 승인된 연리 7.3%의 재무성 증권(연리 7.3%의 이자를 1년에 두 번씩 나누어 지급하는 것)을 2,000만 달러어치나 발행했다. 이것도 법정화폐로 인정된 것이었으므로 이 두 가지의 발행으로 이미 포화상태에 이른 통화량은 더욱 증가했다.

그는 또 전국 은행들을 통해 역시 법정화폐인 연리 7.3% 재무성 증권을 판매했으나 판매속도는 그렇게 빠르지 않아 하루에 평균 70만 달러씩 들어올 뿐이었다.

이때 제이 쿡이 만일 자기에게 독점대리권을 허용하면 연리 7.3%의 비법정화폐 재무성 증권 수억 달러어치를 손쉽게 처리할 수 있을 것이라고 퍼센덴에게 제의했다. 이 동안 전국 은행들의 판매실적은 부진했지만(1865년 1월 중순까지 수개월 동안 전국 은행들의 판매실적은 겨우 1억 2,000만 달러에 불과했다) 체이스의 경우와 마찬가지로 퍼센덴도 수수료 문제를 따지느라고 이 계약은 보류되었다. 이 당시 재무성의 부채는 1억 7,500만 달러에 달했다.

2주일 후 절망상태에 빠진 재무장관은 남북전쟁의 재정가로 불리는 쿡의 조건을 수락하고 그를 공채판매의 총대리인으로 지명했다. 5~20 공채의 판매를 통해 나타났던 기적이 또다시 반복되었다. 제이 쿡은 돈이 조수처럼 밀려들 때까지 안내책자를 뿌리고 신문기사를 게재하고 자신의 부대리인들에게 전국을 누비게 하는 등의 방법을 다시 재연했다. 마침내 3월 27일에는 이제 더 이상 팔 증권이 없어지고 말았다. 필라델피아 ≪인콰이어러(Inquirer)≫지는 이때의 상황을 다음과 같이 전하고 있다. "1864년 8월 15일부터 1865년 2월 1일까지 169일 동안 재무장관의 직접 감독하에 팔린 연리 7.3% 증권은 1억 3,300만 달러에 불과했으나 1865년 2월 1일부터 3월 27일까지 55일 동안 제이 쿡의 관리하에 팔린 증권의 매상은 1억 6,700만 달러에 달했는데, 이것은 하루 평균 303만 6,363달러였다."

1865년 3월 3일, 남부의 군대가 도처에서 패배하고 그물이 남부군 총사령관 리 장군을 조여들어가고 있을 때, 의회는 또다시 연리 7.3%의 비법정화폐 재무성 증권 6억 달러를 발행하도록 허용하는 법률을 통과시켰다. 이때 재무장관은 페센덴에서 휴 맥클로치로 교체되어 있었다. 은행가이며 '구두쇠'라고 불리던 맥클로치는 체이스가 재무장관일 때 그 밑에서 통화감독관으로 일한 적이 있었다. 새로운 재무장관은 재빨리 쿡을 통해 새로 발행되는 증권을 판매하기로 결정했다. 전격 판매가 또다시 시작되었다. 이번에는 오히려 먼저보다도 더 눈부신 성공을 거두었다. 1865년 4월 3일 남부군 총사령관 리 장군이 남부연맹의 수도인 리치먼드를 버리고 도망가버리자 매상은 210만 8,300달러로 뛰어올랐으며, 조직적인 전투가 종식되고 북부에서 교회마다 종을 치고 축포를 쏘며 모닥불을 피워놓고 승리를 기뻐하던 4월 10일의 매상은 287만 3,650달러나 되었다. 뉴욕 시에 있는 트리니티 교회에 사람들이 빽빽이 들어차서 눈물을 흘리며 「하느님께 영광을!」이라는 성가를 합창하던 4월 11일 화요일에는 우편과 부대리인을 통해 접수된 매상이 331만 2,400달러가 되었다. 그러나 4월 19일에는 매상이 전혀 없었다.

다음날 누군가가 제이쿡 회사의 사무실에 들어서면서 "오늘은 장사를 안 한다. 링컨의 장례식 날이니까"라고 말했다. 납품업자들의 지불요구에 시달리고 한편으로는 군인들의 제대수당을 지급하기 위해 자금을 마련하는 데 열중했던 맥클로치는 쿡에게 판매운동을 계속하도록 열심히 권했다. 전쟁이 끝나 금값은 떨어지고 지폐가치가 올라가자 투자가들은 수익성이 높은 증권을 사려고 몰려들었다. 5월 13일에는 3,045만 1,950달러가 쏟아져 들어왔다.

회계연도 말인 1865년 6월 30일까지 6억 7,200만 달러 상당의 연리 7.3% 재무성 증권이 시중에 통용되고 있거나 투자수단으로 보유되고 있었다. 이는 이때까지의 통화공급량의 일부에 지나지 않았다. 이 밖에도 1억 4,300만 달러의 연방은행권, 1억 4,600만 달러의 전국은행권, 2억 3,600만 달러의 1년 또는 2년 만기 복리 재무성 증권, 2,800만 달러의 금화와 은화(이것들은 상거래 및 관세 지급에 사용되고 있었다), 돈으로 통용되고 있던 1억 6,100만 달러 상당의 채무증권과 2,500만 달러의 소액권 및 우편화폐가 있었다. 또한 경제계에 유통되고 있던 4억 3,100만 달러의 그린백 지폐도 있었다.

연리 7.3%의 재무성 증권을 제외하고도 통화량은 9억 1,400만 달러에 달했다. 연리 7.3%의 재무성 증권 중에서 법정화폐 부분(2,000만 달러)만 더한다면 통화량은 9억 3,400만 달러가 되었다. 그러나 총통화공급량을 파악하려면 최소한 7억 달러에 달하는 은행 예금잔고를 합해야 하는데, 이렇게 되면 총통화량은 16억 3,400달러에 이르게 된다. 1861년 6월 30일의 통화공급량 6억 8,200만 달러와 비교하면 남북전쟁 4년 동안 통화량은 거의 150%나 증가한 셈이다.

남북전쟁의 마지막 회계연도에 화폐량은 30% 정도 증가했는데, 이것은 인플레이션을 악화시키기는 했지만 그 속도가 그렇게 빠른 편은 아니었다. 미첼 지표에 의한 상대적인 소매물가지수는 1864년 중엽에 180이었다가 1865년 6월에는 198로 상승했으며(10% 상승), 1865년 12월 31일에는 191로 떨어졌다. 이것은 전후에 나타나는 통상적인 감속현상이 시작되어, 수요가 줄고 상품에 대한 투기가 감소하여 결과적으로 물가상승 요인이 줄어들었기 때문이라는 것을 나타낸다. 미첼의 자료는 4년의 전쟁 기간 중에 생계비가 약 두 배로 뛰었다는 것을 나타낸다. 앨드리치 보고서나 포크너 목록 등과 같은 다른 지표에 의하면 거의 125%가 상승했다고 나타나 있는데, 이것은 육군이 구입한 물품들의 가격과도 일치하고 있다.

그러나 모든 통계연구는 전쟁 기간(인플레이션이 그렇게 심하지 않았던 1864년 6월 30일부터 1865년 6월 30일 사이도 포함해서)에 임금은 ― 비록 상승하기는 했지만 ― 물가상승을 따라가기만 했다는 것을 보여준다.

1863년과 1864년에 일어났던 노동계의 소란으로 임금이 어느 정도 상승하기는 했다. 그렇지만 1865년 6월 30일까지 생계비는 최소한 100%가 상승한 데 비해 임금은 65%만 인상되었을 뿐이다. 1861년부터 1865년까지 인플레이션에 희생된 실질소득은 약 40억 달러에 달했던 것으로 평가된다.

그러나 이 숫자는 당시 제지업, 제화업, 고무업, 모직업, 방직업, 봉제업 등에서 노동력 대부분을 담당하고 있던 여성노동자들이 저임금 때문에 피해를 입고 있었던 정도까지를 정확히 반영하고 있지는 못했다. 상당히 많은 여성 노동력을 포함하고 있던 산업들에서 1861년부터 1865년까지의 기간에 여성 노동자의 임금인상률은 불과 30% 이하였다. 방직업계에서는 상승률이 25%, 제지업계는 17%, 조미료업계는 아예 임금상승이 없었으며, 출판업계는 18%, 직물업계는 4%에 불과했다. 도시 국민학교 교사의 임금인상률은 35%였다. 그러나 여교사의 연봉은 보스턴 시에서는 1861년의 400달러에서 524달러로, 볼티모어 시에서는 292달러에서 520달러로 상승했으며, 신시내티 시에서는 390달러로 고정되어 있었다. 그러나 수천 개에 달하는 시골 국민학교에서는 연봉이 175달러에서 203달러 25센트로 인상되어 임금인상률이 불과 15%에 지나지 않았다.

그러나 가장 많은 희생을 당한 사람들은 정부의 병기창이나 납품업자의 노동착취적인 공장 또는 자기 집에서 일하던 재봉사들이었다. 정부에 직접 고용되어 있던 재봉사들(군복, 셔츠, 담요 등을 꿰맸다)이 받는 돈은 1주일에 3달러 10센트였다. 이것은 민간 납품업자들(당시 대부분의 군복은 민간업자에 의해 생산되었다)의 공장에서 똑같은 일을 하고 받는 임금의 약 두 배에 해당하는 것이었다. 필라델피아 시에 있는 정부의 병기창에서 하루에 열두 시간씩이나 일하던 여자들은 군복 한 벌 꿰매는 데 15센트씩 받았으나 민간업자들의 공장에서는 한 벌에 8센트밖에 받지 못했다. 자기 집에서 재봉일을 하던 여자들의 형편은 더 나빴다. 자기 재봉틀과 자기가 산 실을 가지고 하루에 14시간씩 일하던 여자들은 하루에 겨우 17센트를 벌었다. 이 여자들도 플란넬 속옷을 꿰매고 하루에 11센트씩밖에 못 버는 여자들보다는 형편이 나은 편이었다.

제조업자와 생사회사 사장들은 소액의 임금에도 불평을 하지 않는 외국 노동자의 대규모 이민을 적극 조장했다(외국 노동자 중 일부는 사실상 유괴되어오기도 했다). 외국 노동자 일부는 비교적 여유가 있는 서부의 농장지대에 정착하기도 했지만, 대부분은 - 예기치 못했던 가난을 견디면서 - 대도시의 수준

이하의 거주지역에 몰려 있었다. 전쟁 기간 중에 인구가 75만 명에서 100만 명으로 증가한 뉴욕 시에는 1만 5,000동의 셋집이 있었는데, 이 중 대부분은 화장실이 집 밖에 있었다.

외국인 거주지역은 지저분하고 쓰레기투성이며, 병원시설이 부족했기 때문에 질병의 온상이었다. 1864년에 뉴욕 시에서는 1만 2,000건의 장티푸스가 발생했으며 천연두에 희생된 사람들의 숫자도 그 정도였다. 워싱턴 시는 뉴욕 시에 비해서 인구가 매우 적었으므로 전쟁이 끝나기 전 마지막 12개월 동안 1,000명의 천연두 환자가 발생했다. 상원의원 한 명도 이 병으로 목숨을 잃었으며 링컨도 이 병을 약간 앓았다.

그렇지만 미국의 남북전쟁 기간에는 로마나 프랑스의 초인플레이션 시대를 휩쓸었던 대규모 기아상태는 없었다. 4년간의 전쟁 기간에 북부에서는 통화공급량이 세 배로 늘어났지만 이는 물가를 하늘같이 치솟게 하거나 전반적인 굶주림을 유발할 정도는 아니었다. 지폐를 엄청나게 발행했던 남부에서는 전쟁 중에 국민이 상당한 고통을 겪었지만, 북부에서 국민 대부분에게는 남북전쟁 기간이 경제적인 파멸의 시기라기보다는 단지 경제적인 곤란의 시대였을 뿐이었다.

전쟁 기간에 대다수의 국민들이 손해를 입은 데 비해 제조업자나 기업주는 부를 가속적으로 증가시켰다. 순국가자산은 1860년의 161억 달러에서 1865년에는 216억 달러로 35% 증가했다. 전쟁 중에 이루어진 막대한 통화공급도 1866년부터 1870년까지의 5년간에 걸친 평화 번영 시기의 토대가 되었다. 1870년 말의 순국가자산은 323억 달러에 달했는데, 이것은 전쟁 전 수준의 두 배에 해당하는 것이었다.

정부지출이 급격히 증가하고(1860년의 6,000만 달러에서 1865년에는 12억 달러로) 동시에 민간의 수요도 엄청나게 증가함에 따라 산업과 상업도 급속히 팽창해갔다. 슈피리어 호 주변지역의 철강생산은 배 이상으로 증가했다. 클리블랜드 시에는 전쟁 전에는 용광로가 하나도 없었으나 1866년에는 21개의 용광로가 설치되어 연간 6만 톤의 철강을 생산하고 있었다. 피츠버그 시에는 강철공장이 20개나 새로 세워졌고 1년 후에는 6개가 더 세워질 예정이었다. 전쟁 전에는 전국에서 8,500만 파운드의 양모를 생산하고 있었으나 전쟁 말기에는 연간 2,000만 파운드를 생산했다. 신발과 고무의 수요는 세 배로 증가했다. 매사추세츠 주 린 시에서 발행되는 한 잡지는 이렇게 표현했다. "직공들은 일자리가 생기기 무섭게 몰려들어왔다. 구두공장 건물은 도처에 세워지고 기계의 윙윙거리는 소리가 여기저기에서 들렸다." 4년의 전쟁 기간 중에 생산된 탈곡기와 수확기의 생산량은 허시가 1833년에 처음 수확기를 판매하기 시작한 이후 27년간의 평화 시기에 생산된 양보다 더 많았다. 재봉틀 생산량은 150%가 증가했으며 1864년에는 5만 대의 재봉틀을 수출했다(전쟁 전 5년 동안 수출된 재봉틀 수는 1만 대에도 못 미쳤다).

목재 생산량은 전쟁 전의 연간 2억 6,200만 피트에서 1865년에는 5억 5,000만 피트로 뛰어올랐다(1867년에는 위스콘신 주에서 80만 피트의 목재가 벌채되었다). 밀을 비롯한 곡식의 생산량도 급증해서 곡식의 수입보다 수출이 많았는데, 이것은 전시에는 드문 현상이었다.

전쟁 중에 새로운 산업이 탄생했는데 그것은 바로 석유산업이었다(1859년에 펜실베이니아 주에서 최초의 유전이 굴착되었다). 이후 3년 동안 석유산업은 크게 인기를 얻어 9,000만 달러의 새로운 자본을 끌어들였다. 당시 미합중국 재무성은 표면적으로는 '화폐의 결핍' 때문에 자금을 조달하느라고 곤란을 겪고 있었을 때였다. 석유 값이 갤런당 1달러(1배럴에 40달러)로 상승하자 3년 동안 수천 개의 유정이 굴착되었다. 한때 공급과잉으로 석유 값이 배럴당 4달러로 떨어지기도 했지만 그러한 소강상태가 오래 계속되지는 않았다. 1864년 말까지는 1,100개의 석유회사가 설립되었으며, 뉴욕 시에는 석유거래소가 문을 열었다. 1858년에 에이커당 3달러에 거래되던 석유부존 토지는 1865년에는 에이커당 수백 달러를 호가했다.

1861년부터 1865년 사이에 철도화물의 양은 배 이상 증가했으며 철도회사의 수입도 급격히 상승했다. 대부분의 철도회사는 8~9%의 이익배당을 했다. 따라서 철도회사의 주식은 인기가 좋아져서 에리 철도회사의 주식 값은 17달러에서 126달러로 치솟았고, 허드슨리버 철도회사의 주식 값은 31달러에서 164달러로 뛰었다. 4년의 전쟁 기간 중에 철도회사 주식의 가치는 2억 달러나 증가했다. 이렇게 주식 가치가 증가하게 된 원인 중 하나는 철도회사들이 군대나 군수물자를 운송하면서 엄청난 이득을 취했기 때문이다. 전쟁 말까지 돈을 잔뜩 번 21개의 주요 철도회사는 1886년부터 1896년 사이에 주주들에게 1억 1,400만 달러를 배당했다.

보수적인 뉴욕 시의 은행들(이 은행의 임원이나 간부는 전쟁 초기에 정부가 법정화폐를 찍어내는 것에 반대했었다)이 취한 조치도 대단한 호황을 누렸다. 뉴욕 시 은행단의 예금은 1860년의 8,000만 달러에서 1865년에는 2억 2,400만 달러가 되었다. 이익은 800만 달러에서 2,100만 달러로 상승했다. 뉴욕 시의 거의 모든 은행은 전쟁 기간에 최소한 7%의 이익배당을 했으며, 일부 은행은 10~15%까지 이익배당을 하기도 했다. 케미컬 은행은 전쟁 중 4년 동안 매년 24%씩 배당했다.

예상할 수 있는 바와 같이 강력한 힘을 가진 개인은 막대한 부를 빨아들였다. 그들은 합법적인 방법이든 불법적인 방법이든 가리지 않고 동원하여 그들이 정부로 하여금 찍어내도록 유도했던 지폐를 수억 달러씩 집어삼켰다. 그들은 또한 의회에 영향력을 미쳐 세금법안을 자신들에게 유리하도록 제정함으로써 돈과 재산을 보존할 수 있는 힘도 가지고 있었다. 남북전쟁 기간은 미국 역사상 백만장자를 대량으로 만들어낸 최초의 시기였다. ≪뉴욕인디펜던트≫지는 1850년 이전에는 미국 전체에 100만 달러 이상의 재산을 가진 사람이 스무 명에 불과했으나 1863년에는 뉴욕 시에만도 수백 명의 백만장자가 생겼다고 보도했다. 수백 명의 백만장자 중 일부는 2,000만 달러 이상을 가지고 있었는데, 20년 전만 해도 미국 전체에서 500만 달러 이상의 재산을 가진 사람은 불과 다섯 명에 불과했다.

새로 백만장자가 된 사람 중에서도 가장 부유한 사람 중 하나로 꼽히는 알렉산더 스튜어트는 교활한 상인 출신으로 그는 뉴욕 시에 '가장 큰 백화점'을 세웠으며 부동산을 계속 사들여서 부를 늘려갔다. 그는 1863년에 184만 3,637 달러의 신고소득에 대해 겨우 9만 2,182달러의 소득세를 물었을 뿐이었다(남북전쟁 중에 이 '부호'의 정확한 재산을 평가해본 적은 없지만 그의 측근들에 의하면 그의 재산은 1866년까지 5,500만 달러의 재산을 축적한 코넬리우스 밴더빌트의 재산과 맞먹을 것이라고 했다).

스튜어트는 뉴욕 시내와 근교에 여러 채의 대저택을 소유하고 있었으며 이중 한 채는 내부장식까지 완전히 갖추어서 그랜트 대통령(그의 부패는 언제나 '그랜트식'이라고 당연시되었다)에게 기부했다. 그는 또 동북부 해안지방에 별장과 휴양지를 갖고 있었으며, 롱아일랜드에 완전한 모델 커뮤니티(model community)를 지은 적도 있었다. 그의 재산 대부분은 1858년 이후에 벌어들인 것인데, 이 당시에는 '겨우 200만 달러'의 재산을 갖고 있었던 것으로 알려진다.

오늘날과 같은 경제적인 환경에서는 ― 농구선수가 공을 바구니에 던지는 일만 하고도 1년에 100만 달러를 번다는 소리들을 하도 들어서 ― 1년에 184만 3,637 달러의 소득을 올린다는 것은 놀라운 일이 아니다. 그러나 1863년에는 그것은 놀라운 일이었기 때문에 신문에 장문의 기사가 실릴 만한 충분한 이유가 되었다. 그보다 재산이 적은 사람도 신문기삿거리가 되기에 충분했으며, 특히 '부유한 자들'이 '전쟁 상인'이라는 악명으로 불렸던 당시에는 더욱 그러했다. 런던의 ≪이코노미스트(Economist)≫지는 1861년에 군복과 담요를 군대에 납품하던 주요 업자들이 "전쟁이 개시된 후 최초의 2~3개월 동안 20만 달러를 벌었으며" 또한 "그들의 모직공장은 하루 24시간씩 1주일 내내 가동되었다"라는 사실을 밝혔다. 어떤 납품업자는 자기의 이익이 연간 75만 달러이며, 다음 해에는 그보다 더 많은 수입을 올릴 것이라고 말한 적도 있었다.

싸구려 물건과 결함이 있는 물건을 비싼 가격으로 납품한 업자들은 막대한 재산을 축적했다. 의회 조사위원회가 제시한 증거에 의하면 업자들이 군대에 공급한 군수물자의 이익률은 50%에 달했다. 5,000만 달러의 군납계약에 관련된 뇌물사건을 조사하던 위원회는 상원의원, 하원의원, 군 장교, 조달국 직원에게 공여된 뇌물의 액수가 1,700만 달러에 달했다는 사실을 밝혀냈다. 이렇게 엄청난 뇌물을 주고서도 이 업자는 1,300만 달러의 순이익을 얻었다. 이는 이익률이 60%라는 사실을 나타내는 것이다(뇌물을 바치기 전에는 이익이 3,000만 달러였기 때문이다).

총기 판매에서 나오는 이익은 엄청난 것이었다. 전쟁 초에는 라이플총을 정부의 병기창에서뿐 아니라 민간업자들도 만들었다. 정부가 만드는 총의 생산비는 한 자루에 9달러였으나 민간업자들은 총 한 자루에 16~20달러까지 청구했다(즉, 100%의 이익을 붙였다).

그렇게 수익성이 좋았으므로 민간업자는 총을 생산하는 데 매우 열심이었다. 그 결과 1862년 말에는 ─ 1861년처럼 무기가 부족하지 않았기 때문에 ─ 군대 병참부 창고에 잉여분의 총이 수십만 정이나 쌓이게 되었다.

물론 이렇게 쌓여 있는 총은 필요량을 넘었기 때문에 쌓여 있기도 했지만, 민간업자가 만든 총 중에는 결함 때문에 사용할 수 없어서 쌓여 있는 것도 많았다. 발사되지 않는 총, 똑바로 쏠 수 없는 총, 부서지는 총, 발사하면 폭발해서 그 총을 사용한 군인을 불구자로 만드는 총도 있었고 심지어는 이름만 총이고 실제로는 나뭇조각에 불과한 것도 있었다. 군대는 이런 엉터리 총에 대해서도 한 자루에 20달러를 지불했던 것이다.

필립 저스티스와 미합중국 정부가 법정에서 다툰 사건을 통해 민간 총기업자들이 부당이득을 취한 방식을 알 수 있다. 필라델피아의 총기 제조업자인 저스티스는 1861년에 4,000정의 라이플을 주문받았다. 그러나 정부는 이 총들이 완전히 사용 불능이라는 사실을 발견하고 대금지불을 거부했다. 저스티스는 소송을 제기했다. 병기 장교인 윌리엄 해리스는 법정에서 저스티스가 납품한 총은 "사용할 수도 없고 고칠 수도 없는 것"이었다고 증언했다. 그는

"대부분의 총은 검사관이 불량품이라는 도장을 찍은 머스캣총의 부품을 사용해서 만든 것이었는데, 이 총들은 건조되지 않은 나무로 만들어져 단단하지 않았으며 조립방법에도 결함이 있었다. 가늠쇠는 총신에 겨우 붙어 있어서 약간 건드리기만 해도 떨어졌다. 나사도 대가리가 없는 것을 사용했다"라고 말했다.

더블데이 대령은 "이 총들 중 상당수는 발사하면 폭발하거나 격철이 부서지고 가늠쇠가 떨어져 나갔다. 당신들이 상상할 수 없을 정도로 쓸모없는 것이었고 사용하는 사람에게 오히려 위험한 물건이었다"라고 말했다. 그러나 법원은 '기술적인 문제점'이라는 핑계로 저스티스에게 승소판결을 내렸다.

군복과 담요 생산도 많은 이득을 남기는 것이었는데, 이것들도 전쟁 초에는 라이플총처럼 조잡하게 생산되었다. 전쟁 초의 군복은 나중에 '가짜'라는 별명을 얻을 정도로 질 낮은 재료로 만들어졌다. 이런 군복은 2~3주일만 입으면 해져 버렸으며 ─ 더 중요한 점은 ─ 푸른색(북군의 군복 색깔)이 바래서 회색으로 보였다.

이 때문에 북군이 동료를 남군(그들의 군복 색깔은 회색이었다)으로 오인해서 총을 쏘아 상처를 입히거나 죽이는 일이 많이 생겼다. 1863년에는 업자들의 이런 실수가 많이 시정되었다. 그러나 서부 고원지대나 컴벌랜드 산맥에 있던 군인들은 겨울에는 추위에 떨기가 일쑤였다. 얇은 천(가짜 모직)으로 만든 담요로는 추위를 막기가 어려웠기 때문이었다. 이런 일이 벌어지는 동안 모직업자들은 1년에 10~40%에 이르는 높은 배당금을 지급받았다.

남북전쟁 기간에 납품업자들이 부당하게 획득한 이익의 총액이 얼마나 되는가를 파악하기 위해 상당한 노력이 기울여졌지만 정확한 금액이 산출되지는 못했다. 그 액수는 1억 5,000만 달러에서 2억 5,000만 달러에 이를 것으로 추정되었다. 전후에 실시된 의회의 여러 조사활동에 의하면 그린백 지폐나 법정화폐 재무성 증권의 발행을 열렬히 지지했던 의원들의 재정 후원자 중에 민간 납품업자가 많았다는 사실이 밝혀졌다. 정부와 납품계약을 맺고 있던 제조업자나 중개인들은 지폐 발행으로 덕을 보았기 때문에 지폐가 계속 자신의 수중에 들어오도록 하기 위해 신중하게 노력하고 있었다. 납품업자들은 인플레이션을 돈을 모으는 기회로 누구보다도 잘 이용하고 있었다. 우선 첫째로 그들은 자신들이 납품하는 물품의 가격을 정부가 자체설비로 생산할 때의 생산비에 50%를 붙인 금액으로 인상했다. 민간 생산업자는 군대에 납품할 고가의 물품을 생산하느라고 분주했기 때문에 민간에 공급하는 물건은 자신이 원하는 수준으로 가격이 인상될 때까지는 생산을 하지 않았다. (납품업자들이 생산하는 물품의 가격을 낮추기 위해서) 정부가 운영하는 공장에서 생산량을 늘리라는 압력이 고조되자 '가짜' 물건의 생산자들은 이 같은 요청에 반대하도록 의원들에게 영향력을 미칠 수 있었다. 그 결과 남북전쟁 기간에 정부가 운영하는 공장에서 생산된 물량은 총공급량의 4분의 1이나 3분의 1 정도에 불과했다. 그리고 터무니없이 비싼 조달물품의 가격 때문에 지폐가 계속 발행되자 납품업자들은 가격을 추가로 인상함으로써 부의 축적속도를 가속화했다. 물가상승 ― 인플레이션 ― 은 부를 축적하는 수단으로 활용되었을 뿐 흔히 추측하는 것처럼 계산이 잘못된 정책의 산물은 아니었다.

납품업자들은 전쟁이 시작된 후 30개월 동안 부의 대부분을 모았지만 투기업자, 주식중개인, 은행가, 철도왕과 같은 사람들은 전쟁 기간 전체와 전쟁 직후까지도 계속 재산을 증가시켰다. 1860년대의 10년간 부를 축적한 사람들이 사용한 전략은 상상할 수 있는 것들이다. 그들은 정부가 유통시킨 그린백 지폐를 많이 빌려서 농장, 금, 보석, 토지, 예술품, 주식 등을 사놓았다가 인플레이션을 막을 수 있는 물건을 구매하려는 사람들에게 막대한 이득을 남기고 팔아넘겼다. 물건과 부동산의 가격이 상승하자 경제가 번영하고 있는 듯한 오해가 발생하게 되었다.

1864년 봄(스폴딩이 인플레이션에 대한 우려를 갑작스럽게 표명했을 때) ≪뉴욕인디펜던트≫지는 다음과 같은 사설을 실었다.

북부에서는 군대에 친구가 없는 사람이나 신문을 읽지 않는 사람만이 아직도 전쟁에 대해 생각한다. 브로드웨이에 가보면 '사치'라는 것이 무엇인지 알 수 있을 것이다. 스튜워트(여러 채의 장원을 가진 스튜어트)에게 낙타털로 만든 숄의 수요에 관해 물어보면 '굉장하다'고 말할 것이다. 티파니에게 사람들이 어떤 종류의 다이아몬드나 진주를 찾는가 물어보면 "엄청나게 큰 것", "달걀만큼 큰 것", "가격은 문제가 아니다"라는 대답을 듣게 될 것이다. 어떤 종류의 양탄자가 팔리는가 물어보면 "아주 좋은 것"이라는 대답을 들을 것이다. 또한 경주용 말에 관해서 물어보면 중간 정도 가격인 500달러짜리는 시장에서 찾아볼 수 없고, 한 쌍에 1,000달러나 되는 "혈통이 좋고 빠른" 경주용 말이 마치 한 상자에 4센트짜리 딸기처럼 잘 팔리는 것을 알 수 있을 것이다.

최고의 사치를 누린 것은 철도를 부당하게 취득하고 착취함으로써 막대한 부를 축적한 철도왕들이다.

전쟁 중 가장 암울했던 시기에도 북부 사람들은 철도 건설이 궁극적으로 가져다줄 경제적 이익에 대해 환상적인 희망을 품고 있었다. 의회와 기타 정부기구는 ― 이런 희망에 부응해서 ― 모든 주요 철도 체계를 변형해 가장 재력 있는 재산가들이 사정이 허락하는 한 재빨리 캐낼 수 있는 보물로 만들었다.

철도회사에 무료로 제공한 것 중에 중요한 것은 전국에서 가장 좋은 토지 일부를 포함한 광대한 토지였다. 1862년에 제정된 「홈스테드법」(토지가 없는 가난한 사람들을 돕기 위해 제정된 법)에 포함된 법조문을 활용해서 철도회사들에게 2억 에이커의 토지를 제공했다. 이렇게 철도회사에게 제공된 토지 중에는 미네소타 주와 워싱턴 주의 4분의 1, 위스콘신 주, 아이오와 주, 캔자스 주, 노스다코타 주 및 몬태나 주의 5분의 1, 네브래스카 주의 7분의 1, 캘리포니아 주의 8분의 1, 루이지애나 주의 9분의 1 등이 포함되어 있었다. 이 토지들의 면적은 총 24만 2,000평방마일로서 이것은 프랑스나 독일보다도 넓은 면적이었다. 노던퍼시픽 철도회사는 4,400만 에이커를 받았고, 서든퍼시픽 철도회사는 2,400만 에이커, 유니온퍼시픽 철도회사는 2,000만 에이커, 산타페 철도회사는 1,700만 에이커를 받았다. 이 토지는 모두 연방정부가 제공한 것이다. 이 밖에도 각 주정부가 5,500만 에이커를 추가로 제공했다.

그러나 이는 시작에 불과했다. 철도회사들은 '절박한 경제적·군사적 필요성'이라는 그릇된 가정을 근거로 각급 정부(연방정부, 주정부, 지방정부)에게서 철도 건설에 대한 보조금을 받았다. 예를 들어 센트럴퍼시픽 철도회사와 유니온퍼시픽 철도회사(1862년 의회에서 제정된 법으로 설립되었다)는 마일당 철도 건설비로 평지에서는 1만 6,000달러, 산악지대에서는 4만 8,000달러, 중간지대에서는 3만 2,000달러의 보조를 받았다. 이 비용은 연방정부가 지출했으며, 연방정부는 철도에 대한 제2 소유권을 갖고 있었다. 다른 철도회사도 비슷한 혜택을 받았다.

다른 정부기구에게서 연방정부에만 아부한다는 비난을 들을까 염려한 철도회사 경영자들은 지방정부나 주정부에도 막대한 자금지원을 하게 했다. 한 철도회사 임원은 "우리는 그들을 협박했다"라고 말했다. "만일 그들(지방정부와 주정부)이 우리의 요청을 받아들이지 않으면 우리는 그들을 무시함으로써 그들이 손해를 입도록 하겠다고 말했다. 그들은 그것이 무슨 뜻인지 곧 알아챘다. 그것은 그들이 갖고 있는 주식을 전부 사들여서 그들이 철도에 갖고 있는 이권을 없애버리겠다는 뜻이었다. 우리는 그들끼리 서로 경쟁하도록 했다. 철도에 가장 많은 공헌을 한 자가 철도를 장악하게 했다."

1860년대와 1870년대에 걸쳐서 각급 정부기구에서 직접적인 보조금이나 현금대부를 비롯해서 철도회사의 주식이나 사채에 대한 투자 등으로 철도에 쏟아넣은 돈은 8억 달러가 넘을 것으로 추정되고 있다. 남북전쟁 중에 거의 5억 달러가 이런 식으로 유용되었는데, 이 당시 연방정부 재무성은 만성적인 '위급'을 핑계로 자금을 끌어들이는 데 정신이 없었고 통화공급량은 계속 증가하고 있었다.

이것만이 아니다. 1862년의 「홈스테드법」과 역시 1862년에 제정된 「모릴법」은 평균적인 자작농에게 서부를 개방하고 "미국인에게 공유지에서 나오는 합법적인 이득을 보장해줄" 법률로 간주되었다. 그러나 결과적으로는 형식적으로 '개방된' 5억 에이커의 토지 중에서 겨우 10%만 평균적인 자영농민의 토지가 되었다. 여태까지 국유지였던 토지 중 많은 부분이 합법적으로 또는 책략에 의해서 철도회사나 부자의 손에 들어갔다. 철도회사의 대리인들은 「홈스테드법」이 발효되자 자영농민이나 소농장주를 가장하고 토지분배 사무실에 몰려가서 에이커당 1달러 25센트(「홈스테드법」에 규정된 가격)로 그들의 권리를 주장했다. 동부지방의 개인 투기업자들도 무거운 돈주머니를 짊어진 순회대리인단을 파견했으나, 토지양도권 등록 경쟁에서는 철도회사 대리인이 훨씬 재빨랐던 것으로 판명되었다(그들은 이 돈주머니로 등록사무실 관리를 매수해서 자신들의 주장을 우선적으로 취급하도록 했다).

철도회사는 일단 광대한 면적의 토지를 확보하게 되자 이 토지를 장래의 투자가치를 위해 계속 보유하고 있거나 또는 당장의 횡재를 위해서 팔기도 했다. 그러나 철도회사 경영자 대부분은 이 토지를 스스로 만든 '토지회사'에 전매해서, 형식상으로 '토지가 없는 가난한 사람에게 싼값에 제공해준' 토지를 사려고 아우성인 투기업자에게 팔아넘기고 막대한 금액을 착복했다.

위스콘신 주 출신 하우 상원의원은 1864년에 "철도회사들이 뉴욕 주 정도의 면적만 남겨놓고서 북서부와 서부 전체에서 땅을 전부 집어삼키고 있다"라고 비난했다. 그는 또 철도회사의 거물들이 막대한 토지를 확보하고 이것을 전매해서 개인적인 이득을 취하는 방법에 대해서도 잘 알고 있었다. 비록 하우 의원은 철도회사 대리인들의 돈주머니에 손을 집어넣지는 않았지만, 그의 동료 의원 중 일부는 조심성이 부족했기 때문에 철도회사의 매수작전에 이용당하기도 했다. 1864년에 유니온퍼시픽 철도회사는 설립허가를 변경해서 토지제공의 몫을 두 배로 늘릴 수 있었다. 이것은 이 철도회사의 간부들이 워싱턴에서 여러 명의 의원들의 개인사무실이나 자택에 찾아가 50만 달러를 뿌린 끝에 거둔 성공이었다. 철도회사의 변호사인 스튜어트도 주요 관리와 의원에게 20만 달러를 뿌렸다.

철도왕들이 토지 전매로 벌어들인 돈은 또 다른 방법을 통해 엄청나게 불어갔다. 이런 방법 중 가장 수익성이 높은 것은 소위 건설회사였다. 새로 설립된 철도회사 사장들이 비밀리에 모여서 별도의 회사를 만들고 그 회사의 주식은 그들이 독점하기로 했다. 이 회사는 철도 부설을 실제 비용보다 엄청나게 높은 가격으로 떠맡기로 했다. 그리고 이 건설회사의 주주들(철도회사 사장들)은 철도 부설에 실제 소요된 경비와 철도회사에 청구한 비용 사이의 차액을 착복했다. 센트럴퍼시픽 철도회사(이 회사는 1861년에 의원들에게 20만 달러를 뿌리고 설립허가를 받았다)의 콜리스 헌팅턴 사장은 이 같은 건설회사 설립이라는 책략을 창시한 사람 중 한 명이다.

그와 그의 동료 약탈자들은 크레디트앤드파이낸스 주식회사를 설립했는데, 이 회사의 목적은 "센트럴퍼시픽 철도회사에서 건설하는 모든 철도의 부설과 이에 필요한 자재를 구매하는 것"이었다. 이 회사 간부들은 철도 부설비로 7,900만 달러를 청구했는데, 이것은 실제로 철도 부설에 들어간 비용보다 3,600만 달러 많은 금액이었다. 이 3,600만 달러는 물론 헌팅턴과 동료들의 주머니로 흘러들어갔다. 그리고 이 초과비용은 실제로는 철도 건설에 보조금을 지급하고 있던 미국 정부에서 짜낸 것이었다.

유니온퍼시픽 철도회사의 임원들은 이보다 더욱 모험적이었다. 그들은 크레디트모빌라이어라는 고상한 이름을 가진 회사를 설립해서 '철도 건설과 기타 비용'이라는 명목으로 유니온퍼시픽에 9,400만 달러를 청구했는데, 그 후에 의회 조사단의 조사과정에서 전문가들이 산출해낸 비용 중 제일 높은 액수가 4,400만 달러에 불과할 정도였다. 5,000만 달러의 이익금이 모두 크레디트모빌라이어 회사의 금고로 들어가지는 못했다. 이 같은 횡재에 대해 무엇인가 알고 있는 주주가 많았고, 이들도 배당에 한몫 끼기를 기대하고 있었기 때문이다. 이처럼 정보가 빠른 주주 중에는 후에 미합중국 대통령이 된 제임스 가필드를 비롯해서 상·하원의원과 내각의 장관들도 끼어 있었다. 1873년 크레디트모빌라이어 스캔들이 터졌을 때 유니온퍼시픽의 설립자 중 한 사람인 오크스 에이미스는 자기가 당시의 워싱턴에서 의원들과 고위관료들에게 뇌물을 바치고 이들과 우호적인 관계를 유지했었다고 폭로했다. 그는 또한 크레디트모빌라이어사의 주식을 '가장 영향력 있는 의회'에 분배했다는 사실도 밝혔다. 어떻게 주식을 분배했느냐는 질문에 대해서 그는 "사람들에게 자기 재산을 불리도록 해주는 데에는 아무런 어려움도 없었다"라고 대답했다.

크레디트모빌라이어사에는 물론 (뇌물 스캔들이 터지기 전까지는) 뇌물사건에 대해서 아무것도 몰랐던 일반 주주도 많았는데, 이들은 크레디트모빌라이어사가 운영에 대한 합법성을 획득하기 위해 '공개'하기로 결정했을 때 이 회사의 주식이 '좋은 주식'이라고 생각하고 매입한 사람들이었다. 이들도 크레디트모빌라이어사가 설립된 지 몇 년 만에 처음 250만 달러의 이익배당을 하고 이로 인해 주식 값이 주당 260달러로 폭등했을 때 이득을 보았는데, 이것도 물론 5,000만 달러의 부당이득에서 파생된 것이었다. 그러나 물론 대부분의 이득은 이 회사 주식의 대부분을 소유하고 있던 임원들과 회사 간부들에게 돌아갔다. 그들은 5,000만 달러의 이득 중 약 3,300만 달러를 가로챘다.

철도회사 경영자들의 후한 대접을 받은 의원들은 이에 보답했다. 그들은 철도회사에 대한 모든 세금을 면제하는 법률을 제정했다. 1862년 7월에 철도회사들은 승객의 요금에서 얻는 수입에는 3%의 세금을 납부해야 했고 화물 운송 수입에는 세금을 내지 않아도 되었다. 1864년에는 승객운송이나 화물운송으로 얻는 수입에 똑같이 2.5%의 세금이 부과되었다. 그러나 철도회사들은 세금의 비율만큼 요금을 인상함으로써 그들의 이익에는 손해가 오지 않도록 했다. 철도왕들의 환심을 사려고 노력하던 의원들은 철도회사의 이익배당에 대한 세율을 3%로 제한하는 법률을 제정했다. 수백만 주의 주식을 갖고 있던 철도회사의 임원들이나 간부들(부당한 합병이나 철도회사를 둘러싼 수상한 이권의 거래로 주식을 늘려갔다)은 이 법률 덕분에 그들에게 할당된 막대한 이익 배당금의 97%를 고스란히 보존할 수 있게 되었다.

개인소득세나 법인세에 대한 정부의 정책도 철도회사의 소유주들이 ― 막대한 돈을 벌 수 있는 위치에 있던 다른 사람들과 마찬가지로 ― 부를 축적하는 데 공헌했다.

연방예산의 적자는 엄청났지만 전쟁이 시작 후 15개월 동안 개인소득세는 전혀 부과되지 않았다. 의회는 마침내 1862년 7월 1일에 1년에 1만 달러의 소득이 있는 사람에게는 3%, 그 이상의 소득이 있는 사람에게는 5%라는 우스울 정도로 낮은 세율의 세금을 부과하는 「개인소득세법」을 제정했다(1년에 600달러 이하의 소득이 있는 사람에게는 세금이 없었다). 1863년 6월 30일에 끝나는 회계연도에 예산상의 적자가 6억 600만 달러에 이르렀는데, 소득세로 조달된 자금은 겨우 44만 6,000달러에 불과했다. 주식시세가 급등하고, 금값이 하늘을 치솟고, 고갈된 국고를 채우기 위해 법정화폐를 새로 찍어내던 1864년 늦은 봄 의회는 마침내 소득세율을 인상하고 고소득자에게 누진세를 적용하는 문제를 검토하기 시작했다. 상당한 토론을 거친 후에 1만 달러 이상의 소득자에 대한 세율은 10%로 결정되었다. 그러나 1만 달러 이상의 고소득자에게 누진세율이나 고율의 세금을 부과하려는 제의는 기각되었다. 세입위원회가 채택한 결의안은 세율 인상을 주장하는 의견에 대해 "높은 세율이나 누진세율을 주장하는 의견은 비도덕적"이라고 규정했다. 모릴 의원은 재산을 축적한 사람들에 대한 세금을 크게 늘리게 될 이 제안에 대해 "이 같은 불평등은 사실상 재산 몰수와 같은 것"이라고 말했다. 세입위원회 위원장인 스티븐스 의원은 "나는 어떤 사람이 부자라는 이유로 이런 벌을 받아야 하는 이유를 모르겠다"라고 말하면서 모릴 의원의 말을 지지했다.

의회의 이런 태도 때문에 예산상의 적자가 6억 2,000만 달러에 달하던 1864년에도 개인소득세로 거두어들인 돈은 1,500만 달러 미만이었다. 적자가 9억 7,000만 달러로 뛰어오른 1865 회계연도에도 소득세로 거두어들인 돈은 2,050만 달러에 불과했다. 남북전쟁의 전체 기간 중(30억 달러 이상의 비용이 소요되었다) 거둬들인 소득세 총액은 3,500만 달러밖에 안 되었다. 이 액수 중에서 약 1,800만 달러는 1년에 1만 달러 미만의 소득이 있는 사람에게서 거두어들인 것이었다.

재산을 축적한 사람들은 1,700만 달러 미만의 소득세를 납부했을 뿐이었다. 이들이 철도회사, 운하회사, 보험회사, 은행 등에서 받은 이익배당금이나 이자에 대해 지급한 소득세 1,300만 달러를 합쳐도 이들이 낸 세금의 총액은 3,000만 달러에 불과하다. 이것은 남북전쟁 기간에 대재벌들이 벌어들인 돈의 6%밖에 되지 않는다. 만일 의회가 2만 5,000달러 이상의 소득이 있는 사람들에게 50%(전시에는 터무니없이 높은 세율은 아니다)의 세금을 부과했더라면 2억 5,000만 달러를 더 거둘 수 있었을 것이다. 그렇게 되면 마지막의 두 차례에 걸친 그린백 지폐의 발행은 회피할 수도 있었을 것이며 이로 인해 야기된 인플레이션도 모면할 수 있었을 것이다.

그러나 물론 적절한 세금정책은 채택되지 않았다. 정치가들은 기업가들의 이익을 대변하던 국가에 대한 재정상의 책임보다는 자신들의 후원자들의 요구에 더 관심이 많았다.

기업체의 이득에 대해 세금을 부과하는 문제에서도 이와 마찬가지의 편견이 작용했다. 유일한 예외는 보험회사와 은행에 대한 경우였다.

(특히 1863년 이후에는) 상당한 액수의 재정수입이 기업체에서 징수되었으나 이것은 세금의 형태를 가장했을 뿐 실제로는 소비자에게 전가된 비용이었다. 이것은 총수입, 술, 담배, 제조액, 매상액 등에 부과된 세금이었다. 총 2억 3,700만 달러가 이 같은 경로로 징수되었다. 객관적인 증거는 이러한 세금의 징수가 기업의 이익에는 위협이 되지 않았다는 사실을 보여준다. 생산업자들은 경비가 추가되면 즉시 가격을 인상함으로서 이 비용을 충당해버렸다.

인플레이션을 유발하는 이 같은 비용전가행위는 3억 500만 달러에 달하는 관세의 징수에서도 발생했다. 제조업자, 가공업자, 상인은 부과된 관세를 상쇄하기 위해 통상적으로 상품 가격을 인상했으며, 따라서 그들의 이익은 예전 수준을 유지했다.

남북전쟁 기간의 조세징수제도는 여러 형태의 비용-전가행위를 통해 사업소득세(2억 3,700만 달러)와 관세(3억 500만 달러)를 합해 5억 4,200만 달러를 거두어들였다. 화폐 남발로 야기된 인플레이션으로 이미 괴로움을 당하던 소비자는 가격 상승으로 또다시 고통을 겪었다. 만일 재무성이나 의회가 특정한 세력의 이해관계에 덜 민감했더라면 기업 이득에 대해 많은 세금을 걷는 재정정책을 고안해냈을 것이며, 그랬더라면 임금과 물가를 통제할 수 있었을 것이다.

그러나 그들은 그렇게 하는 대신 예산상의 갭을 메우기 위해 적자재정정책과 화폐 발행 정책을 사용했다(전쟁 중에 세입 총액은 7억 5,300만 달러에 불과했으나 세출은 33억 달러를 초과했다). 이 같은 재정통화정책은 인플레이션을 초래하는 결과를 빚었다.

인플레이션을 모면하기 위해 이런 정책은 얼마든지 회피할 수 있었다. 그것은 다만 영향력이 있는 재산가들의 마음에 들지 않았을 뿐이다. 그들은 본질적으로 그들이 원하는 것을 얻었다. ① 정부에게서 상당한 자산(토지)을 제공받았고 독점기술이 좋은 사람들에게 모여드는 상당한 액수의 새로운 화폐를 모았으며, ② 부의 축적과 보존을 촉진시켜주는 세금제도와 ③ 부를 더 높이 쌓아올릴 수 있는 인플레이션 환경 구축 등 이 모든 것이 그들이 원하던 대로 된 것이다.

몇 마디 끝맺는 말이 필요할 것 같다.

1865년 봄, 전쟁이 끝나면서 상품과 재화에 대한 수요가 급격히 줄어들었다. 군수업자를 위해 일하던 수천 명의 고용인은 해고되었고 수백 개의 사업체는 문을 닫아야 했다. 물가도 떨어졌다. 도매물가지수는 1865년 1월의 216에서 1866년 4월에는 173으로 하락했는데, 이것은 15개월 사이에 20%가 떨어진 것이다. 소매물가도 비슷했다. 1866년에 왕성한 경기회복이 시작되었지만(이것은 1873년까지 지속되었다), 도매물가와 소매물가는 계속 하락세를 나타냈으며, 1873년의 도매물가지수는 130으로 떨어졌고 소매물가지수는 약간 덜 하락했다. 1879년 2/4분기까지 도매물가는 계속 하락했는데, 이때 도매물가는 전쟁 전 수준보다도 12%나 낮은 상태였다.

생계비 하락은 그린백 지폐에 대한 금값 하락과 보조를 같이했다. 전쟁 말기에 100달러어치의 금값은 그린백 지폐로는 150달러였으나, 1866년 말에는 126달러로 떨어졌고 1873년에는 다시 106달러까지 떨어졌다. 1878년 말 지폐의 금 태환성이 회복되었을 때 금값은 그린백 지폐와 등가로 팔리고 있었다.

체이스는 이미 재무성을 떠났지만 그린백 지폐가 다시 한 번 그의 권한범위로 들어가게 된 일이 있었다. 링컨은 1864년에 대통령에 다시 당선되자 즉시 — 그 특유의 관용과 자비심으로 — 그에 대항하려고 기도했던 사람을 대심원장으로 임명했다. 체이스가 다시 한 번 그린백 지폐를 취급하게 된 것은 대심원장의 위치 때문이었다. 헵번과 그리스볼트의 사건에서 대심원은 '법정화폐'로 선언할 헌법상의 권리가 없다고 선언했다. 그는 그린백 지폐가 비록 전쟁 중이고 아주 위급하던 시기에 "모든 채무를 변제할 수 있는 법정화폐"라고 선언되었다 하더라도 그와 같은 행동에 대한 법률적인 근거는 없다고 했다. 대심원장의 자리에 앉은 1870년의 체이스는 1862년의 체이스의 주장을 번복했던 것이다. 수개월 후에 개편된 대심원은 체이스의 의견을 다시 번복했다.

체이스는 64세가 되던 1872년에 대통령이 되려고 다시 시도해볼 것인가에 대해 심각히 고민했다. 그러나 부분마비에 걸렸던 몸이 세월이 갈수록 나빠졌기 때문에 그런 시도를 하기에는 너무 건강이 좋지 않다고 판단했다. 그는 다음해 5월에 죽었다.

체이스의 친구인 제이 쿡은 그보다 33년이나 더 오래 살았다. 그러나 여러 가지 사건을 종합해보면 남북전쟁 기간에 재무성을 위해 자금을 조달하던 때가 그의 인생의 절정이었던 것 같다. 그는 1873년에 노던퍼시픽 철도회사에 철도 부설자금(이 당시에는 철도 건설에 대해 정부가 수백만 달러의 자금을 지원해주지는 않았다)을 과도하게 조달한 나머지 파산해버리고 말았다. 그는 필라델피아 시 근처 오곤츠 지역에 있던 200에이커의 장원(체이스가 쿡의 성이라는 별명을 붙였다)을 포함해서 모든 자산을 잃었다. 그의 성은 방이 52개 있었으며 벽은 프레스코 벽화로 장식되어 있었고 수많은 그림이 있었다. 또한 그의 성에는 극장, 온실, 축소된 병기창, 연못, 이탈리아식 정원 등이 있었다. 이 성은 — 쿡의 다른 재산과 마찬가지로 — 남북전쟁 중에 금융업, 금에 대한 투기, 주식시장 조작 등에서 나온 이익으로 지은 것이었다.

쿡의 재정왕국의 붕괴는 은행, 증권회사, 철도회사 여러 개를 같이 붕괴시켰을 뿐 아니라 금융공황과 1873년의 불경기를 유발했을 정도였다. 그러나 영리한 사업가인 쿡은 '때 아닌 파멸'에서 재기해서 노던퍼시픽 철도회사를 부활시켰고 그 이후의 호경기에서 다시 천만장자가 되었다. 철저하게 낙천주의자인 그는 1905년에 84세로 죽었다.

남북전쟁의 긴 드라마가 끝나고 경제계의 주요 인물이 세상을 떠나게 됨에 따라 통상적인 재평가 작업이 시작되었다. 1861년부터 1865년 사이의 인플레이션을 연구하던 전기작가, 역사학자, 경제사학자, 경제학자는 흔히 발생하는 의문에 부딪히게 되었다. 무엇이 잘못되었던가? 누가 책임을 져야 하는가?

역사라는 것을 단순히 장소, 인물, 사건, 경과 등에 대한 안내서라고 생각하는 사람은 이런 문제에 신경을 쓰지 않는다. 가장 손쉬운 연구방법을 택하는 사람은 명확한 결론에 도달할 수 없었다. 설령 그들이 명확한 결론에 도달했다고 치더라도 그것을 보류하는 것이 더 안전한 길이라고 생각했을 것이다. 자기 의견을 떳떳하게 주장하는 사람들의 대부분은 — 전쟁을 수행하는 데 소요되는 막대한 비용을 조달해야 하는 절박한 필요성을 감안한다면 — 그린백 지폐의 발행이 불가피하다는 사실은 인정하면서도 인플레이션이 발생하게 된 동기는 그린백 지폐의 발행에 있다고 주장했다. 대다수의 역사학자와 전기작가는 이 가정을 일단 수긍하면서도 인플레이션이 계속된 이유를 일련의 계산착오, 즉 '인간적인 실수'로 돌렸다.

일부 관찰자는 남북전쟁 중의 인플레이션이 ─ 그 발생이야 어찌되었든 ─ 마지막 단계에서는 '부의 이전'을 촉진하기 위해 계획적으로 추진되었다고 생각하기는 했으나 이런 의견을 노골적으로 표현한 사람은 거의 없었다.

그러나 앤드루 존슨은 별 어려움을 느끼지 않고 퉁명스럽게 평가했다. 그는 당시의 정부 고위관리들과 의회 의원들을 '산업 이익을 위한 정부의 구성원'이라고 묘사했으며, 남북전쟁 중의 '수혜자'가 된 부자들을 가리켜 "정치권력을 유지하기 위해 발행된 근 25억 달러에 달하는 국채에 기초를 둔 귀족계급"이라고 표현했다.

5 인플레로 거부가 된 사람들
제1차 세계대전과 독일의 초인플레

1923년 가을, 50대의 독일인 과부 로테 헨트리히 여사는 집을 떠나 스위스에서 살다 4년 만에 고향인 프랑크푸르트로 돌아왔다. 1919년에 그녀는 친척들이 사는 스위스에 몇 주 예정으로 휴양하러 갔었다. 그러나 스위스에 도착하자마자 헨트리히 여사는 넘어져서 엉덩이뼈를 다쳤다. 장기치료하는 동안 그녀의 만성적인 기침이 악화되었고, 그녀를 돌보던 의사는 폐결핵이 심해진 것 같다고 충고했다. 그녀의 병은 몇 달 몇 년을 지루하게 끌었지만 그녀의 친척들은 진정으로 그녀를 걱정하여 진찰비를 비롯한 모든 경비를 자기들이 지불하겠다고 나섰다. 드디어 1923년 9월 그녀는 완치되어 집으로 돌아가도 좋을 만큼 회복되었다. 그러나 그녀가 그렇게 고대했던 귀향은 곧 악몽으로 바뀌었다.

집에 돌아와보니 그동안의 우편물이 산더미같이 쌓여 있는데, 그중에는 은행에서 온 편지가 세 통 있었다. 세 통의 편지는 그녀가 어떻게 망해버렸는지에 대해서 잘 말해주었다. 첫 편지는 그녀가 잘 아는 은행원이 1920년 중반에 보낸 것으로, "상당한 액수에 달하는 귀하의 예금을 다른 곳에 투자하는 것이 좋겠다"라고 충고하고 있었다(그녀의 예금액은 60만 마르크가 좀 넘었는데 1919년 당시 환율로 따진다면 7만 달러 정도가 되었다). 그 편지에는 또 "마르크화의 구매력이 떨어질 것 같으니 좀 더 실질적인 것에 투자하여 이에 대비하는 게

좋을 것 같습니다. 언제 시간을 내어 저와 상의를 합시다"라고 씌어 있었다.

다음 편지는 1922년 9월의 소인이 찍힌, 다른 은행원이 쓴 것이었는데 다음과 같은 내용이었다. "귀하의 예금은 너무 금액이 적어서 우리에게 더 이상 이해타산이 맞지 않습니다. 죄송하지만 빠른 시일 내에 예금을 찾아가주실 수 없을까요?"

세 번째 편지는 그녀가 스위스에서 돌아오기 몇 주 전에 도착한 것으로 다음과 같은 내용이었다. "아무리 연락을 취해도 소식이 없어서 당신의 구좌를 폐쇄해 버렸습니다. 현재 보유하고 있는 소액권이 없어서 여기 100만 마르크짜리 지폐를 동봉합니다."

점점 더 전율에 사로잡혀 헨트리히 여사는 편지와 100만 마르크짜리 지폐가 들었던 봉투를 들여다보았다. 그 봉투에는 소인이 찍힌 100만 마르크짜리 우표가 붙어 있었다. 그녀의 예금액 — 4년 전에는 편안한 여생을 보낼 수 있을 만큼 충분한 금액이었다 — 은 인플레로 완전히 소멸되어 이제는 보통 우표 값도 못 치를 정도가 되었다.

헨트리히 여사와 수백만의 독일 국민을 희생시킨 1920년대 초기의 독일 초인플레는 세계 역사상 통화혼란이 극도에 달한 사건이었다. 세계 어떤 지역에서도 이처럼 많은 양의 돈이 남발되지는 않았으며 이만큼 물가가 치솟지 않았고 그렇게 많은 사람이 경제적 혼란으로 어려움을 겪지는 않았다. 인플레의 압력이 사회구조를 이처럼 갈기갈기 찢어놓은 것은 유례가 없는 일이었다. 인플레를 고의로 조장한 사람들이 자신들의 정책을 정당화하려고 꾸며낸 이론적 근거도 색다른 점이 있었다. 전에 한창 물가가 치솟을 때는 소위 전쟁위기라는 구실이 그들의 인플레 정책을 변명하는 구실이 되었다. 독일에서는 기발한 몇 가지 구실이 고안되었는데, 전쟁배상금을 내야 한다든가 볼셰비키 혁명의 위협이 있다든가 하는 것 등이 바로 그것이었다.

독일의 초인플레 기간에 산더미 같은 재산을 모은 사람들이 추구한 정책은 별난 것이 아니었다. 과거에 자신과 같은 사람들이 쓴 방법을 그대로 되풀이했다. 초기 바이마르공화국의 재산 점유자들은 자신들이 명령만 내리면 정부가 무작정 방출하는 홍수와 같은 돈으로 거대한 자산들을 모두 휩쓸어 자기 수중에 넣을 수 있었다. 과거 인플레 기간에 백만장자들이 생겨나는 경우가 더러 있어왔지만 하룻밤 사이에 억만장자, 어떤 때는 조만장자가 생겨난 경우는 독일의 초인플레 기간이 처음이었다. 1923년 독일 국민이 최악의 재정적 어려움을 겪고 있는 동안 세계 최초로 1,000조의 재산을 가진 사람이 독일에서 탄생되었다.

1923년의 재난은 제1차 세계대전 중에 독일 왕조가 추구한 인플레 통화 및 재정정책에서 맨 처음 비롯되었다. 1914년 7월 23일 독일의 동맹국인 오스트로-헝가리 제국은 세르비아에 48시간의 최후통첩을 보냄으로써 '세계에서 민주주의를 확보하게 될 전쟁'을 개시했다. 전쟁이 본격화되자 1주일 동안 독일의 중앙은행인 제국은행은 1억 마르크의 금화손실이 생겼고 금 보유고가 13억 5,700만에서 12억 5,300만으로 떨어졌다. 7월 31일 금화 보유고가 지폐의 43%에 달하고 있는데도(법정요구량은 33.3%였다) 제국은행은 지폐를 회수하여 금화로 재생시킨다는 구실을 내세워 법을 어기면서까지 지폐의 기능을 중지시켰다. 러시아에 선전포고를 함으로써 독일이 전쟁에 참전한 지 사흘째 되던 8월 4일 개최된 의회는 우울한 분위기였지만 전쟁이 오래가지는 않으리라는 낙관을 잃지 않으려고 애썼다. 그러나 이러한 낙관론에도 그들은 전쟁이 오래 걸리고 지출을 많이 해야 하리라고 전제한 몇 가지 조치를 취했다. 의회는 즉시 모든 정화(그 자체만으로도 실제의 가치를 지니는 화폐, 예를 들어 금화와 은화 같은 것 – 역자 주) 지불을 중지하고 제국은행에 새로운 권한을 부여했다. 그것은 단기 재무성채권을 사들이기만 하면 새로운 은행권을 발행하도록 해주는 것이었다. 1914년 8월 4일까지는 제국은행이 새 화폐의 방출을 위해 재무성 채권을 자기자산 보유고에 포함시키는 것이 금지되어 있었다. 이전의 법규에 의하면 새로운 화폐를 찍어내기 위해 보유고에 상업채권을 포함시키는 것은 허용이 되었다. 그러나 이것도 부분적으로 실시했다. "은행신용대부와 다른 화폐 문제에는 보수적인 방법을 취한다"라고 공포되었기 때문이다.

새로운 통화정책이 시행된 지 사흘 만인 8월 7일까지 재무성은 3개월짜리 단기 채권 20억 마르크를 방출했다. 제국은행은 즉시 그 채권 대부분을 사들여 그 값을 새로 발행된 화폐 20억 마르크로 지불했다. 그러자 그 새 돈은 당연히 재무성으로 들어가 독일 화폐의 흐름 속으로 방출되었다(재무성은 빚을 갚는 데 그 돈을 이용했다). 1914년 말까지 유통되고 있는 총통화량은 같은 방법으로 60억 마르크로 치솟았고 전쟁이 끝난 1918년까지는 총액이 330억으로 껑충 뛰었다. 4년 반만에 지폐통화량은 아홉 배로 증가했다(약 35억에서 330억으로).

주로 3개월짜리 국채로 발행된 단기 채권은 재무성이 전쟁 기간에 차용한 금액의 일부에 지나지 않는다. 계속적인 전쟁채권 정책이 실시되어 장기대부금의 누적총액은 970억 마르크까지 치솟았다(지난 반세기 동안 정부가 채권의 형식으로 빌려 쓴 금액은 매년 50억 마르크도 되지 않았다). 1,640억 마르크에 달하는 독일의 총전쟁비용 중 80%가 차용에 의해 충당되었다. 310억 마르크만이 관세, 주정부로부터 들어온 운송료 그리고 나중에는 세금을 통해 충당되었다. 조세로 메워진 비용은 200억 마르크도 되지 않았는데, 이것은 총경비의 12%에 불과한 것이었다(제1차 세계대전 중 영국은 33%를 세금으로 충당했고 제2차 세계대전 시 미국의 징수액은 총경비의 40%에 달했다).

독일이 전쟁 기간에 세금을 적게 징수한 것은 결코 우연이 아니었다. 그것은 국가를 위한 적절한 징수보다는 특권층의 부를 보존하려는 데 목적이 있었던 정책이 빚어낸 결과였다.

많은 경제사가들은 독일이 이처럼 세금을 적게 거둔 것은 그만큼 재정적인 능력과 조세징수 기구가 없이 제1차 세계대전에 참전했기 때문이라고 지적함으로써 이 문제를 간단하게 처리하려고 했다. 관세와 주정부(독일 왕국은 여러 주의 연합으로 구성되었고 각 주는 나름의 행정기구를 가지고 있었다. 그러나 각 주는 절대왕권의 헤게모니를 인정했다)에서 들어온 헌금은 국방비, 왕실유지비, 상하 양원의 유지비 등으로 쓰였다. 그러나 전쟁 전에는 세금 대부분을 각 주정부가 징수하고 자체적으로 사용했다. 실질적인 민간정부의 기능은 모두 이 주정부들이 책임지고 있었기 때문이다(물론 이 주정부는 왕권에 예속되었다). 이러한 배경으로 미루어볼 때 독일이 전쟁 기간에 세금징수의 문제에서 제기능을 제대로 발휘하지 못한 것은 전혀 놀랄 만한 일이 아니라는 것이다. 대부분의 경제사가는 그래서 조세징수가 변변찮았다고 주장한다.

그러나 이런 식으로 조세정책의 후진성을 변호하게 되면 몇 가지 사실을 간과하게 된다. 빌헬름 2세 치하의 제국 정부는 과도정부로서 명령에 의해 실질적으로 모든 정책을 시행할 수 있는 권한이 있었다. 비록 의회가 민중을 대표하여 선출되기는 했으나 그 힘은 사실상 그림자에 불과했다. 모든 법안은 여러 행정관청과 부서(내무, 외무, 해군, 국무, 재무, 법무 등)의 관리들에 의해 제출되어야 했다. 이러한 각 부서의 장은 서기였고 서기들은 수상에 의해 임명되었다. 그러나 수상 자신은 또한 국왕에 의해 임명되었다. 한마디로 국왕이 자기의 행정 대리권자들을 통해 모든 법안을 구상했다. 의회는 그 법안을 심의하고 표결하는 권리밖에 없었다. 법안의 시안은 상원인 연방의회로 보내지는데, 연방의회는 그 시안이 법적인 선례와 일치하는가, 시행할 수 있는가 없는가를 결정한다. 연방의회 — 왕이 지명한 대표들로 구성되어 있으며 의장은 수상이다 — 는 실제로 왕가와 융커 당원(봉건지주, 귀족계급, 장교단)의 행정적인 방편이었고 의석을 차지한 것도 거의 이들이었다. 모든 중요한 법안의 제정은 국왕이 '제안'하고 의회가 허울뿐인 심의를 하고 최종적으로 국왕이 '처리'했다.

더구나 전쟁 초반에는 국왕의 권력이 훨씬 더 절대적이었다. 이때까지 진정한 의미의 유일한 '야당'이었던 사회민주당 소속 의원 110명이 나라가 전쟁을 하는 위급한 시기에는 '조국에 충성하는 의미에서' 반대를 삼가자는 결의를 채택한 연유로 야당이 제구실을 못했기 때문이다.

거의 절대적인 권력을 갖게 되었으므로 정부는 이제 마음만 먹으면 효율적인 조세제도를 확립하여 식량배급, 군수공장의 인력통제, 전쟁물자의 유통, 공업 및 농산품의 경영과 같은 전시에 시행할 수 있는 비상 프로그램을 통해 매우 큰 성공을 거둘 수도 있었다. 마음만 먹었다면 상당한 액수의 세금을 징수할 수도 있었을 것이다. 그러나 실제로는 그렇게 하지 않으려는 의지가 더 강했다.

재무장관인 카를 헬퍼리히 — 부르주아 출신인데도 왕의 비서직까지 맡고 있었다 — 는 부유한 사람에게 불편을 끼칠지도 모를 조세는 교묘하게 피했다. 처음부터 그는 전쟁이 금방 끝날 것이고 독일은 패전국에서 받는 배상금으로 그간의 전쟁경비를 벌충할 것이므로 세금징수가 불필요하다고 공표했다. 이러한 확신은 기자회견을 통해 여러 번 발표되었고 1915년 3월에 국회에서 정식으로 선포되었다. 게다가 헬퍼리히는 예산이 이미 균형이 이뤄지고 있기 때문에 더 이상의 세금징수가 불필요하다는 것을 보여줄 계획을 하나 고안했다. 그 계획이란 속이 뻔히 들여다보이는 아주 단순한 것이었다. 그는 전쟁경비를 일반예산에서 분리하여 다음과 같은 각주를 붙여 특별예산에 포함시켰다. "전쟁이 끝나면 패전국에서 배상금을 받아 충당할 것이고, 또한 관세, 주정부에서 징수되는 양도세, 기타 자질구레한 조세로 정규지출을 메울 것이며, 이 자금이 일반예산을 충당할 것"이라고 발표했다. 눈처럼 불어나는 전쟁경비는 일부러 고려하려고도 하지 않았기 때문에 무시되었다. 그러나 한쪽에서는 제국은행에서 이 '망각된' 경비를 충당하기 위해 재무성 채권을 사들여 열심히 화폐를 찍어내고 있었다.

전쟁이 1915년까지 질질 끌게 되자 — 후방에서는 식량징발이 일쑤였고 일선에서는 부상자의 물결과 전사통지서가 밀려왔다 — 세금을 부과하라는 압력, 특히 전쟁을 통해 이득을 본 사람들에게 세금을 부과하라는 압력이 더해갔다. "공평하게 희생당하자"라는 주장이 점점 심해지자 국왕은 헬퍼리히에게 "무언가 조치를 취해야겠다"라고 은밀히 제안했다.

그러나 재무장관이나 의석을 차지하고 있는 보수파 의원들은 답답할 것이 하나도 없었다. 1916년 6월, 드디어 최초의 기본 조세규정이 시행되었다. 0.1%라는 믿을 수 없을 정도로 낮은 금액의 '양도(부가가치)세'가 걷혔다. 헬퍼리히에 의하면 독일에서 제작되는 모든 상품은 원자재에서 완성품이 되기까지 다섯 번의 전도과정을 거쳤다. 그래서 완성된 제품에 붙는 총세액을 합쳐봐야 0.5%밖에 되지 않았다. 두 번째로 채택된 세금 ─ 전쟁 이익세 ─ 은 군수품 제조업자에게는 무거운 세금으로 알려졌다(군수품 제조업자 중 많은 사람이 왕의 열렬한 지지자이거나 중립 당원과 우익 정당의 영향력 있는 당원이었다). 그러나 전후위원회가 여러 가지로 조사한 바에 의하면 맨 처음 조세등급을 정할 때 원래 정해진 액수보다 상당히 적게 내도록 규정을 애매하게 해서 이들을 유익하게 했다고 한다. 그래서 1916년의 총세액은 경비의 15% 이하에 머물렀다(바이마르공화국이 세워진 후 전쟁으로 이득을 본 사람들에게서 빚을 받아내려고 위원회가 여러 가지로 시도했지만 몇몇 송사리들에게서만 본보기로 반환을 받고 예상대로 그 노력은 실패로 끝났다).

1916년 헬퍼리히의 허가에 의해 조세규정이 시안되었지만(그해 초기에 그가 법안을 만들었다) 그 법이 시행될 때쯤에는 그는 이미 재무장관이 아니었다. 1916년 5월 22일 그는 제국에서 가장 높은 자리의 하나인 부수상으로 승진되었고 동시에 국무장관이 되었다. 부수상으로서 해야 할 그의 임무 중에는 제국은행을 '감독'하는 일도 있었다. 그는 또한 '재무부와 밀접한 연관을 갖고 일하도록' 되어 있었다. 이제 그는 사실상 정부의 재정 및 통화정책의 조정자였다. 유감스럽게도 그에게는 왕족의 피가 한 방울도 섞여 있지 않았지만(그는 부유한 방적공장 주인의 아들이었다), 운만 트인다면 언젠가는 제국의 수상 자리도 바라볼 수 있었다.

과거의 행적으로 미루어볼 때 그는 미래에 대해 낙관할 만한 충분한 이유가 있었다. 1903년 31세의 나이로 그는 중요한 경제저서 『화폐(Das Geld)』를 출판하여 국제적인 명성을 얻었다.

범위가 방대하고 짜임새 있다고 평가되는 그 저서로 헬퍼리히는 독일 경제
학자들 사이에서 독보적인 위치로 상승했다. 새로운 통찰력이 엿보이는 점은
없지만 몇 년 동안 그 책은 독일의 표준교과서로 사용되었고, 수 개 국어로 번
역되어 경제학자, 은행가, 행정부, 대학에서 즐겨 찾는 참고문헌이 되었다.

1914년에서 1924년까지 그는 계속해서 인플레 통화정책을 옹호해왔지만
이 책에서 그가 취하고 있는 입장은 '경화(hard money: soft money에 반대되는
말로 그 자체로 가치를 지니는 금속으로 만든 화폐. 금화나 은화 - 역자 주)'를 지지
하는 입장이었다는 것이 주목할 만하다. 그는 저서에서 '금의 배경이 없는' 화
폐는 곧 화폐 기능을 상실하기 쉽다고 주장했다. 또한 그는 금본위화폐를 고
집했고 '화폐를 만들어낼 수 있는 무제한의 가능성'(태환불능의 지폐를 발행할
수 있는 능력)은 국가가 떨쳐버리기 힘든 유혹이 될 것이라고 단언했다(이 말
은 1914년에서 1924년 사이의 10년간 그가 행한 이와 반대되는 주장과 견주어볼 때
특히 흥미롭다). 이 책의 상당 부분은 금본위에 근거를 둔 국제통화정책 확립
이 필요하다는 것과 그 역학에 대해 언급하고 있다. 그리고 여기서도 조폐공
사의 찍어내려는 욕심 이외에는 아무 뒷받침도 없이 많은 양의 돈을 찍어내
는 것이 얼마나 위험한 일인가에 대해 경고하고 있다.

찬사의 물결을 타고 그는 독일의 주요 은행 중 하나인 도이치은행의 지점
장 겸 통화정책 고문이 되었다. 거기서 그는 여러 기업가들과 당시 제국은행
총재이던 코흐와 귀중한 접촉을 가졌다. 코흐는 "헬퍼리히야말로 내가 만나
본 사람 중에서 가장 뛰어난 탐구심과 놀랄 만한 기억력을 가진 사람"이라고
말했다. 1910년 명실 공히 독일 최고의 통화 문제 권위자로 간주되기 시작한
그는 국왕의 허락을 얻어 제국은행 중앙위원회에서 일하게 되었다. 제국은행
에서 일하는 4년 동안 그는 국왕의 신임을 얻어 드디어 재무장관의 위치에까
지 오르게 되었다. 그 위치에서 그의 가치가 유감없이 발휘되어 ― 특히 여러
가지 전쟁채권 모금운동에서 1,000억 마르크를 모으자 ― 그는 새로운 찬사를 받
게 되었다. 그가 부수상으로 임명되었을 때 아무도 놀라지 않았다. 그것은 그

가 세운 귀중한 공로에 대한 보상이었기 때문이다.

그리하여 1916년 중반에 다음으로 높은 위치에 도달하는 것은 쉬워 보였다. 그것은 시간문제였다. 그러나 헬퍼리히에게도, 왕에게도, 독일제국에게도 좋지 않은 일이 일어났다.

1917년, 군사비 지출이 증가하고 일반 정부운영비가 늘어나자 재정은 더욱더 악화되었다. 연합국의 식량봉쇄 때문에 구조적으로 아사를 당하고 있는 국민을 먹여 살리기 위해 곡물과 빵을 사들이는 데 막대한 경비가 필요했다. 전선에서 간간이 승전보가 들려왔지만 전쟁에 시달리는 일반 가정에서 불만이 터져나오고 더 많은 세금을 거둬야 한다는 요구가 높아져 가자 증세에 대한 압력은 급증했다. 한동안 헬퍼리히는 "현재 예산의 수지균형이 유지된다"라고 주장함으로써 이러한 요구를 무마하려 했다. 그러나 마침내 물품전도세가 오르고 소위 전쟁이익금에 대한 아주 보잘것없는 세금도 올랐다. 그러나 가장 많이 오른 세금은 가정과 공공 교통수단에 쓰이는 석탄에 징수된 세금이었다. 그러나 소비세나 석탄세는 부유층에는 그렇게 과중하게 부과되지 않았다.

새로운 규정으로 세입이 증가했다(1914년의 24억 마르크에서 1917년에 78억 마르크가 되었다). 그러나 상속세, 소득세, 부동산 소득세, 자산세 등에 걸쳐 광범위하게 징수하지 못했기 때문에 늘어난 지출을 메우기에는 세입이 너무나 미약했다. 결과적으로 연간 적자는 늘어만 갔다. 새로 전쟁채권을 판매하여 수입을 올리려는 노력이 시작되었다. 그러나 이것 또한 불충분한 조세처럼 예산상의 적자를 메우지는 못했다. 그러자 정부는 또다시 돈을 찍어내는 작업에 박차를 가하는 방법밖에 다른 도리가 없었다. 늘 하던 식으로 재무성이 3개월 기간의 채권을 발행하고 재무성은 새로 찍어낸 돈으로 대부분을 사들였다. 1918년 한 해 동안 총발행고는 150억 마르크에 달했는데, 이는 이때까지 독일이 제1차 세계대전 전에 만들어낸 화폐량의 다섯 배에 가까운 양이었다. 게다가 상업은행의 예금액은 새로 만들어낸 지폐의 다양한 영향을 받아 전쟁 전의 50억 마르크에서 1918년 말에는 190억 마르크로 늘었다. 유통이 잘 되는 통화형태인 지폐와 요구불예금은 4년 반만에 85억에서 520억으로 여섯 배 이상 올랐다. 통화량 증가는 피할 수 없는 결과, 즉 인플레를 낳았다.

1918년 말까지 도매물가지수는 1913년의 두 배 반을 가리키고 있었다. 소비자물가지수는 전쟁 중에 공개적으로 발표된 것이 없다. 그래서 소비자 수준에서 인플레의 크기가 어떠했는지 정확하게 결정지을 수는 없다. 그러나 도매물가지수가 두 배 반 올랐다면 실제 물가인상은 그보다 훨씬 더했다는 것은 틀림없는 사실이다. 두 배 반이라는 것은 '공식적'인 가격이지 정부가 소위 '통제'한다고 하는 기본생필품의 암시장에서 거래되는 가격은 아니다. 발표된 자료에 따르면 소위 통제된다고 하는 물품들이 사실은 규정된 수준보다 훨씬 높게 팔렸다고 한다. 가격인상률이 정부가 발표한 대로 150%였는지 아니면 당시 관찰자들이 주장하는 대로 300%였는지는 확실치 않다. 그러나 나중에 생긴 초인플레 전쟁 기간에 태동되었다는 것은 확실하다.

1914년 8월에 제국은행이 처음으로 방출한 20억 마르크는 자금의 유통을 위해 어쩔 수 없는 것이었는지도 모른다. 그러나 그 뒤 전쟁 기간에 계속 찍어낸 화폐와 그에 따른 인플레는 적당한 세금징수를 통해 미연에 방지할 수도 있었을 것이다.

그러나 통화 문제와 확산되는 인플레 문제는 임박한 전쟁의 패배와 정치적 불안정이라는 더 골치 아픈 문제에 밀려 1917~1918년에 점점 더 2차적인 문제가 되어버렸다. 1917년 3월의 러시아혁명은 독일에 불안정한 영향을 끼쳤다. 이 때문에 사회민주당 소속 과격파 ― 좌경한 독립사회당과 혁명 스파르타주의자 ― 는 대담해져서 휴전할 것, 노동자에게 더 많은 직책을 맡길 것, 모든 사람에게 투표권을 줄 것을 요구했다.

대다수 사회민주당 지도자들 ― 점진주의적 관점을 가지고 있으며 '자유무역조합' 2,500만 회원의 지지를 받고 있는 ― 은 원하지도 않으면서 '빵과 만인참정권'을 요구하는 슬로건을 외치는 데 휩쓸려 들어가게 되었다.

러시아혁명의 소식이 독일에 전해지자 붉은 깃발이 베를린에 비밀리에 나타나기 시작했다. 4월에는 독립사회당과 스파르타당의 선동으로 노동자 20만 명이 처음으로 대규모의 전시 스트라이크를 단행했다(그들은 그렇지 않아도 죽기에 꼭 알맞은 식량배급량을 줄이려는 최근의 명령을 취소하라고 요구했다). 경쟁자들이 성공적으로 데모를 주도하는 데 위협을 느낀 여당 사회민주당은 의회에서 들고일어나 합병주의자들의 요구를 중지할 것과 '모두에게 충분한 빵'을 요구했다.

또한 그들은 정치적 개혁안, 특히 가장 반동적인 프러시아 지방의 개혁안을 추진했다. 보수당과 국민자유당 당원들 ─ 독일 최고사령부와 밀접한 연관을 맺고 있는 반동의 선봉 ─ 은 "전시 배반자이며 살육적인 마르크스주의의 스파이"라고 모든 사회민주당(여당인 사회민주당이든 독립사회당이든 스파르타당이든)을 공격했다.

이런 혼란의 와중에 ─ 제정 러시아가 전복된 지 몇 주 후 ─ 미국은 할 수 없이 중립을 포기하고 참전했다. 이렇게 사태가 발전하고 연합군이 여기저기서 큰 승리를 거두자 의회의 온건파는 '1917년의 평화결의안'을 성취할 용기를 얻었다. 사실상 이 온건한 제의[온건 중앙(가톨릭)당의 대표적인 매티아스 애르즈버거가 제의했다]는 전적으로 전쟁을 중지하자는 요구가 아니라 '잘하면 전쟁이 끝날 수도 있는 이 마당에' 모든 교전국이 갖고 있는 보복주의적인 목적을 버리자는 제의였다.

루덴도르프 ─ 스스로 병참감이라는 직책을 차지했다 ─ 는 미친 듯이 노하여 베를린으로 달려가 국왕에게 그 배신행위를 즉각 중지하라고 주장했다. 또한 고상하고 온화한 수상인 베트만 홀베크에게 즉시 그 '계획'을 중지하든가 아니면 수상직을 내놓으라고 요구했다. 수상은 잠시 버텼으나 루덴도르프가 "전쟁을 그만두고 군대야 어떻게 되든 상관 않겠다"라고 위협하자 굴복하고 말았다. 드디어 수상은 사임했다. 루덴도르프가 추천한 미카엘리스라는 자가 그 자리를 인수하여 '가증스러운 평화결의'를 찬성하는 물결을 막아보려고 노력했다. 그러나 그의 힘은 너무 약했다. 사회민주당, 중앙당, 진보당 연합세력이 212 대 126로 의회에서 통과시켰다. 민주주의적인 행사가 처음으로 독일에서 시행되었다. 그것이 왕국시대의 종말을 고한 것이었음은 시간이 가면 밝혀질 것이다.

미카엘리스는 오래 버티지 못했다. 1917년 9월, 불만에 찬 선원 집단이 키엘에서 일으킨 반란 주도자 두 명이 사형선고를 받았다. 독립사회당 의원들은 감히 입바른 견해를 피력하는 충성스러운 시민의 입을 막는 일은 옳지 못하다고 정부를 비난했다. 사회민주당, 중앙당, 진보당의 연합세력은 한 번 더 힘을 합쳐, 자기들이 보기에 키엘 문제를 취급하는 데 일부 과격파의 손에 놀아나고 있는 미카엘리스를 파면하도록 국왕에게 압력을 넣었다. 항상 주관이 없이 남의 말을 잘 듣는 왕은 그들의 이론을 받아들여 루덴도르프를 화나게 하는 행동을 했다. 미카엘리스를 파면시켰던 것이다. 1917년 10월 26일 수상의 총내각이 물러났는데, 이 중에는 헬퍼리히도 포함되어 있었다. 빌헬름 왕은 헬퍼리히를 새 수상인 헬프트링 밑에서 부수상으로 일하도록 고쳐 생각해 볼 수 없겠느냐고 했지만 연합세력은 단호히 거부했다. 그의 반동적인 견해가 점점 더 심해지고, 다른 정부관리에 대해 점점 오만한 태도를 취했으며, 사회민주당의 많은 부분을 따돌리기 때문이라는 것이었다(그는 사회당에 등을 돌렸고 국무장관과 부수상으로서 의회에 등장할 때는 그들을 통렬히 비난하면서 "반역적인 마르크스주의의 대표들과는 말도 하지 않겠다"라고 공표했다고 한다).

헬퍼리히의 부수상직은 17개월밖에 지속되지 않았다. 크나큰 희망을 가지고 시작했지만 쓰디쓴 분노와 함께 실패로 끝나고 말았다. 부수상직에서 물러난 그는 모든 것을 "마르크스주의 배반자들과 동조자인 사회민주당" 탓으로 돌렸다.

1918년 1월, 100만의 군수공장 노동자들이 거리로 뛰쳐나와 전쟁과 그에 따른 손실을 중지하라고 부르짖은 것은 그에게 '적들'에 피부을 공격의 구실을 하나 더 준 셈이었다. 이 운동을 주도한 것은 노동자와 상점주를 규합하여 위원회를 조직한 독립사회당이었다. 본의 아니게 그 운동에 질질 끌려 다니던 중립노선의 여당인 사회민주당은 당수인 에버트의 지시에 따라 조속히 그 스트라이크를 종식시키기 위해 스트라이크를 사보타주했다. 성공적인 데모로 인해 좌익분자들이 세력을 잡을까봐 우려했기 때문이다.

시간이 감에 따라 여당인 사회민주당의 지도자들이 계획하는 모든 프로그램과 정치행동은 좌익세력과 공산주의자와의 경쟁심에 의해 많은 영향을 받았다. 자신들의 선전에서 여태껏 비방해오던 적, 말하자면 자본가, 융커 당원, 제정정부의 주도급 인사보다 공산주의자를 더 위험한 적으로 간주하게 되었다. 그들이 점점 더 마르크스주의자나 볼셰비키와 의견을 달리하자 독일 국내외에 있던 자본주의자들은 가장 큰 위협, 즉 공산주의 독일이 탄생하는 것을 막는 효과적인 방파제로서 그들을 바라보기 시작했다.

1918년 여름이 되자 무너진 독일전선에 패전의 기운이 감돌기 시작했다. 힌덴부르크나 루덴도르프 모두 종말이 가까워졌다는 것을 깨닫고 있었으나 지치고 병든 군대를 항복시키려 하지 않았다(1918년 한 해 동안 독일인 50만 명이 전사했다). 그들은 자기에게 유리한 조건이 없을까 하는 일말의 희망을 가지고 있었지만 그들에게도 왕족에게도 아무 해결책이 없었다.

우드로 윌슨은 왕정이 계속 존속할 것 같으면 결코 평화조약이 성립될 수 없다고 몇 번이고 말했다. 10월 23일 그는 왕정과 카이젤의 운명을 종지부 찍는 담화를 발표했다. "만약 미국 정부가 군부 지도자나 독일의 전제군주체제와 독일제국의 국제의무에 관해서 지금이나 혹은 나중에라도 회담을 해야 한다면 미국 정부는 평화협상이 아니라 항복을 요구할 것이다."

윌슨의 담화는 군주체제의 붕괴를 촉진했다. 1918년 11월의 첫 2주 동안 사건은 회전을 거듭하여 알아볼 수 없을 정도로 빨리 진행되었다. 내각은 붕괴되었고 임박한 휴전회담에 관한 개인적인 서신들이 독일과 연합군 사이를 수차례 오갔다. 루덴도르프와 힌덴부르크도 사임했다(힌덴부르크는 동요하는 독일을 안정시킬 수 있는 상징적인 효과를 가진 자라고 간주되어 사표가 수리되지 않았다). 사회민주당은 연합정부에서 한몫을 담당하게 되었다(그래서 독립사회당과 스파르타주의자들은 당을 탈퇴하여 '위로부터의 혁명'을 거부하고 노동자의 공화국을 세울 것을 주장했다). 수많은 민주적인 법안이 우익 대표들의 격렬한 반대 속에 의회에서 통과되었다(헬퍼리히는 이를 아주 못마땅하게 생각했는데, 그러한 반대의견을 반동적인 신문에 실었다). 의회는 "민주주의의 기초를 이룩했다"라고 생각했는지 가장 필요한 시기에 휴회를 선언해버렸다. 퇴위하기를 거부하는 국왕은 날로 심해가는 베를린의 혼란을 피해 10월 29일 측근과 함께 스파로 은거하여 기적이 일어나기를 기다렸다.

아무런 기적도 일어나지 않았고 그 대신 다음날 빌헬름샤벤에서 폭동이 일어났다. 그것은 선원들이 상대도 안 될 만큼 거대한 영국 함대에 최후 육탄공격을 하기를 거부함으로써 생긴 것이었다. 반란은 다른 항구에도 번져서 11월 4일에는 새로 결성된 '위원회'와 '소비에트'들이 모든 함정에 붉은 깃발을 게양했다. 그러나 나중에 밝혀진 바에 의하면 '소비에트'라는 말을 사용하거나 붉은 깃발을 올렸다고 해서 반드시 혁명을 원하는 것만은 아니었다. 그것은 단지 불만의 표시였다. 그러나 당시로서는 그것을 사용했다는 사실이 불길한 것이었다. 노동자들이 선원들의 반란에 가담했다. 사회민주당은 사태가 점점 걷잡을 수 없게 되어가는 것을 보고 국왕이 물러나지 않으면 자기들이 정부를 떠나겠다고 위협했다. 이 중대한 시기에 스파르타주의자들은 11월 9일 대규모 폭동을 선동했다. 에버트는 즉각적인 공산주의 반란이 일어날까봐 두려워서 '국왕이 물러날 때까지 지속될' 반대 데모를 일으켰다.

에버트가 주도한 데모가 극에 달하자 빌헬름이 스파에 가 있는 동안 국왕 행세를 해오던 막스 왕자는 국왕이 퇴위했다고 공포했다. 그는 또한 총선거가 실시되고 제헌국회가 열릴 때까지 에버트를 수상으로 한 임시정부가 집권하게 될 것이라고 선언했다. 베를린의 주요 광장을 꽉 메운 군중은 찬성의 함성을 질렀다.

그러나 새로 일어난 공산주의운동에 의한 혁명의 위협은 여전히 독일에 감돌고 있었다. 사회민주당의 압력에 못 이겨, 또한 과격분자의 불안 조성을 방지하기 위해 독일 대표들은 1918년 11월 11일 오래 끌어오던 가혹한 휴전협정에 조인했다.

새롭지만 여전히 마찬가지로 혼란스러운 시대가 시작되었다. 이제는 군사적인 문제는 부수적인 것이 되고 화폐 문제가 주된 관심사가 되었다.

전쟁 직후 독일의 재정정책이 전쟁 때보다 훨씬 인플레를 촉진하게 되자 정부지출(구호금, 원호연금, 재건기금)은 제한된 세입을 훨씬 앞질러 치솟았다. 1919 회계연도 동안(1919년 4월 1일부터 1920년 3월 31일까지) 세입은 지출의 30%에 불과했다. 반면 전쟁 기간에는 채권의 대량 발매로 정부수입을 올려 지출의 80%에 달했다.

그렇지만 휴전 직후 재무성은 제국은행의 금 보유고가 충분한데도 장기채권을 발매하려고 하지 않았다(사실상 전후 초인플레 기간을 통해 아무런 채권발매를 하지 않다가 1924년에야 시작했다).

전쟁 중에 제국의 금을 모으자는 '애국적' 모금운동의 결과 중앙은행은 1919년 초 22억 5,000만 마르크의 금을 보유하고 있었다. 이 때문에 투자가들이 얼마든지 장기 정부채권을 살 의도가 있었을 것이다. 특히 이자가 금으로 지급되면 더욱더 그럴 것이다. 더구나 전쟁이 끝났을 때 대부분의 국민들은 헐벗었지만 중산층은 더 부유해지고 부유층은 그들에게 유리한 조세정책의 보호를 받아 더 큰 부자가 되었다. 상당량의 돈이 은행에 쌓였다.

상업은행과 저축은행의 총예금액은 1913년 말부터 1919년 말까지 290억에서 1,200억 마르크로 올라 거의 다섯 배가 되었다. 이 액수는 일인당 1,850마르크인데, 같은 해 미국의 일인당 통화공급량의 네 배 이상이었다. 당시 독일의 일인당 통화량은 남북전쟁 중의 북부보다 훨씬 높았고 정부가 매력적인 채권판매를 통해 모을 수 있는 금액이었다. 그러나 튜턴족에게는 정부채권 판매운동을 전개할 제이 쿡 ─ 혹은 체이스 ─ 과 같은 사람이 없었다. 1919년 재무장관으로 임명되어 '재정적으로 강경하다'고 인정받는 에르츠버거조차도 장기채권을 발매할 노력을 전혀 하지 않았다.

세금과 채권으로 충분한 세입을 얻지 못하자 정부는 '전쟁 비상시'에 그랬던 것처럼 새로 사들인 재무성 증권을 통해 제국은행에게 새 돈을 찍어내게 함으로써 결손을 메웠다. 보잘것없는 세입과 늘어난 지출의 간격을 메우기 위해 1919 회계연도에 거의 180억 마르크가 새로 방출되었다. 그래서 총통화량은 510억 마르크가 되었다. 기대한 결과가 나타났다. 1919년 말에는 도매물가지수가 전쟁 전보다 8배 이상 올랐다. 돈이 쏟아져 나오자 물가가 올라가고 많은 물품에 대한 통제가 시작됨에 따라 1919년 한 해 동안 3배 이상(1918년 말에는 2.5배였다) 뛰었던 것이다. 1919년의 사건은 고물가와 저생산이 함께 일어나는 보기 드문 비정상적인 일이었다.

당시 제국은행 부지점장은 가속화되는 1919년의 인플레이션(그것은 수많은 데모와 실패로 끝난 혁명의 원인이 되었다)을 다음과 같이 해명했다. "화폐량이 자꾸 늘어나는 실제 이유는 자본가들이 돈을 자꾸만 숨겨두거나 해외에 투자하기 때문이다." 다시 말하자면 투자하기 위해 해외로 유출되는 자금과 자본가들이 빼돌리는 자본으로 인해 실제 유통되는 화폐가 부족하기 때문에 더 많은 돈을 새로 찍어내야 하고 결과적으로 인플레가 발생하게 된다는 것이다. 독일이 돈의 홍수에 파묻혀 숨이 막힐 지경인데도 제국은행은 돈이 부족하다는 이 헛소문을 초인플레가 계속되는 동안 계속해서 반복해야 했다.

1919년에 세법 개정안이 통과되었다. 그 결과 조세로 거둬지는 마르크화는 상당히 증가되었으나 정부지출도 그만큼 늘어갔기 때문에 소용이 없었다(정부지출액의 실제적인 상승은 주로 인플레 때문이었다). 그럼에도 새로운 세법으로 세입이 총지출의 33%까지 올랐다(그 전년도에는 30%였다).

그러나 정부의 적자 ― 총지불의 67%에 달하는 ― 는 그 이상의 재정을 필요로 했다. 이번에도 정부는 장기채권을 발행하는 정책을 쓰지 않고 또다시 재무성 증권을 사들여 제국은행으로 하여금 새 화폐를 찍어내게 하는 구태의연한 방식을 택했다. 그 결과 1920 회계연도 말에 유통되고 있는 총화폐량은

810마르크에 달했는데 한 해 동안 300억이 증가한 셈이었다(그 증가는 전쟁 기간 증가한 총액에 맞먹는 것이었다). 자연적으로 물가도 치솟아 도매물가지수가 14.4가 되었다. 전쟁이 끝난 후 2년 만에 물가는 거의 여섯 배가 되었다. 국제 화폐시장에서 마르크화는 훨씬 더 형편없이 하락했다. 전쟁 전에는 4.2마르크를 가지면 1달러와 맞먹었으나 1920년 말에는 700마르크가 있어야 1달러와 바꿀 수 있었다.

1921년 4월 1일부터 1922년 3월 31일까지의 회계연도에 의한 시장에서의 마르크화 폭락과 국내시장에서 효율적인 부의 축적수단으로서의 붕괴는 새로운 현상, 즉 현금 배상금 지불 때문에 더욱더 가속화되었다.

1919년 6월에 베르사유에서 조인된 평화조약은 독일에게 전쟁에 대한 전적인 책임을 지게 하고 어마어마한 양의 재산과 생산수단을 빼앗아갔다. 분할 손해배상은 그만두고라도 독일은 알자스로렌, 포센, 상부 실레지아, 서부 프러시아의 많은 부분, 대부분의 해외 식민지 등 거대한 영토를 빼앗겼다. 해외 식민지를 제외하고도 그 손실은 경작 가능 영토의 15%, 철광의 75%, 아연의 68%, 석탄 매장량의 28%에 달했다. 알자스 지방의 칼륨 광산을 프랑스에 빼앗긴 것은 독일 화학공업에 불리한 영향을 미쳤고, 실레지아 지방의 주요 탄전과 광산을 빼앗기게 되자 철광생산에 큰 타격을 입었으며, 알자스 지방의 직물공장을 가장 큰 경쟁자에게 빼앗기게 되니 독일의 주요 수출산업인 직물산업도 막대한 손실을 입었다.

그 조약으로 독일은 상선과 어선의 대부분과 철도차량의 상당 부분, 알자스로렌 지방의 모든 철도시설, 그리고 양도된 지역에 남아 있는 모든 물질과 재산을 빼앗겼다(독일 정부는 징발한 재산을 모두 소유주에게 반환하라는 명령을 받았다). 이러한 손실 이외에도 그 조약은 독일의 수출에 악영향을 미치고 이전의 적이 요구하는 모든 수출계약을 강제로 받아들이도록 규정을 명시하고 있었다.

이 모든 규정은 독일에 심한 경제적 영향을 미쳐 생산과 수출을 모두 붕괴시키고 심한 실업상태를 유발했다.

그러나 다른 벌칙조항이 또 있었다. 독일이 전승국에게 (현금과 물품으로) 갚아야 할 배상총액은 1921년 5월 1일까지 발표되지 않을 것이었다. 그러나 독일은 1,000억 금화 마르크의 공채증서(독일이 갚아야 할 돈이 1,000억 있다는 것을 인정하는 증서)를 우송하기로 되어 있었다. 그중 200억은 늦어도 1921년 5월 1일까지는 물품으로 지불해야 했다. 나머지 800억을 갚는 세부 방법은 장래에 또 명시하기로 했다.

독일 정부관리들은 막중한 '배상금 증서'를 받자 놀랍다 못해 분노에 찬 반응을 보였다. 신문과 정부에서는 1,000억 마르크를 몰수당하면 독일은 파산할 것이라고 주장했다. 그렇게 되면 혼란이 야기될 것이다. 가장 무서운 결과, 즉 좌익혁명을 불러일으킬 것이다. 요구액의 크기는 그만두고라도 그 요구의 가장 어려운 점은 모든 현금배상이 '금화'로 이루어져야 한다는 것이었다. 연합국은 독일에게 현금배상을 가치가 하락된 지폐로 하지 못하게 하고 금화나 지불할 상대국의 화폐로 지급할 것을 명시했는데 그것은 당연한 일이었다.

이것은 독일이 국제 외환시장에 들어가, 계속 가치가 하락하는 마르크화로 지불해야 할 외국화폐를 사들여야 한다는 것을 의미했다. 국제시장에서 마르크가 하락하면 할수록 더 많은 마르크가 필요할 것이다. 이렇게 되면 더 많은 돈을 찍어내야 할 것이고, 그것은 또한 마르크화의 국제시세를 낮추는 결과를 초래할 것이다.

현금 배상액 지불은 1921 회계연도(1921년 4월 1일부터 1922년 3월 31일까지)와 그다음 회계연도의 전반부에 점점 더 인플레를 유발할 것이다. 1921년 4월 27일 배상금위원회(그 앞에 독일은 여러 번 피고의 입장에서 증언을 했다)는 드디어 그 판결을 내렸다. 전체 금액은 1,320억 금화 마르크에 달했는데, 대부분은 물품으로 지불할 수도 있었다. 매년 20억 마르크를 현금으로 지불해야 하는데, 우선 10억 마르크를 12월 말까지 현금으로 갚아야 했다.

독일 국민은 배상조건에 분노를 금치 못했다. 대도시에서 폭동이 터졌다. 분노한 거리 연설가들은 계속되는 환율에 비추어볼 때 1,320억 마르크라는 금액이 전쟁 전 독일 전체 재산의 절반에 해당한다고 지적했다. 케인스는 저서『평화의 경제적 결과(Economic Consequences of the Peace)』에서 연합국의 탐욕과 어리석음을 신랄하게 비난하면서 바이마르공화국이 머지않아 배상금 지불을 중지할 수밖에 없을 것이라고 예견했다. 이 모든 항거에도 연합국은 주장을 굽히지 않고 군대의 일부가 '치안을 유지하기 위해' 그리고 배상금을 받아내기 위해 독일 영토에 주둔했다. 독일 국민은 이 가혹한 요구를 들어주는 수밖에 없었다.

1921년 5월, 처음으로 현금이 불입되었고 그해 말 1921년분의 배상금이 지불되었다. 이 지불은 에르츠버거의 조세개혁의 이점을 조금 느끼기 시작한 때와 동시에 일어났다. 정부 통계에 의하면, 1921년에 배상금 지불만 없었더라면 세입만 가지고도 거의 모든 지출을 충당할 수 있었을 것이다. 그러나 현금 배상액 지불 요구는 궁지에 몰린 정부를 더욱더 압박했다.

다시 제국은행의 지폐인쇄기가 작동되었다. 1921년 1월 1일 810억에 달하는 총지폐량이 5월까지만 해도 사실상 변함이 없었으나 그해 말에는 1,225억이 되었다. 연간 410억의 증가는 새로 찍어낸 지폐 때문인데, 그 지폐는 배상금 지불을 위해 외화로 바뀌었다. 도매물가지수는 즉시 통화량의 증가를 반영했다. 1920년 12월 31일의 14.5에서 1921년 6월 30일에는 사실상 13.7로 하락했으나 그다음 6개월 동안 과중한 배당금 지불을 하게 되자 1921년 12월 31일에는 34.9로 거의 21 이상이 올랐다. 독일 시민은 배상금 지불이 가져온 인플레의 효과를 실감했다. 1921년 중반 전전의 기준보다 14배나 오른 가격상승에 압박을 받던 시민은 그해 말에는 35배나 오른 물가에 시달려야 했다.

배상금은 당연히 마르크화의 외환가치에 파괴적인 영향을 미쳤는데, 이것은 예상하던 바였다. 1921년 5월, 현금지불이 시작되기 전에는 달러와 마르크의 비율이 1 대 70이었으나 그해 말에는 1 대 174의 수준으로 떨어졌다(전쟁 전보다 달러에 대한 가치가 43분의 1로 떨어졌다).

1922년에는 배상금이 야기한 통화적 · 정치적 불안정의 영향이 더욱 명백해졌다. 그해 1월 칸에서 회의가 열렸는데, 독일 정부는 사정을 설명하고 배상금 지불 연기를 요청했다. 그러나 회의 도중에 온건한 브리앙 정부가 무너지고 앙심을 품은 프엥카레가 프랑스 수상직을 맡게 되었다. 배상금위원회는 이제 독일의 지불이 조금이라도 불이행되는 것을 허용치 않고 10일마다 3,100만 마르크를 현금으로 내도록 요구했다(나중에 독일의 간청과 미국의 막후 교섭으로 그 금액은 매달 6,000만 마르크와 1억 2,000만 마르크 값어치의 물품을 지불하도록 감소되었다).

1922년 7월까지 정부는 지불을 계속했다. 그러나 물가가 앙등하고 돈의 가치가 물이 증발하듯 떨어지는 것을 보자 이대로 가다가는 재정적으로나 사회적으로 붕괴가 일어날 것이라고 주장하면서 모든 현금지불을 중지했다.

1922년의 처음 7개월 동안은 세입이 많아서 배상금 이외의 지출을 거의 충당할 수 있었다. 그러나 가혹한 배상금 현금지불로 인해 적자가 생겨 종전 방식대로 재무성이 채권을 발행하고 제국은행이 산더미 같은 화폐를 찍어내어 그 상황에 대처할 수밖에 없었다. 1922년 1월 1일경에 1,225억 마르크이던 통화량이 7월 말에는 2,026억으로 치솟아 단 7개월 만에 800억의 증가를 보였다. 지폐가 너무 많아지자 그 반응은 외환시장에서 즉각 나타났다. 1922년 1월 1일, 달러와의 비율이 1 대 174이던 것이 1 대 770으로 하락했다(전쟁 전에는 1마르크가 20센트 정도의 가치가 있었으나 1922년 7월에는 35분의 1센트 가치밖에 없었다).

외환시세의 변동이 투자가, 사업가, 정부에게는 중대한 관심사였으나 일반 독일인에게는 눈에 띨 만한 중요성을 갖지 못했다. 그러나 인플레의 영향은 분명히 큰 충격을 주었다. 1922년 1월부터 7월까지 7개월 동안 도매물가지수는 34.9에서 100.6까지 뛰었다.

1922년의 무덥고 우울한 여름, 베를린 시민은 비교적 걱정 없이 지내던

1914년 여름에 전쟁을 시작하기 전보다 100배나 오른 가격으로 물건을 사야 했다.

1914년에 10마르크만 주면 살 수 있었던 신발이 이제는 1,000마르크였다. 전쟁 전에 40페니히(1마르크의 5분의 2)를 주고 사먹던 호밀빵이 이제 30마르크였다. 1914년 3마르크의 가격으로는 아무도 사려 하지 않던 형편없는 셔츠가 1922년 여름에는 500마르크의 가격표를 붙여놓아도 점원이 쇼윈도에 진열하기가 무섭게 팔렸다. 그 이유는 구매자들이 자꾸 가치가 떨어지는 돈을 처리해버리고 싶어 했고, 다음 주면 600마르크를 주어도 사기 어려울 것이라는 것을 알고 있었기 때문이었다. 구매자들은 셔츠가 필요해서 사는 것이 아니었다. 누구나 그렇듯이 가치가 자꾸 떨어지는 돈을 처분하여 가치가 꾸준히 보장되는 확실한 물건으로 바꾸고 싶은 마음에서 셔츠를 샀던 것이다.

돈을 처분하여 가치가 보장되는 물건으로 바꾸는 것이 생활방식이 되어버렸다. 1922년 중반에는 대부분 사람들의 생활이 그랬다.

막강한 기업가들도 물론 싼 화폐를 물건으로 바꿀 필요성을 1922년 이전에 알고 있었다. 1920년부터 은행이나 다른 금융기관에서 대부받은 돈(명목상으로 그 돈은 정부의 적자를 메운다는 구실로 만들어진 것이었다)으로 체계적으로 공장을 세웠다. 인플레로 이익이 불어나자 자기들이 차지한 싼 마르크화로 빚을 갚았다. "당시에는 큰 빚을 진다는 것이 꼭 필요한 일이었다"라고 당시 재산합병가의 한 사람인 미눅스는 말했다. "이익이 4,000만 원 정도밖에 되지 않을 때 당신은 1억을 빌리게 된다. 빌린 돈을 공장을 짓는 데 투자해라. 2년 후 마르크의 가치가 돈을 빌린 당시보다 50분의 1로 감소하고 이익은 20억이 된다. 그러면 당신이 갚아야 할 1억의 돈은 당신이 벌어들인 이익금의 20분의 1에 지나지 않는다. 지을 당시 1억이 들었던 공장의 가치(당신은 남의 돈을 빌려서 지었기 때문에 결국 한 푼도 들지 않았다)는 이제 50억 이상의 가치가 있게 된다. 솔직히 말해서 당시(1920~1923년)에는 돈을 벌려고 똑똑해질 필요가 없었다. 돈을 빌려서 그 돈을 가지고 확실한 물건을 사두면 되는 것이었다."

그러나 미녹스가 빠뜨린 것이 있다. 돈을 빌리기 위해서는 '갚을 능력이 있어 보여야' 했다. 은행은 그 많은 돈을 몇몇 홍행주 집단에게만 전적으로 빌려주었다. 이들 대부분은 은행의 소유주이거나 관리자이기도 한 카르텔의 간부였다.

독일 기업들이 가치가 하락한 지폐로 1922년에서 1923년의 초인플레 기간에 얼마나 많은 공장과 시설을 축적했는가는 펄 벅의 작품『그것은 어떻게 일어나는가(How It Happens)』에 잘 나타나 있다. 이 책은 초인플레 기간을 살아온 독일인과의 대화를 모은 것이다. 다음은 작가가 만난 어느 독일인의 진술에서 발췌한 것이다.

우린 속았다. 우리는 독일인 모두가 인플레로 고통받고 있다고 말하곤 했다. 이제 와서 보니 그렇지 않다는 것을 알았다. 모든 사람이 지는 경기는 세상에 없는 것이다. 누군가가 이겨야 한다. 인플레 기간의 승자는 도시나 그린벨트에 있는 대기업가 혹은 융커 당원이다. 패자는 노동계급, 그리고 가장 많이 잃은 중류층이다. 위대한 승리자는 대기업이다. 인플레가 끝났을 때 대기업은 공장을 회복시켰을 뿐 아니라 크게 현대화시켰다. 부르주아 신문은 그것을 '독일 산업의 기적'이라고 불렀다. 전쟁과 인플레에도 불구하고 완전히 회복하고 재조직되어 독일도 세계시장에서 다른 나라와 경쟁을 할 수 있게 되었기 때문이라고 한다. 그럴싸하게 들리지 않는가. 그러나 사실은 정반대였다. 독일 기업은 인플레에도 불구하고 일어선 것이 아니라 인플레 때문에 다시 부흥하게 된 것이다.

기업이 재산을 축적하고 있을 때 패배자들 — 불로소득 생활자 혹은 다른 중산층 — 은 전에 초인플레 시대에 그랬던 것처럼 거지가 되었다. 적당한 재산으로 매년 2,000~3,000마르크의 수입을 올려 편안한 생활을 하려던 로테 헨트리히 같은 수많은 사람들이 즉시 몰락했다. 1790년대의 프랑스처럼 연금생활자, 노인들, 혹은 고정된 수입에 의존해서 생활하던 사람들은 그나마 가지고 있던 물건을 다 팔아치우고 보잘것없는 공공구호에 몸을 맡기거나(그마저도 물가상승 때문에 도저히 유지할 수 없었다) 최종적인 죽음을 부르는 영양실조에 빠졌다.

그러나 승리자들은 패배자들의 어려운 운명쯤이야 아랑곳하지 않았다. 1922년 중반 그 당시의 주요 기업가였던 휴고 스티네스(그는 빌린 자금을 가지고 유사 이래 그 누구보다도 많은 공장, 은행, 광산을 축적했다)는 독일 경제가 화폐의 홍수 속에 파묻혀 있고 현금배상의 위기가 더 이상 존재하지 않는 시기에도 제국은행은 더 많은 돈을 찍어내야 한다고 자기가 경영하는 신문의 글을 통해 호소했다. 스티네스의 신문은 다음과 같이 권고했다. "돈이 모자란다. 산업과 질서를 유지하기 위해서는 돈이 더 필요하다."

바로 그때(1922년 6월), 정부는 연합국이 가혹한 전쟁배상금 요구를 통해 강제로 독일에 인플레를 유발했다고 '패배자'들에게 발표했다. 이 이론에 의하면 배상금 때문에 재정적자가 생겨서 결국 외환시장에서 마르크의 가치가 하락하게 되었다고 한다. 이로 인해 국내에서는 돈의 구매력이 떨어져서 물가가 급증하고, 경비가 많이 소요되는 정부는 할 수 없이 또 많은 돈을 찍어내야 했다.

정부의 중앙통계국은 다음과 같이 발표했다. "독일 통화제도가 붕괴한 근본 원인은 수지불균형이다. 국가재정의 혼란과 인플레는 또한 통화의 가치가 하락한 결과이다. 통화의 가치 하락은 예산의 균형을 깨뜨려 필연적으로 수입과 지출의 차이를 낳게 된다." 헬퍼리히(1918년에는 이미 공직을 맡지 않았지만 그의 충고가 제국은행의 행동에 크게 영향을 끼쳤다)도 같은 이론을 폈다.

이러한 원인과 결과의 연쇄작용은 인플레 때문이 아니라 외환시장에서 마르크화의 가치 하락 때문에 시작되었다. 물가가 상승하고 통화량이 증가하는 것은 인플레 때문이 아니라 외환시장에서 마르크의 가치 하락 때문이다. 이러한 악순환을 회복하는 문제(국내시장에서 마르크의 구매력을 회복하는 문제)는 기술적이나 금융적인 문제가 아니다. 분석해보면 그것은 부담을 감당할 수 있는 독일 경제의 능력과 부담 사이의 균형 문제이다(이 부담은 배상금과 수지균형이 맞지 않는 데서 오는 부담이다).

물론 헬퍼리히가 그의 진정한 의견을 밝힌 것은 아니었다. 그는 인플레 기간에 영향력 있는 사람이 흔히 취하는, 겉과 속이 다른 역할을 단순히 해낸 것뿐이다. 그것은 그의 저서 『화폐』에서 그가 밝힌 학설을 보면 분명히 알 수 있다. 그는 어떤 정부도 무한정한 양의 화폐를 발행할 수 있는 권리를 가지면 안 되고 또 이렇게 될 경우 과다한 양의 화폐가 범람하여 돈의 구매력이 잠식당할 것이라고 경고했었다. 그는 팽창한 통화량이 가져올 파괴적인 효과를 알고 있었으면서도 '모른 체' 하기로 결심했음에 틀림없다.

그러나 그의 의견 – 인플레 기간에 엄청난 화폐 발행의 충격을 극소화하는 데 큰 기여를 했다 – 은 그전에도 대기업가나 그에 동조하는 사람들, 즉 경제학자, 정부관리, 신문들에 의해 주장된 바가 있다. 주요 기업합병가의 한 사람인 클로크너는 "마르크화의 가치가 하락해야 독일은 싼값으로 수출을 할 수 있으므로 더 많은 돈을 찍어내야 한다. 화폐량이 부족하면 커다란 재난이 닥칠 것이다"라고 주장했다. 그의 동료 중 한 사람은 "마르크화의 예기치 못한 가치상승은 수출을 마비시키고 굉장한 실업을 초래할 것이다"라고 덧붙였다. 그리고 그는 '마르크스주의자들의 아마겟돈 전쟁'의 위협을 상기시켜 겁주면서 은근히 암시를 했다.

그해 8월 이구동성으로 마르크화의 충분한 방출을 옹호하던 주장이 행여 잠잠해질까 두려워서 스티네스는 6월에 그가 했던 연설을 이때까지 거들떠보지도 않다가 그 내용을 출판했다. 그것은 "외국차관을 들여오면 마르크화의 외환시세가 독일 경제가 지탱하지 못할 만큼 오를 것이므로 외국 차관은 필요없다"라는 내용이었다.

그래서 제국은행은 더 많은 돈을 찍어냈다. 1922년 7월 말 2,026억이던 통화량이 석 달 만에 배가 뛰어 10월 말에는 4,847억이 되었다. 물가는 까마득히 올라서 (도매물가지수 기준으로) 전쟁 전의 566배에 도달했다.

그러나 아직 돈이 더 필요하다고 부르짖는 소리가 계속되었다. 저명한 경제학자 율리우스 볼프는 모든 사람에게 다음과 같이 설득시켰다. "필요에 비해 전쟁 전보다 유통되는 화폐량이 훨씬 적다. 이 말을 듣고 놀라는 사람도 있겠지만 이것은 사실이다." 엘스터 ― 이 기간 중에 혹은 그 후에 저서 『마르크에서 제국마르크까지(From Mark to the Reichmark)』에서 ― 는 다음과 같이 주장했다. "1922년 현재 유통되는 화폐량이 매우 엄청나게 보일지 모르나 사실 따져보면 그것은 감소한 것이다. 유통되는 총지폐의 교환가치 면에서 볼 때 말이다."

독일의 기존 경제학자들은 금화의 총가치 면에서 볼 때 엄청난 지폐량은 "과도한" 것이 아니며 "실제로는 인플레가 없는 것이다"라고 1922년과 1923년에 걸쳐 계속해서 주장했다. 반대하는 경제학자들은 분통이 터져 통렬히 비난하면서 가끔 이 이론을 반박하곤 했다. 그중 한 사람이 게오르크 베른하르트이다.

그는 스티네스를 가리켜 '전형적인 맹수'라고 지칭하면서 말했다.

그(스티네스)는 독일의 국내사정을 바로잡으려는 모든 정부에 대해 음모를 꾸몄다. 어떤 문제가 거론되든 ― 그것이 배상금 문제든 독일 재정에 대한 것이든 ― 그는 항상 문제해결에 필요한 전제는 없다고 소리 높여 주장했다. 그의 영향을 크게 받고 있는 계층은 국가의 재정을 재건하고 통화를 회복하려는 모든 의도를 거세게 반발하여 막았다. 그는 몇 십억에 달하는 대부 (그것은 인플레 때문에 계속 가치가 하락하여 갚을 때쯤에는 얼마 되지 않았다)를 빌려서 하나둘씩 공장을 사들이고 은행을 점유하고 조선소를 만들고 외국에 투자하고 수많은 기업을 통솔했다. 이 모든 짓을 하는 데 그는 자신의 정치체제와 긴밀히 협동했다. 그의 손에 놀아난 정부는 인플레와 무질서를 계속 유지하는 데에만 그 목적을 두었다.

그러나 이러한 순간적인 반대는 정부와 대다수 언론의 발표에 의해 압도되었다. 언론은 제국은행이 더 융통성 있게 조치를 해야 한다고 권고한 기업가들을 전적으로 지지했다(당시 스티네스는 "돈도 없고 상품도 없다"라는 성명을 발표했었다). 이러한 주장을 하고 있을 당시 독일의 총화폐량은 제1차 세계대전 때 독일과 상대하여 싸운 모든 자본주의 국가의 통화량을 합친 것보다 훨씬 많았다.

그럼에도 제국은행은 권력을 잡고 있는 자들의 요구에 즉각 반응했다. 1922년 마지막 두 달 동안 제국은행은 7,500억을 더 쏟아놓아 연말에는 총통화량이 1조 2,950억이 되었다. 도매물가지수는 미친 듯이 뛰어 전쟁 전의 1,475배가 되었다. 우울한 표정으로 식품점이나 백화점 앞에 줄 서 있는 남녀들은 이제 배낭이나 상자에 돈을 가지고 다녀야 했다. 일상용품을 사는 데 필요한 몇 십만 마르크를 넣고 다니기에 지갑이나 손가방은 너무 작았다.

천문학적 숫자로 가격이 표시된 물건을 사러 줄을 선 핼쑥한 독일인들은 서로에게 묻곤 했다. "언제쯤 이 모든 것이 끝날까?" 이것이 단지 시작에 불과하다는 것을 그들은 전혀 알지 못했다. 제국은행 — 들어봐야 마음만 우울해지지만 그래도 안심시키는 이야기를 하는 — 이 또다시 재난을 불러일으키는 프로그램을 시작했기 때문이다. 그것은 상업채권을 할인해서 사들임으로써 돈을 더 많이 찍어내려는 정책이었다.

"은행의 대부와 기타 금융 문제에서 보수적인 방법을 취한다"라고 공표한 적이 있기 때문에 새로운 돈을 찍기 위해 상업채권을 은행의 자산 '보유고'에 포함시키는 것을 몇 년간 참아오던 중앙은행은 1922년 여름에 정책을 바꿔서 수문을 열어놓았다.

1922년 7월 제국은행은 "현재의 화폐량에 부족을 느끼는 기업과 상업의 필요를 충족시키기 위해 은행이나 신용 있는 기업가가 발행한 상업채권을 사들이기로 한다"라고 돌연 발표했다.

이것은 다음과 같은 일련의 사건이 일어날 것을 의미하는 것이었다. 즉, 신용이 있다고 여겨지는 대기업은 누구나 채권발행을 통해 상업은행에서 거액의 돈을 대부받을 수 있다. 은행은 집행된 채권을 제국은행으로 넘기고 대신 넘긴 채권의 액면가 전액을 새로 발행된 지폐로 받는다. 신용이 있는 회사는 제국은행에서 직접 대부받을 수도 있는데 이때 발행한 상업채권은 제국은행이 사들여 그 대신에 새로 돈을 찍어내게 된다. 재무성 증권의 경우와 마찬가지로 상업채권을 사들여 새 화폐를 찍어내는 것은 제국은행 간부들의 판단력과 인쇄기의 속도가 한계점에 이를 때까지 찍어낼 수 있다.

이런 식으로 1922년의 마지막 5개월 동안(배상금 지불은 끝난 후였다) 그렇지 않아도 포화상태인 통화량에 4,170억 이상의 새 돈이 쏟아져 들어왔다. 이 산더미 같은 돈은 1922년의 후반기에는 독일의 대기업가와 소수 자본가를 위해서 만들어진 것이나 다름없었다. 상업은행의 화폐보유고는 1922년 8월에 5,000억에 가까웠으나 그해 말에는 2조 2,000억이었다. 중앙은행의 융통성은 1922년 7월, 이사들이 "생산과 무역을 위해서는 저이자로 대부해주겠다"라고 약속했을 때 공개적으로 발표되었다.

제국은행이 돈을 많이 찍어내려고 안간힘을 썼다는 것은 상업채권을 사들일 때 유지했던 터무니없이 낮은 이율을 보면 잘 알 수 있다. 1922년 7월 영세 개인기업이나 개인에게 대부해주는 상업은행의 이자율이 50%일 때 제국은행은 대기업에게 5%의 이자밖에 부과하지 않았다. 8월에 중앙은행은 마지못해 이자율을 7%로 올렸고 9월에는 8%(이때 상업은행은 75%), 11월에는 10%, 1923년 1월에는 12%, 4월에는 18%로 각각 올렸다. 그러나 그때쯤 개인은 300%를 물고 있었다. 모든 면에서 제국은행은 독일의 대기업가들이 더 많은 생산업체를 사들이거나 세울 수 있도록 저이자로 수십억의 돈을 빌려 주는 데 안간힘을 썼다는 사실을 온갖 수단을 동원해서 위장하려 했으나 뻔히 다 알려진 사실이었다. 저명한 이탈리아 경제학자인 콘스탄티노 브레스치아니 투로니는 독일의 초인플레에 관한 유명한 저서인『인플레 경제학(The Economics of Inflation)』에서 1922년 여름에 제국은행이 취한 '융통성 있는' 태도를 다음과 같이 묘사하고 있다.

제국은행의 당국자들 사이에는 상업채권에 대한 이자율을 높이는 것이 인플레나 물가를 약화시키는 데 큰 도움을 줄 것이라는 생각이 받아들여지지 않았다. 그것보다는 차라리 대부금을 분배해주는 것이 적당한 것처럼 보였다. 거기서 이익을 얻을 수 있으면 더 바람직한 일이었다. 그러나 그 방법은 제국은행에서 거액을 빌릴 수 있는 특권층에게만 유리했고 마르크화의 평가절하가 큰 손실을 가져올 수 있는 계층에게는 불리했다. 제국은행의 혜택을 받는 사람은 상품이나 외환을 안심하고 살 수 있었다. 이렇게 하여 은행 대부를 통해 나간 돈은 마르크화를 평가절하하는 곳에 투자되었다. 제국은행이 채택한 대부정책은 정부가 부채질하고 있는 인플레를 더 조장했고 마르크화의 가치 하락을 가속화했다. 1922년 여름 마르크화는 사상 유례없는 속도로 가치가 떨어졌다.

배상금 지불이 끝난 후 5개월 동안(1922년 8월부터 12월까지) 1조 마르크가 새로 만들어졌다. 4,000억 마르크는 상업채권을 통해서, 그리고 나머지 6,000억 마르크는 재무성 증권을 통해 만들어졌다. 후자의 상당 부분 ― 약 4,000~5,000억 ― 이 정부의 적자를 메우기 위해서, 약 2,000억은 재무성 증권을 통해 만들어져서 자본가들의 이득을 채우는 데 쓰였다(화폐지출과 수입에 관한 공식적인 기록을 하기가 점점 더 힘들어지자 정확한 예산통계를 낼 수 없게 되었다). 정부의 적자를 메우기 위해 4,000~5,000억이 발행된 것은 어느 정도 묵과할 수 있으나 자본가들의 이익을 위해 5,000억 이상의 새 돈을 만들어낸 데 대해서는 조금도 변명거리가 없다.

이 5,000억 마르크는 현금 배상금 지불기간에 만들어진 1,350억의 세 배가 훨씬 넘는다. 그럼에도 배상금 지불이 중단된 지 훨씬 뒤에 와서 독일과 다른 지역의 기존 경제학자들은 독일 초인플레의 원인이 배상금 지불에 있었다고 계속 주장했다. 그들은 1922년 7월 이후 풍선처럼 불어난 통화량 통계를 보고도 계속 의견을 굽히지 않았다. 도매물가가 배상금 지불기간에는 단지 13에서 100 정도(87의 증가)밖에 오르지 않았으나 1922년의 마지막 5개월 동안에는 도매물가지수가 1,375나 올랐다는 사실(전쟁 전의 100에서 1,475로 올랐다)을 보고도 믿으려 하지 않았다.

닥쳐오는 초인플레의 원인을 계속 배상금 지불에 돌리는 것은 이제 갑부가 되어버린 기업들의 부의 축적활동을 가리기 위한 연막이었다. 1922년 후반과 1923년의 전반기에 부의 축적가들은 개인적으로 사들이거나, 배당금의 증가가 인플레를 따라가지 못하는 주식시장에서의 거래를 통해 수백 개의 작은 회사를 집어삼켰다. 이러한 대기업의 합병을 선동하는 법률이 제정되었다.

제국은행은 또 수직 트러스트에게 대부분의 '전도세'를 면제해주어서 그들은 힘이 약한 조그만 경쟁회사(이들은 부가가치세를 내야 했다)를 강제로 시장에서 몰아내고 모두 삼켜버릴 수 있었다. 인플레가 생길 때는 그렇듯이 제국은행의 원조는 재정적 차별정책과 병행되어 대재벌은 원조를 받아 더 많은 자산을 불릴 수 있었다. '수직 트러스트'의 형성은 광물, 석탄, 철·화학 공업 분야에서 많이 생겨났다. 석탄의 카르텔화는 좋은 예이다. 1922년 말, 스티네스 그룹은 석탄 총생산량의 19%를 담당하고 있었다. 크루프와 하니엘이 각각 9%씩, 피닉스와 회쉬, 티센이 모두 합쳐 15%를 맡고 있었다. 그래서 여섯 개의 주요회사가 독일에서 생산되는 모든 석탄의 52%를 담당했다. 제1차 세계대전 전에는 28개 회사가 50% 미만을 지배하고 있었는데, 이것과 비교해보면 재벌그룹의 독점이 얼마나 심했는지 알 수 있다.

그들의 '신용'을 이용하여 당시 주요 재산합병가들 — 스티네스, 간츠, 미녹스, 칼스타트, 미카엘, 보젤, 칸, 크루프, 티센, 헬츠펠트, 클로크너, 하니엘 그리고 군소 '인플레의 왕자들' — 은 모두 회사를 합병하고 자산을 축적해서 각각의 재산이 몇 천억에 달했고 어떤 경우에는 몇 조에 달했다.

그러니 그 시대에 재산축적의 전형이자 표상으로 등장한 사람은 스티네스였다. 원래 물려받은 재산이 상당한데다가 은행에서 대부받은 엄청난 돈으로 그는 '대륙을 가로지르는 거상', 즉 아직 아무도 그를 능가한 사람이 없는 이가 되었다. 그는 국제합병회사를 처음으로 세웠다.

'뮐하임의 미다스'라고 불리는 그는 자수성가한 것을 자랑했는데, 실제로는 조상에게서 물려받은 유산이 많았다. 그의 할아버지 마티아스는 19세기 초반 뮐하임에서 석탄회사를 차렸는데, 죽으면서 여러 광산회사와 현금을 상당히 남겼다. 이 재산은 드디어 휴고와 그의 형제에게 돌아왔다. 재산과 권력을 모으는 데 전생을 바치고 싶어 못 견디는 휴고 스티네스는 좀 더 공부하라는 부친의 충고를 저버렸다. 6개월 만에 베를린 광산학교를 그만두고 1892년 5만 마르크의 자본을 가지고 자신의 회사인 스티네스 게젤샤프트를 세웠다. 당시 나이는 22세였다. 그때부터 전쟁이 일어날 때까지 22년 동안 그는 다른 분야로 급속히 확장했다. 그는 루르 지방의 탄광과 라인란트 지방의 철광채굴권과 여러 제철공장과 조선소를 가진, 독일에서 제일가는 기업합병체인 도이치베르크베르크를 사들였다. 1907년 그 통솔권을 획득하여 사장이 되었다. 티센과 함께 그는 독일에서 가장 큰 전력회사 중 하나인 라이니시 베스트팔리안을 세웠다. 다음에 해외무역에 뛰어들고 엘베 강에 상선을 개발했다.

이제 그는 큰 전쟁을 치르는 동안 악당이라면 능히 포착할 수 있는 기회를 이용할 준비가 되어 있었다. 제1차 세계대전 중에 그는 무자비하게 이 기회에 매달렸고 그 여파를 이용했다.

그의 회사는 전쟁 중에 양쪽에 모두 석탄을 팔았다(프랑스에 비밀리에 판매하는 가격은 대개 '공개적'으로 독일에 파는 가격보다 낮았다). 전쟁 중에 독일 내에서 새로운 공장을 세우느라 부심하면서 한편으로는 독일 군대가 벨기에를 점령할 때 빼앗은 광산 및 공장의 주인들과 '양도계약'을 체결했다. 그는 한 푼도 들이지 않고 이 공장에서 나오는 이익금을 자기가 차지한다는 계약을 맺었는데(그렇다고 전 소유주들이 일을 하지 않는 것이 아니었다), 때가 되면 자기가 '빼낸' 이익금과 일정한 금액을 지불하고 운영권을 매입한다는 조건이었다. 그 매입시기는 전쟁이 끝난 후 벨기에 정부가 항복문서에 조인한 후 빠른 시일 내에 이루어지도록 되어 있었다(물론 스티네스는 나중에 그 거래를 할 필요가 없었다. 그는 이익금만 차지했다).

스티네스는 이제 노예를 학대하는 현대의 화신이 되었다. 그는 벨기에 노동자들을 지쳐 쓰러질 때까지 — 어떤 때는 총검으로 위협하여 — 혹사했다(그가 이 시기에 한 말을 들어보라. "나는 자비를 믿지 않는다. 능률이 오르지 않는 노동자는 빨리 죽을수록 좋다"). 벨기에에서 그의 착취는 가끔 신중한 약탈도 저지르는 경지에까지 이르렀다. 많은 생산설비와 상당량의 석탄, 광물이 채굴되어 아무런 보상도 없이 독일에 있는 그의 여러 회사로 실려갔다.

전쟁에 지자 그의 이러한 수입은 물론 끊기게 되었고, 연합국의 수중에 들어간 지역에 있던 그의 공장들도 베르사유 조약에 의해 몰수되었다. 그러나 '루르의 왕' — 그는 이런 이름으로 불렸다 — 은 독일 정부에 압력을 가해 3억 마르크 정도까지 보상을 받았다(그는 이런 모든 자금을 빌려 재산을 사들이거나 지었다. 그는 마르크화의 가치가 떨어져서 자기의 대부금이 별로 부담이 되지 않을 때가 되어서야 비로소 빚을 갚았다).

그가 정부의 '보상'을 받을 때쯤 그의 재산은 5억 정도가 되었다. 이 중 일부를 외환으로 바꿔 네덜란드에 있는 금고에 보관했다. 또 얼마는 새로 세워진 외국회사에 투자했다. 그러나 어느 경우에도 독일 국세청의 손길이 그곳까지 미칠 수 없었다. 나머지 돈은 새로운 공장이나 회사에 투자해서 나중에는 스티네스 회사라는 이름으로 이제껏 계승되어온, 무엇이나 다 집어삼키는 회사에 합병시켰다. 그는 일용품을 사는 데 필요한 돈 이외에는 항상 수수한 차림을 했으며 스파르타식의 생활을 했다. 자기 돈을 마르크화의 형태로 가지고 있지 않았다.

베르사유 조약 이후 독일이 물품으로 배상금을 치를 때 스티네스는 '조국에 부과된 수치스러운 형벌'에 대해 불만을 토로했다. 하지만 그는 이 배상금 지불로 엄청난 이익을 취했다. 소위 배상품목 ─ 철, 석탄, 목재, 광물 ─ 의 주요 공급자였던 그는 고의로 가격을 올려 정부가 그에게서 필요한 물품을 사갈 때 몇 백만 마르크의 이득을 보았다.

초인플레 기간에 그는 미친 듯이 기업합병을 추구하여 2,888개 공장을 소유하는 1,555개 주요 회사에 부분적인 혹은 전적인 이권을 갖고 있었다. 수직적인 조직(원자재부터 시작하여 완성품을 만들어냄으로써 끝나는 합병회사, 대개 한 가지 품목을 취급했다)이 가지고 있는 효율성을 인정하면서도 그의 문어와 같은 마수는 거의 모든 것을 끌어들였다. 그는 은행, 신문(적어도 독일 신문의 40%를 그가 관리했다), 내륙수로, 대륙 간 상선, 외환 취급 회사, 화학 및 폭발물 회사, 제지 및 인쇄, 필름, 놋과 구리제품, 자동차공장, 유전, 수출회사, 저당회사, 호텔 그리고 물론 그의 원래 관심거리였던 석탄, 철, 광산업 등을 포함하는 '왕국의 군주'가 되었다. 스티네스 회사를 통해 철, 선박, 시장 조직을 남아메리카, 중국, 서인도제도로 확대하여 세계적 기업가가 되었던 것이다.

그는 오스트리아, 체코, 스위스, 폴란드, 루마니아에 있는 제철회사를 획득했다. 또한 루마니아, 러시아, 남아메리카, 멕시코에 있는 유전의 발굴권을 얻었다. 1924년까지 스티네스 회사는 많은 외국 회사에 부분적인 혹은 전적인 이권을 가지고 있었다. 20개의 탄광과 탄전, 21개의 철광, 4개의 유전과 수많은 실험회사와 정유소, 16개의 석기와 도기공장, 29개의 제련소, 20개의 철공장과 기계공장, 7개의 기관차공장, 3개의 전화회사, 4개의 조선소, 80개의 전기용품공장, 8개의 제지화학공장, 47개의 전기 가스 설비, 9개의 해운회사, 14개의 신문사와 출판사, 3개의 목화 및 코코넛 농장, 10개의 은행과 금융회사, 254개의 판매망 등 그의 회사는 모든 곳에 문어발을 드리우고 있었다. 모든 회사 ─ 전쟁 전에 만들어진 회사를 제외한 거의 모든 국내회사 ─ 가 대부받은 돈으로 사들이거나 신설한 것이었다.

그는 '인플레라는 무기'를 사용하여 전쟁 직전에 1,000만 달러(4,000만 마르크)에 불과하던 재산을 1923년 말에는 10억 달러(4,200,000,000,000,000,000, 000,000마르크가 넘는다) 이상의 수준으로 불려놓았다(그의 재산에 관한 믿을 만한 수치는 전해지지 않는다. 독일 국세청과 연합국의 감시를 피해 재산의 많은 부분을 외국으로 도피시켰다). 1923년 스티네스 그룹 재산 중 그의 몫이 얼마나 되는지는 측정할 수 없다. 1923년의 마지막 9개월 동안 그 회사는 428,946,709, 598,344,462마르크에 달하는 천문학적 수치의 이익을 올렸다.

스티네스와 동시대에 살았던 재벌의 재산이나 초인플레 기간에 그들이 벌어들인 돈의 양은 알 수 없다. 그들의 재산을 측정하려는 시도는 고의로 조사를 방해하려는 '검은 손'에 의해 번번이 실패로 끝났다. 여기저기에 흩어진 증거에 의하면 그의 경쟁자들 ─ 티센, 크루프, 라테나우 ─ 의 재산은 전쟁이 일어나기 전 마르크로 따져 17억이나 22억 마르크 정도에 이르렀다고 한다. 이 자산의 대부분은 1914년에서 1923년의 인플레 기간에 획득된 것이었다.

1923년은 스티네스의 재산이 극에 달한 해였다. 그러나 독일이 통화와 정치의 면에서 혼란에 휩싸인 해이기도 했다. 새로운 화폐의 제조는 미친 듯이 증가했고 물가는 맹렬한 속도로 치솟았다.

1923년의 처음 3개월 동안 거의 4조 2,500만 마르크가 제국은행의 인쇄기를 빠져나와 총통화량이 5조 5,430억 마르크가 되었다. 그러나 다음 3개월 동안에는 11조 8,000억 마르크가 쏟아져 나와 총통화액은 17조 3,400억 마르크가 되었다.

그러나 돈의 홍수가 마침내 범람하기 시작한 것은 7월 1일 이후였다. 7월 한 달 만에 26조 5,000억 마르크가 방출되었다. 8월에는 625조가, 9월에는 정신이 올바른 사람이라면 도저히 믿을 수 없는 27,575,705,000,000,000마르크가 만들어졌다. 9월 말에는 총통화량이 28,244,405,800,000,000마르크에 달했다.

그해가 시작된 지 9개월 만에 28,000,000,000,000,000마르크의 돈이 만들어졌다. 이 액수 중 4,500조가 (상업채권을 매입함으로써) 대기업가의 이익을 위해 만들어졌다.

이처럼 엄청난 돈을 만들어냄으로써 일어나는 문제는 큰 격변을 초래할 만한 것이었으나 돈을 찍어내는 데는 전혀 문제가 없었다. 아무리 영웅적인 노력을 해도 제국은행은 가치가 떨어진 마르크화를 만족할 만한 속도로 찍어낼 수 없었다. 돈을 찍어내는 경주에 한층 더 고삐를 죄기 위해 여러 가지 방법이 고안되었다. 10·20·50·100마르크짜리 지폐를 가지고는 아무것도 살 수 없게 되자(1921년까지는 가장 많이 쓰이던 화폐였다), 제국은행은 이 화폐의 발행을 중지하고 500·1,000·5,000·10,000마르크짜리 지폐를 대량으로 찍어내기 시작했다. 5월에서 12월 사이 1만 마르크짜리로 4,260억 마르크를 찍어냈다. 1922년 보고서에서 "지폐를 발행하기에 적합한 종이를 구하는 데 어려움을 겪었다"라고 공식적으로 발표한 적이 있었는데도 아랑곳하지 않았다. 고액권을 대량으로 찍어내자 훨씬 더 큰 딜레마가 발생했다. 1923년의 중앙은행의 보고는 다음과 같이 발표되었다. "유통되는 지폐의 계속적인 가치 하락 때문에 가치가 떨어진 돈은 은행창구로 다시 되돌아왔다. 유통화폐는 고액권으로 자꾸만 대체되어야 했다." 그래서 1923년에는 1만 마르크짜리 지폐 다음에 5만, 10만, 20만 마르크짜리 지폐도 발행되었다. 그럼에도 1923년 중반에는 20만 마르크권을 가져도 감자 한 파운드를 살 수 없었다. 그래서 잇따라 100만 마르크에서 500만 마르크권까지, 나중에는 500억짜리까지 나오게 되었다. 드디어 1923년 10월과 11월의 혼란스러운 시절에는 1조에서 100조에까지 이르는 고액권이 인쇄기에서 빠져나왔다.

그러나 아무리 애를 써도 제국은행은 경주에 자꾸 뒤졌다. 기존 공장을 확대하고 새로 인쇄소를 사들이고 급기야는 1923년 봄에 화폐인쇄를 도울 외부 공장을 찾기 시작했다. 11월까지 총 132개 개인회사가 1,783대의 기계를 24시간 가동시켜 화폐를 발행했고 32개의 개인 펄프 제지 회사가 탐욕스러운 인쇄기의 식욕을 충족시키기 위해 가동되었다.

이 모든 가혹한 방법을 썼는데도 제국은행은 '유통화폐의 부족'을 치료하려는 자신의 노력에 만족하지 못했다. 1923년의 보고서에서 중앙은행의 이사들은 다음과 같이 단언했다. "사상 유례없는 마르크의 가치 하락으로 더 많은 화폐가 계속 요구된다. 그런데 제국은행은 이제껏 한 번도 그 요구를 충족시킨 적이 없다. 속도의 문제 때문에 발행된 현금의 분배는 개인적인 운송수단에 의존할 수밖에 없다. 매일 돈을 산더미같이 실은 배가 베를린을 떠나 각 지방으로 간다. 각 은행으로의 송금은 비행기로만 이루어진다."

당시 하벤슈타인은 '충분한' 화폐공급을 위해 자기가 얼마나 노력했나를 보여주는 증거로 제국은행이 한 해 동안 화폐의 제조 및 인쇄에 32,776,899,763,734,490,417마르크 5페니히의 경비를 썼다고 발표했다. 화폐를 발행하는 데 거의 3경 3,000조의 돈을 쓰다니! 물론 마지막의 5페니히를 잊어서도 안 되겠지만.

'충분한 마르크'를 찍어내는 데 제국은행이 겪었던 어려움은 그 거대한 화폐방출로 인해 야기된 문제를 생각해볼 때 보잘것없는 것이다. 1923년 3월까지 도매물가지수가 4,827로 올랐고 6월에는 1913년보다 2만 4,618배가 올랐다. 그러나 7월 1일부터는 ― 미친 듯한 화폐의 방출과 발맞추어 ― 물가가 대기권 바깥까지 치솟아 올랐다. 7월 말까지 도매물가지수는 183,510으로 올랐고 8월에는 1,695,109로, 9월에는 36,223,777로 치솟았다. 당시 1마르크는 1달러의 1억 5,400만 분의 1의 시세였다. 달걀 6개 ― 점점 더 물품부족으로 허덕이는 경제에서 그나마 구할 수 있다 해도 ― 는 거의 300만 마르크였다. 전쟁 전의 가격은 0.5마르크도 되지 않았었다. 쇠고기 1파운드(전쟁 전에는 80페니히였다)는 이제 350만 마르크에 팔렸다. 1913년에는 75마르크에 팔리던 양복 한 벌이 베를린에 있는 벨트하임 백화점에서 2억 2,500만 마르크에 선전되고 있었다.

오스트리아의 저명한 작가인 스테판 츠바이크는 자전적 저서 『과거의 세계(The World of Yesterday)』에서 1923년 가을의 베를린 모습을 직접 체험한 대로 다음과 같이 쓰고 있다.

나는 1년 동안 집필한 원고를 출판업자에게 보냈다. 안전하게 하느라고 나는 출판권에 대한 인세를 선불해줄 것을 요구했다. 수표가 도착했을 때 그 것은 내가 1주일 전에 보낸 소포에 붙였던 우표 값도 되지 않았다. 전차를 탈 때 샀을 100만 마르크권으로 지불했다. 트럭이 제국은행에서 다른 은행으로 지폐더미를 실어 날랐다. 그리고 2주 후에는 40만 마르크짜리 지폐를 도랑 에서 발견할 수 있었는데, 그것은 거지가 거들떠보지도 않고 버린 것이었다. 구두끈 값이 옛날의 구두 한 켤레, 아니 2,000켤레의 구두를 갖춘 일류 양화 점의 가격보다 더 비쌌다. 깨진 유리창을 갈아 끼우려면 옛날의 집 한 채 값 을 주어야 했고 책 한 권 값이 예전에 100대의 인쇄기를 갖춘 인쇄소의 값보 다 더 비쌌다. 100달러만 주면 쿨필스텐담에 있는 6층 집을 몇 채 살 수 있었 다. 몇몇 청소년은 항구에서 주운 비누 한 개를 팔아 몇 달 동안 차를 타고 다 니며 왕 같은 생활을 했다. 반면에 전에 잘살던 그들의 부모들은 거지처럼 살았다. 편지배달 소년들은 외환회사를 차려 여러 나라의 통화에 투자했다. 나는 역사를 상당히 알고 있는 편이지만 역사상 그 정도로 엄청난 광란의 작 태가 연출된 곳은 어디에도 없었다. 모든 가치가 변화되고 국가의 법은 업신 여김당했다. 베를린은 세계의 바빌론이 되었다. 술집, 유흥장, 카바레가 독 버섯처럼 생겨났다. 화장을 하고 루주를 칠한 젊은 청년들이 쿨필스텐담 거 리를 쏘다녔다. 그들은 전문적인 남창은 아니었다. 고등학생들은 모두 돈을 벌고 싶어 했다. 어두침침한 술집에서는 정부관리나 재계인사들이 아무런 수치감 없이 술 취한 선원들과 어울리는 것을 볼 수 있었다. 수에토니우스 시절의 로마에서도 베를린에서와 같은 기묘한 무도회는 없었다. 그 무도회 에서는 몇 백 명의 남자들이 여장을 하고 마찬가지로 남장을 한 몇 백 명의 여자들과 관대한 경찰이 보는 앞에서 춤을 추었다. 나이 어린 소녀들은 이러 한 성도착을 자랑스럽게 이야기했다. 당시 베를린의 어느 학교를 가보아도 16세가 될 때까지 처녀성을 유지하고 있는 것은 크나큰 수치로 생각되었다.

츠바이크는 사람들 대부분이 "인플레라는 고문대 위에서 매일 고생하고 있는" 동안 이 모든 일이 계속 일어났다고 말한다.

이러한 고문은 10월과 11월에도 계속되었다. 10월에는 2,476,711,294,000,000,000마르크가 더 쏟아져 나왔다. 11월에는 돈이 더 쏟아져 총통화량이 400,338,326,000,000,000,000마르크가 되었다. 1923년 한 해 동안 400,337,031,172,000,000,000마르크가 쏟아져 나왔는데, 이 중에서 347,300,000,000,000,000,000마르크가 상업채권을 사들여 주요 카르텔에게 '금융대부'를 해주기 위해 발행되었다. 이 중에서 거의 전부가 11월 한 달 동안 같은 목적으로 발행되었다. 계속되는 사회불안정과 볼셰비키 혁명의 기운 때문에 정부가 인플레를 종식시키는 프로그램의 일환으로 통화개정안을 통과시켜 재무성 증권을 통한 화폐 발행을 금지했기 때문이다.

11월 말에는 마르크의 가치가 사실상 완전히 없어져서 물가는 어지러울 정도로 높이 올라갔다. 11월 30일 현재 도매물가지수는 1,422,900,000,000이라는 까마득한 높이로 치솟았는데, 이는 1913년과 비교하여 1조 4,230억 배 오른 것이다.

그 지경에 이르자 대부분의 농민과 상인은 마르크화를 받고는 아무 물건도 팔려 하지 않았다. 인정받을 수 있는 통화수단의 필요를 충족시키기 위해 정부는 소위 이름 있는 공업 및 상업회사, 철도, 주정부, 시정부 등에 의한 '비상화폐' 발행을 허용했다. 1923년 11월까지 약 118,000,000,000,000,000,000마르크가 이러한 비상화폐로 유통되었다. 이 돈은 월급을 지불하거나 행상인과 거래를 하기 위해 발행되었다. 게다가 정부승인 리스트에 올라와 있지 않은 소기업이나 자기 나름대로 화폐의 수단을 발행하는 채무자와 위조자가 훨씬 많은 양의 위조 비상화폐를 만들어냈다. 치솟는 물가에 대응할 '유통수단'을 모든 사람이 너무나 원했고, 또 물건 파는 사람은 쓸모없는 제국은행 마르크화를 절대로 받지 않으려 했으므로 어떤 기간 중에는 위조지폐마저도 인정을 받아 사용되었다. 이러한 임시변통 수단과 함께 물물교환이 활발해졌다.

1923년 말이 되자 독일은 중세경제로 돌아가 있었다. 당시 위험을 무릅쓰고라도 마르크화를 받고 물건을 팔려는 사람이 혹시 있었다면 1파운드의 호밀빵 하나에 2,240억(1913년에는 4분의 1마르크), 달걀 한 개에 800억(전쟁 전에는 12분의 1마르크), 버터 한 파운드에 3조, 쇠고기 1파운드에 2조 5,000억 마르크를 요구했을 것이다. 신문 한 장은 2,000억, 신발 한 켤레에 32조 마르크였다. 국제 금융시장에서 1달러는 4조 마르크가 넘었다.

드디어 종말이 다가왔다. 뛰어오르는 마르크화를 상대해야 했던 독일 국민의 광란의 질주는 인내의 한계를 넘어섰다. 국민들은 만성적인 영양실조로 기진맥진했다. 1922년과 1923년을 통해 거의 모든 노동력이 7~8자리 숫자에 가까운 주급(전쟁 전에는 두 자릿수였다)을 받으면서도 독일 통계국이 정한 '빈곤 수준' 이하의 생활을 했다. 끝없는 업무중지와 파업에도 노동자들은 매일 필요한 최소량의 60%를 충당할 만큼의 임금인상도 얻어내지 못했다. 1922년 초반에 물가가 한창 치솟을 때 그들은 급증하는 물가지수에 기반을 둔 임금을 요구했다. 여러 가지 소동을 거쳐 요구가 관철되었다. 그러나 1922년 중반이 되자 1주일 만에 물가가 급격히 치솟아 더 이상 이것이 통하지 않게 되었다. 노동조합의 지도자들은 1주일에 두 번 임금을 지불하도록 요구하여 성공시켰다. 그러나 인플레는 이러한 요구를 훨씬 앞질러서 정부는 드디어 "다음 주 물가지수의 예상되는 인상액을 반영하여" 월급을 주도록 결정했다. 물론 가장 부지런한 고용주라 할지라도 물가가 어느 정도로 미친 듯이 뛰어오를지 예측할 수 없었고 그래서 임금 또한 인플레가 끝날 때까지 치솟는 물가의 뒤를 따라갈 수밖에 없었다.

서서히 굶어 죽어가는 상태에 단련되어 가만히 있을 사람은 없을 것이다. 독일 국민은 살을 깎아 들어가는 굶주림에 깊은 원한을 품고 있었다. 더 참을 수 없는 것은 계속되는 일상생활의 불안정이었다. 질서와 균형 있는 생활습성에 젖어 있던 독일인들은 모든 생활의 양상에 파고 들어오는 무정부상태에 절망과 분노로 대응했다. 계속되는 물가변동은 저주의 대상이었다. 베를린 시민들은 빵 1kg이 2시에는 150억이었다가 3시가 되면 250억으로 변해버리는 운명을 저주했다. 식당에 들어가서 식사를 시작할 때, 1,000억이었던 음식이 정규 코스의 식사를 끝마칠 때쯤에는 1,150억이 되고 계산서를 받을 때쯤에는 1,250억으로 둔갑해버리는 상황을 그들은 더 이상 견딜 수 없었다. 1923년 말이 되자 작은 식당은 대부분 문을 닫았는데, 사람들이 음식을 사먹을 돈을 가질 여유가 없기도 했지만 식당 주인도 계속적인 물가변동을 감당할 수 없었기 때문이었다.

오랫동안 식품점 앞에 줄을 서서 기다렸으나 겨우 차례가 될 만하면 유리창 문에 "영업중지, 물건이 떨어졌음" 혹은 "오후 3시에 다시 개점, 가격 재조정 때문임"이라는 간판이 걸리는 짜증나는 상황을 더 이상 참을 수 없었다. 직장에서 급료로 받은 마르크를 한 자루 가득 넣고 전차를 타러 달려가야 하고 전차에서 내리면 다시 가까운 빵집으로 뛰어가야 하는 상황을 더 이상 견딜 수 없었다. 빵집에 도착하면 또다시 기다란 줄을 서서 기다리지만 차례가 될 때쯤이면 더 이상 '소액권'을 받지 않는다는 소리를 들어야 했다.

불안정이 고조되자 독일 국민은 선생 전의 옛 삶으로 — 고요와 질서, 불확실에서 벗어난 휴식으로 — 돌아가기를 갈망했다.

1923년 1월 11일, 프랑스군과 벨기에군은 독일 배척주의자이며 복수주의자인 프엥카레의 충동질을 받아 오랫동안 별러오던 구실을 핑계 삼아 루르 지방을 침공했다. 어쩔 수 없이 현금 배상금 지불을 중지하긴 했지만 독일은 그동안 물질과 자재 등으로 배상금 지불을 충실히 해왔다. 그러나 1922년 12월, 부주의로 전신주 14만 개를 프랑스에 보내지 못했다. 루르 지방의 풍부한 석탄을 탐내던 프랑스 제철업자들은 이를 절호의 기회로 삼았다. 배상금 지불의 완전한 성취를 보장한다는 허울 좋은 명목으로 외국 군대가 주둔했다(그들의 실제 목적은 독일에게서 루르 지방을 완전히 빼앗으려는 계획의 일환을 실현시키는 것이었다).

몇 달 동안 프랑스 군대는 루르 지방을 점령하여 독일의 가장 생산적인 지역에서 수입을 빼앗아갔다. 프랑스 군대와 독일 광부 사이에 분쟁이 일어나면서 폭동이 간헐적으로 발생했다. 9월 첫째 주에 정부는 일하지 않고 있는 노동자와 가족을 위해 180억을 지출했다. 다음 주에는 그 지출이 300억을 초과하게 되었다. 감당할 수 없는 지출에 굴복하여 바이마르공화국은 광부들을 다시 일하게 하고 배상금을 물건으로 지불하겠다고 동의함으로써 9개월에 걸친 투쟁을 끝냈다.

우익 정당들은 이 '항복'에 찬성하지 않았다. 국민당(헬퍼리히가 속해 있고 의회에 대표로 나가고 있는 폭스파르타이)의 중앙파와 국수주의자(산업주의자, 융커 당원, 농부, 군 장교의 혼합)들은 이제까지 독일의 화폐 구매력을 감소시키는 데 큰 몫을 담당한 자들인데, 비상화폐가 폐지되고 희생을 강요하는 애국적 열정이 실패로 돌아가자 자신들의 노력도 수포로 돌아갈 것을 예견했다. 국민사회당은 ─ 많은 동조자들과 궁극적인 주도권을 잡을 수 있게 해주었던 비참함이 없어지자 ─ "국제 마르크스주의자들과 유대인들이 자기들의 등을 칼로 찔렀다"라고 부르짖었다(제1차 세계대전 중에 평화협상을 주장하는 사회민주당과 좌익에게도 사용했던, 등을 칼에 찔렸다는 식의 '케케묵은' 공격을 다시 한 번 사용했다). 공산주의자들은 또 독일 프롤레타리아를 프랑스 자본가들에게 팔아넘겼다고 정부를 공격했다.

극우파와 극좌파 간의 알력은 이제 극도로 과열되었다. 공산주의자들은 베를린에서 포위공격을 주도했고 투링기아, 색소니, 바바리아 일부 지방에서 혁명 데모를 연출했다. 라인란트에서는 분열파의 폭동이 다시 발생했고 독일의 주요 도시에서는 히틀러의 SA단원들이 권총을 몰래 소지하고 군용트럭을 타고 거리를 순찰했으며 확성기에서는 선동적인 슬로건이 터져나왔다.

마르크화가 죽음의 고통을 겪고 있는 동안 농부들은 생산품을 약탈자에게 빼앗기지 않으려고 숨겼다. 약탈자들은 양, 염소, 말, 심지어는 개에 이르기까지 먹을 수 있는 것이라면 무엇이나 훔쳤다. 도시에서는 재고가 있는 상점은 약탈당했고, 통화혼란 때문에 더 이상 기능을 발휘할 수 없는 작은 공장에서

쫓겨난 실업자들(총노동력의 28%에 달했다)은 빈 상점에 불을 놓았다.

10월 3일, 위기를 타개할 수 있도록 정부에게 좀 더 광범위한 재량권을 주려는 법안이 의회에 상정되었다. 국수주의자와 공산주의자는 으레 그렇듯이 법안이 통과되기도 전에 퇴장했다. 그 법은 재정적·경제적·사회적 문제에 있어 필요하다고 생각되는 어떤 조처도 취할 수 있도록 정부에서 권한을 부여해주었다. 필요하다면 정부는 바이마르 헌법에 명시된 시민의 민주적 권리마저 중지시킬 수 있었다. 그 법안은 11월 15일에 있을 재정 문제 개정안의 선구이기도 했지만 우익과 좌익의 극렬한 정치적 행동을 진압하는 무기였다. 물론 그 법안의 궁극적인 목표는 좌익을 타도하는 것이었다. 예측대로 사회민주당은 그 법안이 통과되도록 선동하고 의회 내 주류파에게서 승리의 언질을 약속받자 그 법안에 찬성표를 던졌다. 그것은 하루 8시간 근무제에 관한 법안이었다.

비상법안이 시행되고 난 후 제국군대(방위를 목적으로 바이마르공화국이 유지해도 좋다고 베르사유 조약에 의해 승인받은 잘 훈련된 소부대)는 좌경하는 주정부 대표자들을 탄압했다. 그럼에도 마르크스주의자들의 동요는 끊이지 않았다. 라이프치히, 드레스덴, 베를린에서 파업이 일어났다. 그러나 이것이 다른 곳으로 번지지는 않았다. 독일 국민은 곤경에서 해방되기를 원했던 것이지 혁명을 원하지는 않았던 것이다. 더구나 어떤 실마리를 잡고 있었던 모스크바는 — 이것은 독일 공산당의 내부 간부들에게만 알려진 비밀이었다 — '프롤레타리아 소요'를 당분간 중단하도록 지시했다.

그러나 히틀러와 그의 군대는 자신들을 위한 시기가 성숙했다고 믿었다. 11월 8일 저녁, 바바리아 주정부의 우익 수상인 구스타프 폰 카를 — 바바리아의 실제적인 통치자가 된 왕당파 — 은 우익의 근거지가 되어 버린 뷜거브라우켈러라는 맥주홀에서 열린 반(反)볼셰비키 회합에서 연설을 했다. 카를이 약간 지루한 연설을 하고 있는 동안 히틀러와 기관총을 휘두르는 그의 군대가 홀 안으로 밀려들었다. 히틀러는 연단으로 뛰어올라가 목청껏 소리 높여 '국가주의 혁명'을 부르짖었다. 히틀러의 부하들이 출구를 차단했으므로 카를과 루덴도르프와 몇몇은 히틀러가 주도하게 될 혁명정부에 강제로 가담하지 않으면 안 되었다(루덴도르프는 나중에 제국 군대의 사령관이 되었고 칼은 '바바리아의 수령'이라는 비교적 낮은 위치를 차지했다).

회합은 무산되고 카를은 집으로 돌아갔다. 그는 즉시 '강요된 참가'를 거부했다. 다음날 권력에 굶주린 루덴도르프와 히틀러는 뮌니히로 진군할 것을 결정했다. 도시 중심부에서 그들은 카를의 충복인 경찰과 군대와 대적하게 되었다. 경찰이 먼저 발포하자 히틀러의 군대도 잠시 응사했고 히틀러는 눈 깜짝할 새에 차를 집어타고 도망쳤다. 루덴도르프는 자기의 길을 막고 서 있는 군대를 향해 거만하게 몇 걸음을 옮겼다. 그는 아마 미천한 병졸들이 이전의 병참감이었던 자신에게 경의를 표하리라고 생각했던 것 같다. 그러나 군인들은 총을 겨누고 꿈쩍도 하지 않았다. 루덴도르프는 그 자리에서 체포되었다.

맥주홀 사건에 가담한 다른 자도 체포되었다. 카를이 그 사건에 연루되었다는 사실은 모두 눈감아주었지만 히틀러와 루덴도르프는 1924년 2월 26일 재판에 회부되었다. 정부에 대한 반역 음모에 가담한 명백한 증거가 있었지만 비굴한 판사는 루덴도르프를 사면해주었다. 히틀러는 반역죄의 최저형인 5년을 선고받았으나 9개월도 복역하지 않았다. 그는 감옥생활의 마지막 시기를 란츠베르크에 있는 요새에서 보냈는데, 그 지역을 관리하며 편하게 지냈다. 그에게 경의를 표하려는 방문객이 줄을 이었다. 그들 중에는 나중에 스판다우에서 같이 생활하게 될 루돌프 헤스도 있었다. 그들의 화제는 한 가지 주제, 즉 파시즘에 의한 '세계질서'의 확립으로 집중되었다.

바이마르공화국 법에는 반란혐의로 기소된 외국인은 복역 후 곧 면직되도록 규정한 조항이 있었다. 그러나 오스트리아 국적을 가지고 있던 히틀러는 해직되지 않았다. 공산주의 혁명의 가능성에 항상 휩싸여 있는 국가에 붙들어놓으면 유용하게 쓸 수 있는 사람이었기 때문이었다.

맥주홀 사건 — 비록 역사가에게는 상당히 흥미가 있지만 — 은 독일 국민에게는 그다지 중요한 것 같지 않았고 쉽게 잊혀졌다. 그러나 초인플레가 야기한 혼란상태가 즉시 종식되어야 한다는 것을 이제야 깨닫게 된 정부에게는 그것이 자극적인 효과를 미쳤다. 그래서 11월 15일, 정부가 10월에 고안한 렌텐마르크(Rentenmark; 1923~1931년 사이에 독일 정부가 통화안정을 위해 중앙은행에게 발행하도록 한 지폐 – 역자 주)를 포함한 안정화정책이 드디어 시행되었다(정부는 스티네스를 포함한 재산축적가들의 압력 때문에 정책 시행을 그때까지 주저하고 있었다).

11월 6일, 새로 만들어진 렌텐 은행은 정부와 주요 상업차용자에게 렌텐마르크를 발행하기 시작했다. 렌텐마르크는 개인적인 빚을 해결하는 데 쓰이는 법화가 아니라 정부기관과의 거래를 할 때 사용되는 계정의 단위였다. 500렌텐마르크를 가진 사람은 요구만 하면 실제로 금화 500마르크의 가치를 지닌 채권으로 그것을 전환할 수 있었다(그러므로 1렌텐마르크는 금화 1마르크와 맞먹었다). 이러한 채권은 농업이나 기업에서 징수한 세금으로 자금을 거두어 그 밑바탕을 지탱하도록 되어 있었다. 그러나 금에 관한 조항은 아무런 유효성이 없는 것이었다. 금 보유고가 전혀 없었고 채권의 지불은 지폐로 할 것이기 때문이었다. 그것은 순전히 선전적인 효과를 노린 것으로, 상당한 실효를 거두었다.

동시에 지폐의 가치는 지폐 1조 마르크가 금화 1마르크의 값과 맞먹도록 조정되었다(4조 2,000억 마르크가 있어야 1달러와 맞먹었다). 사실상 달러와 지폐 마르크를 1 대 1로 조정한 것은 또 다른 효과가 있었다. 국제 화폐시장에서 달러가 조정된 가격보다 약간 높은 수준으로 얼마간 판매되었다. 더구나 기존 화폐를 새로 나온 금화와 비교하여 1조 마르크 대 금화 1마르크의 비율로 가치를 다시 평가하려는 시도가 없어졌다. 순수하고 단순한 금화는 한마디로 신기루였다. 렌텐마르크를 금으로 전환할 수 있다는 조항처럼 금화의 목적도 렌텐마르크가 안정성이 있다는 인식을 불어넣기 위해 고안된 허구였다. 그러나 그 허구는 상당히 먹혀 들어갔다.

그것은 두 가지 이유에서 실효를 거둘 수 있었다. 국민은 새롭고 안정된 통화체제를 간절히 원했다. 새로 발행된 렌텐마르크를 빵을 사거나 집세를 내는 데 사용할 수는 없지만 렌텐마르크는 열렬히 용인되었고 은행에서도 점차 사용되었으며 점자로 준화폐의 성격을 띠기 시작했다. 렌텐마르크가 성공을 거둔 두 번째 이유는 정부가 렌텐마르크를 한정된 양으로 발행하겠다고 약속했기 때문이다(이 약속은 지켜졌다). 제국은행이 과거에 사상 유례없이 많은 화폐를 발행한 것에 비교해볼 때 이러한 약속은 효과가 있었다.

물가는 단기간에 안정되었다. 그러나 1924년 초반, 제국은행은 '안정'과 통화긴축을 열렬히 반대하는 기업가의 압력을 받아 '유통화폐' 부족이라는 상투적인 비상사태를 주장하며 새로 막대한 양의 화폐를 발행하기 시작했다. 물가와 공공요금이 다시 치솟았고 인플레의 재발이 급박해졌다. 그러나 이번에는 정부도 스티네스나 신흥부유층의 위협과 압력에 굴복하지 않았다. 정부는 새 화폐의 대량방출을 저지했다. 사실상 '기존' 기업가들(크루프, 티센 등)은 인플레를 이용해 부자가 된 경쟁자를 물리치기 위해 통화량을 긴축시키도록 정부에 영향력을 행사했다.

돈을 찍어내는 작업이 중지되자 1924년 봄이 다 지나갈 때쯤에는 물가가 안정되었다. 독일 국내에서 질서가 회복되자 수출이 증가하면서 외환이 국내로 굴러들어왔다. 조세율이 증가했고 기업과 금융, 상업 단체에서 세입을 거두려는 진지한 노력이 과거에 비해 증가했다. 1923년 독일 역사를 통틀어 합친 적자보다 더 많은 예산적자를 낸 후 독일은 1924년에는 약간의 흑자를 기록했다.

1924년에 시행한 화폐개혁은 종종 '렌텐마르크의 기적'이라고 묘사된다. 그 미묘한 시기에 그 문구는 마술적 효과를 노려서 사용되었다. 애써 얻은 '안정'을 많은 사람이 기적적인 성취라고 생각해준다면 그때는 실제로 그것이 기적이 될 수도 있는 것이다.

속이 빤히 들여다보이는 그 계획에 기적적인 것은 실제로 하나도 없었다. 민중에 의해 거절당한 화폐가 금방 받아들여질 수 있는 새로운 통화체제에 의해 대체되는 경우는 세계 역사에서 수없이 찾아볼 수 있다. 원시시대에는 씨족장이나 부족장이 이미 어떤 것을 화폐단위로 쓸 것인지 결정한 후에 의식적인 행사(대개 밤에 거행된다)를 연출하곤 했다. 그 행사 때는 '거룩한 고문들'이 주문을 외거나 춤을 추거나 신과 대화를 하곤 했다. 무당들은 차례차례로 여러 가지 화폐를 던지는 의식을 거행하고(대개는 구슬, 뼈, 상아조각, 조개껍데기 등이었다) 그 물건들이 땅에 떨어졌을 때 이루어진 모양을 보고 감정을 했다. 그리곤 갑자기 우두머리가 되는 주술가가 "신이 선택을 했다. 신의 뜻이 우리 앞에 있는 땅에 쓰여 있다. 신께서는 조개를 우리의 화폐로 쓰도록 정해주셨다!"라고 외쳤다. 그러면 미리 조개를 돈으로 쓰기로 정해놓은 족장은 훌륭한 점지를 해주신 신께 감사를 드렸고 거기에 모인 사람들도 새로운 돈이 생기게 된 것을 축하했다. 그리고 그 조개껍데기는 너무 많이 불어나 소용이 없어질 때까지 사용되었다. 그때는 또 다른 화폐를 도입했다.

바이마르공화국 정부는 신을 끌어들이지는 않았지만 통화 문제에 대해 현대사회가 취하는 더 복잡하고 신비적인 방법에 의존했다. 정부는 쓰이지 않는 구화폐를 완전히 대체하지는 않았다. 그 대신 가치가 없는 구화폐와 함께 유통될 수 있는 새로운 통화단위를 도입해 재정적이고 통화적인 질서가 새로 정립될 수 있는 풍토를 마련했다.

드디어 1924년 10월 11일, 구지폐는 새로운 통화단위인 제국마르크로 대체되었다. 비율은 1조의 구지폐가 1제국마르크와 맞먹는 비율이었다. 렌텐마르크도 1 대 1의 비율로 제국마르크와 교환될 수 있었다. 1925년 6월 25일, 대부분의 구지폐가 새 화폐로 대체되자 유통구조에서 완전히 소멸시켜 더 이상 법화로 허용하지 않았다. 제국마르크는 독일의 유일한 화폐단위가 되었고 오늘날까지도 그렇게 쓰이고 있다. 새 화폐의 등장으로 사상 초유의 거센 인플레는 종지부를 찍었고 하룻밤 사이에 억만장자가 된다거나 알거지가 되어버리는 이야기도 끝이 났다. 브레스치아니 투로니가 '정치상의 인플레'라고 부른 그 과정은 드디어 종식되었다.

제국마르크가 출현한 때부터 1930년의 세계적인 대공황의 시초까지 6년간 독일은 호황을 누렸다. 도즈 계획과 영 플랜으로 독일은 다시 배상금 지불을 시작해야 했다. 그러나 그 6년 동안 독일의 생활수준은 미국 다음갈 정도로 높아졌다.

1930년대에 대공황이 닥치자 시장은 침체되고 독일 내로 쏟아져 들어오던 투자의 홍수가 마르기 시작했다. 실업률이 증가하자 당황하고 위급해진 독일 국민은 1922년과 1923년의 악몽 같은 시절이 다시 올까 두려워서 독재자에게 눈을 돌리기 시작했다. 그는 항상 초인플레라는 유령으로 말세가 다가왔다고 위협하여 국민을 불안하게 했었다. 렌텐마르크의 안정화계획이 시행되기 1주일 전에 뷜거브라우켈러의 연단 위로 뛰어올라갔던, 악마같이 눈이 매서운 남자(히틀러)는 ─ 그는 자기가 불행의 물결을 타고 권력을 잡게 될 것이라고 전부터 몇 번이고 예언했었다 ─ 만반의 준비가 되어 있었다.

자, 이제 몇 가지 빠뜨린 이야기를 마저 하기로 하자.

안정화정책이 도입된 지 넉 달도 안 되어 1914년부터 1923년까지의 질풍 같은 시대에 독일의 재정에 악영향을 미쳤던 세 사람에게 죽음이 찾아왔다.

루돌프 하벤슈타인은 1923년 11월 23일 ─ 렌텐마르크가 처음으로 발행된 지 나흘 만에 ─ 66세의 나이로 사망했다. 법학을 전공한 그는 지역 판사가 되었으나 차츰 재정 쪽으로 관심을 기울였다. 1890년에 프러시아제국 재정장관을 지냈고 10년 후에는 프러시아 은행의 총재가 되었다. 융커 당원의 이익을 위해 충실히 일하는 사람으로 정평이 나 있던 그는 1908년 제국은행의 총재로 승진하여 죽을 때까지 그 지위를 지켰다.

과거의 정책에 집착하는 늙고 우둔한 하벤슈타인은 왕실의 궁정생활에 경외감을 가졌고 바이마르공화국 초기에 기업가들이 무서운 권력을 휘두르는 것을 보고 그들을 두려워했다. 부지런하고 남의 말을 잘 듣는 그는 1914~1923년의 10년 동안 계속적인 화폐제조를 주장하던 부의 축적가들의 도구로 기꺼이 이용당했다. 돈을 찍어내는 데 놀라운 재능을 가진 이 천재는 인류역사 이래 가장 많은 돈을 찍어낸 것으로 기억되고 있다. 그는 거의 3,300경 마르크 5페니히를 찍어냈다.

하벤슈타인의 정책으로 가장 이득을 본 사람 중 하나가 1924년 4월 10일 갑자기 사망했다. 약 2주 후 미국에서 출판되는 《인디펜던트(The Independent)》지는 다음과 같이 서술했다. "휴고 스티네스가 죽었다는 소식을 들으니 마치 지상에서 만유인력이 사라졌다는 이야기를 듣는 것만 같다. 일생 동안 그만큼 경제적이며 산업적인 권력을 누렸던 자가 또 어디 있을까. 그는 다음과 같이 말했다. '산업은 독일에 남은 유일한 힘이다. 산업의 발전만이 독일을 구할 수 있다. 그러므로 이제껏 독일의 번영에 가장 공헌이 컸던 나 스티네스야말로 독일의 번영에 열매를 맺게 할 수 있는 유일한 사람이다. 나는 모든 가치 있는 것에 나의 지배력을 행세할 것이기 때문이다. 정부는 나의 의견만을 따라야 하고 내 결정만이 정부의 훌륭한 안내자가 될 것이다.'"

그 글은 마지막으로 다음과 같은 조명적인 글귀로 끝맺고 있다. "아이작 모리슨(스티네스가 면담을 허락한 유일한 미국 신문기자)이 '당신은 무엇을 위해 일을 합니까? 당신이 지어놓은 이 거대한 구조를 가지고 무엇을 이루고자 합니까?'라고 물었을 때, 스티네스는 분노에 차서 그를 한참 응시하다 대답했다. '그 질문에는 대답하지 않겠소.'"

스티네스가 창조한, 거대하고 하루아침에 축적된 구조는 그것을 결합시키는 응집력이 없어지자 곧 붕괴되었다. 그의 두 아들은 채권자의 요구를 못 이겨 빚에 눌린 많은 회사를 팔아넘겨야 했다. 몇몇 역사가들은 그의 아들들이 서로 뜻을 모으려는 의지와 재능만 있었더라면 그들이 그 기업을 살릴 수도 있었다고 주장했다. 어떤 이들은 스티네스라면 다른 사람이 극복할 수 없었던 장애를 해결할 수 있었을 것이라고 말한다. 아마 그들의 의견이 옳을지도 모른다. 그러나 그가 죽은 지 3년 후에는 통화제도의 붕괴 위에 건설했던 그의 거대한 제국은 그 자체가 파멸되었다.

스티네스를 장사 지낸 지 2주가 채 못 되어 헬퍼리히 또한 1924년 4월 24일 철도사고로 사망했다. 1923년에 통화와 정치적인 혼란이 급증하는 동안 헬퍼리히는 독일 정부에서 주요한 직책을 맡지 못한 데 대한 원한이 사무쳤고 언젠가는 그 자리를 차지할 수 있으리라는 희망을 품고 지냈다. 히치게스트라세에 있는 그의 별장은 군주주의파와 군국주의 반민주활동의 근거지가 되었다. '우익'이 언젠가는 집권하게 될 것을 확신하고 그는 의회에서 초보수파 정책의 주창자가 되었고 극우파 독설의 대변가가 되었다.

그러나 헬퍼리히의 가장 큰 영향력 – 그것은 가장 파괴적인 영향이었다 – 은 통화 문제에 대해 쓴 그의 글과 위원회나 공식석상에서 발표한 글을 통해 행사되었다. 죽을 때까지 독일의 으뜸가는 재정전문가로 인정을 받은 그는 글과 연설을 통해 초인플레를 합법화할 수 있었다.

눈 하나 깜짝하지 않고 거짓말을 하여 남을 현혹시키는 언변을 통해 헬퍼리히는 산더미 같은 돈을 찍어내도 전혀 초인플레가 야기되지 않는다고 주장했다. 1923년 6월까지만 해도(당시 도매물가지수는 1913년의 2만 4,618배로 뛰었으며, 1달러를 사려면 14만 5,000마르크가 필요했다) 헬퍼리히는 화폐가치하락 조사위원회에서 "독일 내에서 유통되고 있는 지폐의 국제외환시장에서의 총가치는 제국은행이 보유하고 있는 금으로 인해 커버가 되어 전쟁 전보다 사정이 더 좋기 때문에 실제로 화폐가치가 하락했다고 말할 수는 없다"라고 증언했다.

안정화정책이 시행되고 난 직후 지금은 폐간된 런던 재정전문지에 기고한 두 편의 글에서(실제로는 몇 달 전에 써놓은 글이었다) 그는 어마어마한 돈의 방출로 인해 생긴 초인플레에 대해 제국은행은 책임이 없다고 계속 주장했다(사실 그 정책은 그 자신이 제안한 것이었다). 그는 "누구나 이 문제를 조금만 더 깊이 파헤쳐 보면 이러한 통화위기가 일반적이고, 경제적 · 정치적 상황에 의해 야기되었다는 것을 알게 될 것이다. 순전히 마르크화의 붕괴 때문만이 아니라는 것이다. 전자, 즉 경제적·정치적 상황이 전례 없는 독일 재정붕괴의 일차적이고 결정적인 원인이었던 것이다. 물론 재정적인 붕괴가 통화의 위기를 촉진시키는 데 도움을 주기는 했지만 말이다"라고 주장했다.

그리고 ― 죽기 직전 ― 거대한 기업가들이 과도한 화폐방출정책이 끝이 났으며 무질서한 팽창의 시기가 잠시나마 끝났다는 것을 어쩔 수 없이 인정할 수밖에 없게 되자 비로소 그는 사실을 인정했다. "실제로 가치를 지니는 새로운 화폐를 발행함으로써 화폐의 가치 하락을 막으려는 시도는 새로운 화폐가 금에 기반을 두고 있지 않은 것을 생각해볼 때 놀랄 만큼 성공적이었다."

그리고 그는 건실한 통화제도의 확립을 위해 필요한 요인들을 몇 가지 들었다. 조세의 증가, 지출감소, 예산의 수지균형을 맞추는 것, 제국은행이 채권을 더 이상 사들이지 않는 것 등의 모든 방법을 열거했는데, 이 모든 것은 초인플레의 거대한 폭풍이 일어나기 전에 시도되어야 했고, 또 시도할 수 있었던 방법이었다.

그의 글이 발표된 지 몇 주 후, 그는 벨리조나라는 조그만 마을 근처에서 기차사고로 사망했다.

수많은 경제사가들이 바이마르공화국의 초인플레에 관한 책을 썼는데, 거의 독일어로 된 것이었다. 이 저서 대부분은 대다수 국민이 굶주리고 있을 때 주요 기업가들이 엄청난 부를 착취했다는 데 대해 절대적인 의견을 모으고 있다. 어떤 이들은 그 경지를 넘어 초인플레가 재산축적을 도왔다는 말까지 서슴없이 하고 있다.

그러나 대부분의 역사가는 재산축적가들이 기회를 잘 만나서 그랬다든가 잘못된 정부정책이나 인플레로 인해 생긴 우연한 기회를 잘 포착했다든가 하는 주장을 하고 있다. 바꿔 말하자면 몇 백만의 평민들은 재정적인 혼란을 자신에게 유리하도록 이용할 수 있는 능력과 기질이 없어서 통화적인 '실수'의 희생이 되었다는 말이다.

우연이었다는 학설을 주장하는 사람도 몇몇 있다. 프랭크 그레이엄은 기회설을 주장하는 대표적인 인물이다. 그는 『독일 초인플레 시대의 외환, 물가, 생산(Exchange, Price and Production in Hyperinflation: Germany 1920~1923)』에서 다음과 같이 주장하고 있다. "인플레는 맹목적인 신이 인간의 운명을 가지고 변덕스럽게, 그러나 해를 끼치지는 않게 장난치는 것 때문이 아니라 인간을 파괴시키려는 악의에 찬 신의 장난이라고 간주된다." 그의 의견에 따르면 독일의 초인플레는 맹목적인 운명, 무분별한 신에 의해 조작되는 게임이었던 것이다. 그는 정책을 집행하는 사람들의 동기나 야망은 일이 되어나가는 상황과는 아무런 관련이 없는 것으로 생각했다.

그러나 많은 역사가나 경제학자는 '실책'의 이론, 실패한 정부정책을 주장하는 이론을 편다. 설로먼 폴링크는 『독일 제국은행과 독일 경제(The German Reichs-bank and the Economy of Germany)』라는 저서에서 물가가 치솟는데도 마르크를 계속 찍어내는 제국은행에 대해 다음과 같이 말했다. "제국은행은 원인과 결과를 착각했다." 또 다른 곳에서는 "1922년 7월 제국은행은 5%의 할인율에 변화를 주지 않고 상업채권을 지불수단으로 더욱 많이 사용할 것을 강조했다. 이 새로운 정책으로 사업가들은 돈을 빌려서 구매력을 획득할 수 있었고 갚을 때에는 인플레 때문에 원래 빌린 돈의 몇 분의 일만 갚으면 되었다"라고 그는 말한다.

그리고 그는 다음과 같은 동화적인 이야기를 덧붙이고 있다. "제국은행의 가장 큰 오류는 할인율이 5%에 머물렀다는 데 있다. 이때 다른 은행은 50%였다." 다른 곳에서 또 그는 "많은 외적인 요인 때문에 독일 금융 당국은 자신을 바로 깨닫지 못하고 사업가들에게 자꾸만 돈을 대주었다"라고 말했다. 한마디로 제국은행은 자신이 무엇을 하고 있는지 잘 몰랐다는 것이다.

무지, 실수, 잘못된 결정 등 모든 것을 지적하고 있지만, 제국은행이 원래 계획적으로 재산축적가들에게 자금을 융통해주었다는 데 대해서 그는 한마디도 언급하지 않고 있다.

국제전문가위원회(독일의 경제사정과 배상능력을 조사하기 위해 1924년에 베를린에 파견된 여러 국가에서 모인 대표단) 소속 여덟 명의 경제고문 중 책임자였던 루퍼스 도즈는 『진행 중인 도즈 플랜(The Dawes Plan in the Making)』이란 책자에서 같은 논조의 이야기를 하고 있다. "1923년에 직접적인 조세제도는 완전히 붕괴되었고, 그것 때문에, 그리고 인플레로 인한 혼란 때문에 부유층의 수입에 부과하는 세금의 규모는 매우 작았다. 은행에서 대부받은 돈과 세금을 가치가 떨어진 돈으로 지불하는 데서 오는 이익으로 극소수 독일 기업가의 손에는 일하지 않고 번 돈이 산더미같이 쌓이게 되었다."

이 말 다음에 그가 덧붙인 진술은 너무나 믿을 수 없어 다시 한 번 읽어보아야 할 정도이다. 그는 부자들이 더 과중한 세금을 물어야 한다고 주장한다. 그들은 "그것을 감당할 능력이 있고 이렇게 해서 그들에게 거둬들이는 것은 그들이 아무런 보상 없이 다른 사람들에게서 — 본의 아니게 — 빼앗은 것을 다시 되찾는 것이기 때문이다."

도즈가 주장하는 바는 세금징수제도가 잘못되었기 때문에 재산축적가들이 부자가 되었고, 주요 기업가들은 잘못된 세제에서 본의 아니게 이득을 본 사람일 뿐이라는 것이다. 그러나 도즈는 조심스럽게 다음 사실의 언급을 회피하고 있다. 1923년에 총세입의 95%가 노동자의 봉급에서 거둬들인 것이며 대기업과 부유층은 그중 5%밖에 담당하지 않았다. 분명히 거의 굶어 죽어가고 있는 노동자에게서 세금을 거둬들이는 데는 조세 당국이 매우 큰 역량을 발휘했고, 부유층으로부터 세금을 걷는 데는 제 기능을 발휘하지 못했던 것이다.

도즈의 전문가위원회는 부유층과 대기업이 내는 세금 대부분이 '연체된 지불'이었다는 것을 알고 있었다. 세금을 내는 사람이 돈 가치가 떨어질 때까지 세금을 자꾸 연기하여 세금을 낼 때쯤에는 아무 의미가 없게 되어버리는 것이다. 부유층은 조세제도를 '파괴'했고 조세당국은 연체지불자에게 거의 벌금을 부과하지 않음으로써 그들이 조세제도를 파괴하는 것을 방조했다.

1923년 10월 비상령이 통과될 때까지는(그때는 벌써 늦었다) 대기업들이 이익을 외국에 있는 부속회사에 도피시켜 세금의 상당 부분을 탈세할 수 있었다는 사실도 도즈는 알고 있었다. 바이마르공화국의 상속세가 산업화된 국가 중에서 가장 낮았다는 것을 그가 모르는 바는 아니었다. 대부분의 상속된 재산에는 2.5%의 세금이 부과되었을 뿐이다.

이 모든 증거를 그와 전문가위원회가 다 조사해보았다면 틀림없이 다음과 같은 사실을 발견할 수 있었을 것이다. 권력을 잡은 자들은 세금을 거부하여 자기들이 축적한 거대한 자산을 유지하려 했고 정부는 의례적으로 이의를 제기하기는 했으나 그들과 협조했음이 분명했다. 도즈와 그의 동료들은 마땅히 책임을 돌려야 할 곳은 추궁하지 않고 '실책'이라든지 '행정제도의 붕괴'라는 낡아빠진 표어에만 의존했다.

자진하여 곤란한 것을 떠맡아 정확한 결론을 끌어내려는 소수 경제사가는 정반대의 접근을 시도했다. 그들은 부의 축적가들의 압력을 받아 시행된 고의적인 인플레 정책으로 인해 소수 대기업이 부를 축적할 수 있었다고 전제하고 있다. 이 소수 '수정론자'들은 '제국은행과 정부의 계획적인 교사'가 없었다면 인플레가 그토록 파괴적인 결과를 가져오지 않았을 것이며 그렇게 오래 지속되지 않았을 것이라고 주장한다. 이러한 교사는 더 많은 자산을 획득할 목적으로, 가치가 하락하는 다량의 마르크를 대부받을 수 있는 기업가들에게 유리하게 하려고 추진되었다.

브레스치아니 투로니 ― 독일 초인플레에 대한 권위 있는 경제사가 ― 는 설득력 있게 이 이론을 전개했다. 다년간 그는 1914~1923년 10년 동안의 통화기록과 정치문서를 검토했는데, 처음에는 배상금위원회의 일원으로서 그다음에는 수출통제단의 책임자로서 다음에는 배상금 총대리인의 경제고문으로서였다. 그의 명쾌한 저서 『인플레 경제학(The Economics of Inflation)』에서 방대한 증거를 제시한 후에 그는 다음과 같이 주장했다.

평가절하된 통화가 유통되는 나라를 보면 돈의 가치가 떨어지는 것 자체가 큰 이익을 낳게 되고, 그래서 돈의 가치가 계속 떨어지도록 하는 데 노력을 기울이는 계층이 있음을 알게 된다. 그런데 통화가 안정되게 되면 이러한 이익이 방해를 받게 되므로 정상적인 통화상태로 환원되는 것을 열렬히 막으려고 하는 것이다.

독일에서 일어난 상황이 바로 이런 것이었다. 인플레로 많은 이익을 보는 사람들이 여러모로 인플레를 조장하지 않았다면 인플레가 그토록 심화되지는 않았을 것이다. 1923년 제국 경제위원회에서 열린 토론을 살펴보면 알 수 있다. "인플레로 이득을 보는 계층의 대표자들은 공공재정의 개혁을 저지하고 독일화폐의 안정화를 꾀하려는 모든 제안을 기각하도록 정부에 압력을 가했다. 그들은 경제위기로 인해 독일이 위협을 받고 인플레의 결과가 인플레를 일으킨 당사자에게까지 되돌아올 것이 명백해졌을 때에야 그 모든 제안을 받아들였다. ……"

거대한 개인재산의 축적과 부의 집중이 1919~1923년(전혀 경제번영의 시기라고 볼 수 없는 기간)에 행해졌다는 것은 놀랄 만한 일이다. 과거에도 경제적 후퇴나 사회적 붕괴 혹은 정치적 혼란이 있을 때에는 반드시 일부 개인의 재산축적이 있었음을 생각해볼 때 그 충격이 약간 줄어들긴 하지만 확실히 위의 사실은 충격적이다. 그러한 시기에는 강자가 야수 같은 원시적 근성을 다시 찾았던 것이다.

공식적인 기록과 개인적인 현장관찰을 통해 결론을 끌어낸 또 한 사람의 저명한 관찰자도 바이마르공화국의 인플레가 '영역에 다른 영역'을 합병시키려는 '기업가'들의 이익을 위하여 계속 유지되었다는 데 대해 날카로운 통찰력을 보이고 있다. 1923년 11월 20일 — 하벤슈타인이 죽게 됨으로써 제국은행 총재에서 드디어 물러나게 된 날 — 독일에 본부를 둔 국제연합군 위원회의 전부관감이며 영국 육군 준장인 모건은 바이마르공화국에서 몇 년간 근무하는 동안 자신이 겪은 상황에 대해 런던대학에서 강연을 했다. 그의 주장은 공식적인 접촉에 근거를 둔 것이고, 그가 반자본주의적 편견을 가졌다는 비난을 받을 수 없는 보수적인 인물일 뿐 아니라 그의 충고를 체임벌린이 자주 들었다는 사실을 생각해볼 때 그의 관찰력은 상당한 중요성을 지니게 된다.

모건의 주장은 다음과 같다.

중산층을 파멸시키고 노동자를 노예화함으로써 생긴 통화의 인플레는 공화국의 정치적 기반을 뒤흔들어놓았고 소수 대기업가의 수중에 모든 실제적인 권력을 집중시켰다. 그들의 권력이 얼마나 위대한 것인지 아무도 짐작할 수 없고 그들은 지금도 매일 새로운 영역을 추가로 병합시키고 있다. 그들은 은행을 장악하고 두 개의 커다란 보도기관을 사들였으며 독일 신문 대부분을 손에 쥐었고 모든 종이의 공급을 매점해버렸다.

지금까지 제국은행의 증권 할인정책은 그들의 수작이며 그것은 또한 거대한 은행의 대표들에 의해 지배되고 있다. 그런데 은행의 대표자들이란 다름 아닌 이름만 바꾼 대기업가들이다. 제국은행에서 18~30%의 이율로 돈을 빌려다가 영세민에게는 500%로 다시 대부해주었다. 그들은 루르 지방의 대부로 사상 초유의 이익을 거둬들였다.

민중에게 세금을 부과하는 것은 정부가 아닌 이들 대기업가였다. 그들의 소득에 대한 조세당국의 세금 부과액은 너무나 터무니없고 그들의 대차대조표는 재정 사상 가장 뻔뻔스러운 탈세의 기록이다. 모든 조세제도 — 특히 소득세 – 는 다른 나라에서처럼 부의 불균등한 분배를 고르게 하는 의도로 운영되는 것이 아니라 오히려 그것을 가중시키도록 운영되었다. 노동자는 액수가 뻔한 주급에 대한 세금을 꼬박꼬박 납부하지만 자본가들은 확실히 알 수 없는 연간소득에 대한 세금을 낸다. 노동자는 세금을 현금으로 납부하지만 자본가들은 납세기한이 다해갈 즈음에 이제 아무런 가치도 없는 돈으로 납부한다.

세계 어느 나라에서도 자본이 이처럼 막강하고 정치적으로 횡포를 부리는 곳은 없다. 사회의 경제체제는 정치이론과 일치하지 않는다. 명색은 공화국이나 사실은 자본가 독재주의이다.

모건은 자기의 진술에 대한 증거를 정부문서에서 찾았는데, 정부관리나 제국은행원, 정부 소속의 경제학자 모두가 이러한 증거를 모르는 바가 아니었다. 그럼에도 이들은 "정부의 기능을 원활히 하고 상업과 공업에 필요한 자금을 조달하고 안정과 질서의 상태를 유지할 수단을 강구하기 위해 더 많은 돈을 만들어야 하기 때문에 인플레를 계속 유지한다"라는 정부 발표를 우둔하게 받아들였던 것이다. '부유한 기업가'의 이익을 위해 인플레를 유지하는 데 정부가 중재적인 역할을 하고 있다는 것을 눈치 챈 사람이 몇몇 있긴 했지만 그들은 잠자코 있는 것이 현명한 처사라고 생각했다.

1958년, 독일 초인플레가 유지되는 데 정부가 고의적으로 한몫 담당했다는 것을 증명할 만한 권위 있는 자료가 발표되었을 때에도 기존 경제학자나 역사가들은 '공식적인 견해'를 계속 받아들일 것을 고집했다. 초인플레가 완전히 소멸된 지 거의 35년 만에 게르트 폰 클라스는 휴고 스티네스에 대한 권위 있는 전기를 출간했다.

그 전기 속엔 스티네스가 1922년 6월 23일, 자신의 비망록에 기록해놓은, 이제까지 발표되지 않은 내용이 실려 있었다. 그날 그는 미 대사와 방문 중인 은행가(모건의 주장을 대표하는)에게 중대하는 재정혼란에 대한 정부 견해를 피력하기 위해 미국 대사관으로 출두하도록 발터 라테나우 외무상에게 소환당했다. 그는 독일의 주요한 기업가일 뿐 아니라 의회의 영향력 있는 의원이고, 국제회의에서 바이마르공화국을 대표했기 때문에 그의 의견을 듣고자 했던 것이다. 그가 손가락만 한번 튕기면 정부의 장관들이 펄쩍 뛸 정도였다.

스티네스는 일기에 다음과 같이 기록하고 있다.

라테나우 박사와 다른 두 분의 요청에 따라 나는 상황을 아주 세밀히 분석했다. …… 우선 전후 독일이 왜 인플레 정책을 펴고 있는지에 대한 이유를 설명했다. 패전 후 독일은 생업을 포기하고 전선에 투입되었던 400만 명의 인력을 다시 정상적인 경제활동인구로 복귀시켜야 했고, 이를 위해서는 원자재와 일자리를 확보해야 했다. 국가의 생존을 유지하기 위해서는 어쩔 수 없이 일부 자본을 희생시키지 않을 수 없었다. 일반 대중이 실업 상태로 남아 있을 경우 독일은 볼셰비즘에 의해 장악될 것이 뻔했기 때문이다. …… 나는 또한 인플레라는 무기가 상당 규모의 자본 손실(화폐와 저축의 가치 하락으로 인한 손실)에도 불구하고 앞으로도 계속 사용되어야 한다고 강조했다. …… 미국인들은 생존이 돈보다 더 귀중하는 점을 인정했으며, 이러한 관점에서 왜 독일이 인플레 정책을 추구했는지 이해해주었다.

자, 이제 모든 것이 밝혀졌다. 정부가 필요한 경우에는 인플레를 하나의 '계획'으로 사용했다는 세계 최초의 공식적인 기록이 여기에 있다. 인플레가 전통 경제학설이 늘 주장하듯이 경제적인 부작용의 '우연한' 부산물도 아니며 '실수'의 결과도 아니라는 증거가 여기에 있다. 인플레는 때로는 고의적인 '정책'의 산물일 수도 있는 것이다. 사전이 정의하는 '정책'의 의미는 '정부, 기관혹은 개인에 의해 채택되고 추진되는 일정한 과정'이다. 스티네스의 일기를 읽어보면 돈의 구매력이 급격히 떨어지는 것이 '정부가 채택하고 추진한 일정한 과정'의 결과가 될 수 있다는 것을 비밀회의에 참석한 사람들이 미리 알고 있었다는 것을 느낄 수 있다.

물론 스티네스는 인플레를 좋은 동기에서(공산주의의 손아귀에서 나라를 구하는 것) 사용했다고 말하고 있으며 미국인들도 좋은 목적으로 '계획'을 추구할 수 있다는 데 동의했다. 그러나 그 일기를 자세히 읽어보면 미국인 측에서는 '정책'이 사실은 스티네스 자신과 같은 '부유한 독일 재산가'의 이익을 위해서만 추진되었다고 강하게 의심할 수 있다. 그는 '인플레 정책'이 국가의 이익만을 위해 추구된다는 생각은 터무니없는 것이라고 다시 강조하고 있는데, 이것을 보아도 의심스러운 점이 명백해진다.

그는 일기에 다음과 같이 계속 적고 있다. "이야기 도중에 그 미국인들이 내가 인플레 정책을 경제적으로 바람직한 것인 양 고의적으로 추진했다는 이야기를 독일인뿐 아니라 프랑스인에게서도 들었다는 사실이 밝혀졌다. ······ 나는 그들에게 그러한 견해를 피력한 사람은 바보라고 이야기했다."

자기와 기업가들이 '영역에 또 다른 영역을 합병'하려고 인플레를 선동했다는 비난에서 벗어나려는 그의 노력은 미국 대사관에서의 회합 후 몇 주 만에 재정장관 헤르메스와의 열띤 논쟁에서도 계속되었다. 헤르메스는 타국 화폐에 대한 마르크의 평가절하를 중단시킬 어떤 조처를 발표했다(헤르메스는 배상금 지불을 위한 외환구입에 너무나 많은 양의 마르크가 들어가기 때문에 국내 인플레가 훨씬 더 악화되고 있으며 국제 외환시장에서 마르크의 가치가 낮을수록 더 많은 마르크를 찍어내야 하는 불리한 상황이 계속된다고 주장했다). 재정장관의 계획을 듣자마자, 스티네스는 자기도 모르게 자신이 품고 있던 비밀스러운 생각을 그에게 퍼부었다. 재산의 대착취가는 이렇게 적고 있다. "내가 직접 반대하지는 않지만, 당신이 내게서 커다란 도움을 받고자 하는 이 외환정책의 효용에 관해 나는 강한 의문을 품고 있소."

그러나 이렇게 그 증거가 명백히 드러났는데도 대다수의 의견은 변하지 않았다. 기존 경제학자들은 여전히 초인플레가 '걷잡을 수 없는 우연한 사고에 의해 야기된 경제재난'일 뿐이라고 주장한다. 그들은 인플레가 지속될수록 경제적으로 이득을 취하는 기득권자들이 인플레를 고의로 지속시켰다든가 계획적으로 선동했다는 말은 어불성설이라고 주장하고 있는 것이다.

6

황금알을 낳는 거위
현대 미국의 인플레

지난 25년 동안 인플레의 양상은 예전과는 전혀 상반되게 변모했다. 1952년 이전까지만 해도 인플레는 갑자기 경제주체를 사로잡았다가 곧 안정되곤 하는 발작적인 형태가 그 전형적인 양상이었다.

이렇게 경제주체를 잠깐 사로잡았다가 사라지곤 하던 인플레는 흔히 어떤 '긴급사태(대부분 전쟁의 발발 등)'에 연유한 것이었고, 이러한 원인이 제거되면 인플레 현상도 사라지곤 했으며, 그 뒤로는 상당 기간 냉각기에 접어들게 마련이었다.

20세기 중반 이전까지만 해도 인플레는 예외적인 현상, 즉 상대적으로 오래 지속된 안정기 가운데 돌발적으로 나타나는 일종의 이변에 속했다. 그래서 잠깐의 이변이 끝나면, 안정의 법칙이 회복되고 물가는 또다시 떨어졌다. 생필품 가격은 인플레가 휩쓸기 이전의 수준으로 되돌아가거나 그보다 더 떨어지곤 했다.

이러한 냉각기 때문에 장기적이고 누적적인 인플레는 있을 수 없었다. 그 결과 물가는 상당 기간 안정될 수 있었다. 예를 들면 미국의 남북전쟁 이후부터 제1차 세계대전 발발 이전까지 생활비는 남북전쟁 이전보다 오히려 더 떨어졌다(뉴욕 연방준비은행의 소비자물가지수는 1865년 말 102였던 것이 1914년 말에는 100으로 나타났다).

19세기 사람에게는 예순 살에 사먹는 빵 값이나 그가 여섯 살 때 그의 어머니가 샀던 빵 값이나 전혀 다를 바 없었다. 그러나 이제 모든 현상이 일변했다. 인플레는 이제 치유할 수 없는 고질병이 되어 해가 가고 세대가 바뀔수록 더욱 만연할 뿐 종식될 희망은 끝내 사라져버리고 말았다.

현대에 들어 고질화되기 시작한 인플레 증상은 선진국이 발표한 생계비지수 앙등현상을 보면 더욱 분명해진다. 또한 미국의 소비자물가지수는 지난 1980년 5월로 160개월째 끊임없이 상승세를 보여왔다. 1967년 1월 이래 지금까지 매달 계속되어온 소비자물가지수의 상승추세는 이 지표를 작성해온 65년 역사상 가장 오랜 기록이다.

이 지표를 처음 작성했던 1913년 이후 지금까지 소비자물가지수가 6개월 이상 상승세를 계속해온 적은 열한 번밖에 없었다. 그 이전의 가장 길었던 인플레 기간은 제1차 세계대전 중의 경제적 압력으로 인해 22개월 동안 지속되었으나 임금 및 물가 관리정책에 의해 종식되었다. 그동안 평균 인플레 기간은 4개월에 불과했고, 이것은 160개월째 계속되고 있는 현재의 인플레 기간의 40분의 1에 해당하는 것이다.

단 한 달의 정체 기간도 없이 거의 13년 반 동안 끊임없이 물가가 오른다는 기록은 쉽게 깨어질 수 없을 것이다.

예전 같으면 화폐의 구매력이 이처럼 장기간에 걸쳐 계속 하락일로인 나라는 인플레의 속도를 감당하지 못한 채 큰 타격을 받고 말 것이다.

오늘날에도 역시 불길한 조짐이 엿보이기 시작하고 있다. 1953년부터 1962년까지 10년 동안 생계비 상승률은 연평균 1.1%라는 목가적이고도 완만한 양상으로 진행되었다. 그다음 10년(1963~1972년) 동안에는 연평균 3.3%에 달해 세 배로 가속화되었고, 특히 이 기간 중 후반기에는 상승률이 6%에 달했다.

또한 그 후 5년(1973~1977년) 동안에는 연평균 8%라는 높은 수준으로 물가가 뛰어올랐다. 1978년에는 9%로 가속되더니 1979년에 이르러서는 놀랍게도 13.3%까지 치솟았다. 1980년부터 3년 동안 연평균 물가상승률이 13%로 지속된다고 하더라도(1980년 상반기 물가추세로는 13% 이상일 가능성이 높지만) 1982년이 되면 소비자물가지수는 거의 300대에 육박할 것이다. 이것은 1972년 말 현재 125였던 물가가 거의 175포인트나 뛰어오른다는 의미이다. 이러한 예측이 옳다면 1972년의 달러화 구매력은 10년 동안 40%로 줄어든다는 이야기이다.

1982년 이후의 기상도는 더욱 황량하다. 초긴축정책과 장기적 '임금·물가' 정책이 시행되지 않는다면 1979년에 13%에 달했던 인플레율은 25~30%로 가속화될 공산마저 엿보인다. 이런 추세가 계속된다면 초인플레의 결과가 끝내 사회동요를 초래할 수도 있을 것이다.

과거 인플레가 시작되는 초기 단계에서는 으레 점진적인 물가상승에 편승한 기만적인 번영과 '경제성장'이 나타나곤 했다. 그와 같은 점진적인 물가상승은 한동안 견딜 수 있고 '관리'할 수 있을 것으로 여겨졌다. 그러나 종국에 가서는 인플레란 언제 그 횡포를 멈출지 알 수 없게 되었고 초기에는 경제성장에 무해하거나 또는 도움을 준다고 믿었던 인플레가 마침내는 재난을 낳는 폭력자로 변모하고 마는 것이었다.

우리는 지금까지 우리도 모르는 사이에 낡아빠진 시나리오의 첫 부분을 다시 돌리기 시작하지 않았는가? 이와 비슷한 일이 가끔 있었으니 말이다. 보편적인 징후인 생계비 앙등 외에도 현대의 인플레와 함께 만연하는 네 가지 현상이 있다. 지적하자면 ① 통화 및 은행신용의 대대적 팽창, ② 재정적자의 발생과 누증, ③ 인플레에 대비한 현물확보 경쟁(희귀 우표수집에서부터 기업흡수까지), ④ 권력자나 세도가에게로 부의 급속한 이전 등이 그것이다(이러한 네 가지 현상은 지금 많은 국가에 공통적이지만 이 책에서는 미국의 경우만 다루고자 한다).

(1) 통화 및 은행신용의 대량팽창

미국 정부가 1933년 지폐를 금으로 태환할 의무를 발표한 이후 통화량 증

<표 2> 통화공급량(M²)의 증가

연도	통화량(10억 달러)	1인당 통화량(달러)
1933	34.0	272
1942	78.9	583
1952	168.5	1,074
1962	242.9	1,302
1972	525.3	2,516
1973	571.4	2,715
1974	612.4	2,890
1975	664.3	3,111
1976	740.3	3,441
1977	806.5	3,720
1978	879.0	4,032
1979	952.6	4,720

* M²(총통화)는 유통 중인 지폐와 시중 은행의 요구불예금만을 포함시켰을 뿐 상호저축은행, 저축 및 대부조직, 체신저축제도 등에 의한 예금은 제외되었다. 10만 달러 이상의 예금증서도 포함시키지 않았다. 그들을 포함하면(우리 견해로는 꼭 포함해야 하지만 많은 경제분석학자들은 편법상 이를 간과하고 있다) 1977년 말의 통화공급량(M²)은 747억 달러가 증가한 8,812억 달러에 달했을 것이다. 통화량을 표시하는 데 흔히 신문에서 보도되는 것처럼 현실에 맞지 않는 협의의 M¹(순통화) 공급량이 아니라 M² 공급량을 사용하고 있다는 점에 주의하라.

가세는 <표 2>와 같다.

음울한 디플레이션의 해였던 1933년 말 340억 달러의 낮은 통화공급량은 그 후 10년 동안 현금과 예금액을 합해 450억 달러로 늘어났다. 그리고 1942년부터 1952년 사이의 10년 동안(이 기간 중 두 차례의 전쟁과 이에 따른 특수경기를 치르느라고 막대한 지폐를 찍어냈다)에는 통화량이 거의 900억 달러나 팽창했다. 미국이 베트남전쟁의 수렁에 빠지기 직전 10년(1952~1962년) 사이에는 통화공급의 증가세가 둔화되어 770억 달러의 증가에 그쳤다. 그러나 그다음 10년(1962~1972년) 동안에는 통화공급량이 유례없이 무려 2,824억 달러나 늘어났는데, 이는 동남아시아에서의 미국의 군사적 모험을 뒷받침하는 데 달러를 퍼붓다시피 했을 뿐 아니라 국내 경기팽창과 함께 다국적기업의 해외재산 취득을 위한 자금을 공급했기 때문이다. 단 10년의 팽창 기간에 미국은 건국 이래 1962년까지 186년 동안 축적해온 통화보다 훨씬 많은 통화를 만들어낸 셈이다.

그러나 그다음 5년 동안(1973~1977년) 미국은 또다시 2,810억 달러의 돈더미를 풀어놓았다. 이것은 병적인 소비추세 때문이라기보다는 열에 들뜬 통화 남발에 연유한 것이다. 통화량은 1977년 한 해 동안에만도 662억 달러나 늘어났다. 만약 앞으로 5년 동안의 통화량 증가 추세가 1973~1977년 동안의 추세대로 진행된다면 1982년 말의 통화공급량은 1,240억 달러를 초과할 것이다. 만일 이런 예측이 현실로 나타난다면 불과 20년 후면 우리가 상상하기 어려운 액수인 1조억 달러가 미국의 통화량에 추가될 것이다. 이 같은 폭발적 증가율은 이미 한계점을 넘어선 인플레 현상을 치명적으로 악화시킬 것이다.

(2) 재정적자의 발생과 누증

1930년대의 대공황 이전에는, 다시 말해 세계 선진국들이 금본위제도를 고수할 때에는 각국은 그들의 지급능력 내에서 정부를 유지했다. 만성적 적자 재정을 운영하는 황제나 국가원수는 무책임한 정신박약자나 사기꾼 혹은 정신병자로 여겨졌다. 막대한 재정적자는 전시에만 양해되었다. 전쟁은 그것이 '단기간'에 끝나리라는 공약 아래 시작되었으며, 예산 부족액은 '초비상 위기'의 짧은 기간에만 지지를 받았다.

이러한 논리에 따라 미국 정부가 수립된 지 154년이 지난 1930년대 초반까지 누적된 정부채무는 12억 5,000만 달러에도 미치지 못했다. 그동안 정부의 회계 잉여금은 연례적이었고 예산적자는 거의 없었다. 그러나 대공황으로 결정적 변화가 찾아왔다. 각국은 금본위를 포기함으로써 얼마든지 화폐를 발행하여 자국의 침체된 경제를 회생시키려 노력했다. 마침내 대공황이 끝난 1940년, 미국의 국채는 430억 달러로 급팽창했고, 연방준비은행은 대통령과

의회의 경기회복정책의 자금원이 되었다.

역사상 가장 값비싼 전쟁(제2차 세계대전)의 자금조달과 그 후 동원해제와 관련된 경비지출로 막대한 예산부족이 발생했던 1946년 말 미국의 정부채무는 2,690억 달러를 넘었다. 1952년 말에는 한국전쟁으로 인한 지출이 엄청났는데도 정부채무는 2,590억 달러로 줄어들었다.

그러나 그해를 기점으로 하여 1956년, 1957년, 1969년 등을 제외하면 정부예산의 잉여란 찾아볼 수 없게 되었다. 1952년 이후 25년 동안 계속 재정적자가 누적된 결과 연방정부의 채무는 또다시 4,500억 달러나 추가되어 1977 회계연도 말 현재 정부채무 총액은 7,090억 달러에 달하게 되었다. 특히 최근 5년(1973~1977년) 들어 예산결손액만도 2,720억 달러로 크게 늘었는데, 이는 1952년까지 미국 정부의 채무 총액에 맞먹는 액수이다.

1978 회계연도의 예산적자도 490억 달러에 달해, 적자 누증 경향은 전혀 변하지 않고 있다. 미국이 전쟁을 치르지 않았던 1976~1978년 3년간의 적자폭도 1,730억 달러였다. 확실히 우리는 새로운 국면에 들어선 것이다. 적자재정이란 이제 전쟁이나 사회적 불안을 야기하는 불황 등 돌발적 긴급사태에 대한 일시적 대응책으로서 편성되고 있는 것이 아니다. 전시나 평화시, 불경기와 호경기를 가리지 않고 재정정책의 항구적인 특징으로 굳어지고 있다.

이처럼 막대한 재정적자가 다반사가 된 것은 실제로 재무당국이 정부지출을 충당하기 위한 세원을 확보하지 못해서라기보다는 오히려 재정정책 수립자들이 경제활동의 자극제로서 의도적으로 적자재정을 유지하는 탓이기도 하다(이에 대해서는 다음에 더 언급하겠다).

최근 25년 동안 정부는 이 같은 예산상의 갭을 메우는 데 연방준비은행에 크게 의존해왔다. 중앙은행은 또한 빚지는 성향에 있어서는 정부를 능가하는 차주들, 즉 소비자와 기업에게도 막대한 규모의 새 자금을 제공했다.

(3) 인플레에 대비한 현물확보 경쟁 — 대개 빌린 돈을 이용한다

"치과의사들이 악기 값을 얼마나 올려놓았는지, 평범한 연주가들은 이제 악기를 소유할 엄두도 못 내게 되었다." 이것은 최근 전 세계적으로 퍼지고 있는 '가치보존용' 상품의 구입경쟁에 관한 신문기사 가운데서 조지프 루프킨 씨가 언급한 것이다. 루프킨 씨가 치과의사에게 무슨 원한이 있어서 이렇게 말한 것은 아니다. 미국 내 저명한 경매업자들의 상담역인 동시에 골동품 및 고미술품 감정가이기도 한 루프킨 씨 입장에서는 오히려 전통적인 골동품 수집가들과 함께 어울려 닥치는 대로 골동품을 사들이는 새로운 계층, 즉 신흥 기업의 임원이나 의사 또는 영화 및 텔레비전 스타의 등장을 환영할 것이다.

1978년 12월 소더비 경매장 뉴욕 지점에서 있었던 경매에서는 치열한 경쟁 끝에 몇 가지 희귀악기가 180만 달러에 팔림으로써 지금까지의 기록을 깨뜨렸다. 그날 경매된 낡은 이탈리아 악기 중에는 안토니오 스트라디바리의 첼로도 있었는데, 28만 7,000달러에 낙찰되었다. 세계적으로 유명한 바이올리니스트 예후디 메뉴힌이 소유했던 과르니에리 바이올린은 22만 1,000달러에 팔렸다. 소더비 경매장의 전문가인 웰스 씨는 "스트라디바리 바이올린이라면 그야말로 금싸라기와 똑같다"라고 말한다. 1950년에 3만 5,000달러였던 스트라디바리가 이제는 거의 30만 달러에 육박하고 있다.

미국의 경매장은 새로 구성된 해외투자 차관단 대표들도 유인하고 있는데, 그들은 고미술품, 골동품, 보석 등 값진 물건을 구매하기 위해 조직된 자들이다. 이런 회사의 대리인들은 홍콩이나 중동 또는 유럽 등지에 상주하면서 맹렬하게 사들임으로써 골동품가게의 물건을 바닥내고 있다. 신중하기로 유명한 영국의 철도연금기금마저 인플레율보다 높은 이익을 얻을 수 있는 투자대상을 물색한 끝에 희귀 악기 수집에 손을 뻗쳤다(이 연금기금은 최근 낡은 이탈리아제 첼로를 3만 달러에 구입했다).

희귀 악기가 모두 투자가의 손에 넘어가버리자 과열 시장은 바이올린 활로 쏠렸다. 옛날에 이름을 날렸던 제작가들이 만든 바이올린 활이면 하나에 2만

5,000달러까지 팔렸다. 최근 소더비 경매장이 내놓은 그래프에 의하면 바이올린 활의 값은 1968년 이래 매년 25~35%씩 오르고 있어, 지난 수년 동안 가장 수지맞는 상품 중 하나로 등장했다. 밀물처럼 넘쳐흐르는 투자자금의 팽창과 소비자물가지수의 앙등으로 해마다 늘어나는 희귀품 수요는 다른 골동품 가격까지 끌어올렸다. 이에 따라 모든 골동품 가격이 춤을 춘다. 작년 소더비 경매장에서는 12세기에 만들어진 법랑 원형 초상화가 220만 달러에 팔렸다. 같은 장소에서 11세기의 상아세공품이 110만 달러에 팔렸고 12세기의 촛대 하나가 100만 달러에 나갔다. 런던 소더비 경매장에서는 1769년 색소니 영주의 옷을 만들었던 재봉대가 37만 1,000달러에 낙찰되었다. 미국인 실업가 로널드 라우더 씨는 1978년 12월 치펀데일이 만든 책상 하나에 19만 6,000달러를 지불했다. 미국인 경영인 맬컴 포브스 씨는 20세기의 항공우표(1918년 발행) 한 장에 10만 달러를 지불함으로써 우표 값의 신기록을 세웠다.

일본의 고미술품은 나왔다 하면 현찰을 쥐고 줄 서서 기다릴 정도로 높이 평가되고 있다. 1975년 6월 소더비 경매장에서는 31장으로 된 일본 미술품 한 세트가 치열한 경쟁을 거친 끝에 31만 5,550달러에 낙찰되었다. 이 가격은 1972년에 샀던 가격 17만 9,500달러에 비하면 무려 75%가 오른 셈이다.

역사적으로 가치 하락에 대한 '안전판' 구실을 했던 다이아몬드 역시 투자가들이 증가함에 따라 가격이 앙등하고 있는데, 매점업자들이 출하량을 신중히 조절·통제하고 있다. 흠 없는 1캐럿짜리 다이아몬드가 뉴욕 소매시장에서 1977년만 해도 6,000달러였으나 1978년에 1만 8,000달러로 뛰어올라 불과 1년 사이에 세 배나 뜀박질을 했다. 약간 흠이 있는 다이아몬드의 경우도 완전품만큼 화제를 불러일으킬 정도는 아니지만 다른 물건에 비할 수 없는 가격인상을 보였다. 보석 소매상의 대변지 격인 ≪쥬어러스 서큐레이션 키스톤 (Jewelers' Circulation Keystone)≫지는 최근 호에서 이러한 경향을 기사화했다. "1972년 보석 소매상들이 뉴욕의 보석 공급업자들에게 1캐럿짜리 다이아몬드에 1,775달러를 지불했던 것이 1978년 4월에는 똑같은 물건을 7,665달러나 지불하고 있다는 사실을 생각해보라"라고 이 잡지는 지적했다.

이 잡지에 따르면 "보석상, 보석 감정가, 투자대상을 찾는 연금기금의 관리자, 예탁자에게 지출할 이익금을 내기 위한 신탁은행가 등 소기업가에서 부유층 전문가에 이르기까지 여러 부류의 사람들이 투기구매를 하기 때문에 다이아몬드 값의 앙등현상이 빚어지고 있다"라고 지적한다. 한편 순진한 대중은 의도적인 신문기사나 또는 '다이아몬드 전문가'로 분장한 난봉꾼의 텔레비전 출연 등에 자극받아 질 떨어진 보석을 양껏 주문하고 있는 실정이다. 이 같은 얼빠진 짓이 일본과 독일에서도 성행하고 있다(최근 미국, 독일, 일본 3개국의 보석 구매량이 전 세계 구매량의 80% 내외를 차지하고 있다). 이런 과열구매와 투기에 대해 세계적 보석상인 티파니 회사마저도 마침내 경고를 보내고 있다. "다이아몬드 값이 너무 비싸다! 이런 현상은 티파니 회사와 같은 전문조직이 평가하기에도 비정상적이다. 투기꾼 몇몇이 값을 조작하고 있다. 소비자들은 달리기 전에 앞부터 살펴보시도록!" 1978년 3월 17일자 ≪뉴욕타임스≫ 광고란에 티파니 회사가 발표한 내용이다.

이 같은 경고가 일시적으로는 보석 수집자들의 구매심리를 위축시킬 수 있을지도 모른다. 그러나 주택, 자동차, 가구, 실내장식물, 의복 등과 같은 생필품의 뇌동 구매에는 어떠한 경고도 효과가 없다. 이 같은 생필품 대부분은 비단 인플레 시기가 아니라 하더라도 2억 1,600만 명이 넘는 미국 소비자 개개인이 구매하는 것이다. 그러나 문제는 최근 생필품 구매행위의 상당 부분이 '인플레에 대비하여' 경쟁적으로 이루어진다는 점에 있다. 특히 주택 부문은 더욱 그렇다.

미국 내 신축주택의 평균가격이 지난 15년 사이에 거의 네 배로 올랐다. 1978년의 주택 부문 지출은 최고기록을 세웠다. 한편 중류가정의 가계소득은 1963년의 6,250달러에서 1978년에는 1만 7,000달러 내외로 추산되고 있어 300% 성장에도 못 미치는 실정이다.

이 같은 주택가격 등귀현상이 새로운 주택구입을 저해하기는커녕 오히려 더 촉진하고 있는 실정이다. "그동안 주택가격이 오르기 때문에 우리는 분할지급 구입으로 그만큼 번 셈이죠. 내년에 사는 것보다 지금 사는 것이 훨씬 이익이라고 판단했죠." 일리노이 주 그랜즈에 사는 카렌 랜도 여사는 신축주택을 구입한 동기를 묻는 기자에게 이렇게 답변했다. 그녀는 9만 달러짜리 주택을 계약금 1만 8,000달러를 지불하고 분할상환 조건으로 구입했다.

"작년에 호숫가에 넓은 대지가 딸린 집 한 채를 구입했죠." 아서 브리튼 씨의 설명이다. "나는 이미 공동관리하는 별장을 갖고 있었습니다. 그렇지만 내 생각에는 앞으로 땅값도 오를 것이고, 그동안 수영장과 테니스 코트에서 편안한 생활을 즐기다가 임자가 나서면 좋은 가격에 다시 팔 수도 있을 것 같아요. 내가 손해 볼 것은 전혀 없으니까요."

《월스트리트저널》지가 1978년 중반 주택과 자동차 구입 소동을 취재했을 때 갤럽 소비자조사 책임자인 재이 슈미덴캄프 씨는 "정신병자가 아닌 이상 물가가 내려가리라고 믿는 사람은 아무도 없다"라고 대답했다.

시티뱅크의 부회장 대리이며 경제학자인 메리 고트샬크 씨는 최근의 주택 및 내구재 등의 매점으로 인한 위험성을 다음과 같이 설명했다. "소비자도 기업과 마찬가지로 경비지출 결정을 내리는 데는 이성적이 된다." 그리고 소비자는 마침내 고율의 인플레 시기에는 금융 증권 형태보다는 토지나 내구재 등과 같은 부동산 형태의 저축이 더욱 합리적이라는 사실을 간파하고 있다.

고트샬크 씨는 또한 주택 및 내구재 구입자 대부분이 인플레로 인한 피해 보상을 받는 것 이상의 영리한 계산을 하고 있다고 상세히 설명했다. 그들의 합리적 욕구는 취득한 부동산을 담보로 금융을 일으켜 또 다른 구매가 가능하도록 하는 것이다.

소비자들은 연방준비은행이 계속 창출해내는 수십억 달러의 자금을 이용하게 됨으로써 전례 없이 많은 빚더미 속으로 빠지게 된다.

개인채무의 증가세가 1972년 이래 비슷한 속도로 지속되면 1982년에는 그 총액이 1조 6,000억 달러에 이를 것이다.

<표 3> 개인 채무의 증가

(단위: 10억 달러)

연도	저당 채무*	소비자 채무**	총계	1인당 채무
1952	58.5	32.5	91.0	578
1962	169.3	74.0	243.3	1,304
1972	372.2	177.6	549.8	2,632
1977	656.6	289.4	946.0	4,361
1978	762.0	340.0	1,102.0	5,039
1979	875.0	382.0	1,267.0	5,682

* 저당(4세대 중 1세대)이란 개인 주택 담보를 말한다.
** 소비자 채무는 할부금(총액의 75~80%) 미납액과 기타를 포함한다.

기업채무에서도 이 추세는 마찬가지다. 1952년 1,710억 달러에서 1962년에는 3,480억 달러로 서서히 증가했던 기업채무 총액이 1972년에는 9,750억 달러로 팽창했다. 그러나 5년이 지난 1977년에는 1조 5,000억 달러로 추산될 만큼 급증했다. 이 같은 추세가 계속된다면 1981년 말 현재 기업부채는 2조 달러에 달할 것으로 전망된다.

소비자와 마찬가지로 기업도 인플레를 방어하기 위해 '무리한 시설투자'를 시도해왔다. 기계 및 건축자재와 모터 값이 일방통행식 상승운동만 하는 한 회사 임원은 금고에 돈이 있건 없건 시설확장 계획에 박차를 가할 수밖에 없게 된다. 대개는 자금을 조달하지 못하나, '위험부담 거래'로 높은 이자의 지불을 감수하는 경우에는 은행에서 대출받을 수 있다. 이런 방식으로 빚더미와 함께 공장이 건설되는 것이다.

상당 규모의 기업부채는 다른 기업체의 인수를 위해 늘어난 것이다. 공장과 시설을 건설하는 비용이 하늘 높은 줄 모르고 올라가자, 기업합병이야말로 추가 생산시설을 획득하는 경제적 방식임이 증명되었다. 1970년부터 1977년까지 8년 동안 기업합병을 통해 약 150억 달러어치의 자산이 취득되었는데, 이것은 1970년 이전 25년 동안 소유권이 이전된 모든 자산의 총액과 맞먹는 액수이다.

(4) 권력자나 세도가에게로의 부의 급속한 이전

예전부터 인플레를 틈타 급속히 부풀어 오른 돈덩이는 분명히 보였지만, 상세한 내막은 깊숙이 감추어져 있었다. 으레 뒤늦게 '조사단'이 구성되었지만 축적된 재산의 정확한 규모를 파헤치는 데는 실패하게 마련이었다. 프랑스에서도 아시냐 지폐 시대가 지나자 몇 개의 '조사위원회'가 구성되었다. 몇몇 책임 있는 투기꾼에 대해서는 그들이 얻은 과당이익에 대해 무거운 벌과금을 물리기 전에 일정한 속죄절차를 밟도록 규정되었다. 그 결과 피라미급 외환투기꾼 몇 명이 파리 시내 중심부 광장에 끌려나와 흥분해서 몰려든 군중들에게 발로 채고 조롱을 당했다. 그들은 웃통을 발가벗기우고 가슴에 '투기꾼'이라는 낙인이 찍혀졌다. 그러나 이런 화풀이도 민중의 주의를 참된 사실에서 멀리 떼어놓는 데 일조했을 따름이다.

극심한 인플레 시기를 겪은 후 독일에서는 마르크화 가치하락 조사위원회를 비롯한 몇몇 조사단이 구성되었지만 역시 인플레 경기를 틈타 돈을 번 개인의 정확한 치부 규모를 알아내는 데는 실패하고 말았다.

이에 비하면 오늘날은 훨씬 다행스러운 시대이다. 예전과 마찬가지로 정부 관리는 개인의 치부 상황을 은폐하려고 계속 노력하고 있지만, 이에 관한 정보가 속속 폭로되고 있다. 이는 소수의 끈덕지고 재능 있는 경제학자들이 이러한 작업을 결코 포기하지 않았던 덕분이다. 경제학자들의 이런 투쟁과정은 이런 유의 경제학자 중 한 사람인 제임스 스미스가 1977년 12월 16일, 27일 양일간 예산 및 경제정책이 소득분배에 미치는 영향에 관한 특별조사반(미국 하원 예산위원회 산하 단체로 설립되었다)에서 행한 증언 속에 잘 나타나 있다. 스미스 교수는 이 위원회에서 다음과 같이 증언했다.

소득분배에 관해 우리가 알고 있는 자료들 — 최소한 내가 찾아낸 대부분

의 자료들 — 은 국립과학재단의 협조로 얻어진 것입니다. …… 이 연구를 해
내는 데 그동안 국세청을 비롯한 몇몇 정부기관의 끈질긴 방해공작이 있었
던 것도 사실입니다. …… 연방정부의 재산세 부과상황에 관해 구체적인 개
인성명을 뺀 컴퓨터 자료를 얻기까지 무려 7년을 기다려야 했습니다. 이 7년
동안 국세청은 만약 이 자료가 누설된다면 국민총화에 굉장한 해를 끼칠 것
이라는 이유를 들어 온갖 방법을 동원하여 나를 설득하려 했습니다. 마침내
이 자료는 하원의원 및 행정부 요원 몇몇 분의 도움으로 비로소 공개될 수
있었습니다. 그리고 이 자료가 공개된 후에도 정부는 변함없이 건재합니다!
이제는 국세청도 누구나 필요한 사람에게 이 자료를 제공하고 있습니다. 이
자료의 공개로 해를 입은 사람은 아무도 없습니다.

국부(주식, 국채, 지방채, 예금액 총액과 부동산 및 기타 개인 소유재산의 평가가
치의 총계에 관한) 대차대조표를 내용으로 하는 거시적 통계자료를 작성하고
이것을 국세청의 재산세 부과자료에 서로 대비시킴으로써 최근 스미스 교수
를 비롯한 몇몇 경제학자는 그동안 정부가 일반인의 무지몽매함을 이용하여
감추어두었던 부분을 밝혀내고야 말았다. 재산소득 자료가 분석되고 이를 이
용하여 전체 경제활동인구의 '계층별 샘플'을 작성함으로써 이제는 죽은 자도
산 사람과 함께 부의 크기와 분배에 관해서 그리고 부가 어떻게 움직여가는
가에 대해서 '굵고 거센 목소리'로 발언할 수 있게 되었다.

　여기서 '재산 증식'을 위해 사용된, 깜짝 놀랄 만한 여러 가지 방법을 일일
이 사례별로 열거하여 다루자는 것은 아니다. 단지 현재 진행 중인 인플레를
틈타 특권층이 얼마나 급속히 재산을 축적할 수 있었는가를 알아보기 위해
몇 가지 통계자료를 인용할 필요가 있을 것이다.

　미국이란 나라에서 개인소득의 분배와 축적은 어떻게 이루어져 있을까?
1972년 통계로는 미국 전체 소득인구의 4분의 1이 연간 1,000달러 미만의 소
득수준에 있고, 반 이상의 소득인구가 연간 3,000달러 미만의 저소득층을 이

루고 있다. 반수가 넘는 저소득층의 재산 총액은 미국 개인재산 총액의 6%에
도 못 미치는 실정이다. 통계국에 따르면 미국민의 14%가 극빈자로 분류되고
있다. 또한 미국 전체 소득인구의 70%가 평균 연간 1만 달러 미만의 재산을
소유하고 있으며, 연간소득 총액 3만 달러 이상인 사람은 불과 10%에 지나지
않는다. 또한 재산소득세 부과대상인 연간 순소득 6만 달러 이상인 사람은 미
국 전체 성인인구의 6%에 불과할 뿐이다. 이 통계수치가 의미하는 재산소득
이란 현금이나 은행예금 형태의 소득만 포함한 것이 아니라 모든 금융채권과
주택, 토지, 보석, 자동차 등 일체의 동산·부동산을 포함한 것이라는 사실이
다. 한편 소득분배구조의 최상층에 있는 극소수 부유층의 소득상황은 앞의
통계수치와 좋은 대조를 이룬다. 소득분배 효과에 관한 특별조사반에서 증언
한 제임스 스미스 교수의 설명을 들어보자.

　　전체 소득인구 가운데 부유층 1%가 소유하고 있는 부의 양이 얼마나 되는
　지 살펴보면 대략 전체 소득액의 4분의 1에 해당됩니다. 이를 더욱 세분해보
　면 부유층 1% 가운데서도 또 상층부에 속하는 절반(0.5%)이 소유한 부의 양
　은 미국 전체 개인 소유의 5분의 1을 차지합니다.…… 전체 인구의 1%에 해
　당하는 이 부유층이 소유한 재산을 형태별로 파악해보면, 이들은 미국 내 모
　든 기업의 주식을 반 정도 쥐고 있습니다. 말하자면 1%의 부유층은 미국 내
　전체 기업주식의 반을 소유함으로써 사실상 미국 내 모든 기업의 재산을 장
　악하고 있는 셈입니다. 또한 다음 세대로 부를 이전시키는 데 편법으로 많이
　이용되는 신탁재산의 소유현황을 보면, 이 부유층 1%가 미국 내 전체 신탁재
　산의 91%를 소유하고 있습니다. 이들은 또 국채의 3분의 1 이상을, 지방채의
　거의 100%를 소유하고 있습니다.

　스미스 교수의 이러한 증언에 대해 예산위원회 산하 특별조사반에 국세청
이나 다른 정부기관에서 증인으로 출두했던 많은 증인 중 어느 누구도 반박

〈표 4〉 미국 부유층의 국부 점유상황

(1953년)

재산형태	부유층의 소득액(%)			부유층의 점유율(%)	
	100.0	0.5	1.0	0.5	1.0
부동산	$439.0	$45.0	$68.0	10.3	51.5
주식	151.5	116.6	130.8	77.0	86.3
채권	72.8	33.0	38.33	45.3	52.6
현금	160.1	20.9	28.8	13.1	18.0
사채증권	34.0	8.2	10.9	24.1	32.1
생명보험	64.5	6.6	9.1	10.2	14.1
신탁	20.5	17.5	18.8	85.4	91.7
기타	222.8	12.5	19.8	5.6	8.9
자산총액	1,144.7	242.8	305.7	21.2	26.7
부채	140.0	21.3	29.0	15.2	20.7
순자산	1,004.7	221.5	276.7	22.0	27.5
사람 수(100만 명)	-	0.80	1.60	-	-

(1962년)

재산형태	부유층의 소득액(%)			부유층의 점유율(%)			
	100.0	0.5	1.0	0.5	1.0	0.5	1.0
부동산	770.0	796.6	117.8	10.3	15.3	9.8	14.4
주식	426.4	22.73	264.4	53.3	62.0	44.0	50.8
채권	94.4	33.2	38.4	35.1	40.0	47.6	53.4
현금	278.3	38.9	42.5	10.4	15.3	9.7	14.3
사채증권	51.5	16.5	21.8	32.0	42.3	30.2	40.9
생명보험	93.8	7.1	10.7	7.6	11.4	6.6	10.8
신탁	46.1	N. A.	N. A.	-	-	85.8	92.3
기타	379.4	39.8	52.7	10.5	13.9	7.4	10.9
자산총액	2,093.9	432.4	548.3	20.7	26.2	19.3	24.4
부채	314.0	47.9	61.0	15.2	19.4	13.6	18.0
순자산	1,779.9	384.6	487.3	21.6	27.4	20.4	25.9
사람 수(100만 명)	-	0.93	1.87	-	-	-	-

재산형태	부유층의 소득액(%)			부유층의 점유율(%)	
	100.0	0.5	1.0	0.5	1.0
부동산	1,492.6	150.9	225.0	10.1	15.1
주식	870.9	429.3	491.7	69.3	56.5
채권	158.0	82.5	94.8	52.2	60.0
현금	748.8	63.6	101.2	8.5	13.5
사채증권	77.5	30.3	40.8	39.1	52.7
생명보험	143.0	6.2	10.0	4.3	7.0
신탁	99.4	80.9	89.4	80.8	89.9
기타	853.6	59.5	83.3	6.8	9.8
자산총액	4,344.4	822.4	1,046.9	18.9	24.1
부채	808.5	100.7	131.0	12.5	16.2
순자산	3,535.9	721.7	915.9	20.4	25.8
사람 수(100만 명)	-	1.04	2.09	-	-

* 자료: 예산 및 경제정책의 소득분배 효과에 관한 특별조사반(하원예산위원회), 미국 정부 인쇄공사, 1977.

하거나 도전하고 나서지 않았다는 사실도 주목할 필요가 있다.

이러한 사실을 확정하기 전에 약간의 부언이 필요할 것 같다. 1972년도의 소득분배에 관한 통계수치를 인용하는 것은 그때의 그것이 상궤를 벗어난 것일 수도 있으므로 정당한 방법이 못 된다는 반론이 있을지도 모른다. 그러나 1945년 이후 지금까지의 소득분배에 관한 통계자료를 보면 해마다 소득편차에는 별다른 변동이 없었다. 경제정책이 바뀌고 조사 시기가 달랐지만 언제나 1%의 부유층은 미국 내 전체 소득의 21~27%를 점유하고 있었고, 과반수의 저소득층은 개인소득 총액의 5~6%만 차지해왔다.

부의 왜곡된 분배현상이 파악되었으므로 이제는 현재 진행 중인 인플레의 와중에 돈 있고 권력 있는 인사들이 어떻게 부를 쌓고 있는가라는 물음에 대한 해답을 규명해보자. 〈표 4〉가 말해주듯이 이들은 짧은 기간에 막대한 재산소득을 올리고 있다.

1953년 말 현재 미국 내 최상층 소득자 1%의 개인 소유재산 총액은 3,057억 달러에 이르렀다. 그중에는 이 같은 '거부' 명단에 새로 기록된 사람도 더러 있지만 1% 엘리트층 대부분은 막대한 재산상속자로서, 그들이 상속받은 재산을 기초로 그 위에 다시 수십 년에 걸쳐 점진적으로 재산 증식을 꾀해온 사람들로 구성되었다.

이처럼 10년간의 목가적 재산 증식 시대가 막을 내린 1962년 말 이들 1%의 부유층은 2,430억 달러나 재산을 불려 재산총액이 5,483억 달러에 달하게 되었다. 그 후 10년(1963~1972년) 동안에는 인플레가 더욱 확대되면서 초부유층은 무려 5,000억 달러의 재산을 추가로 긁어모아 재산 총액을 1조 469억 달러로 끌어올렸다. 이 기간 중에 '옛 갑부'들도 역시 많은 재산을 불렸지만 새로 등장한 '벼락부자'가 이 1%의 대열에 추가되었다. 1958년에는 미국 내 백만장자가 4만 7,000명이었는 데 비해 1962년에는 7만 1,000명으로 늘어났다. 그러다가 1972년에는 백만장자의 수가 21만 8,000명으로 팽창했다.

권력자나 특권층이 급격한 통화팽창과 인플레를 틈타 자신의 지위를 한껏 이용하여 막대한 부를 쌓는다는 것은 예나 지금이나 새삼스러운 현상이 아니다. 그러나 이번 인플레 기간에는 단 10년 동안 1%의 부유층이 그 이전까지 축적해온 부와 맞먹는 크기의 재산을 손아귀에 쥐었던 것이다. 1963~1972년 사이의 재산 증식액 5,000억 달러 가운데 대략 2,300억 달러 정도는 인플레로 인해 소유재산가치가 자동으로 늘어난 명목가치 증가에 기인한 것이다.

'1% 엘리트계층'이 거대한 통화팽창으로 어느 정도 급격하게 부를 획득했는지 살펴보자. 1963년 초 미국의 통화공급량(M^2)은 2,430억 달러였고 1% 엘리트계층의 1인당 평균 소유재산은 29만 3,200달러였다(반면 저소득층을 형성하고 있는 8,750만 명의 평균 재산소유액은 1,200달러 이하였다). 1972년에는 통화량이 2,820억 달러나 늘어나면서 1% 부유층의 평균 재산소유액도 급격히 늘어나 50만 960달러에 이르렀다. 그러나 50% 저소득층의 소유액, 말하자면 저소득층의 재산은 겨우 2,000달러로 발돋움했을 뿐이다. 팽창일로의 통화증발과 인플레로 가속된 재산의 컨베이어 벨트는 미국인의 과반수를 이루고 있는 저소득층에게는 불과 800달러의 재산을 운반해준 데 반해 같은 10년 동안 1%의 초부유층에게는 1인당 평균 20만 7,760달러를 기존의 재산에 더 얹어주었다.

한걸음 더 나아가서 미국 내 개인 소유재산의 20%를 소유하고 있는 0.5%의 특권층을 살펴보면 특권층일수록 인플레의 혜택을 톡톡히 누리고 있다는 사실을 알 수 있다.

1962년 말 현재 이들 0.5% 특권층은 평균 46만 2,000달러의 재산을 소유하고 있었다. 그러나 1972년에는 이들의 평균재산은 79만 달러로 도약했다.

이 정도 부의 편재는 별장 한 채에 300만 달러에 이르고 롤스로이스 중고 자동차가 7만 9,000달러를 호가하며 고양이 밥의 매상고가 10억 달러를 넘는 등의 현실에 익숙해진 시대에는 그리 인상적이지 않을 수도 있다. 그러나 여기서 지적한 재산 증식 액수는 어디까지나 '평균치'의 개념이지 0.5%인 100만 명 개개인의 경우도 천차만별이라는 사실에 주의할 필요가 있다. 그중에는 이 기간 중 초기에 10만 달러의 재산이 말기에 50만 달러에 달한 사람도 있겠고, 또 100만 달러의 재산을 수십억 달러까지 증식시킨 사람도 있을 것이다.

그러나 지금까지의 포괄적 방법이 소유자의 이름을 밝혀주는 것은 아니기 때문에 억만장자들이 개인적으로 얼마나 재산을 늘렸는가 알아보기 위해서는 하는 수 없이 다른 자료를 찾아보아야겠다. 으레 그렇듯 1963년부터 1972년 사이에 부유층은 그들의 재산 증식 상황을 알아보려는 연구자들의 노련하고도 끈질긴 조사를 저지하기 위해 온갖 방법을 동원해왔다. 그 결과 아무리 부지런한 조사자가 파헤친 발표라 할지라도 어차피 그것은 불완전한 것일 수밖에 없었다. 그럼에도 그 폭로들은 재산 증식에 성공한 갑부들이 얼마만큼의 재산을 모았는지에 대해 상당한 정보를 제공했고, 그 정보는 포괄적 방법을 통해 얻은 대체적인 결론이 옳았음을 확인해주는 것이었다.

1973년 9월호 ≪포천(Fortune)≫지에 아서 루이스가 쓴 기사는 비록 저자가

고의로 상당수의 축재자를 제외하긴 했지만 이들의 치부 과정을 굉장히 잘 벗겨내고 있다. 루이스가 선정한 억만장자 가운데는 세습적이며 세력 있는 '옛 갑부'들은 제외되었다. 또 그는 5,000만 달러 이하의 자산소유자를 제외함으로써 수천 명에 이르는 하위 백만장자가 그의 그물망에서 벗어날 수 있었다. 이런 기준에 따라 그는 최종적으로 38명을 선정했는데, 이들 대부분은 1962년 이전까지만 해도 그저 그런 정도의 재산을 가졌던 사람이었다.

하르츠마운틴 상사의 레오나드 쉬테른 회장이 갑부 명단의 1번으로 등장했다. 쉬테른 회장은 1973년까지만 해도 가정용 애완동물의 먹이를 공급하는 미국의 유수한 회사 사장에 불과할 뿐이었다. 1959년 그의 회사는 과중한 빚 때문에 파산 위기에까지 몰린 적도 있었다. 그러다가 1962년 회사를 공개법인으로 바꾸면서 운이 뒤따랐고 그의 입장도 바뀌기 시작했다. 쉬테른 회장은 기업확장을 위해 돈을 빌렸고, 빌린 돈으로 부동산 투기에 매달리는 한편 애완동물의 먹이도 계속 팔았다. 마침내 이 기사가 게재될 당시, 그는 33세라는 젊은 나이에 무려 5~7억 달러의 막대한 재산소유자가 되어 있었다.

쉬테른 회장에 이어 등장한 인물이 일렉트로닉데이터시스템의 사장인 로스 페로인데, 그는 전자제품 외판원으로 출발하여 거부가 되기까지 무일푼에서 자수성가한 사람이다. 그는 돈이 점점 흔해빠지자 수백만 달러를 빌려 호황기를 맞은 컴퓨터산업 분야의 회사를 차려 톡톡히 재미를 보았다. 1962년까지도 보잘것없던 그의 개인 소유재산은 10년 후인 1972년에는 4억 달러나 되었다. 1969년의 불황으로 그가 보유한 주식가격이 떨어지기 전까지만 해도 그는 15억 달러의 재산소유자였다.

다음에 등장한 인물은 미국의 제약회사 중 가장 높은 수익을 올리고 있는 테크니콘 회사의 창업주이자 회장인 에드윈 화이트헤드이다. 그 역시 주식시장의 폭락으로 짧은 기간에 벌어들인 재산 가운데 11억 달러의 손해를 입었지만, 아직도 그가 관리하고 있는 자산은 3~4억 달러에 이르고 있다.

로이 카버는 1957년 밴닥(재생 타이어의 일종)을 발명한 후 1960년대 초반부터 돈벌이에 나섰다. 1968년 총 1,000만 달러 정도였던 그의 개인재산은 1972년에 2~3억 달러로 늘어났다. 이 기사가 게재되었을 당시 63세였던 카버는 막대한 부를 다방면으로 과시하고 있었다. 그는 아파트 네 채에 각각 가정을 꾸며놓았고, 칸(프랑스 남부의 휴양도시)에 대별장을 갖고 있으며, 13인승 200만 달러짜리 자가용 제트기를 가지고 있다. 70피트짜리 요트로도 부족하다고 느꼈는지 125피트짜리 알루미늄제 새 요트를 주문해놓고 있다. 육상교통용으로 그는 롤스로이스 한 대와 벤츠 네 대를 소유하고 있다. 그의 허례허식 가운데는 ≪포천≫지 기자가 찍은 사진에서도 보다시피 두 명의 매력적인 수행원 아가씨를 대동하는 점도 포함된다.

이 잡지는 이 밖에도 개괄적이기는 하지만 신흥 재벌 34명을 그들이 획득한 부의 크기에 따라 다루고 있다. 하위에 랭크된 20명도 대개 5,000만 달러에서 1억 달러의 돈을 축적한 사람들이다. 이들 졸부 38명의 자산총액은 무려 50억 달러가 넘는데, 대부분이 1963년에서 1972년까지의 인플레 기간에 축재한 것이다.

루이스는 1979년 2월에 이 같은 졸부 명단을 또다시 다루었다. 이번에도 역시 5,000만 달러 이상의 재산소유자를 취재 대상으로 삼으면서 그는 록펠러 가, 머치슨 가, 헌트 가, 폴 게티 가, 하워드 휴즈 가, 벡텔 가, 뒤퐁 가, 대니얼 루드 가, 멜론 가 등의 '옛 갑부'는 의도적으로 제외했다. 그의 첫 번째 기사가 발표된 후 5년 동안 총통화량이 3,000억 달러나 늘었고, 생계비지수가 거의 50%나 상승한 마당에 그가 새로 발표한 졸부 명단이 이전 것보다 훨씬 길고 치부한 돈도 더욱 엄청날 것은 너무나 당연한 결론이다. 이번에 그가 새로 등장시킨 유력자는 62명에 달했고, 그들의 재산총액은 70억 달러에서 80억 달러에 달했다. 그렇지만 루이스 스스로 밝히듯이 이로써 그가 '숨은 부자'를 모두 발굴해낸 것은 결코 아니다. 수백 명, 어쩌면 수천 명이 그의 조사망을 빠져나갔는지도 모른다. 그는 "수많은 진짜 알부자들이 눈에 띄지 않게 꼭꼭 숨어 있다"라고 지적했다.

루이스에 의하면 그가 직접 만나보았던 수많은 벼락부자 가운데 어느 한 사람도 최근 자신의 치부 결과를 인플레 덕분으로 돌리지는 않았다고 한다. 사실 그의 인터뷰 과정에서 인플레에 관한 문제는 전혀 언급되지도 않았다. 지난날의 재벌과 마찬가지로 현대의 벼락부자 역시 자신에게 황금알을 낳아 주는 거위를 논란의 대상으로 삼고 싶지는 않았을 것이다.

인플레가 팽배하던 지난 시대에 나타났던 공통적인 현상은 이미 살펴본 바 있으므로 이제 우리는 오늘날에도 과거와 마찬가지로 "인플레에는 그것의 지속적 유지에 의해 획득된 이권의 그물"이 존재한다고 측정할 수 있지 않을까? 주식투자가, 정부 대변인, 연방준비은행 관리의 의견을 곧이곧대로 받아들인다면 우리는 이 같은 가정을 세울 수 없을 것이다. 이런 사람들의 견해에 의하면 장기적인 인플레는 대부분 각각 다른 '우발적 사건'이 축적된 결과 초래된 우연한 현상이라는 것이다.

인플레는 본질적으로 정부의 계산착오, 재정 및 통화정책의 실패, 수요증대, 원가 상승 또는 기타 경제 내부 요인에 의한 압력 때문에 자연발생적으로 생겨난 경제의 기능부전이라는 것이다. 때때로 노조 지도자의 과도한 임금인상 요구라든지 이윤의 극대화를 추구하는 독점기업에 의한 '가격조작' 등의 이기적 행위가 원가 상승 요인이 된다고 얼핏 언급하기도 한다.

그러나 마지막 단계에 가서는 악성 인플레란 환경의 산물이지 결코 책략의 산물은 아니라는 결론을 내리고 만다.

우리는 이 같은 사실을 1966년 아서 번스가 쓴 논문에서 발견할 수 있다. "경제문제를 다루는 데 '신경제학'이 정부관리의 실책을 막을 수 있으리라고 기대하는 것은 무리이다. 그 신(新)재정이론이란 것이 실제로는 정부 정책을 더욱 인플레 유발적으로 왜곡시켜 실책을 조장할 수도 있는 것이다."

1968년 린든 존슨 대통령은 경제보고서에서 "경제학자 대부분은 만약 미국이 현 수준의 실업률을 좀 더 서서히 낮추었더라면 물가상승률은 지금보다 훨씬 낮았을 것이라고 믿고 있다"라고 말했다. 〈정부의 실책〉

1970년 리처드 닉슨 대통령은 전 국민 앞에서 행한 경제보고 연설에서 인플레 원인을 다음과 같이 밝혔다. "1965년 중반부터 고삐 풀린 물가는 1년 전 이 정부가 들어서기 전까지 날로 그 기세를 더해갔다. 인플레가 더욱 계속되리라는 예측이 만연한 가운데 인플레를 잡겠다는 정부의 확고한 방침에 대해서는 의구심을 품고 있다. 물가 및 원가 상승의 와중에 있는 기업은 가능한 한 조기투자를 위해 고율의 이자를 물고라도 빚을 내어 나중에 화폐가치가 떨어지면 원금을 상환하려고 하는 실정이다." 〈조기 투자〉

그는 계속해서 "노동자는 과거의 생계비 상승률을 보상받고 미래의 상승분까지 따라잡기 위해 높은 임금인상을 요구하고 있다. 한편 제품 값 역시 과거의 원가 상승과 미래의 상승분까지 예상하여 뛰어오르고 있다"라고 지적했다. 〈원가 상승 효과〉

닉슨은 "1970년 현재 우리는 지난 1960년대 말 이후 누적되어온 실책이 쌓여 최악의 상태에 봉착한 듯한 느낌이다. 만약 그때부터 적절한 대응책을 수립했더라면 1970년대의 문제는 훨씬 풀기 쉬웠을 것이다. 그러나 이 마당에서 우리가 과거의 잘못을 씻어버릴 수는 없는 것이다. 우리가 할 수 있는 것은 실책을 바로잡고 다시는 이 같은 실책을 반복하지 않도록 하는 길뿐이다"라고 끝맺었다. 〈실책의 누적〉

인플레를 정책적 오산이나 시행착오 탓으로 돌리면 연방준비이사회만큼 비난의 대상이 되는 곳도 없다. 1973년 8월 29일자 《파이낸셜월드》지에는 "연방준비이사회의 잘못은 무엇인가"라는 제목의 논문이 게재되어 많은 독자에게 읽혔는데, 존 리온스는 이 논문에서 다음과 같이 썼다.

하필이면 국민경제가 과열된 바로 그 시절에 너무나 성급하고 무모하게 통화량을 급팽창시켰다는 이유 때문에 연방준비이사회는 발족 후 68주년을 맞은 현재 최악의 구설수에 오르고 있다. …… 아마도 이런 비난은 "인플레야말로 오늘날 국민의 최대 관심사이고 그 심각성은 앞으로 계속 더해갈 것이다"라고 믿는 하원 금융통화위원들의 측근 경제학자들의 평가에서부터 시작된 것 같다. 나도 역시 연방준비이사회가 오늘날 인플레에 기여한 주요 원인 중 하나라는 점을 전혀 의심하지 않는다. 더구나 연방준비이사회가 강력한 영향력을 행사하여 단시간 내에 인플레 경기를 불경기로 변화시킬 수 있는 능력이 있다는 점을 생각할 때 더욱 그렇다. …… 1973년 3월까지만 해도 그 후 4개월이라는 짧은 기간 중 통화공급 증가량이 연간평균 증가율인 11%에 달하리라고 누가 예상이나 했겠는가? 그러나 현실은 그렇게 나타나고 말았다. 1972년 1월만 해도 어느 누가 앞으로 물가가 연평균 8% 상승률을 유지하면서 18개월 동안이나 계속 오르리라고 예견했겠는가. 그러나 현실은 그랬다. 인플레 현상에 대한 연방준비이사회의 공헌은 막중하다 할 것이다.

연방준비이사회가 '인플레에 공헌'하게 된 원인은 무엇일까? 대답은 으레 한 가지로 집약된다. 미국 경제정책의 지휘탑인 재무성 역시 연방준비이사회에 대해 못마땅하게 여기고 있다. 재무성의 한 경제 전문가는 "결과로서 빚어진 현실이 통화정책의 잘못을 웅변으로 증명하고 있다"라고 말했다.

리온스는 이어서 연방준비은행의 일부에서도 무언가 잘못되었다는 것을 시인하고 있다. 익명을 요구하는 한 전문가는 "통화량을 서서히 늘려갔더라면 결과가 이보다는 나았을 것이다. 그러나 당시에는 경제가 이처럼 급팽창하리라고는 아무도 예상하지 못했다"라고 말했다고 썼다.

리온스는 이 기사에서 "한여름이 되어 당국의 계산착오가 너무나 심각하고 또 분명히 드러나자 연방준비이사회 의장인 아서 번스마저도 중앙은행의 실책을 공공연히 인정했다. …… 8월 초에 번스는 '지난해만 해도 통화정책이나 재정정책의 방향은 옳은 것이었다. 그러나 현 시점에서 되돌아보면 좀 더 자제력이 있었어야 했다'라고 원망스러운 듯이 말했다"라고 밝혔다(그 후에 쓴 기사에서 번스는 "결과가 말해주듯이 2/4분기의 통화량 및 요구불예금의 증가는 우리의 당초 예상을 초과했다"라고 말함으로써 통화당국의 실책을 시인했다).

리온스는 "경제정책상의 중요 실책은 미국 경제에 대해 통화 당국이 거의 아무런 조치를 취하지 못하게 했고 어떤 조치가 행해졌을 때는 이미 시기를 놓친 후였다. 연방준비은행은 이러한 계산착오의 희생물이 되어버리고 말았다"라고 지적한 후 이 기사를 다음과 같이 결론지었다. "정말로 문제가 되는 것은 …… 연방준비은행이 급속한 신용증가와 인플레 압박을 통제할 능력이 있느냐 없느냐 하는 점이다. …… 세계 최대의 중앙은행이 세 경제주체 – 정부, 기업, 가계 – 를 통제할 능력과 자격을 과연 갖고 있을까 하는 심각한 회의가 존속하는 한 시장에는 무질서가 지속될 것이다. 모든 시장에 말이다."

리온스의 논문은 1972년 및 1973년 상반기 중 정책 당국의 '계산착오'로 야기되었던 인플레 풍토를 주로 언급하고 있지만 1975년 중반에는 '정부의 실책'을 또다시 초인플레 정책의 원흉으로 돌리고 말았다. 그 결과 번스 – 그는 지난 수년간 통화증발을 펌프질하듯 자행하면서도 금융해설가들이 화폐 문제에 관한 한 그를 보수주의자의 우두머리로 믿게끔 하는 데 성공해왔다 – 는 인플레를 유발시킨 정책을 새로운 '실책'으로 돌렸다.

상원 금융위원회에서의 증언에서 그는 "1975년 5~7월의 총통화증가량은 크게 놀랄 만한 것은 아니지만, 우리의 예상량보다는 많은 것이었고 우리가 소망했던 것보다는 훨씬 많은 양이었다"라고 말했다.

2년 후 또다시 인플레의 폭풍이 밀어닥치자 경제학자들은 이번에도 그 케케묵은 원인의 탓으로 돌렸다. 1977년 10월 21일 로이터통신의 보도에 따르면 로버트 레이드는 그 전날 기관 투자가 클럽에서 "통화량의 초과팽창 책임은 연방준비이사회가 2/4분기 통화정책을 운용하는 데 근본적 실책을 저지른 데 있다"라고 비난했다고 한다.

1978년 연방준비이사회의 의장직을 떠나기 직전에 번스는 인플레를 유발한 '실책'의 장본인으로서 또 한 번 방패막이 역할을 담당해야 했다. 비록 몇몇 신문은 냉철하고 박식한 의장으로서의 '자제력 있는 정책'을 찬양하기도 했지만, 많은 신문이 그의 재직기간 중인 1976년에 은행신용이 35%나 증가했고 1977년에는 25%가 증가했다고 뒤늦게 꼬집었다. "실패로 끝난 인플레와의 싸움"에 대한 자신의 직무수행을 평가해달라는 요청을 받고 번스는 "중대한 실책을 범한 것 같지는 않다"라고 확고히 대답하면서도 "사소한 잘못이 많았던 것 같다"라고 시인했다.

그러나 그의 심문자들 ― 미국 내 모든 경제학자들, 번스가 수없이 출두하여 그 앞에서 증언했던 국회의원들, 수년 동안 그의 정책결정과 집행 과정에 관해 보도해왔던 수많은 경제전문 기자들 등 ― 은 결국 두 가지 가장 중요한 질문을 빠뜨리고 말았다. 그 질문 중 하나는 어떻게 해서 그처럼 저명한 금융통이 10년 가까이 재직하면서 똑같은 '실책'을 반복해서 범할 수 있었느냐는 것이다(번스의 재임기간 중 연방준비이사회가 저지른 실수는 거의 똑같이 인플레 지향성에 연유한 것이었다. 인플레 억제 정책상의 '계산착오'는 저지르지 않았다).

그리고 만약 현재의 인플레가 정말로 정책상의 실책이나 자생적인 '압력' 때문에 빚어진 것이라면 이런 요인은 과거에도 있었을 것인데 왜 과거에는 지금처럼 장기적 인플레 현상으로 나타나지 않았을까? 1962년 이래 지금까지 경제정책을 결정하는 데 막강한 영향력을 행사해온 인물들인 연방준비이사회 및 대통령 경제자문위원회의 멤버들은 최소한 그의 전임자들만큼은 유능했고 근면했으며 풍부한 정보도 가지고 있었다. 그러므로 과거의 인플레가 지금처럼 장기화되지 않았던 까닭은 중앙은행이나 정부에 근무했던 전임 경제학자들이 현임자보다 탁월한 능력을 갖고 있어서 실책을 범하지도 않았고 수요증대 압박에 더욱 효과적으로 대처했기 때문이었다고 말할 수는 없을 것이다.

지난 17년 동안 생계비가 급격히 앙등하는 와중에 이처럼 중요한 의문이 한 번도 제기되지 않았던 것은 '우연히 발생한 인플레'라는 도그마를 누구나 너무 자연스럽게 받아들였기 때문일까? 더욱이 인플레란 '의도적 산물'일 수 있다고 개인적으로 믿고 있는 사람들마저도 이 의문을 제기하지 않았던 것은 그들이 '소수의견'을 개진함으로써 흔히 당하게 될 곤욕을 피하려고 했기 때문일까?

그렇다면 이제 우리가 회피해온 진실을 마주볼 때가 온 것이다. 인플레는 몇 사람의 음모로 발생된 것이라는 과장된 성명은 피하되, 우리는 적어도 인플레가 그것을 통해 막대한 이득을 취하는 자들에 의해 허다한 방식으로 지지를 받기 때문에 끈질기게 지속되고 있다는 사실을 인식해야 한다.

7 인플레는 필요악인가
미국 연방준비은행과 인플레 정책

'**화**폐가치의 지속적인 하락 속에 숨어 있는 기득 이권의 계략'(반세기 전에 계획경제학자인 브레스치아니 투로니가 언급했던 이론)은 오늘날 현실로 나타나고 있다. '사리 추구의 그물망' 가운데 핵심부는 '최상층 1%'의 부호들로 이루어져 있다. 이들 소수 엘리트계층은 미국 내에서 수십만 명에 달하는 백만장자들과 함께 미국 내 주요 상공조직체 및 은행의 경영자와 임원을 포함한다.

그들은 공식적으로는 분명히 '인플레 유인정책'에 반대의견을 표시하고 있지만, 이 1% 부유층은 급격한 통화팽창 정책에 대한 주도적인 막후 옹호자들에 속했다. 통화팽창은 은행 내부에 막대한 금액의 대출재원을 확보할 수 있게 했고, 그 재원은 세력을 가진 개인에게 대출되어 그들의 인플레 방비용 축재를 가능케 했다.

그동안 이 축재자들은 모두가 하나같이 대출금 규모를 열심히 은폐했고 정부기관이나 언론기관도 이를 공개하는 데에 별 열의가 없었으므로 1% 부유층의 대출에 대한 야수 같은 요구는 오랫동안 일반 대중에게 숨겨져 왔다. 그러다가 최근 2년간 부분적이긴 하지만 이 사실들이 새어나오기 시작했다. 1977년 10월 미 하원 예산위원회 특별조사반에서 행해진 증언이나 제출된 자료를 보면 '신용도가 매우 양호한' 차입자들의 채울 수 없는 탐욕을 읽을 수

〈표 5〉

연도	통화량(M²)	1% 부유층의 대출액
1953	1,740억 달러	270억 달러
1962	2,420억 달러	610억 달러
1972	5,250억 달러	1,310억 달러
1975	6,640억 달러	1,691억 달러

있다.

특별조사반에서 밝혀진 증언을 토대로 작성한 〈표 5〉는 통화량 증가 속도가 빨라지면 빨라질수록, 이들 1%는 그보다 더욱 빨리 화폐를 고갈시켰음을 보여준다.

1953년부터 1975년까지 22년 동안 통화량은 거의 네 배로 는 데 비해 1% 부유층의 대출고는 무려 여덟 배 이상이나 솟아올랐다. 통화량이 비교적 서서히 증가했던 1953~1962년까지 1% 부유층에 대한 대출증가액은 403억 달러였다. 그러나 초인플레가 지속된 1963년부터 1972년까지의 10년 동안 통화량이 2,830억 달러 늘어났을 때 1% 부유층의 대출액은 무려 710억 달러나 더 늘어났다. 단 10년 동안 1% 엘리트계층이 새로 받은 대출은 그들이 1962년까지 누적시켜온 모든 개인부채의 총액을 초과하는 액수였다.

화폐 발행고의 증가 추세 기록을 세웠던 1973년부터 1975년까지의 3년 동안에는 초부자의 대출액도 사상 최대를 기록했다. 이들은 불과 3년 동안 380억 달러가 넘는 대출을 받았는데, 이는 연평균 130억 달러에 달하는 수치이다. 이는 1963년부터 1972년까지 10년 동안의 연간 평균 대출액이 70억 달러였던 것과 비교하면 좋은 대조를 이룬다. 1975년 말 1% 부유층은 전체 통화 공급량의 25%에 상당하는 대출액을 확보할 수 있었던 것이다.

1975년 이후의 자산증식이나 대출고에 관한 확실한 통계는 아직 발표되지 않았지만 단편적인 자료로 유추해보면 1976년에서 1977년 사이에 이들 1% 부유층은 은행대출에 대한 요구를 사상 유례없는 수준으로까지 밀어올렸음이 분명하다.

1977년 9월 20일 상원 금융위원회 위원장인 윌리엄 프록시마이어 의원이 공개한 바에 의하면 이들 최상층 1%의 핵심부 인사 가운데 일부가 쌓아 올린 대출 총액은 "전체 은행 자본금의 23%에 해당하는" 막대한 액수였다. 세 개의 은행감독기관(연방준비이사회, 연방예금보험회사, 통화감사원)에서 나온 증인들이 상원 금융위원회에 제출한 자료에 따르면 1976년과 1977년 사이에 1% 중의 특수층, 말하자면 관리, 은행 임원, 그리고 그들과 밀접한 기업들에 의한 대출액이 급격히 증가했다. 프록시마이어 의원은 이들 소위 '뱅크 인사이더'들은 맹렬한 신용 흡착 활동을 벌여 1977년 6월 말 현재 이들이 은행에서 빼간 대출액 총계는 166억 달러에 이르고 있다고 추산했다. 포록시마이어 의원은 "뱅크 인사이더의 이 같은 대출액은 건실하고 공정한 금융제도를 위해서는 너무 많은 규모이며 그것과는 거리가 먼 것이다. …… 오늘날 금융제도의 운용에서 무도한 악폐 중 하나는 세력 있는 인사이더들이 직위를 이용해 대출을 남용하는 것이다. …… 금융 규율에서 가장 심각한 문제는 아마 세 개의 은행감독기관과 그들이 규제하는 은행 사이의 근친관계에 있을 것이다. 금융업과는 전혀 연줄이 없는 입장에 선 하나의 통합적인 은행감독기관이 설립된다면 오늘날 은행대출의 난맥상도 어느 정도 시정될 수 있을 것이다"라고 말했다.

뱅크 인사이더들에 연루된 대출고가 1% 사람들이 뽑아낸 신용 총액에 비하면 한 부분에 불과할 뿐이라고 할 수도 있지만(물론 최고 부유층 대부분이 정부관리나 은행 임직원인 것은 아니다), 그것은 모든 '최상층 부호'의 금융차입에 대한 지표로 사용될 수 있을 만큼 충분히 다양하면서도 전형적인 것이다.

청문회에서 공개된 자료에 따르면 1977년 말 현재 '최상층 1%의 부호'에 대한 대출 총액은 2,000억 달러를 넘어섰으며 이것은 당시 총통화(M^2)의 25%에 해당하는 액수였다.

금융위원회에 제출된 증언은 뱅크 인사이더들이 그들이 세도를 부리는 은행에서 최대한의 신용을 받아내기 위해 의심스러운 — 또한 비합리적인 — 수단을 거리낌 없이 자행해왔음을 밝혀냈다. 만성적 당좌대월이 발생되며, 막대한 대출을 빈약한 담보나 담보 없이 빼나갔고, '공짜 상환' 수법 — 더 큰 액수의 대출로 만기가 지난 채무를 변제하는 방식 — 으로 상환하여 대출기한을 연장했거나, 인사이더들이 장악하고 있는 소은행으로 하여금 큰 거래은행에 명목상의 예치구좌를 트게 한 후 그 거래은행에게서 의심적은 개인대출을 받았고, 동일한 담보물을 동시에 여러 은행에 저당하여 여러 곳에서 대출을 받아냈다. 이 청문회에서 최근 대출금 착복과 몇 가지 중대한 비행으로 고발된, 아마도 가장 특출한 뱅크 인사이더였을 버트 랜스의 암약상이 크게 거론되었다. 그러나 배심원은 랜스에 대한 대출이 은행자본을 고갈시켰다는 사실을 부인하는 한편, 1980년 4월 30일에는 그의 사기혐의에 대해 무죄판결을 내렸다. 그러나 한편으로는 수백만 달러에 달하는 그의 대출조작 수법이 공개됨으로써 얻어진 이점도 있었다.

빗발 같은 여론의 채찍질로 1978년 의회는 「은행안전법」을 통과시켰다. 이 법이 성립됨으로써 뱅크 인사이더와 그 측근들의 상투적인 대출 수단 중 일부(특히 만성 당좌대월 등)는 규제할 수 있게 되었다. 그러나 관리들이나 은행 경영자와 은행 대주주들이 우대대출이란 수단을 통해 상당량의 은행자금을 빼낼 수 있는 등 빠질 구멍은 아직도 얼마든지 열려 있다. 그러나 예산관리국의 책임자로서 재직 당시 렌스가 "인플레에 대처하기 위해 건실한 경제정책을 시행하겠다"라고 수차례에 걸쳐 공약하면서도 뒷구멍으로는 수백만 달러의 대출 사기극을 연출하며 화폐증발을 사주해왔던 사실을 입에 올린 사람은 아무도 없었다.

국내 주요 기업체의 간부와 경영자들은 '이권의 그물'의 또 다른 중요한 핵심부를 구성한다. 경영 엘리트 대부분은 최상층 1%의 부호에 속하지만, 그들의 경제적 이해관계는 전적으로 그들이 달성하는 기업의 경영실적에 따라 좌우된다는 특성을 가지고 있다. 이 경영인들은 그들이 맡은 기업을 '급성장'시킨 보상으로 산더미 같은 봉급과 계약에 따른 공로주 배당을 받기도 하며, 혼히 봉급보다 훨씬 많은 액수의 특별급여를 받기도 한다. 그러나 이들이 현대 기업의 존재양태로서 필요불가결한 조건, 즉 지속적이고도 급속한 이윤증대를 성취하지 못할 경우, 경영인은 즉각 대체되고 그들에 대한 보상도 즉시 중지되고 만다.

최근 미국 내 자동차 3대 사가 주주들에게 제출한 간접 자료는 이들이 받는 보상이 얼마나 엄청난지를 밝히고 있다. 1978년 포드자동차 회사의 회장인 헨리 포드 2세는 연봉 37만 5,000달러에 보너스를 포함한 기타 급여로 68만 2,000달러를 받아 총계 105만 7,000달러의 수입을 올렸고, 사장인 필립 콜드웰은 104만 128달러의 봉급을 받았는데, 그중 68만 128달러가 특별급여였다. 부사장인 에드워드 런디는 100만 928달러를 받았고, 그중 66%가 특별급여였다. 제너럴모터스 회장인 토머스 머피는 총계 97만 5,000달러(특별 급여 62만 5,000달러)를, 부회장인 리처드 테렐은 92만 5,000달러(특별 급여 62만 5,000달러)를 받았다. 그해에 상대적으로 수익률이 뒤진 크라이슬러 자동차의 경우, 경영인에 대한 보상은 훨씬 떨어진다. 최고 경영인 존 리카르도와 유진 카피에로는 36만 191달러와 32만 5,500달러를 각각 받았는데, 그들이 받은 특별급여의 총액은 3만 2,000달러에도 미치지 못했다. 그러나 포드자동차의 2인자로 있다가 크라이슬러로 옮겨온 리 아이아코카(그가 포드에서 최상의 경영실적을 올리자 자동차 3사 중 경영실적이 가장 저조한 크라이슬러는 그의 경영능력에 많은 기대를 걸고 스카우트했다)는 150만 달러의 보너스와 36만 달러의 연봉을 받았다. 그는 또한 앞으로 10년 동안 포드에서 매년 17만 8,500달러의 연금을 받게 되며, 그 후로는 죽을 때까지 매년 17만 5,000달러씩 지급받게 된다. 그 밖에도 그는 싼값으로 공로주를 배당받아 매년 포드의 주식에서 몇 십만 달러의 이익배당을 받게 될 것이다.

업계의 전문 잡지들은 당근과 채찍의 경영(당근이란 성공적인 경영인에게 높은 보상을 약속하는 것이고 채찍이란 기업이윤의 극대화를 실현하지 못하는 자를

<표 6>

연도	통화공급량	임금*	1인당 소비지출	과세 후 기업이윤**
1952	168.5	270.4	217.1	39.8
1962	242.9	440.7	355.2	53.7
1972	525.3	942.5	731.0	89.5
1977	806.5	1,536.1	1,210.1	162.0
1978	879.0	1,717.4	1,350.8	180.8
1979	952.6	2,000.0	1,510.0	165.2

주: * 임금 총액의 80~85%는 민간 부문이고 나머지는 정부 부문이다.
　　** 이윤은 감가상각 전의 액수이다.
자료: 상무성, 대통령실 경제분석 및 경제보고서

도태시키겠다는 위협으로 사정없이 몰아붙이는 것을 의미한다)이 이룩한 터무니없이 성공적인 실적에 대한 논평기사를 장기간 계속 게재했다. 그러나 이 기사들은 경영기술이 근래 엄청난 액수의 기업이윤을 산출하는 데 어느 정도 역할을 하긴 했으나 그보다 훨씬 더 중요한 요인인 연방준비이사회에 의한 대대적이며 끊임없는 화폐증발이 그 배후에 있음을 알지 못했다. 산더미처럼 늘어난 통화량과 은행신용으로 기업체(연방정부나 주정부도 마찬가지이다)는 근로자에게 연쇄적으로 높은 임금과 봉급을 지불할 수 있게 되었으며, 이것은 크게 팽창된 소비자의 구매력으로 이전되어 판매고를 올리고 마침내 급팽창하는 기업이윤의 밑거름이 된다. 증대되는 통화공급량과 늘어나는 이윤 사이의 관계는 〈표 6〉에 나타나 있다.

인플레가 가속화된 17년(1963~1979년) 동안 유례없이 약 7,100억 달러나 되는 통화가 추가 공급됨으로써 연간 소비자 평균지출액도 네 배나 늘어났고 연평균 기업이윤도 1,410억 달러나 늘어났다.

부풀어 오를 대로 부풀어 오른 통화공급량은 높은 판매고의 기반을 조성해주었을 뿐 아니라 상품공급량이 충분한 때에도 기업이 가격을 올릴 수 있는 전략적 위치를 점하게 함으로써 기업이윤을 급팽창시켰다. 물론 예전부터 기업경영자는 순이익을 극대화할 수만 있다면 으레 상품 가격을 인상했다. 과거 통화정책이 보수적이었고 통화량도 서서히 증가하여 끊임없는 임금인상의 흐름을 배제할 수 있었던 때에는 근로자들은 부가된 재화나 용역의 구매를 억제하지 않을 수 없었고 따라서 소득수준을 뛰어넘는 비싼 상품은 결국 시장에서 축출당하고 말았다. 그러나 근래 부단히 찍혀 나온 화폐가 임금의 계속적 상승을 가능하게 만들자 보상에 걸신들린 기업 경영자들은 항상 가격을 최고한도까지 밀어 올리는 일에 여념이 없었다.

1975년 8월 22일자 《월스트리트저널》지는 경영인들이 기회가 있을 때마다 가격을 인상하려 드는 현상을 광범위하게 분석·취재한 기사를 게재했는데, 그들은 특히 수요가 부진해지면서 이윤이 떨어질 징조만 보이면 가격을 인상한다고 지적했다. 이 기사는 독자에게 "낡은 경제이론은 오늘날 가격인상의 만연상을 설명하지 않는다"라고 조언하며 자유기업 경제체제를 지향하는 《월스트리트저널》은 "과점체제에 그 설명이 있을 것인가?"라는, 지금까지 거의 해본 적 없던 질문을 제기했다.

"애덤 스미스의 법칙에 이상이 생겼는가?" 이 기사의 필자인 해리 앤더슨이 던진 질문이다. 이러한 의문은 지난 2년 동안 경기후퇴로 상품 수요가 현저히 감소했는데도 상품 가격은 그만큼 떨어지지 않았기 때문에 반복해서 제기되어왔다. 불경기를 지났다는 현상이 점점 뚜렷해지면서 불경기 후반기에 우리가 예상했던 것보다 훨씬 빠른 속도로 물가가 치솟고 있다.

"불경기에서 회복기로 접어드는 시점이면 기업은 으레 가격인상을 꾀해왔지만, 이번에는 기업들이 예전보다 훨씬 높은 수준을 기도하고 있는 것으로 분석된다. 지난 7월 정부가 발표한 소비자물가지수는 한 달 동안 연간 계수로 14%나 되는 높은 증가율을 보여주고 있지만 이 수치마저도 소련에 대한 곡물판매가 국내 시장가격에 미치는 효과라든지 알루미늄 가격의 인상, 인상이 계획된 철강재 가격 등을 전혀 반영하지 않은 것이다"(이 기사는 뒤에 알루미

뉴, 철강, 타이어, 자동차, 석유화학 업체들이 생산능력을 훨씬 밑도는 수준에서 공장을 가동하고 있으면서도 모두 가격인상을 발표했다고 지적했다).

"이처럼 기업인들은 최소한 현 시점에서는 전통적인 경제학 이론을 전혀 무시하고 있다. 1950년 및 1960년대의 화공업계가 모두 양질의 상품을 저렴한 가격으로 공급할 수 있는 길을 모색하고 있을 때, 다우케미컬은 이와 반대로 자멸의 길을 택한 첫 번째 기업이었다"라고 이 회사의 홍보물은 자랑스럽게 발표했다. 그 홍보물은 "1968년 이후 다우는 높은 가격을 유지할 수 있는 모든 노력을 다 기울였으며 그리하여 시장의 볼모로 붙잡히는 대신 오히려 가격조작의 힘을 공격하여 장악했다"로 쓰고 있다.

앤더슨 기자는 계속해서 이렇게 쓰고 있다. "많은 경우에 소비자는 놀랍게도 더 높은 가격에 기꺼이 호응하는 것 같았다. …… 제조업체는 가격인상을 정당화하기 위해 어느 날 갑자기 제품의 간단한 부속장치만 바꾸기도 한다. 때로는 판매회사 스스로도 그들의 이러한 수법의 효과에 놀라기도 한다. 동부에 있는 메이커 회사의 한 간부는 얼마 전까지 적자생산을 계속해왔던 한 제품에 관해 설명해주었다. 메이커는 당시 고객과의 관계 때문에 이 적자제품의 생산을 중단할 입장도 못 되었다. 그래서 고심 끝에 가격형성을 시장에 내맡기지 않기로 결정했다. 그 간부는 '우리는 가격을 올렸습니다. 그리고 또 올렸죠. 그런데도 고객은 계속 사주었습니다. 지금 그 제품은 연초에 비해 40% 이상 더 팔리고 있습니다. 그건 진짜 인기품목이 되었지요'라고 말했다."

1979년 2월호 ≪포브스≫지에 "혹평 속의 보스들"이라는 제목으로 게재된 기사는 설혹 감옥에 가는 한이 있더라도 가격을 올려야 한다는 경영진의 강요를 잘 묘사하고 있다. "지난 1978년도에 사업가들은 가격담합의 죄목으로 과거 89년간의 구금시간을 모두 합한 것보다 더 긴 시간을 감옥에서 보냈다. 이제 감옥행은 기업인이라는 직업에 당연히 뒤따르는 위험요소가 되고 있다. 1978년에는 「독점금지법」 위반으로 징역형을 선고받은 기업인이 31명에 달했는데, 1977년의 26명, 1976년의 9명이라는 숫자와 좋은 대조를 이룬다.

1978년 중 독점금지법 위반으로 개인에게 부과된 벌금총액은 100만 달러 (1977년 대비 40% 증가)가 넘으며, 법인체에 부과된 액수는 1,300만 달러로 다섯 배나 증가했다.

끝으로 이 잡지는 구금의 위협조차 불법 가격인상, 매점, 「독점금지법」 위반행위를 저지할 수 없음을 명백히 인정하면서 "법정에 서지 않을 수 있는 방법"이라는 제목으로 기업체 간부가 미리 주의해야 할 체크리스트를 제공했다. 그렇지만 이 체크리스트가 아무리 엄격하게 경고한다 하더라도 막대한 물질적 보상과 출세, 사회적 명성과 권력을 보장해주는 일확천금식의 기업이윤에 대한 충동을 억누르지는 못할 것이다. 이러한 가정이 옳다는 것은 최근에 폭로된 기업체 고급간부들의 증회(贈賄) 사건만 보아도 알 수 있다. 증권관리위원회는 최근 외국에서 수출 및 건설계약을 따내기 위해 외국 정부관리에게 수백만 달러의 뇌물을 제공했다는 혐의로 미국 내 수백 개 대기업체의 핵심요원들을 고발했다. 그러나 대부분의 경우 증회 사실을 입증할 수 없다는 것을 노린 피고의 항변으로 사건은 끝나고 말았다.

기업이윤 극대화라는 목표를 달성하기 위해 중형마저 무릅쓰는 경영자들이 통화팽창 정책이 사회 여러 분야에 끼치는 파괴적 영향에도 불구하고 이를 계속 옹호하고 지지하리라는 것은 쉽게 짐작할 수 있다.

화폐 발행고를 급격하게 늘림으로써 기득 이권을 유지 또는 확장시키는 또 다른 핵심부는 국회의원, 행정부 고급 관리, 일선 행정의 핵심요원으로 이루어진 연방정부 관료조직 안에 도사리고 있다. 그들의 세력, 출세 가능성, 그리고 궁극적으로 그들의 경제적 이해관계는 연방정부의 예산 및 지출의 규모가 증대됨에 따라 커지게 된다. 연방정부 활동의 확대는 관료들(연방정부의 주요 구성원을 모두 포함하여 가장 광범한 의미의 관료를 말한다)에게 선거구 주민과 그들이 지지하는(이 지지는 결국 그들에게 되돌아오는 것이다) 특수 이해집단에게 은전을 베풀 절호의 기회를 선사하는 것이다. 큰 예산규모는 고마운 시혜의 기회를 많이 베풀지만 긴축예산은 불만을 품은 유권자 집단의 불평을 사기 일쑤이며, 더욱 중요한 사실은 '정당한 사람'에게 특혜를 베풀 기회가 줄어든다는 것이다.

1912년 선거유세에서 윌슨 대통령은 행정부의 권력자와 입법부의 영향력 있는 의원 간에 존재하는 공생관계를 솔직히 밝히고 있다. "미국 정부의 주인은 자본가와 제조업자의 결합체이다. …… 이런 사실은 국회의원의 개인기록을 보면 잘 나타나 있다. …… 국회의원들이 의견을 경청하고 자문을 구하는 사람이란 최대의 이해관계를 가진 자들, 즉 대은행가나 대기업가 또는 대자본가이다. 현재의 미국 정부는 특수 이익집단에 의해 길러지는 아기와 마찬가지이다." 국회의원 상당수는 정부사업을 실업계로 통하는 입구로 여기고 있으며, 긴축재정으로 인한 영향력의 상실은 유감천만의 사태인 것이다.

그러나 정부의 지속적인 예산팽창은 연쇄적으로 세입의 증가 또는 현대 재정의 일반적 생태라고 하는 재정적자의 심화, 즉 세입의 급증과 거액의 적자가 병존하는 상태를 필요로 한다. 그 결과 재정적자를 보전하고 세입 재원을 마련하기 위해서는 통화공급량의 급증은 불가피하게 된다. 급격한 통화증발은 의도적으로 조장된 예산상의 부족분을 메울 수 있게 하며 개인과 기업의 소득을 촉진할 수 있다. 소득증대는 다시 높은 세수와 정부수입의 증대를 실현하게 한다.

최근 수년 동안 예산편성에 개입한 국회의원과 행정부 요원은 높은 수준의 정부지출을 지원할 급속한 통화증발을 거의 예외 없이 택하고 있다. 이미 앞서 살펴본 바와 같이 1963년 이래 정부지출의 상당한 부분이 재정적자로 메워져 왔다(1963년부터 1978년까지의 재정적자 총액은 대략 4,550억 달러에 이른다). 이러한 적자는 연방준비이사회에 의한 통화증발 수단으로 보전되었고, 그것은 인플레를 야기한 큰 원인 중 하나가 되었다. 산업활동이 저조하고 실업률이 높으며 물가가 안정되어 있을 때라면 그 같은 재정적자는 경제활동을 자극하기 위한 방편으로 정당화될 수 있었을 것이다. 그러나 허다한 적자재정의 운용은 경기상승과 함께 완전고용 내지 거의 완전고용 상태에 있으며 가격이 치솟고 있는 동안에도 묵인되어왔던 것이다. 1963년부터 1972년까지의 10년 동안 단 3년을 제외하고 매년 실업률이 5.5%를 밑돌았고 인플레율은 더욱 가속화되었지만, 적자재정은 의도적으로 그리고 변명할 여지없이 묵인되어왔다. 높은 수준의 개인소득과 기업소득은 고율의 세금을 부과함으로써 충분한 세입을 확보할 수 있게 했고, 고율과세는 과열경기의 수요를 점차 감퇴시켜 물가상승을 둔화시킬 수 있었다는 점을 감안할 때 정부가 적자재정을 유지할 명분은 없는 것이었다.

물론 인플레를 촉발하는 정부의 재정정책에 진심으로 반대했던 국회의원이나 정부관리도 있었지만, 인플레를 통해 이익을 도모하려는 다수파는 그들의 의견을 묵살해왔다. "인플레에 대한 선전포고", "균형예산의 즉각적인 회복" 등 다수파가 공표하던 결의에 찬 구호는 대중을 현혹시키는 수사학의 연습에 지나지 않았다. 많은 경제학자들은 지속적인 인플레의 책임이 소비자의 무분별한 구매행위에 있다고 크게 비난했었다. 부자들과 점점 부자가 되어가는 중산층에 의한 전시효과적 소비성향과 열병 들린 듯한 부동산 투기가 가격상승을 부채질한 것은 확실히 사실이다. 그러나 이 책임을 소비자에게 돌리는 것은 부당하다.

"미국 내 1억 7,500만의 소비자들이 단순히 고가품 매입을 중단함으로써 그들이 선택하는 시기에 언제든지 인플레를 종식시킬 수 있는 자유재량을 갖고 있다"라는 견해는 뒷받침할 만한 근거가 없는 주장이다. 미국 전체 세대 중 80%가 가처분소득의 75%를 식비, 주거비, 공공잡비, 의료비 등 기본수요에 사용하고 있다. 집으로 가져온 월급의 나머지 25%의 상당 부분은 피복비, 자동차 유지비, 기타 교통비, 보험료, 그 외 기본적인 생계비로 지출된다. 가계수입 중 사치품 구입에 지출되는 부분은 7%에 지나지 않는다(이러한 비용 중 화장품이나 치장 도구의 구입은 필수품 구입으로 분류될 수도 있다). 저축은 거의 없다시피 한 실정이다. 주택이나 자동차, 냉장고, TV세트와 같은 값비싼 물건을 구입할 만큼 돈을 따로 갖고 있는 가계는 별로 많지 않다. 이러한 것을 구입하기 위해서는 계속 빚을 질 수밖에 없다. 일반 소비자의 구매 대부분은 무분별한 것도 아니며 소비자의 자유로운 결정에 기초를 두고 있지도 않다. 그것은 전적으로 구매동기의 강요에 의한 불가피한 반응일 뿐이다.

그러나 1억 7,500만 소비자의 지속적인 지출 증대는 비록 그들의 본의가 아니었을지라도 결과적으로 인플레에 기여했음은 사실이다. 좀 더 높은 임금을 받기 위해 끊임없이 싸운 근로소득자들이 월급봉투를 받자마자 슈퍼마켓이나 쇼핑센터로 달려가 올려준 임금만큼 추가로 이윤을 더 붙인 물건을 바닥내고 마는 행위로 인해 바로 그들이 매도해오던 인플레 상황을 더욱 악화시키는 것도 사실이다. 이 모든 것이 사실이라 하더라도 결국 소비대중은 자기 멋대로 뛸 수 없는 장기판의 말이나 불리한 노름판에 억지로 참여하게 된 피해자에 불과할 뿐이다. 화폐가치가 계속 떨어지는 현상에 대해 소비대중이 맡아야 할 책임은 인플레를 틈탄 기업경영인, 또 최상층 축재자, 이윤축적을 도모하는 말 잘 듣는 연방정부의 관료들에 비하면 아무것도 아니다. 이들이야말로 인플레를 촉발하거나 둔화시킬 수 있는 능력을 갖고 있기 때문이다.

그렇지만 심각하고 끈질긴 인플레에 대한 책임 대부분은 최종적으로 통화공급을 통제할 수 있는 권한을 갖고 있는 통화당국에 돌아가야 한다. 우리가 지금까지 역사를 통해 되풀이하여 살펴본 바는, 그들이 원시시대의 추장이든, 고대의 왕이든, 아니면 근대의 중앙은행이든 간에 모두가 그들이 지닌 화폐발행의 권한을 통해 통화량이나 은행대출액을 조절함으로써 즉각 인플레를 유발하거나 또는 중단시킬 수 있었다는 사실이다. 미국에서는 지난 65년 동안 연방준비제도와 특히 연방준비이사회(최근에는 총재이사회라고 많이 불린다)에서 이런 권한을 행사해왔다. 현행법하에서 통화량은 연방준비이사회의 결정에 따라 좌우된다. 1913년에 제정된 「글라스오웬법」에 따라 설립된 연방준비제도는 임원들에게 완전무결한 자율권을 부여하고 있다.

국회가 연방준비제도의 모법을 개정함으로써 이 기구의 권한에 수정을 가할 수도 있지만, 지난 65년 동안 여러 차례에 걸친 개정은 연방준비이사회의 권한을 더욱 강화시켜왔다. 현행법의 테두리 안에서 연방준비이사회는 금융 통화에 관한 한 어느 누구도 도전할 수 없는 주도권을 행사하고 있다. 이사회의 결정에 대해 어떤 권력자나 정부 부처라도 이를 번복하거나 수정할 수 없으며, 이론을 제기하거나 소송으로 변경할 수도 없게 되어 있다. 또 비위와 직무유기의 사유가 명백하다 하더라도 정부 당국은 연방준비은행 직원을 해고할 수 없도록 되어 있다.

이처럼 완전한 자율권이 보장되었는데도 연방준비이사회가 집단적 압력에 굴복해오고 있다는 확실한 증거가 나타나고 있다. 그 증거는 1963년부터 1978년 사이에 추가로 늘어난 화폐 발행고와 은행신용이 6,290억 달러에 이르며, 특히 미국 경제가 달러의 범람 속에 표류하던 1975년과 1978년 사이에 연방준비이사회가 '통화와 가격안정의 촉진'을 연속적으로 공약하면서도 2,600억 달러에 이르는 액수를 증발시켰다는 사실이다(1975~1978년 4년 동안 추가 공급된 2,600억 달러는 1963년까지의 미국 내 전체 통화공급량의 누계보다 더 많은 액수이다).

연방준비이사회는 연방정부가 의도적으로 발생시킨 재정적자를 보전해달라는 정부 요구에 굴복해왔다. 이사회는 또한 막대한 양의 인플레 방비용 재화를 닥치는 대로 사들이는 유력자들의 은행신용 증대 요구에 타협해왔다. 이사회는 또 금융수단을 활용하여 기업체의 외형적 성장을 지속하고자 하는 영향력 있는 주요 업체의 경영자나 임원의 압력에 충실히 순응해왔다. 이사회는 또한 근로계층의 가처분소득을 확대시키고 소비자의 신용구매 폭을 늘리기 위한 방편의 통화량을 증대시키려는 압력과도 쉽게 타협해왔다.

연방준비제도가 설립되기 전에 벌써 선견지명이 있는 관측자들은 중앙은행제도가 '영향력 있는 대기업가의 요구에 과잉반응할 것'이며, '유력한 금융이해관계자'의 요청에 순종하고 말 것이라고 경고했었다.

사실 연방준비은행은 초창기부터 이 제도에 반대하는 여론이 너무나 거세어서 중앙은행조직 시안 작성작업에 참여했던 금융가의 소수 음모자들은 극비리에 모임을 가져야 했다. 그 결과 연방준비제도라 불리는 오늘날의 중앙 은행제도는 은밀한 음모 속에서 잉태되고 탄생했다. 이러한 음모는 1916년에 가서야 프랭크 레슬리가 만든 잡지에서 부분적으로 언급됨으로써 처음 알려지게 되었다. 그 후 17년이 지나서 제임스 로렌스 라프린 교수는 그의 고발적 저술인 『연방준비법: 그 유래와 문제점』이라는 책에서 제킬 섬에서 약 2주 동안 극비리에 모여 오늘날 「글라스오웬법(연방준비법)」의 모델이 된 법률시안의 기초 작업에 대해 집중적으로 다루었다. 라프린은 '비밀 참여자' 중 미국 최대 은행(내셔널시티뱅크)의 총재인 프랭크 밴더리프의 이름을 언급했다. 그후 밴더리프는 1934년부터 1935년 사이에 ≪새터데이이브닝포스트≫지에 연재했던 그의 자서전적 연재기사 속에서 이 음모단의 내용을 모두 공개했는데, 이때는 실제로 비밀집회를 가진 지 24년이 경과한 후였다. 밴더리프의 폭로기사는 다음과 같이 시작된다.

> 1910년이 끝날 무렵에 음모자처럼 은밀한, 사람의 눈을 속이는 작업에 가담한 적이 있었다. 그러나 비밀작업에 참여했던 우리들 가운데 어느 누구도 스스로가 음모자라고 느낀 사람은 없었다. 오히려 우리는 자신이 애국적인 일을 수행하고 있다고 생각했다. 우리는 당시 1907년 공황 때 드러났던 미국 은행제도의 취약점을 교정할 수 있는 메커니즘을 만들어내려고 했다. 우리의 제킬 섬 비밀여행은 바로 오늘날의 연방준비제도를 잉태시킨 계기가 되었는데, 이 말은 조금도 과장이 아니다.

밴더리프는 이어서 어떤 연고로 "우리들 몇 명의 특수 그룹(국내 주요 은행의 임원과 국내에서 가장 쟁쟁한 증권회사의 임원 한 사람, 국내 유수은행의 임원으로 재직하던 재무성 차관 및 백만장자인 존 록펠러 2세의 장인인 동시에 특권층에 유리한 입법안 제출에 앞장섬으로써 '모건 재벌의 상원내 앞잡이'로 잘 알려진 넬슨 월마드 앨드리치 상원의원으로 구성되어 있다)"들이 비밀리에 '커튼을 친 전

세열차'를 타고 외부인사의 출입을 금지한 제킬 섬의 클럽으로 갔었는지에 대해 기술했다. 일단 개인전용 열차에 승차하자 밴더리프와 그의 '애국적'인 일행들은 그들이 남의 눈에 띄지 않은 점에 깊은 안도감을 느꼈다. 그는 "우리 모두의 이름이 기사화된다면 우리의 비밀여행이 무엇을 뜻하는지 워싱턴이나 월스트리트, 그리고 런던에까지 알려질 것이다"라고 썼다. "우리 신분이 들통 나기만 하면 우리의 온갖 노력은 물거품으로 돌아가리라는 것을 우리는 잘 알고 있었다. 우리들 몇 명이 함께 모여 「은행법」을 초안했다는 사실이 공개되는 날에는, 이 법안은 의회를 절대 통과할 수 없을 것이다."

제킬 섬에서 10여 일 동안 머물면서 이들 '오리 사냥꾼 일행'은 나중에 앨드리치 안(案)으로 알려진 법률안의 기초 작업에 착수했다(밴더리프의 설명 중에 중요한 부분이 누락되어 있다. 본인은 아마 잊어버린 것 같은데, 커튼으로 창을 가린 개인 전용열차가 대기하고 있던 뉴저지 주 호보킨 역에는 무언가 심상치 않은 움직임이 있다고 감지한 기자 한 명이 기다리고 있었다. 이 '특수 그룹'의 인사들이 열차를 탈 때마다 이 기자는 아는 체를 하고 그들의 '비밀 임무'에 관해 캐물었다. 모두가 미리 준비해둔 대답을 자연스럽게 내뱉었다. "오리 사냥을 가는 길이오." 그중 몇 사람은 엽총이 든 가죽가방을 가리키기도 했다. 남의 말을 그대로 믿는 성품이었든지 아니면 매수당했든지 둘 중 하나였겠지만 이 기자는 어쨌든 그들의 설명을 액면대로 받아들였다. 그 뒤로 일행은 '제킬 섬의 오리 사냥꾼'이라는 별명을 갖게 되었다).

앨드리치 의원과 쿤 로브 증권회사 임원인 폴 모리츠 워버그 사이에 격렬한 논쟁이 오간 끝에 법률안의 골자가 마련되었다. 워버그(그는 미국으로 이민 오기 전 유럽 은행가에서 오랫동안 경험을 쌓았으며 중앙은행제도에 관한 전문가였다)는 중앙은행을 설립하려는 앨드리치 안에 공개적으로 반대했고, 법률안의 제안자로 앨드리치의 이름이 들어가는 것까지 반대하여 사사건건 앨드리치와 충돌했다. 워버그는 '금융 트러스트와의 연합으로 오염된' 법률안은 어느 것이나 부결될 수밖에 없을 것이라고 훈계했다. 그러나 앨드리치도 지지 않고 고집을 부린 끝에 다른 사람들의 동의를 얻어내고야 말았다. 그러자 워버그는 기만적인 절충안을 삽입하는 데 최대한 노력을 기울였다. 완성된 초안(대부분을 워버그가 정리했다)은 중앙은행과 비슷한 기능의 국가준비조합이라는 기관을 설립토록 되어 있었다. 이 조합은 본부를 워싱턴에 두고 전국 주요 지방에 15개의 지점을 설치하며, 이 조합에 회원사로 가입한 시중 은행의 준비금 중 일부를 맡겨 관리하도록 하면서, '필요할 때'에는 이 준비금을 푸는 외에 지불준비율을 결정하는 권한을 갖도록 되어 있었다. 회원 은행은 원칙적으로 상업어음과 보유금이 뒷받침된 통화를 발행하게 되는데, 발행된 화폐에 대해서는 연방정부가 아니라 이 조합에 가입한 시중 은행이 책임을 지도록 되어 있다. 또 46명의 이사들이 이 조합을 운영하는데, 그중 42명은 회원 은행들에 의해 선출되며, 연방정부는 4명의 이사만 임명한다. 이 조합은 공개주식의 100%를 매입할 시중 은행이 소유권을 행사하도록 되어 있었다.

이 법률안의 마지막 손질이 끝난 날 밤 오리 사냥꾼들은 멧닭과 메추리 요리, 사슴 요리와 몇 가지 기름진 디저트와 귀한 술을 마시며 자축연 겸 송별연을 벌였다(이날 밤 메뉴에 오리고기는 없었다). 다음날 아침 일찍 이들은 각자 행선지를 향해 북쪽으로 출발했다.

의회 내에 구성된 국민통화위원회 위원장으로서 '금융제도개혁안'을 제시할 중책을 부여받았던 앨드리치 의원은 1911년 1월 갑자기 병이 들어 이 자축연에 참여하지도 못했고, 자신의 이름으로 이 법률안을 제출하지도 못했다. 사장될 뻔한 앨드리치 안은 나중에 시카고 은행가들과 네 명의 오리 사냥꾼들 사이의 막후 절충을 통해 1911년 1월 16일 「통화관계 입법을 위한 시안」이라는 제목의 소책자로 만들어져 국내에 배포되었다.

이 시안을 본 은행가들은 이 시안이 시중 은행에 독자적으로 통화를 발행하고 규제할 수 있는 권한을 부여함으로써 그들의 대출능력을 대폭 강화하고 상업어음의 활용으로 은행 이익을 배가시키는 길을 열고 있다는 사실을 알고 즉각 지지하고 나섰다.

지금까지는 1863년에 제정된 「국민은행법」에 따라 시중 은행이 발행할 수 있는 돈과 수표의 발행고는 은행이 자산으로 보유하고 있는 금이나 정부채권의 범위 이내로 제한되어 있었다. 그러나 금이나 정부채권의 공급부족 현상이 일어나자(1910년 미국 정부의 공채는 8억 9,400만 달러에 불과했다) 은행은 시중 소요자금과 신용을 늘리는 데 어려움을 겪고 있었다. 그러나 앨드리치 안에 따르면 상업어음(차용증서와 신용대출자의 약속어음)도 화폐 발행을 뒷받침할 '자산'으로 활용할 수 있었다. 사실상 상업어음의 공급은 소진될 수 없는 까닭에, 화폐 역시 어느 때든지 얼마든지 공급할 수 있게 된 것이다.

이 새로운 통화법안에 대한 지지 여론을 불러일으키기 위해 은행가협회는 즉시 500만 달러의 자금을 비밀리에 모금했다. 그러자 신문과 잡지는 앨드리치 안에 박수갈채를 보내는 기사로 가득 메워졌고, 수많은 경제학자는 즉석에서 이 '선견지명 있는 법안'이 가져올 금융제도상의 장점을 일일이 열거했다. 눈 먼 귀신에 씌웠던지 ≪월스트리트저널≫도 역시 1911년 1월 17일자 사설에서 이렇게 썼다. "금융제도 개편에 관한 앨드리치 안을 검토해본 사람들은 이 시안이 논란의 대상이 되고 있는 중앙은행의 설립을 배제하고 있다는 데 놀랄 수밖에 없다. 로드아일랜드 출신 상원의원은 아마 우리나라는 아직 그런 기관을 설립할 단계가 아니라고 판단한 것 같다. 어떤 형태를 취하든 준비금 기관이 될 중앙은행은 결국 월스트리트의 소수 재벌 손에 장악될 것이라는 반대의견에 대처하기 위해 앨드리치 씨가 고심한 흔적이 역력하다."

이처럼 ≪월스트리트저널≫조차 누구의 눈에도 확연히 드러난 사실을 제대로 판별하지 못하고 있는 반면에, 현혹되지 않은 사람도 많았다. 의회 내에서는 서민, 농민, 진보주의를 표방하는 연합세력이 이 법률안을 '중앙은행제도의 가면'이라고 격렬하게 비난하고 나섰다. 찰스 린드버그 상원의원은 "앨드리치 안은 월스트리트 안이다. 이것은 정부에 대한 금융 트러스트의 일대 도전이다"라고 말했다. 윌리엄 제닝스 브라이언 의원도 이 법률안에 격렬히 반대했고, 로버트 라폴레테 의원도 이에 동조했다. 그러나 가장 격렬한 비판은 각계각층의 서민 대중에게서 쏟아져 나왔다.

사태는 워버그의 예상대로 진행되었다. 이 법률안은 의회 내 위원회에서 투표에 붙여보지도 못한 채 사장되고 말았다. 그럼에도 이 법률안의 반대자들은 1911년 앨드리치가 정계에서 은퇴한 후까지 계속 상하 양원 발언대를 통해 반대의견을 개진했다.

그 후 이 법률안을 대신할 '적당한' 법률안을 마련해야 한다는 운동이 오랫동안 계속되어왔는데, 이들의 목적에 대해서는 퍼디낸드 룬드버그가 그의 저서 『미국의 60가족』(1973년 발행)에서 설득력 있게 밝히고 있다. "윌슨 행정부가 맡은 임무는 제킬 섬에서 만들어진 구상을 예전과는 다른 기발한 속임수를 써서 미국 법령집 안에 기록하는 것이었다. 워버그가 회고록에서 밝혔듯이 당시 금융계 대재벌들과 함께 작업하면서 행정부의 견해가 필요할 때면 윌슨 대통령의 전권 비서관인 에드워드 하우스 대령과 의논했었다. 후세에「연방준비법」으로 알려진 워버그와 월스트리트의 합동초안은 나중에 윌슨 대통령과 버지니아 주 출신 카터 글라스 의원에 의해 형식적으로 수정되었지만 사실은 제킬 섬의 오리 사냥꾼들이 구상했던 중앙은행제도에 거짓 의상을 입혀놓은 것에 불과하다."

'제킬 섬의 구상을 법령집에 옮겨놓기 위한' 기도에 사용된 초안의 정확한 수는 아직 밝혀지지 않고 있다. 정부 측근 경제학자들과 금융계를 위해 일하는 경제학자들 간에 이 법률안의 기초 작업이 따로따로 비밀리에 이루어져왔다. 또 국회의원 몇 사람도 개별적으로 초안을 작성해오고 있었다. 그러나 이런 개별 작업은 하나같이 공통적인 목적을 가지고 있었는데, 그것은 시중은행에 의해 완전히 소유되고 관리되는 새로운 화폐 창조체제를 마련한다는 점이었다. 그러다가 1913년 윌슨 대통령이 백악관의 새 주인으로 등장하게 되자 이런 일련의 노력은 위기에 봉착하게 되었다. 윌슨은 중앙은행제도에는 열을 올렸지만 통화제도 개편에 관해서는 별로 관심을 갖지 않았다.

코안경을 걸친 복음주의자 새 대통령도 역시 모순덩어리의 인물이었다. 어느 땐 그는 대중 앞에서 이렇게 연설했다. "오늘날 신용은 위험스러울 정도로 집중화 현상을 보이고 있다. …… 전국의 금융재원은 소수 집단의 자본가에게 완전히 장악되어 있다. 우리나라 최대의 독점은 곧 금융독점이다. 우리의 금융체제는 너무 집중화되어 있어서 …… 소수 몇 사람의 손 안에 국민경제의 성장이나 우리 모두의 경제활동이 장악되어 있다. …… 이 금융 트러스트는 신화가 아닌 현실이다." 그러나 다른 어느 때는, 특히 비밀회담 때는 이와 전혀 반대되는 입장에 서기도 했다. 한번은 사석에서 헨리 파커 윌리스(카터 글라스와 함께 「글라스오웬법안」의 개정작업을 했던 경제학자)가 윌슨에게 「연방준비법안」이 햇빛을 보게 될지 어떨지, 또 관계규정이 시행될지에 관한 의견을 묻자 위대한 이상주의자의 대답은 간단했다. "그 문제라면 미국의 경제에 대한 이상에 따라야 한다."

이런 대답을 하기 5년 전에 윌슨은 1907년의 금융공황에 관해 논의하는 자리에서 "만약 우리가 모건처럼 공평무사한 사람들 6~7명을 지명하여 위원회를 구성하고 이들로 하여금 우리나라의 경제문제를 다루게 했더라면 이 같은 금융공황만은 사전에 예방할 수 있었을 것이다"라고 말한 적이 있었다.

윌슨의 이 같은 발언에 용기를 얻어 카터 글라스(하원 금융입법소위원회 의장)는 1913년 늦은 봄부터 후에 「글라스오웬법」으로 확정·통과된 입법안의 초안작업을 서둘렀다. 카터가 기초한 법률안의 골자는 12개 지역의 지방 연방준비은행으로 구성된 '연방준비제도'를 설립하고, 각각의 연방준비은행은 그 주식을 보유한 시중 은행에 의해 독점적으로 소유된다는 것인데, 이는 앨드리치 안을 그대로 답습한 것에 불과했다. 또 연방준비은행의 소관업무는 그 간부 직원과 아홉 명으로 구성된 이사회 임원진의 결정에 따라 수행되는데, 이사회의 다수는 시중 은행의 간부나 임원 또는 상·공·실업계의 중요인물로 구성되게 되었다. 연방준비은행은 이자율과 지불준비율을 결정하는 권한을 가지며, 회원 은행의 은행업무를 '감독하고 규제하는' 책임을 수행한다. 각각의 연방준비은행은 관할지역 내 회원 은행의 지불준비금을 수탁하면서

'필요한 때'에는 이를 유통시키며, 어음청산 기능을 수행한다.

그러나 연방준비은행의 가장 중요한 목적과 기능은 "탄력성 있는 통화를 창출하고 상업어음이란 신용수단의 즉각적인 매도"를 가능하게 한다는 데 있다. 이 개념은 독자들이 이해하기 어려울지 모르므로 약간의 설명을 덧붙이겠다. 본질적으로 연방준비은행은 회원 은행의 요구나 연방은행 스스로의 결정에 의해 상당량의 화폐를 발행하거나 또는 은행신용을 창조할 수 있는 권한을 부여받고 있다. 만일 연방준비제도에 속한 시중 은행이 대출재원(현금형태든 예금 형태든)을 마련하려면 다음과 같은 과정을 거쳐 간단히 해결할 수 있다. 은행은 우선 '신용이 확실한' 상업차용인이 발행한 차용증서(상업어음, 인수어음 또는 은행인수어음이라고 부른다)를 받는다. 그 증서를 할인매입한 만큼의 대출액에 상당하는 차용인 명의의 예금구좌를 설치한 후 매입한 상업어음을 즉시 지역 연방준비은행에 매각하거나 혹은 이 어음을 자산 담보로 연방준비은행에서 자금을 차입할 수도 있다.

그러면 연방준비은행은 시중 은행에서 수취한 상업어음의 액면가에서 재할인액을 공제한 금액만큼의 수표나 현금을 회원 은행에 지불한다. 이런 메커니즘을 통해 대부증서는 헛것에서 현금으로 둔갑하며, 이 과정이 끊임없이 반복됨으로써 연방준비은행의 무한한 조폐능력을 통해 사실상 무한한 액수의 돈과 은행예금이 허공에서 창조될 수 있게 되었다. 한편 연방준비은행 역시 화폐공급을 늘릴 필요를 느끼면 언제든지 공개시장조작을 통해 현금이나 은행신용을 얼마든지 창조할 수 있게 되었다. 연방준비은행은 공개시장에서 정부채권을 사들이면서 매도인에게 수표를 발행한다(만약 매도인이 현찰을 요구할 경우에는 현찰을 줄 수도 있다). 어쨌든 매도인은 매출 대금을 시중 은행에 예금할 것이고, 이 예금은 다시 은행이 제3의 차입자에게 자금을 공급해줄 수 있게 한다. 연방준비제도의 신랄한 비판자인 라이트 패트만 하원의원은 저서 『화폐입문』에서 이 과정에 대해 이렇게 설명하고 있다. "연방준비은행은 시중 은행의 대출을 뒷받침할 수 있는 돈을 어디서 얻는가? 연방준비은행은 돈을 '얻는' 것이 아니라 창조한다. …… 연방준비은행은 수표책에 액수만 기입함으로써 아주 간단히 돈을 창조한다. 그리고 만약 수표 수취인이 현금을 원할 경우 연방준비은행은 그 수취인의 거래은행이 그에게 인도할 현금 – 연방은행권 – 을 찍어내 그의 요구를 들어줄 수 있다. 간단히 말해 연방준비은행은 전적으로 돈을 만드는 기계인 것이다. …… 연방은행 발행수표의 지급 가능성에 대한 문제는 발생할 수가 없다. 연방은행 자신이 그 지급에 충당하기 위해 5달러짜리나 10달러짜리를 얼마든지 찍어낼 수 있기 때문이다."

1913년 6월 복잡다단한 과정을 거쳐 「연방준비법」 조문이 만들어졌고 그 후 수개월 동안 수없는 수정과정을 거쳐 그때까지 비밀리에 추진되었던 법안이 의회의 심의에 들어가려 했을 때 갑자기 제동이 걸렸다.

브라이언 – 국무장관으로서 민주당 내 진보파의 대표적 인물 – 이 그때까지 비밀에 부쳐졌던 입법안 사본을 어디선가 입수하여 이 법률안의 두 가지 점이 수정되지 않는 한 결단코 이 법안의 의회통과를 저지하겠다고 발표해버린 것이다. 그는 연방준비이사회는 연방준비제도의 가장 중요한 요건인 만큼 대통령이 지명하고 상원이 인준하는 은행장들로 구성되어야 한다고 주장했다. 이 경우 이사회는 당초 글라스의 법안이 부여했던 것보다 더 중요한 기능을 수행해야 할 것이었다. 또한 그는 앞으로 발행할 지폐는 '정부가 발행하고 보증하는 법정통화'여야 한다고 주장했다.

윌슨이 글라스를 불러 그 같은 수정에 관한 이야기를 했을 때, 글라스 의원은 이사회의 자격에 관한 수정은 쾌히 받아들였으나 두 번째 요구에는 불응했다. 그는 은행이 창조한 통화에 대해 나중에 정부가 금으로 태환하라는 요구를 받았을 때 지불 부족 사태가 빚어질지도 모를 위험성을 윌슨 대통령에게 경고하려고 했다. 은행은 무한한 부채를 발생시킬 수 있는 반면, 정부는 충분한 금을 보유하지 못했을지라도 항상 그것을 뒷받침해야 한다는 요청을 받게 될 것이었다. 그러나 이미 '거인' 하원의원(브라이언)의 선동적 요구에 동의해버린 윌슨 대통령도 그의 입장을 고집했고, 두 사람 사이의 의견교환은 더욱 딱딱해졌다. 카터 글라스 의원은 당시의 매우 시사적인 대담의 마지막 부분을 다음과 같이 기록했다.

> 윌슨 자신도 돈은 정부가 아니라 은행이 발행해야 한다고 생각하고 있었다. 그러나 보좌관들은 정부발권으로 수정되지 않으면 브라이언 의원이 절대로 이 법률안을 지지하지 않을 것이라고 윌슨 대통령에게 이미 말했었다. 나는 전심전력을 다하여 이에 항의했다. ……"대통령 각하, 이 법률안에는 정부가 책임져야 할 것은 전혀 없습니다." 나는 크게 외쳤다. "그건 뻔뻔스러운 핑계예요! 금융기관의 자산을 근거로 정부지폐를 발행하는 법이 어디 있단 말입니까? 또 은행의 수요 요구 없이 단 1달러라도 발행할 수 있는 정부지폐가 어디 있습니까? 정부의 태환의무란 너무나 비현실적인 것이어서 이해가 가지 않습니다." 나는 가쁜 숨을 내쉬며 이렇게 끝맺었다. "당신 말 그대로야, 글라스." 대통령은 정색을 하고 대답했다. "당신 말은 하나도 틀린데가 없어. 정부의 태환의무란 말뿐이야. 그러니 우리가 알맹이를 쥐고 그림자는 다른 친구들에게 양보해도 좋다면 말일세, 그것으로 우리 법안을 못 건질 이유는 없지 않은가?"

이 대담이 끝나자 글라스는 대통령의 말대로 초안을 다시 작성했다. '그림자'를 양보하는 이 수정안은 대통령이 지명하여 상원이 인준하는 임기 14년의 이사 7명으로 구성되는 연방준비이사회를 설립토록 했다. 원안에 연방준비은행 이사 및 집행부의 소관사항으로 되어 있던 몇 가지 중요한 권한과 업무가 연방준비이사회로 이관되었다. 요구가 있을 경우 정부가 연방준비은행 발행권을 금으로 태환해주는 책임을 지도록 하자는 브라이언의 제안이 삽입되었지만, 연방준비제도의 가장 결정적인 기능인 화폐 발행 메커니즘은 고스란히 살아남았다. 1913년 12월 22일 이 수정안은 상하 양원에서 압도적인 다수로 통과되었고 이튿날 윌슨 대통령은 이 법안에 서명했다.

이 법안의 모델이 된 원안의 숨겨진 설계자였던 폴 모리츠 워버그는 즉시 글라스 의원에게 법안통과를 축하하는 편지를 보냈다. 얼마 후 그는 연방준비이사회 이사로 임명되었다. 금융계와 업계의 이익을 대표하여 제킬 섬에서 회합을 가졌던 '오리 사냥꾼' 일행 중 다른 한 사람도 연방준비제도의 고위직으로 승진했다. 모건 은행 트러스트의 회장이던 벤저민 스트롱은 영향력 큰 뉴욕 연방준비은행 총재가 되었다. 그는 1907년의 금융공황 당시 음험한 책략으로 몇 개 은행의 파산을 조장했던 모건 중위 그 사람이었고, 그 사실은 후에 폭로되었다.

1914년 연방준비은행의 발족은 화폐 발행고와 급격한 인플레를 격발했다. '돈 만드는 기계'가 가동되자마자 100%의 지분으로 연방준비은행을 완전 장악하고 있던 시중 은행은 그 기계가 철저하게 자기들의 이익을 위해 활용되어야 한다고 고집했다. 그러나 이러한 요구가 과연 충족될 것인가에 대한 한 가닥 의구심마저도 말끔히 사라지고 말았다. 윌슨 대통령의 사위이자 재무장관이었던 윌리엄 맥아두는 1915년의 재정보고서에서 "「연방준비법」의 근본 목적은 미국의 금융제도를 개편·강화함으로써 신용재원을 확대하여 업계와 기업농이 필요로 하는 자금 수요를 자동으로 공급해주고 이자율을 낮춰 모든 합법적인 기업활동을 자극하고 보호하며 번영시키는 데 있다"라고 말했다.

연방준비제도가 이제 제조업이나 농업 부문에서 필요로 하는 돈과 은행신용을 창조하고, 그것도 '자동적으로 실현시킬 것'이라는 사실을 공식적으로 선포하는 나팔소리가 울려 퍼지자 연방준비은행 간부와 이사들의 메아리가 즉시 되울려왔다. 1916년 연방준비이사회는 시중 은행에게 "상업어음을 연방준비은행에서 할인받아 기업체에 신용공급을 확대하라"라고 촉구했다. 같은 해에 통화 감사관인 존 스킬턴 윌리엄스는 농민들에게 연방준비은행이 제공하는 자금을 빌려 쓰면서 수확된 농산물은 시장가격이 오를 때까지 출하를 보류하라고 권고했다. 그는 또한 "연방준비은행이 현재 보유하고 있는 재원과 상업어음 및 은행 인수어음의 재할인을 통한 재원을 활용하면 그해에 수

확된 면화 전량과 소맥 및 담배 생산량의 절반까지를 담보 대출하고도 10억 달러 수출금융이 가능하다"라고 발표했다(1915년부터 1972년까지 발행된 화폐의 상당 부분이 유럽에 대한 수출금융으로 사용되었다. 1928년과 1929년 대부분 증권시장의 투기를 부채질하는 기름으로 주입되었다. 당시 투기적 대출액은 약 40억 달러에 이르렀다).

1921년 연방준비이사회는 농작물의 수확과 마케팅을 위해 필요한 자금이라면 얼마든지 신용공급을 확대하겠다고 공약했다. 때맞추어 앤드루 멜론(1921년 당시 재무장관으로서 몇 개의 은행과 국내 유수 알루미늄 회사를 비롯한 수십 개의 기업을 소유하고 있었다)은 연방준비이사회와 금융계에 종사하는 그의 친구들에게 "저리로 조달될 수 있는 풍부한 통화공급"을 유도하여 "기업활동을 촉진하라"라고 개인적으로 다그쳤다.

그러나 연방준비이사회가 시중 은행이나 기업이 필요로 하는 추가신용을 얼마든지 공급해줄 수 있다는 데에 대한 가장 솔직하고도 명백한 고백은 1923년도 연차보고서에 나타나 있다. "연방준비은행이란 업계의 자금 수요가 회원 은행이 자체적으로 보유하고 있는 재원의 한도를 넘어섰을 때 손을 벌리는 곳이다. 연방준비은행은 기업의 확장기에는 기업이 필요로 하는 추가신용을 공급하고 경기후퇴 시에는 자금을 거두어들인다(말하자면 연방준비제도는 기업이익의 요구에 따라 기꺼이 돈을 찍어낸다는 것이다)."

기업이 불황일 때는 물론 호황을 누릴 때에도 추가신용을 공급하는 금융정책이란 결국 인플레를 낳는다는 것은 삼척동자도 다 아는 사실이다.

인플레는 연방준비은행이 업무를 개시하자마자 미국이 빠져든 수렁이다. 1914년부터 1920년까지의 7년 동안 연방준비제도는 여러 가지 고안(상업어음이나 약속어음의 매입 또는 재할인을 통한 화폐나 신용의 창출, 지불준비율의 인하, 금 보유조건의 완화 등)을 활용하여 통화공급을 두 배로 늘렸다. 1914년 165억 달러였던 통화량(M^2)이 1920년에는 345억 달러에 이르러 180억 달러나 늘어나게 된 것은 그때까지 미국 역사상 가장 놀라운 통화증가 속도였다. 180억 달러의 통화증가액 중 미국이 제1차 세계대전에 참전했던 19개월 사이에 증가된 액수는 40억 달러에 지나지 않았다('돈 만드는 기구'가 7년 동안 만들어낸 통화량은 이 기계가 만들어지기 전까지의 미국 역사를 통틀어 공급된 통화량보다 더 많은 양이었다).

피할 수 없는 물가앙등이 뒤따랐다. 소비자물가지수는 30.1에서 60.0으로 무려 두 배나 뛰었다. 이것은 연평균 12%의 인플레 증가율을 의미하는 것이다(연방준비은행이 발족하기 전 95년 동안 미국의 소비자물가상승률은 연간 5% 미만이었다). 1921년부터 1929년 사이에는 통화증가 속도가 둔화되면서 물가도 떨어지다가 1930년대의 불황과 함께 폭락했다.

1933년 프랭클린 루스벨트의 사주를 받은 의회가 금본위제도의 폐지를 결정함으로써 통화 창출에 대한 또 다른 하나의 제약이 제거되었다. 「글라스오웬법」은 "연방준비제도가 발행한 은행권은 청구가 있는 대로 미국 국고의 금으로 태환되거나 …… 연방준비은행이 보유한 금이나 법정화폐로 교환되어야 한다"라고 규정하고 있다. 이 조항이 효력을 지니고 있을 때까지는 혹시 미국 정부가 막대한 양의 태환요구에 응할 수 있을 만큼의 금을 보유하지 못했을 경우가 발생할지도 모른다는 우려 때문에 화폐의 발행이나 은행신용의 창출을 억제하는 효과도 어느 정도 있었다. 그러나 1933년 초 일련의 긴급조치로 이 같은 규제는 사라지고 말았다. 이제 지폐를 쏟아내는 인쇄기나 연방준비은행의 '무제한 수표책'에 대한 방해물은 전부 제거되었다.

태환중지 조치가 내린 후 6년 동안은 국가가 대공황의 구렁 속에 빠져 있었기 때문에 지폐인쇄기나 수표책도 어느 정도 산발적으로 사용되었다. 그러나 이런 소강상태도 잠깐이었다. 가속적인 통화 창출을 주장하는 요구는 드세져서 누구도 이를 저지할 수 없게 되었다.

지난 2년간 비록 두 사람이 — 그들은 모두 인플레에 대해 강력한 '전투'를 벌이겠다고 공약했었다 — 연방준비이사회 의장직에서 교체되었으나 통화공급 증대에 대한 요구에는 역시 저항하지 못했다. 1978년 5월 연방준비이사회 의

장직은 아서 번스에서 윌리엄 밀러로 교체되었다. 그는 상원에서 가졌던 인준 청문회에서 강력한 보수적 통화정책을 추구하겠다고 공약했다. 당시 언론과 우호적인 많은 경제학자들은 텍스트론 주식회사 최고 경영자로서의 성공적인 업적을 통해 그가 닦은 경험과 조예는 통화긴축계획을 능히 수행해낼 수 있을 것이라고 역설하며 그의 임명을 지지했다. 그러나 밀러 역시 얼마 가지 않아 그의 전임자를 열심히 모방하게 되었다. 통화공급 및 은행신용 증가율은 당초 그가 발표했던 목표보다 두 배 이상을 기록했다. 1980년 초 연방준비이사회가 개정한 통화량 측정방법에 의하면 'L' 통화공급량(L은 가장 광범한 통화공급량지수이다)의 연간 증가율은 1979년 중 1/4분기에 10.4%, 2/4분기에는 13.1%에 달했다(보수주의적 경제학자 대부분은 현재의 인플레를 국민이 '참을 만한 수준'까지 끌어내리기 위해서는 'L' 연간 증가율을 4~5%로 떨어뜨려야 한다고 판단하고 있다).

1979년 8월에는 밀러의 후임자로 폴 볼커의 취임을 축하하는 팡파르가 울려 퍼졌지만, 그해 3/4분기의 'L' 증가율은 겨우 11.7%로 둔화되었을 따름이었다. 1979년 9월 6일 연방준비이사회 신임의장이 은행할인율을 법정 최고한도율까지 올리는 등 몇 가지 긴축조치를 취하여, 1979년 4/4분기 및 1980년 1~2월 중 M_1A 통화량(새로 사용되기 시작한 최소한의 통화량지수)은 떨어지기 시작했다. 그러나 'L' 통화공급량은 여전히 두 자리 숫자대를 달렸고 연방준비이사회에 대한 날카로운 비평가에게서 "볼커는 입으로는 강직한 통화억제론자이지만 행동으로는 유약한 통화관리자다"라는 비판을 듣게 했다(극단적 보수주의 경제단체인 미국경제연구소가 1979년 9월 6일자로 발행한 주간 연구보고서는 「볼커, 또 하나의 불건전한 통화관리인」이라는 제목의 논문에서 "볼커 역시 지난 반세기 동안 이 나라의 통화정책을 오도해온 자들의 금형이 찍어낸 또 하나의 판박이일 뿐이다"라고 지적했다).

이 보고서는 또 볼커가 당시로서는 반비밀조직인 3각 위원회의 회원이라고 폭로했다(3각 위원회는 볼커와 같은 세계적인 자본가들의 조직체로, 금본위 화폐제도를 폐지하고 세계경제의 '기축통화'로서의 금의 역할을 중단시키자고 계속 주장해왔다. 금의 역할이 중단되면 불환지폐쯤이야 아무런 제한 없이 얼마든지 찍어낼 수 있다는 점은 우리가 이미 살펴본 대로이다). 또한 명석한 보수적인 통화 분석가로 유명한 샐로몬브러더스 은행의 파트너인 헨리 카우프만도 "최근 막대한 통화량 증가는 국민들에게 연방준비이사회가 인플레를 중단시키기 위해 그 권한을 행사하는 것은 아니라고 믿게끔 하고 있으며 연방준비이사회의 최근 조치는 국민의 의구심을 더욱 짙게 할 뿐이다"라고 강조했다. 같은 날인 1980년 2월 11일 시티뱅크의 레이프 오슨도 1980년 1월 중 통화량 증가 추세를 볼 때 "연방준비이사회가 그 고삐를 벗어던지고 과도한 통화팽창의 노선에 다시 들어섰지 않았느냐는 의문을 갖지 않을 수 없다"라고 말했다.

이 같은 의문이 제기되고 몇 주가 지나서 은행신용(은행대출 미상환 전액의 총계)에 대한 통계가 발표됨으로써 그 해답이 나온 셈이었다. 총대출액은 전년 대비 15% 증가한 액수였고, 이는 미국 역사상 최대의 대출고였다.

1980년 3월 15일 게재된 또 하나의 기사는 연방준비은행이 회원 은행의 새로운 자금창출을 요구하는 압력에 얼마나 순순히 복종하는가를 잘 보여준다. 이 기사는 "연방준비제도와 시중 은행 간의 협정 이자율이 낮다는 점을 이용하여 3월 6일부터 3월 12일까지 1주일 동안 시중 은행은 중앙은행에서 거의 10억 달러나 늘어난 거액을 차입했다. 하루 평균 대출액 역시 33억 달러에 달해 최근 5년간 최고의 수준을 기록했다. 중앙은행이 시중 은행에 대출할 때 (통화를 창출할 때) 적용하는 할인율은 지난주에는 13%였다(이는 1979년 10월 6일부터 적용되어왔다). 이에 비해 시중 은행이 다른 재원에서 자금을 조달할 경우에는 18%의 금리를 부담한다. 연방준비이사회는 시중 은행이 연방은행의 창구로부터 차입해가는 것을 억제하려 하지만 할인율이 시장 이자율보다 훨씬 낮기 때문에 시중 은행은 중앙은행의 불만에는 아랑곳없이 전적으로 연방준비은행에 대출자금을 의존하고 있는 실정"이라고 지적했다(그러나 이 기사는 연방준비이사회의 '불만'이란 사실상 겉치레에 불과할 뿐이라는 점을 지적하지 못했다. 「연방준비법」에 따르면 중앙은행이 시중 은행의 대출요구에 반드시 응해야 할 의무는 없다).

　이 기사는 계속해서 "어제 연방준비이사회는 이 같은 대출증대를 억제하기 위한 방안으로서 전국 규모의 대은행이 연방준비은행에서 대출을 받을 경우 3%의 추가 할인율을 적용하기로 결정했다. 이로써 대은행은 총 16%의 할인율을 적용받게 된 셈"이라고 보도했다(그러나 할인율 인상이 대출억제에 아무런 효험이 없다는 것은 과거의 경험이 증명하고 있다. 시중 은행은 그들의 우대금리를 그만큼 더 인상할 것이며, 다른 재원으로부터의 조달비용도 기타 금리인상으로 전가될 것이다. 이 같은 개구리 뜀뛰기 게임은 인플레를 더욱 악화시킬 뿐 연방준비은행에서의 차입을 통한 통화 창출을 중단시키지는 못한다).

　만약 연방준비제도가 진실로 급속한 통화증발과 가속화된 은행신용창출을 종식시키고자 한다면 할인율 인상이라는 방법에 의지하는 대신 지불준비율을 대폭 인상했을 것이다. 그러면 통화팽창과 가격인상은 즉각 저지되었을 것이다.

　엄청난 액수의 통화증발과 은행신용창출은 피할 수 없는 결과를 낳게 되었다. 1980년 2월에 발표된 1월 중 소비자물가지수를 보면 연평균 생계비상승률이 18%로 나타났다. 인플레율이 18%에 달했다는 공식 발표로 온 국민은 충격을 받았다. 카터 대통령은 처음으로 미국 경제가 '위기'에 처했다는 사실을 시인했다.

　이 같은 발표가 있던 날(1980년 2월 25일) 업계의 이익을 대변해오면서 보수주의적 정책을 지지해온 주간지 ≪비즈니스위크≫도 "유일한 대안은 통제뿐이다"로 시작하는 기사에서 임금·가격 통제를 실시할 것을 간접적으로 옹호했다. 이 기사는 브루스 맥로리(전 미니애폴리스 연방준비은행 총재), 에드워드 케네디 상원의원, 토머스 저스터(미시간 대학교 사회과학연구소 소장), 배리 보스워드(전 임금가격안정위원회 위원장)와 펠릭스 로하틴(시민지원협회 회장 겸 라자드프레레스 사장) 등을 '통제정책의 새로운 지지자'로 소개했다. 다음 호에서는 6개 항에 걸친 '반인플레 계획'의 하나로서 6개월간의 임금·물가 동결안을 명백한 논조로 제시했다. "인플레에 대한 쇼크요법"이라는 제하의 장문의 사설에서 《비즈니스위크》지는 "지난 15년 동안 정부는 한편으로는 인플레를 개탄하면서도 한편으로는 인플레를 부채질해왔다. 정부가 취한 인플레 억제 조치도 대부분은 인플레를 어느 정도까지는 조장한다는 선에서 이루어졌다"라고 강조했다. 이 계시적인 몇 구절은 장기간에 걸친 미국의 인플레가 정부에 의해 상당한 정도까지 불필요하게 선동되고 확대되어왔다는 사실을 강력히 암시하고 있다.

그러나 임금과 물가 통제에 관한 《비즈니스위크》지의 급박한 요청이나 즉각적 동결을 지지하는 들끓는 여론을 앞질러 2월 27일 지미 카터는 이미 다른 조치를 취했다. 그날 대통령은 통제조치에 거리낌 없이 반대하면서 "내가 만족할 만한 기본 정책이 이미 채택되었다"라고 발표했다.

연간 18%에 달하는 인플레를 조성하면서도 행정부 수반을 만족시킬 만한 기본 정책이란 도대체 무엇이었을까? 국민들은 백악관의 고약한 '인플레 수습안'에 대한 해명을 2주일 가까이 기다렸다. 그동안 특별히 임명된 국회의 자문위원회가 수습안에 매달려 고심하는 한편 상당 부분은 비공식적으로 공개되기도 했는데, 3월 중순 최종적으로 발표된 정부의 수습안이란 결국 1981년에는 연방 정부의 지출을 대폭 삭감할 것이고 동 회계연도의 예산은 균형을 이룰 것이라는 것뿐이었다. 그 자문위원 중 저명한 인사인 로버트 버드 상원의원은 균형예산은 현재의 인플레율을 18개월 후에 0.2% 감소시키는 효과를 가져다줄 수도 있다고 지적했다.

또 다른 유일한 수습안이란 휘발유 구입자에게 갤런당 10센트의 세금을 부과한다는 것이었다(이 정도의 과세란 석유 소비를 줄이는 것이 아니라 가격만 인상시킬 뿐이다). 발표되기까지 보안이 유지되지 못했으므로 카터 대통령의 '수습안' 속에는 더 이상 언급할 만한 정책은 없었다.

카터 대통령을 괴롭힌 18%의 인플레율 때문에 연방준비이사회는 어떤 조치를 취하지 않을 수 없었다. 1980년 4~5월에 걸쳐 연방준비이사회는 추가 통화공급을 엄격히 억제했다. 그 결과 두 달 동안 M_1A 통화공급지수는 극적으로 감소했다. 동시에 4월에는 연방준비이사회의 소비자 신용통제조치(3월 중순부터 실시되었다)가 효과를 나타내기 시작했다. 금융기구들에 대해 통화공급을 억제하고, 금융기관의 소비자 할부금 대출을 억제하는 두 가지 '긴축조치'가 실시되자 과열경기는 급격히 식어버렸다. 금융제도상의 통화공급억제 조치와 함께 기준 금리가 치솟기 시작하여 마침내는 전대미문의 20%에 달했고, 개인주택 저당 담보대출 금리도 19%에 달했다. 2월 들어서부터 경기후퇴 현상을 보이기 시작했던 주택산업은 엄청난 이자율 때문에 가수요자들이 시장에서 빠져나가자 붕괴현상이 나타나기 시작했다. 소비자 신용을 제한하자 구매자들의 물건매입을 위한 대출이 점점 어려워졌다. 자동차 판매고도 급속히 떨어졌다. 이어서 건설업, 자동차 제조업, 철강공업(생산물 대부분이 자동차 제조 및 건설 부문에 투입된다) 등 각 부문에 실업이 만연하기 시작했다. 1979년 말에 6% 내외였던 실업률이 넉 달 후인 1980년 4월에는 8% 가까이 육박했다. 한편 예상했던 대로 인플레율은 완화되었다. 4월과 5월 중 소비자물가지수는 0.9% 상승에 그쳤다(이는 연평균 인플레율로 11.4%에 달하는 수치이나 1980년 2월과 3월의 연평균 인플레율 18.3%에 비하면 현격히 감소된 것이다).

그러나 5월 셋째 주에 들어서자 연방준비이사회는 또다시 은행과 업계의 압력에 굴복하고 말았다. 연방준비이사회가 설정했던 신용통제 가운데 일부분을 해제했으며, 통화공급 억제 조치도 다소 늦추기 시작했다. 6월이 되자 신규통화 발행고가 치솟았고 M_1A의 공급량도 11% 선으로 서서히 늘고 있었다. 돈이 흔해졌지만 기업체들은 불경기의 심화현상을 우려하여 확장계획을 늦추고 있었다. 6월 말에는 은행의 기준금리가 11.5%로 내려갔지만 이 자금을 사용하려는 대기업은 거의 없었다. 그러자 7월 초 들어 연방준비이사회는 그달 셋째 주까지 신용통제계획을 전면 해제하겠다고 발표했다.

7월 14일자 ≪월스트리트저널≫은 "자신을 연방준비이사회 의장에 임명한 카터에게 '정치적 빚'을 지고 있는 폴 볼커(그는 당초 신용통제조치에 반대했지만, 차기 대통령선거를 겨냥한 정치적 목적을 가진 카터의 강력한 요청에 의해 그러한 조치를 실시했다)가 7월에 이르러 마침내 결별을 선언할 만큼 자유로워진 것이다"라고 암시하고 있다.

그리고 며칠 후 비밀 인터뷰를 통해 정부는 1981년 초부터 적자예산을 감수하고서라도 조세삭감 조치를 취할 계획이었음이 드러났다. 익명을 요구하는 몇몇 재무성 관리는 '1981년의 균형예산 노력'은 실패했으며, 실제로는 1981년도에 500억 달러의 적자가 발생, 이 적자는 통상적인 방법, 즉 새 돈을 찍어냄으로써 메워졌을 것이라고 추측했다.

연방준비이사회와 정부는 역사적 교훈을 무시하며 인플레를 개탄하면서도 그것을 부채질하고 있었다. 또한 그들의 행위는 인플레를 어느 정도 조장하는 데에 목표를 두었던 것이다.

8 요약: 인플레의 주범들

우리가 지금까지 검토해왔던 역사상 네 번에 걸친 인플레 시대(로마시대, 프랑스혁명기, 미국의 남북전쟁기, 바이마르공화국의 초인플레 시대)의 각 시기마다 똑같은 시나리오가 되풀이되고 있다. 단지 장소나 시기 그리고 등장인물의 성격 등에 다소간의 윤색이 있을 뿐 좀 더 중요한 측면, 즉 인과관계, 경제적 사건의 전개, 대단원과 같은 줄거리는 놀랄 만큼 유사하다.

어느 시기에나 국가의 안위를 위협하는 전쟁이 발발함에 따라 인플레는 격발되었다. 갑자기 발생한 위기는 즉각적이고 엄청난 양의 경비지출을 필요로 했고, 막대한 지출을 충당할 재원이 없는 정부는 그럴 때마다 인쇄기를 사용하여 지불수단을 창조하고자 했다. 어느 시대에나 정부와 중앙은행은 (비록 그들은 모른 체했지만) 경제체제 내에 엄청난 양의 새 돈을 집어넣으면 혼란이 야기되며 인플레가 발생할 것을 잘 알고 있었다. 그러나 인플레로 야기된 결과가 제아무리 부담스러운 것이라 하더라도 전쟁이 주는 치명적인 위험에 비하면 훨씬 덜하다는 것은 명확한 사실이다.

통화공급을 관리하는 데 일단 보수적 태도를 포기해버리면 화폐 발행권자는 화폐인쇄기를 더 빨리 더 자주 돌리고 싶은 충동을 이길 수 없게 된다. 그리고 새로 공급된 통화량이 일정 선을 넘게 되면, 돈은 가격상승의 불꽃을 뿌리며 재화와 용역의 뒤를 쫓기 시작하는 것이다. 노동자는 그동안의 생계비

앙등을 상쇄하기 위해 임금인상을 요구하여 이를 관철시킨다. 고용주는 새로 늘어난 비용을 상쇄하기 위해 다시 가격을 인상한다. 인플레가 가속화되면서 이번에는 거꾸로 정부의 군사비나 행정비의 앙등으로 정부예산이 영향을 받게 된다. 결국 더 많은 데나리, 프랑, 그린백, 마르크를 찍어낼 수밖에 없다. 이처럼 새 돈의 투입은 또 한 차례의 가격인상을 유발하며 화폐 구매력을 계속 하락시킨다.

그렇게 되면 인플레는 더욱 위협적인 2단계로 접어드는데, 이것은 역사상 나타난 네 번의 인플레시대에 모두 공통되는 현상이었다. 인플레의 첫 단계에서는 물가가 서서히 꾸준히 상승하는 데 반해 2단계에 접어들면 물가는 갑자기 예견할 수 없는 일대 비약을 개시하는 것이다. 시간이 갈수록 물가가 뛰는 폭은 이전의 것을 능가하며 가격구조 및 상품의 생산과 분배구조가 와해된다. 발전된 단계의 인플레에 어김없이 수반되는 경제혼란은 더욱 심화되어 한 국가의 경제를 질곡상태에 빠뜨린다. 제2단계의 인플레가 진행되면서 몇 가지 또 다른 명백한 조짐이 나타나기 시작한다(우리가 앞서 시대별로 검토해보았던 바와 같다).

이런 조짐 중 첫째는 대규모의 추가 통화증발과 그 부산물로 나타나는 극심한 인플레를 배제할 수 있음을 알면서도, 정부가 합리적이며 효율적인 세제의 도입과 그 시행을 거부하는 현상이다. 정부가 소수 권력자의 명에 따라 상당히 장기간 낮은 세금을 부과하다가 적절한 조세부담 조치를 마지못해 시행할 때쯤이 되면 징세제도는 이미 와해되어 부유층에게서 세금은 걷지 못하게 된다. 다만 가난한 자들과 근로계층, 정액소득의 중산층에게서는 부지런히 그리고 효율적으로 세금을 징수한다.

다른 또 하나의 현상은 부유층에 유리한 과잉통화공급이다. 정부의 예산상 실제로 필요한 양 이상의 통화가 공급됨으로써 신용도가 높은 차입자들이 그 잉여통화를 이용할 수 있게 된다. 이 같은 과잉공급이 이미 치솟아오른 물가에 결정적인 역효과를 미치는데도 정부(또는 중앙은행)는 서슴없이 이를 밀고 나간다.

대출금을 이용하여 인플레 방어용 자산을 급속도로 축적하는 현상도 인플레 2단계에서 볼 수 있는 또 하나의 양상이다. 기업체나 '성공적인 개인 차입자'는 인플레 상승률보다 빠른 속도로 값이 뛰는 자산, 즉 인플레가 계속 진행되더라도 그 가치를 항상 지니고 있을 자산을 긁어모을 수 있게 된다. 특권을 가진 이들 부유층이 인플레를 틈타 짧은 기간에 막대한 재산을 모으는 것은 그리 놀랄 만한 일이 못된다. 더욱 놀라운 일은 이들이 인플레 시대의 각 단계에서 자신들의 성공적인 치부를 위해 정부에 압력을 가해 최악의 재정금융정책을 채택하게 하고 있으며, 이로 인해 소수의 몇 사람은 벼락부자가 되는 반면 대다수 국민은 더욱 궁핍해졌다는 사실이다.

인플레 2단계에서 틀림없이 나타나게 마련인 또 하나의 현상은 관계 당국자들(정부관리, 중앙은행 간부, 경제학자, 역사가, 재정평론가, 언론인 등)이 가격 인상 경쟁과 통화가치 하락의 책임을 전혀 '불가항력적'인 원인에 기인한 것처럼 무책임한 주장을 한다는 것이다. 그들은 진행 중인 인플레의 원인을 '비상사태(위기는 이미 지났는데도 말이다)'나 '정책상의 과오'로 돌렸다. 또한 배상이 끝난 후에도 '배상' 탓으로 돌리는가 하면 이미 오래 전부터 돈이 너무 쏟아져 나와 경제가 침몰상태에 있었으면서도 통화증발에 대한 가수요 때문이라는 그릇된 주장을 펴는 경우도 있다. 관계 당국자들은 이처럼 여러 가지 이유를 둘러대면서도 기득이권을 보호하고 확장하려는 계략이 화폐가치의 하락을 사주하고 있다는 진실에 관해서는 결코 한마디도 언급하지 않은 것이다. 그리고 인플레 상황을 폭로해보려던 소수의 수정주의적 비평가들은 곧 조롱당하고 침묵을 강요받고 만다. 이런 방식으로 당초 인플레의 원인인 '비상사태'가 소멸된 후에도 인플레가 계속될 수 있는 것은 소수 특권층이 인플레를 통해 '유리한 상황'을 맛보았기 때문이다.

그들은 인플레를 막다른 골목, 말하자면 최종단계로까지 발전시켰다. 광란의 도가니 속에서 인쇄기는 돈을 찍어내고 물가는 미친 듯이 뛰어올라 부르는 것이 값이 되는 3단계에 접어든다.

화폐의 실질가치가 상실되면서 경제마비 현상이 초래되고, 생산자는 제아무리 비싼 값일망정 쓸모없는 종이쪽지인 지폐를 받기 거부한다. 결국 화폐단위가 파괴되고 물물거래가 시작된다. 최종조치로서 정부는 전혀 새로운 화폐단위를 도입할 수밖에 없다. 신종화폐는 필요한 양만큼만 발행했기 때문에 액면가치를 유지할 수 있다.

아직 미완성 상태인 현재를 인식하는 것보다는 과거의 특징을 살펴보는 것이 훨씬 쉬운 법이다. 미국에서 지난 20여 년 동안 계속되어온 인플레는 현재로서 전 과정을 다 전개한 것이 아니므로, 그것에 대한 최종평가를 내릴 수는 없다. 그러나 우리는 지금 '2단계'의 심각한 순간에 처해 있다고 결론지을 수는 있을 것 같다. 1980년도 상반기에 나타난 생계비지수의 도약 현상이 경제적 혼란기가 도래했음을 알려주는 징조가 된다.

로마인, 프랑스인, 독일인 등 초인플레로 마침내 파멸해버린 수많은 다른 민족처럼 미국인도 인플레의 늪에 빠져버릴 것인가? 아니면 남북전쟁 당시의 북쪽처럼 앞으로 남은 기간 과도한 통화증발을 중지함으로써 원상회복할 것인가?

이 글을 쓰고 있는 1980년 7월 현재로선 미국이 별안간 통화긴축의 방향으로 나가리라는 조짐은 거의 보이지 않는다. 인플레 덕을 톡톡히 누리고 있는 사람들(상층의 재산소유자, 특히 고급관리, 그리고 국내 주요 기업 및 은행의 임원)이 스스로 그들에게 그처럼 막대한 보상을 가져다주고 있는 정책을 즉각 포기하리라고 기대하는 것은 비논리적이다. 미국 내 주요 기업은 통화공급량의 팽창에 힘입어 지속적으로 판매고와 이익의 증대를 이루어왔다. 또 기업의 급성장은 회사 관리층에게 승진 기회를 제공했고, 능력 인정, 높은 물질적 보상, 권한 확대 등을 가져다주었다. 시설규모 확충, 자회사 인수, 새로운 자산의 급격한 증식 등으로 상징되는 기업경영상의 성공은 상당 부문이 신규화폐 발행을 통한 대출금에 힘입어 이루어진 것이었다. "인플레라는 무기를 한껏 활용하여 착착 소유권을 확대시켜온" 현대의 기업가들이 한창 기업전쟁을 승리로 이끌고 있는 와중에 갑자기 무기를 내던지리라고 기대하는 것은 지나친 낙관론일 것이다.

우리는 또한 정부 내 핵심관리들이 스스로 거대한 정부의 역할을 줄이는 방향으로 금융·재정정책을 수정함으로써 관료들의 영향력과 권력을 축소하고 선거구 내 유력자(특히 금융 산업복합체에 영향력을 행사하는 인사들)에게 특혜를 베풀 수 있는 기회를 줄이도록 기대할 수도 없다.

또한 생계비가 뜀박질하는 시대를 살아가는 노동자나 노동조합 지도자에게 그들의 무한한 임금인상 요구를 중지하여 자금압박을 덜어줌으로써 소수주의적 경제정책을 펼 수 있도록 해달라고 바라는 것은 더욱 무리일 수밖에 없다.

그렇다면 이처럼 위험스러운 경제적 표류 현상을 종식시킬 수 있는 방법은 무엇일까? 현재의 인플레가 더욱 악화되고 더욱 파괴적으로 된 후에야 비로소 업계나 정부 내의 책임 있는 지도자들이 인플레 문제가 우리 사회의 존망을 건 문제라는 사실을 인식하고 마침내는 이에 대한 대응책을 서두르리라고 기대할 수는 있다.

그러나 이런 인식에 도달할 때는 공산주의에 의한 자본주의 사회의 파괴 가능성이라는 진짜 위협이 다가왔을 때이다. 이 경우 초인플레의 광란에 휘말려드는 것은 단지 통화단위로서의 달러화나 풍요로운 미국 경제만은 아닐 것이다. 미국의 지도력과 방위력에 의존하고 있는 자유세계 전체가 파멸될 것이다. 마르크스와 레닌은 모두 '금융자본주의'라는 그들의 논문에서 자유기업제도가 인플레에 의해 파산된 후에 '제국주의의 종말'이 도래한다고 예언했다. 두 사람은 또한 이런 조건에 처한 자본주의는 "자신이 파멸할 씨앗을 스스로 뿌리고 있다"라고 말했다. 아마도 이런 예언이 실현될 수 있을 만한 단계에까지 이르러서야 비로소 권력의 중심부에 있는 지도자들이 뒤늦게 깨닫고 대응책을 서두를지도 모른다.

그때에는 신속하고도 결정적인 조치가 있어야 할 것이다.

임금과 가격의 통제계획(봉급과 기업의 이익률, 도매가격과 소매가격, 서비스 요금, 주식배당금, 이자율까지 포함)이 즉시 수립되고, 국경을 초월해서 엄격하게 시행되어야 할 것이다. 정부는 또한 통제계획을 실시하기에 앞서 이 통제는 정부 강권의 발동으로 앞으로 수년 동안 실시할 것이며, 연방정부의 지출도 대폭 삭감하여 흑자예산을 집행하겠다고 미리 발표해야 할 것이다. 정부는 또한 모든 국민(특히 기업계 인사들)에게 앞으로는 이 이상의 인플레를 결코 허용하지 않을 것이라는 단호한 결심을 인식시켜줄 필요가 있다. 이와 함께 연방준비제도는 은행의 지불준비율 인상을 비롯한 몇 가지 통화공급을 줄이는 극적인 조치를 취해야 할 것이다. 첫째, 엄격한 통제를 실시하고 둘째, 연방정부의 지출을 삭감하여 잉여금을 남기고 셋째, 연방준비제도의 인쇄기의 속도를 감속시키는 등 세 가지 방면에서의 조치는 미국 경제가 연평균 3~4%의 낮은 인플레율로 되돌아올 때까지 상당 기간 계속되어야 할 것이다.

그러나 이러한 새로운 조치 중 가장 중요한 문제는 임금 · 물가 통제계획을 서로 협조적으로, 또 장기적으로 집행해야 한다는 것이다. 이 같은 통제체제는 어느 정도 경제적 경직현상과 불균형이라는 부작용을 낳을 것이 틀림없다. 기업의 서류절차는 번잡해질 것이고, 관료주의에 대한 비난도 빗발칠 것이며, 암시장거래도 상당히 활발해질 것이다. 그러나 이 정도의 부작용쯤은 초인플레가 몰고 올 경제혼란에 비하면 얼마든지 참을 수 있는 것이다.

이보다 덜 까다롭고 덜 불편한 조치를 미리 취함으로써 현재의 인플레를 재빨리 수습할 수만 있다면야 더 말할 필요조차 없을 것이다. 이 같은 상황 속에서 우리는 국제사회 지도자들의 동의를 얻어 금의 태환성에 기초한 범세계적 통화체제를 다시 만드는 작업을 시작해야 할 것이다. 통화팽창을 자발적으로 억제시킬 수 있는 금본위제도가 실시되면 세계의 거의 모든 선진 자본주의국가의 화폐 발행, 각국의 인플레를 가속시켜왔던 화폐 발행은 즉각 중단될 것이다. 그러나 이처럼 세계적 통화질서를 다시 구축하기까지는 수년

이 걸릴 것이므로, 인플레의 악화로 고통받고 있을 미국과 같은 몇몇 나라에게는 너무 늦은 느낌이 있다. 임금·물가 통제 계획이 실시되어도 아마 수년 후에야 비로소 이 같은 통화기구의 창설이 시도될 것이다.

지난 수년 동안 행정부가 바뀌거나 중앙은행장이 바뀔 때마다 우리는 "인플레에 대한 선전포고"를 번번이 들어왔다. 이 같은 공약은 아무리 잘 봐준다 하더라도 공약에 그치고 말았다.

이제 또다시 망상에 사로잡힐 시간은 없다. 우리는 지금 당장 단호한 조치를 취해야 한다. 그렇지 않으면 우리에게도 로테 헨트리히 시대처럼 25만 달러짜리 우표에 소인이 찍힌 편지를 받아볼 날이 곧 닥칠 것이다.

인플레 정책을 계획한 사람들의 증언

▌인플레를 정책과 무기로 사용하는 것에 관해 기록한 휴고 스티네스의 1923년 6월 23일자 개인 일기에서 발췌

베멀먼즈와 헤어지자마자 나는 10시 10분에 미국 대사관에서 라테나우 박사가 걸어온 전화를 받았다. 박사는 나더러 될 수 있는 대로 빨리 미국 대사관으로 와서 미국 대사와 전후배상위원회 미국 측 대표와 함께 석탄 문제에 관해 자세히 의견교환을 하자고 요청했다. 라테나우 박사의 생각으로는 그가 현 상황을 설명하는 것보다 그러한 의견교환이 좀 더 효과적일 것이라는 판단이었다. …… 라테나우 박사와 다른 두 분의 요청에 따라 나는 상황을 아주 세밀히 분석했다. …… 그 자리에서는 석탄 문제보다 배상 문제가 더 많이 논의되었다. 라테나우 박사의 요청으로 나는 배상 문제가 안고 있는 여러 가지 측면에 관한 나의 의견을 개진했다. 그러자 여느 때처럼 라테나우 박사도 이 문제에 관한 자신의 입장을 설명함으로써 거의 모든 문제점이 논의되었다.

우선 전후 독일이 왜 인플레 정책을 펴고 있는지에 대한 이유를 설명했다. 패전 후 독일은 생업을 포기하고 전선에 투입되었던 400만 명의 인력을 다시 정상적인 경제활동인구로 복귀시켜야 했고, 이를 위해서는 원자재와 일자리를 확보해야 했다. 국가의 생존을 유지하기 위해서는 어쩔 수 없이 일부 자본을 희생시키지 않을 수 없었다. 일반 대중이 실업 상태로 남아 있을 경우 독

일은 볼셰비즘에 의해 장악될 것이 뻔했기 때문이다. 볼셰비즘에 의한 경제적 황폐가 얼마나 가공스러운 것인가 하는 것은 소련이 잘 보여주고 있었지만, 독일의 경우 소련보다 더 나쁘리라는 것은 의심할 여지가 없었다. 독일은 공업국가인 까닭에 경제 봉쇄가 지속됨으로써 야기될 식량난은 농업국인 소련에 비해 훨씬 더 심각한 볼셰비즘을 초래할 우려가 있었다.

나는 또한 인플레라는 무기가 상당 규모의 자본 손실에도 불구하고 앞으로도 계속 사용되어야 한다고 강조했다. 인플레 무기만이 국민을 정상적인 경제활동으로 복귀시킬 수 있으며, 그로 인해 국가의 존립도 보장할 수 있기 때문이다. 이야기 도중에 그 미국인들이 내가 인플레 정책을 경제적으로 바람직한 것인 양 고의적으로 추진했다는 이야기를 독일인뿐 아니라 프랑스인에게서도 들었다는 사실이 밝혀졌다. 이에 반하여 인플레의 증대는 과도한 국부의 손실을 의미한다는 것이 그들의 견해였다.

나는 그들에게 그러한 견해를 피력한 사람은 바보라고 이야기했다. 모든 면에서 나와 같은 견해를 갖고 있던 라테나우 박사는 현재 독일의 경제상황을 완전히 포위당한 상태에 있는 군대에 비유하면서 전체가 살길을 찾기 위해서는 비록 손실이 크더라도 포위망을 뚫고 나가는 것은 절체절명의 요구라고 설명했다.

라테나우 박사는 또한 독일인처럼 가난 속에서 성장한 국민은 상당수의 인구가 불로소득이나 연금과 같은 재산을 소유하는 것을 지지하지 않는다고 지적했다. 그러나 가능한 한 많은 사람이 인간으로서의 품위를 지킬 수 있을 정도의 재산은 소유할 수 있도록 해줘야 한다고 믿고 있는 미국인의 입장에서는 수긍하기 어려운 것이었다. 그날 밤 참석자 네 명의 의견이 엇갈린 것은 이 문제 한 가지뿐이었다.

그 외의 문제에서 미국인들은 생존이 돈보다 더 귀중하는 점을 인정했으며, 이러한 관점에서 왜 독일이 인플레 정책을 추구했는지 이해해주었다. …… 나머지 쟁점인 차관공여 문제는 쉽사리 합의되었으며, 통화지정 문제는 금으로 회수하게 함으로써 해결할 수 있었다. 미국인들은 라테나우 박사와 내가 가급적 하루속히 마르크화를 안정시키겠다는 말을 듣고 크게 만족했으며, 우리는 화폐 차관을 금 차관으로 전환시킨 점에 고무되었다. 이러한 문제를 논의하다 보니 1시가 가까워졌다. 나는 미국 대사와 가까운 시일 안에 다시 만나 소련 문제를 비롯한 기타 문제에 관해 다시 논의하기로 약속하고 자리를 떴다.

라테나우 박사는 나를 에스플라나드 호텔까지 바래다주고 헤어졌는데 그때의 시각은 1시가 지나 있었다. 그로부터 10시간이 지나기도 전에 그는 살해 당했다.

▌ 프랭크 밴더리프가 그의 자서전 『농장소년에서 금융가가 되기까지』에서 밝힌 「연방준비법」의 은폐된 예비과정

〈제킬 섬으로의 비밀여행〉

나는 평소에 기업활동이 더 많이 공개되어야 사회에 유익하다는 생각을 가지고 있었지만 1910년이 끝날 무렵에 음모자처럼 은밀한, 사람의 눈을 속이는 작업에 가담한 적이 있었다. 그러나 비밀작업에 참여했던 우리들 가운데 어느 누구도 스스로가 음모자라고 느낀 사람은 없었다. 오히려 우리는 자신이 애국적인 일을 수행하고 있다고 생각했다. 우리는 당시 1907년 공황 때 드러났던 미국 은행제도의 취약점을 교정할 수 있는 메커니즘을 만들어내려고 했다. 우리의 제킬 섬 비밀여행은 바로 오늘날의 연방준비제도를 잉태시킨 계기가 되었는데, 이 말은 조금도 과장이 아니다.

1907년 이후 국회도 미국의 은행제도를 강화하기 위해 무언가 행해져야 한다는 사실을 인식하고 있었다. 그러한 문제점을 더욱 구체화하기 위해 상하

양원의원 25명이 참가한 합동금융위원회가 구성되었고, 의회 내에서 금융정책에 관한 한 가장 박식하고 권위 있는 의원으로 정평이 난 앨드리치 상원의원이 위원이 되었다. 위원회 구성 멤버들은 유럽을 순방하면서 각국 은행가들과 중앙은행 총재들을 면담한 후 여름휴가까지 즐기고 미국으로 돌아왔지만, 귀국 때까지 아무런 구체적인 아이디어를 내지 못했다. 앨드리치 상원의원도 이 작업과 2년 동안이나 씨름해왔으면서도 무엇을 해야 할지 몰랐다.

내가 이 작업에 처음 관련을 맺은 것은 파리에 있는 스틸만 씨의 편지를 받고 난 후였다고 기억된다. 그는 이 편지에서 자신이 앨드리치 상원의원 — 우리는 지빌이라는 암호를 썼다 — 과 오랜 시간 의논을 했는데 앨드리치 의원이 금융통화제도의 개편에 몰두해 있다는 것이었다. 스틸만 씨는 또한 모건 회사 사장인 헨리 데이비슨 씨와 내가 앨드리치 의원의 하계 유럽여행에 동행하지 못해 앨드리치 의원이 섭섭히 여기더라고 전해왔다. 또 우리가 유럽에 있었더라면 아무런 방해도 받지 않고 서로 충분히 토론할 기회를 가졌을 거라고 그가 말했다고 이 편지는 전했다. 그의 말은 "기자의 눈을 피해" 서로 허심탄회한 의견 교환을 가졌으리라는 뜻일 것이다. 스틸만은 앨드리치 의원에게 이런 일은 제3자의 방해를 받지 않게 추진하는 것이 중요하며, 자신이 데이비슨과 나를 로드아일랜드의 워위크에 있는 집으로 남의 눈에 띄지 않게 불러낼 수도 있다고 말했다는 것이었다. 파리를 출발하여 귀국했을 당시 앨드리치 의원은 스틸만의 말에 따를 작정이었다. 그래서 스틸만은 나에게 만사 제쳐놓고 모든 시간을 할애하여 이 문제를 철저히 검토하라고 그 편지에서 권고했다. 스틸만은 또 앨드리치에게 이 작업은 상원의 테두리를 벗어나서 이루어져야 능률적이고 또한 초당파적 입장에서 수정작업이 행해질 수 있다고 충고했다. 스틸만은 이 수정이 행해지고 난 후면 "은행 일이 잘되지 않을지도 모른다"라고 우려를 표시했다. 그는 또한 이제부터는 데이비슨과 내가 서로 협력하여 이 문제를 검토해야 하며 또 앨드리치 의원은 금융제도를 어느 정도 중앙집권화하려 하면서도 프랑스처럼 중앙은행을 설립하려고는 하지 않는 것으로 나는 알고 있었다. 스틸만은 또한 그가 앨드리치 의원과 만나는 동안 자신의 의견은 한 마디도 말하지 않은 채 그것이 "우리들, 월스트리트의 의견"에 좌우된 듯이 보여서는 절대 안 된다는 자신의 신념만 강조했다고 나에게 알려왔다.

그러나 유권자들이 이런 사실을 액면 그대로 믿어줄 것인가? 이에 대해서는 나는 아직도 의문이다. 앨드리치 상원의원은 존 록펠러 2세의 장인이고 스스로도 부자인 이상 오해를 사기가 십상이다. 한번은 내가 프린스턴에 있던 우드로 윌슨에게 초청장을 보내 만찬회 연설을 부탁한 적이 있다. 윌슨에게 그가 초청받은 만찬회의 권위가 높다는 것을 인식시키기 위해 나는 앨드리치 상원의원도 연사로 초대되었다는 사실을 알려줬다. 나의 친구인 윌슨 박사는 그가 앨드리치 상원의원과 같은 연단에서 연설할 수는 없다는 이유로 초청을 거부하여 나를 깜짝 놀라게 했다. 나중에 앨드리치 의원의 건강 때문에 만찬회에 나올 수 없다는 통보를 받고서야 윌슨은 이 자리에 참석하여 연설했다. 이런 마당에 앨드리치 의원이 모건 재벌 및 미국에서 가장 큰 은행의 총재와 함께 새로운 금융체제에 관해 의논하고 있다는 이야기가 기사화될 경우 국민 사이에 어떤 기괴한 말이 떠돌지는 충분히 상상하고도 남음이 있었다.

1910년 10월 28일 나는 파리에 있는 스틸만에게 편지를 썼다. "앨드리치 상원의원은 교통사고로 자칫하면 치명적인 중상을 입을 뻔했다. 당신도 아마 뉴스를 통해 이 사고를 알고 있으리라 믿는다. 그는 이 사고로 꽤 심한 타박상을 입었고 얼굴 양쪽에도 상처가 나 있다. 지금은 상당히 회복되었지만 이 사고 때문에 우리가 계획했던 회의는 자동으로 연기할 수밖에 없다. 며칠 후면 완쾌될 것 같은데 존 록펠러 2세의 부인은 교통사고로 인한 후유증은 별로 없을 것이라고 나에게 말했다."

국회 개원일이 가까워지자 앨드리치 상원의원은 양원 합동금융위원회 대표로 자신이 작성해야 할 보고서에 관해 걱정하기 시작했다. 또한 의회에 새로운 법률안도 제출해야 하는데 의회 내에는 이 법률안을 기초할 수 있는 사람이 아무도 없었다. 이런 사정으로 우리 일행은 조지아 주 해안에 있는 제킬 섬까지 그와 동행하게 되었다.

앨드리치 의원이 자신의 이름으로 국회에 제출한 보고서 및 법률안을 작성하는 데 월스트리트 인사들의 도움을 받았다는 사실이 알려지면 그의 계획은 모두 수포로 돌아갈 것은 뻔했다. 그래서 사전에 엄격한 보안조치가 취해졌고, 제임스 스틸만 씨도 다소 마음을 놓을 수 있었다. 월스트리트에서는 헨리 데이비슨, 롤 워버그, 벤 스트롱 그리고 내가 이 여행에 초대되었다. 그리고 당시 재무성 차관보였고 지금은 매사추세츠 출신 국회의원인 피아트 앤드루 씨가 행정부에서 참석했다. 우리는 서로 마지막 이름을 부르지 말라는 지시를 받았다. 또 출발 전날 밤에는 함께 식사도 하지 않기로 했다. 우리는 허드슨 강 연안의 뉴저지 역에 시간에 꼭 맞춰 자연스럽게 도착하면 남행열차의 맨 끝에 앨드리치 의원의 개인 전용열차가 연결되어 있을 것이라는 사전지시를 받고 있었다.

내가 그 열차를 바라봤을 때 차창의 블라인드는 모두 내려진 채 호박색의 옅은 불빛만 창밖으로 흘러나오고 있었다. 전용차에 승차하면서부터 우리는 마지막 이름을 생략하라는 금기사항을 철저히 준수했다. 우리는 서로 "벤", "넬슨", "폴", "에이브(피아트 앤드루를 가리킴)"라고만 불렀다. 데이비슨과 나는 이름을 완전히 바꿈으로써 더욱 철저히 속임수를 썼다. 우리는 항상 올바른 일만 한다는 의미도 살릴 겸 항공기의 개척자인 라이트 형제의 이름을 따서 데이비슨은 월버가 되고 나는 오빌이 되었다. 이것이 계기가 되어 데이비슨과 나는 그 후 통신문 안에서도 이 가명을 서로 사용해왔다.

〈제킬 섬의 비밀회합〉

열차의 승무원이나 서비스 요원이 혹시 우리 중 한두 사람의 이름을 알고 있었을지는 모르지만, 우리 모두의 이름은 알 수 없었다. 우리 모두의 이름이

기사화된다면 우리의 비밀여행이 무엇을 뜻하는지 워싱턴이나 월스트리트, 그리고 런던에까지 알려질 것이다. 우리 신분이 들통 나기만 하면 우리의 온갖 노력은 물거품으로 돌아가리라는 것을 우리는 잘 알고 있었다. 우리들 몇명이 함께 모여「은행법」을 초안했다는 사실이 공개되는 날에는, 이 법안은 의회를 절대 통과할 수 없을 것이다. 그렇지만 우리가 종사하고 있는 은행업의 기술적 문제를 다뤄야 할 입법안을 기초할 수 있는 국회의원이 아무도 없는 마당에 다른 대안이 없지 않은가?

보트로 갈아타고 제킬 섬에 도착한 후 일주일인가 열흘 동안 우리는 외부에 전화 한 통, 전보 한 번 쳐보지 못한 채 완전히 격리된 상태에서 지냈다. 우리는 그동안 바쁜 세상에서 사라진 채 무인도에 떨어진 셈이었다. 그곳에서는 많은 유색인이 우리 시중을 들었지만 그들이 벤이나 폴, 또는 넬슨이 누구인지 알 가능성은 전혀 없었다. 그들은 아마 우리가 서로 밴더리프라든지 데이비슨 또는 앤드루 같은 마지막 이름으로 불렀다 하더라도 우리 신분을 전혀 눈치 채지 못했을 것이다. 그곳에서 우리는 식도락가들을 위해 지은 건물인 클럽하우스에서 작업을 시작했다.

스페인풍의 소택지가 많은 제킬 섬은 떡갈나무가 무성하게 자라 절경을 이루고 있었다. 11월의 갈색 단풍은 이 섬을 완전히 한 폭의 그림으로 만들었다. 사냥하려고 작업을 중단한 일이 없었는데도 우리 식탁에는 사슴이나 칠면조 그리고 메추리 요리가 오르곤 했다. 잡은 지 미처 한 시간도 안 된 굴을 요리한 접시도 올랐다. 또 돼지고기 햄도 올랐는데 남부 지방에서나 맛볼 수 있는 독특한 것이었다. 우리는 아침부터 밤까지 종일 일만 했다. …… 우리가 다룬 문제가 일단 합의되면 기록은 내가 맡아서 종합했다. 그때 나는 오로라 읍에서 백묵으로 선반기계의 받침대 위에 연습하며 배워두었던 속기 실력을 한껏 써먹을 수 있었다. 만약 중앙은행제도를 도입한다면 그 소유권은 어떻게 할 것인가. 은행 소유냐 아니면 정부 소유냐, 혹은 공동 소유가 좋을까. 은행 소유로 하되 공동 관리로 합의했다면, 은행을 여러 개 세우느냐 아니면 단한 개만 세우느냐 하는 정치적 문제로 넘어가게 된다. 전국에 걸쳐 은행 이자율을 동일하게 정할 것인가 아니면 성장속도가 빠른 지역은 높이고 느린 지역은 낮은 이자율을 적용할 것인가? 은행 업무를 어느 정도까지 규제해야 할 것인가? 공개시장조작은 어떻게 할 것인가? 그 모임에서 우리가 다룬 문제는 대략 이런 것들이었다. 마침내 1주일쯤 지나서 우리는 법안기초 작업에 착수했고, 우리는 이 초안을 자신 있게 국회에 제출할 수 있다고 느꼈다. 내가 이 초안을 다시 정리하자, 워버그가 약간의 이의를 제기했지만 마침내 우리가 창안한 제도에 그도 동의했다. 우리는 갈 때와 마찬가지로 비밀리에 돌아왔다. 우리가 초안한 법안은 앨드리치 의원이 국회에 제출하기로 되어 있었다. 워버그, 데이비슨, 스트롱과 나는 앨드리치, 앤드루와 워싱턴에서 헤어져 뉴욕으로 돌아왔다.

국회가 열리기 직전의 금요일, 뉴욕에 있던 우리는 앨드리치 의원이 몹시 아파서 그가 제출할 법안에 따라야 할 보충설명서를 만들 수 없다는 연락을 받았다. 벤 스트롱과 나는 곧장 워싱턴으로 달려가 이 보고서를 작성했다. 우리가 맡았던 역할이 당시에 공개되었더라면 우리의 노력은 한갓 월스트리트의 속임수로 비난받았을 것이다. 그러나 앨드리치 의원은 결코 금융재벌의 종노릇이나 할 사람이 아니다. 그는 공적인 일을 앞세우는 양심가이다. 그가 월스트리트에서 밥을 먹고 있는 우리를 부른 것은 단지 그가 공무상 다루어야 할 여러 측면에 관해 우리가 수년 동안 연구해왔다는 사실을 잘 알았기 때문이다.

그 후 우리가 기초한 법률안이 의회를 통과하지 못했음은 누구나 다 아는 사실이다. 앨드리치는 상원의원 생활을 그만두었고, 우드로 윌슨 대통령이 전임자인 태프트 대통령을 패배시키면서 워싱턴 정가에는 민주당이 다수파로 등장했다. 윌슨의 민주당 선거공약에는 앨드리치 안, 즉 중앙은행제도에 반대한다는 내용이 포함되어 있었다. 이 문제에 관한 논란도 많았다. 치열한 논쟁 끝에 마침내 선거공약위원회는 중앙은행을 설치하려는 앨드리치 안에 반대한다고 결정했던 것이다.

앨드리치가 구상한 「연방준비법안」이 비록 앨드리치의 이름으로 통과되지는 못했지만 나중에 최종적으로 제정된 법률은 본질적으로 다른 점이 거의 없다. 모든 회원 은행에게서 준비금을 받아 수탁하는 기구를 설립하고 이 기구는 회원 은행이 대출금 부족 등으로 압박을 받으면 재할인을 통해 구제해준다. 확정된 법률은 단 한 개의 중앙은행을 설치하는 앨드리치 안과는 달리 12개의 은행을 설립하도록 하고 있지만, 워싱턴에 있는 연방준비이사회가 12개 은행의 조정자 역할을 함으로써 사실상 연방준비위원회는 중앙은행과 마찬가지이다. 오늘날 시행 중인 「연방준비법」은 본질적으로 앨드리치가 기초한 법률안의 범위를 넘어서지 못하고 있다는 것은 전혀 의심의 여지가 없는 사실이다.

인플레로 돈버는 사람들
인플레의 세계사

지은이 • 맥스 샤피로
옮긴이 • 박정삼
펴낸이 • 김종수
펴낸곳 • 한울엠플러스(주)

초판 1쇄 발행 • 1991년 11월 30일
재판 1쇄 발행 • 2008년 6월 20일
재판 6쇄 발행 • 2022년 3월 30일

주소 • 10881 경기도 파주시 광인사길 153 한울시소빌딩 3층
전화 • 031-955-0655
팩스 • 031-955-0656
홈페이지 • www.hanulmplus.kr
등록번호 • 제406-2015-000143호

Printed in Korea.
ISBN 978-89-460-8164-2 03320

* 책값은 겉표지에 표시되어 있습니다.